KNAUR

Im Knaur Verlag sind bereits folgende
Weihnachtskrimi-Anthologien erschienen:
Maria, Mord und Mandelplätzchen
Glöckchen, Gift und Gänsebraten
Süßer die Schreie nie klingen
Stollen, Schnee und Sensenmann
Türchen, Tod und Tannenbaum
Plätzchen, Punsch und Psychokiller
Kerzen, Killer, Krippenspiel

Über die Herausgeberin:
Greta Frank, geboren 1991 in Fürth, studierte Sprache und Kommunikation sowie Buchwissenschaft in Marburg, München und Barcelona. Sie arbeitet als Lektorin in der Verlagsbranche und lebt in München.

Greta Frank (Hrsg.)

Makronen, Mistel, Meuchelmord

24 Weihnachtskrimis
von der Ostsee bis zu den Alpen

KNAUR

Besuchen Sie uns im Internet:
www.knaur.de

Originalausgabe Oktober 2018
Knaur Taschenbuch
© 2018 Knaur Verlag
Ein Imprint der Verlagsgruppe
Droemer Knaur GmbH & Co. KG, München
Redaktion: Greta Frank
Covergestaltung: ZERO Werbeagentur, München
Coverabbildung: FinePic/shutterstock
Karte: Computerkartographie Carrle
Satz: Sandra Hacke
Druck und Bindung: CPI books GmbH, Leck
ISBN 978-3-426-52355-1

2   4   5   3   1

Inhalt

Die Tatorte

N

100 km

Preetz ○ *Ost-holstein*
Glückstadt ○
Zeteler Marsch ○

Berlin ○

Münster ○

Kellerwald
Vorgebirge
○ Bonn
Wallenborn ○   Frankfurt am Main ○   Weißenbrunn ○
Esch an der Alzette ○
○ Saarlouis

Arnsdorf ○

Regensburg ○

Schwäbischer Wald

Freiburg ○   Peißenberg ○   München ○

Berner Oberland   *St. Galler Oberland*   *Oberösterreichisches Alpenvorland*

O Mörderlein, o Mörderlein,
wie fies sind deine Morde!
Meuchelst nicht nur zur Sommerszeit,
nein, auch im Winter, wenn es schneit.
O Mörderlein, o Mörderlein,
wie fies sind deine Morde!

O Mörderlein, o Mörderlein,
du kannst mich sehr erschrecken.
Wie oft hat nicht zur Weihnachtszeit
'ne Tat von dir mein Herz entzweit!
O Mörderlein, o Mörderlein,
du kannst mich sehr erschrecken.

O Mörderlein, o Mörderlein,
dein Tatort lässt erkennen:
Waffenwahl und Tathergang
war'n gut geplant von Anfang an.
O Mörderlein, o Mörderlein,
wie fies sind deine Morde!

1

Jean Bagnol

Rent a Weihnachtsmann

Glückstadt

Über die Autoren

Jean Bagnol ist das Pseudonym des Schriftsteller-Ehepaares Nina George und Jens »Jo« Kramer. Die *Spiegel*-Bestsellerautorin George *(Das Lavendelzimmer)* und der Journalist, Pilot und Schriftsteller Kramer leben in Berlin und der Bretagne, schreiben unter insgesamt sieben Namen und Pseudonymen und veröffentlichten zahlreiche Solowerke. Nina George und Jens Kramer wurden bisher dreimal – einzeln – für den DELIA-Preis nominiert; 2011 gewann George ihn mit dem Knaur-Roman *Die Mondspielerin*. Für ihren Kurzkrimi *Das Spiel ihres Lebens* wurde Nina George 2012 mit dem Glauser-Preis ausgezeichnet.

Mehr über Jean Bagnol unter www.jeanbagnol.com.
Mehr über Jens »Jo« Kramer unter www.jensjohanneskramer.de.
Mehr über Nina George unter www.ninageorge.de.

Das kannst du mir nicht antun, Markus.«
Marlies presste den Telefonhörer ans Ohr, als könnte sie damit ihren Mitarbeiter dazu bringen, den Auftrag doch noch zu übernehmen. Mit verzweifeltem Gesichtsausdruck lauschte sie der Stimme im Hörer.

»Aber das sind doch nur zwei süße Mädchen, gerade mal acht Jahre alt. So schlimm können sie doch nicht sein?«, rief sie. Ihr Kopf zuckte vom Hörer fort, Markus' Stimme war laut geworden. Vorsichtig näherte sie sich wieder dem Telefon.

»Ja, gut, aber das war doch ein Unfall.«
Wieder hielt sie den Hörer etwas auf Entfernung, aber so, dass sie Markus verstehen konnte.

»So etwas machen Kinder nicht«, sagte sie dann. Ein ungläubiges »WAS?« kam aus dem Telefon.

»Markus, du musst zu den Al-Hashimis gehen, ich habe sonst niemanden mehr.«

Aus dem Hörer kam nur ein hässliches Lachen, dann war die Verbindung getrennt. Marlies stieß einen gequälten Seufzer aus. Ihr Weihnachtsmannverleih stand auf der Kippe. Sie konnte es sich nicht leisten, auch nur einen Kunden zu verlieren. Schon gar nicht einen so gut zahlenden wie Hassan Al-Hashimi. Seit sie ihr Geschäft nach der Scheidung vor drei Jahren gegründet hatte, konnte sie sicher sein, dass der eingebürgerte Iraker jedes Jahr einen Weihnachtsmann für seine Zwillingstöchter orderte. Allerdings musste sie zugeben, dass diese Auftritte, nun ja, nicht ganz unkompliziert waren. Keiner ihrer zwölf freien Mitarbeiter übernahm den Job zweimal. Und nachdem Erich im letzten Jahr zwei Wochen in die Reha gehen musste, hatte es sich endgültig herumgesprochen, dass der Job bei den Al-Hashimis kein

Zuckerschlecken war. Was irgendwie immer mit den beiden engelsgleichen Töchtern zusammenhing.

Wieder seufzte Marlies. Sie hätte auch gerne Töchter, und einen Mann dazu. Aber ihr Ex hatte sich aus dem Staub gemacht, und seitdem schien sie vom Pech verfolgt. Die Liebe wollte sich in ihrem Leben nicht mehr einstellen. Sie schob diese sehnsüchtigen Gedanken beiseite und konzentrierte sich wieder auf ihr akutes Problem.

Ihr Blick wanderte zu der Garderobe, an der nur noch ein Weihnachtsmannkostüm hing, das eigentlich Markus heute tragen sollte. Es gab nur noch einen Weg, diesen Auftrag zu retten. Aber es wäre wohl besser, ein paar Sicherheitsvorkehrungen zu treffen. Sie holte einmal tief Luft und stand auf.

Die beiden Mädchen, Tatjana und Zofia, saßen aufrecht nebeneinander, ihre langen blonden Haare fielen ihnen bis auf die Schultern, ihre strahlend blauen Augen waren auf den Vater gerichtet, der vor ihnen auf und ab lief und auf sie einsprach.

Die Mädchen umgab eine majestätische Aura, was nicht von ungefähr kam. Schließlich entstammten sie einer Seitenlinie der irakischen Königsfamilie. Und mütterlicherseits floss das Blut der zaristischen Romanows in ihren Adern, allerdings ziemlich verdünnt.

Ihr Vater baute sich nun vor ihnen auf, die Hände auf dem Rücken gefaltet. Er trug einen marineblauen Zweireiher mit blütenweißem Hemd und silbergrauer Seidenkrawatte. Hassan Al-Hashimi trat stets elegant, aber nie protzig auf. Er war sehr darauf bedacht, sich in seiner neuen Heimatstadt, dem idyllischen Glückstadt, zu assimilieren. Genau darum ging es auch bei der Standpredigt, die er gerade seinen Töchtern hielt.

»Es geht nicht, dass ihr diese armen Männer misshandelt«, sagte Hassan Al-Hashimi jetzt.

»Aber warum denn nicht?«, fragte eines der Mädchen, wahrscheinlich Tatjana. Da sie einander so sehr glichen und auch die gleiche Kleidung trugen, war es selbst für den Vater schwer, sie auseinanderzuhalten. Und weil sie seine diesbezüglichen Nachfragen ignorierten, hatte er es auch aufgegeben.

»Weil es sich nicht gehört«, sagte er jetzt streng.

Tatjana (oder Zofia) verdrehte die Augen. Zofia (oder Tatjana) kräuselte ihr Näschen. »Dieser Weihnachtsmannbrauch ist *ridicule*.«

»Und dieser lächerliche Mantel.«

»Der weiße Bart ist mit einem Gummiband an ihren Ohren befestigt.«

»Aus denen Haare wachsen, und zwar schwarze.« Zofia(?) verzog angewidert das Gesicht.

»Außerdem schwitzen sie.«

»Der Letzte wollte, dass ich mich auf seinen Schoß setze!«

»Wie unangenehm.«

Ihr Vater unterbrach ihren typischen Pingpong-Dialog, indem er fragte: »Und deswegen hast du ihm eine Stricknadel in den Schenkel gerammt?«

Tatjana wich seinem Blick aus. »Ein Versehen«, hauchte sie.

»Und das Stuhlbein war auch aus Versehen angesägt?«

»Ein alter Stuhl«, flüsterte Zofia und zupfte ein paar unsichtbare Fussel von ihrem Kleid.

»Der Mann musste ins Krankenhaus.«

»Das Gefängnis wäre passender gewesen.«

»Der Weihnachtsmann im Gefängnis?«

Beide Mädchen richteten ihren Blick wieder auf den Vater. Ihre blauen Augen funkelten.

»Ein fremder Mann, der verkleidet in unser Haus gekommen ist.«

»Mit falschem Bart.«

»Ungewaschen.«

»Der kleine Mädchen begrapscht.«

»Einen Sack mit undefinierbaren Dingen auf dem Rücken.«

»Da könnten Waffen drin sein.«

»Sprengstoff.«

»Er könnte ein Terrorist sein.«

»Ein Killer.«

»Ein Entführer.«

»STOPP!« Der Vater hatte die Hand erhoben. Die Mädchen schwiegen.

»Hört mir gut zu. Wir leben in einem fremden Land, und wir müssen uns den Gebräuchen anpassen. Eure Mutter hat darauf bestanden, dass ihr im christlichen Glauben erzogen werdet, und das werden wir respektieren.«

Zofia (Tatjana?) öffnete den Mund, aber ihr Vater gebot ihr mit einer entschiedenen Geste, zu schweigen.

»Dieses Jahr wird der Weihnachtsmann das Haus unverletzt verlassen.« Er zeigte nacheinander mit dem Finger auf seine Töchter. »Nicht einen Kratzer wird er davontragen.«

Die Mädchen zogen eine Schnute.

»Habt ihr verstanden?«

»Ja, Papa«, sagte Tatjana beleidigt.

»Wie du wünschst, Papa«, fügte Zofia hochmütig hinzu.

Hassan Al-Hashimi betrachtete seine Töchter nachdenklich. Natürlich wusste er, dass ihr Gehorsam nur gespielt war. Wahrscheinlich hatten sie bereits einen perfiden Plan entwickelt, wie sie den Heiligen Abend einen sehr unheiligen Verlauf nehmen lassen würden. Den Mädchen fehlte einfach die fürsorgliche und liebende Hand einer verständnisvollen Mutter. Es fiel ihm schwer, diese Eigenschaften im Zusammenhang mit ihrer leiblichen Mutter auch nur zu denken. Allerdings gab ihm das die Möglichkeit, den ultimativen Trumpf zu ziehen.

Er beugte sich vor, stützte seine Hände auf den Knien ab und lächelte seine liebreizenden, aber teuflischen Töchter an. Die bekamen augenblicklich einen wachsamen Ausdruck in den Augen.

»Falls ihr mich enttäuscht«, sagte er mit sanfter Stimme, »werdet ihr das nächste Weihnachten bei eurer Mutter verbringen.«

Die Mädchen rissen erschrocken die Augen auf.

»NEIN, Papa!«

»Das darfst du nicht tun!«

»Wir versprechen dir ...«

»Wir schwören ...«

»Niemals ...«

Hassan Al-Hashimi richtete sich zufrieden auf. Dieses Jahr würden sie ein außerordentlich harmonisches Weihnachten erleben.

Natascha Al-Hashimi, geborene Olofsson, wünschte sich, eine Peitsche zur Hand zu haben. »Das ist grotesk«, rief sie.

Ihr Diener krümmte sich, als hätte er tatsächlich einen Peitschenhieb abbekommen.

»Großfürstin«, winselte er, »Vergebung. Es war das einzige Kostüm, das ich noch bekommen habe.«

Die Anrede besänftigte Natascha ein wenig. Natürlich war sie keine Großfürstin. Aber sie wäre sicher eine gewesen, wenn diese grässlichen Bolschewiken nicht den Zaren aufgeknüpft hätten. Oder erschossen. Oder geköpft. Zum Teufel mit den Kommunisten. Es war eine schreiende Ungerechtigkeit, dass sie nicht entsprechend ihrem Stand behandelt wurde. Stattdessen hatte sie es mit einem schwachsinnigen Diener zu tun, dessen Weihnachtsmannkostüm mindestens fünf Nummern zu groß war. Der Mann sah vollkommen lächerlich darin aus. So konnte ihr Plan niemals gelingen.

»Und die Knarre«, sie zeigte auf die Kalaschnikow, die Wassilij in der Hand hielt, »besonders echt sieht die nicht aus.«

»Ist sie ja auch nicht. Für das Geld gab es nichts Besseres.«

Voller Groll dachte sie an ihren Ex-Mann, der sie bei der Scheidung mit einer lächerlichen Summe abgespeist hatte. Und sie hatte nicht einmal etwas dagegen tun können, weil zu dem Zeitpunkt die deutsche Steuerfahndung hinter ihr her war. Diese verbeamteten Tintenpisser hatten einfach kein Verständnis für freies Unternehmertum. Natürlich hatte sie großzügig von den Übergangsgeldern und Unterhaltshilfen profitiert. Sie und ihre damals achtköpfige Familie. Die gab es zwar nicht, aber die Papiere waren gut gewesen. Immerhin hatte sie dafür auch gutes Geld hingelegt.

Und es war eine gute Idee gewesen, in das Geschäft ihres Cousins zu investieren. Dass er in seinem Bordell auch Minderjährige anbot, war doch nicht ihr Fehler. Überhaupt, was hieß schon minderjährig. Sie selbst hatte in dem Alter schon ganz andere Sachen gemacht. Und war damit gut gefahren. Mit Mitte zwanzig war sie frei gewesen, hatte Geld gehabt, und die Welt hatte ihr offengestanden. Tja, und dann war sie Hassan begegnet.

Einen Moment lang ließ sie zu, dass die Erinnerung sie überwältigte. Er war ihr Märchenprinz gewesen. Es hatte sie voll erwischt. Und sie war anscheinend genau das, was er gesucht hatte: groß, blond, blauäugig – worauf diese Orientalen halt standen. Es war jedenfalls die perfekte Verbindung gewesen. Sie hätten *das* Glamour-Paar werden können. Aber Hassan wollte unbedingt Kinder, und sie war so blöde gewesen, ihm diesen Wunsch zu gewähren.

Erst als ihr Bauch immer dicker wurde, war sie zur Besinnung gekommen. Natürlich hatte er eine Abtreibung verhindert. *Er* brauchte sich ja auch nicht mit der Geburt und dem anschließenden Gesäuge abgeben. Als die Polizei ihr auf die

Schliche kam, war sie froh, die Blagen bei Hassan lassen zu können. Aber jetzt war das Geld alle. Und sie sah nur eine Möglichkeit, wie sie Hassan dazu bewegen konnte, ihr ihren wohlverdienten Teil seines Vermögens abzugeben.

»So geht es jedenfalls nicht«, sagte sie streng zu Wassilij, ihrem Diener. »So nimmt dir niemand die Rolle des Weihnachtsmannes ab.«

Ihr Plan war ebenso einfach wie genial. Wassilij sollte ihr in seiner Verkleidung Zugang zum Hause Al-Hashimi verschaffen. Sie wusste, dass Hassan auf diesen Zirkus stand. Dann würden sie sich das schnappen, was Hassan am meisten liebte: die beiden Mädchen. Natascha zweifelte nicht daran, dass sie in Kürze wieder in Geld schwimmen würde. Doch dafür brauchten sie einen glaubwürdigen Weihnachtsmann. Nachdenklich musterte sie den kostümierten Wassilij.

»Der Weihnachtsmann hat doch immer einen Gehilfen, diesen Knecht Ruprecht.«

»Ja, und?«, fragte Wassilij blöde.

So könnte es gehen. Sie war wesentlich größer als dieser Idiot, hatte auch in letzter Zeit ein wenig an Gewicht zugelegt. Vielleicht sogar ein bisschen zu viel. Mein Gott, was hatte sie denn sonst schon an Vergnügen? Jedenfalls würde ihr die Kleidung besser passen als diesem mageren Zwerg.

»Zieh dich aus«, befahl sie ihm. Wassilijs Augen wurden groß. Natürlich wusste sie, dass er scharf auf sie war und es ihr zu gerne besorgen würde.

»Denk nicht mal dran, Knecht Ruprecht«, zischte sie.

»Das ist doch nicht zu fassen!«, rief Katharina von Kranich empört. »Dieser Kameltreiber wohnt in einer Villa.«

»Wahrscheinlich von unseren Steuergeldern bezahlt«, kommentierte ihr Sekretär, Bernie, grimmig.

Langsam fuhren sie am Anwesen der Al-Hashimis vorbei. Auf der Suche nach arabischen Terroristen in Glückstadt war die Ortsgruppe der Partei schnell auf diesen Namen gestoßen. Sie hatten sofort erkannt, dass es sich dabei um einen Ausländer handeln musste, und zwar einen Araber. Allerdings hatten sie erwartet, dass der Terrorist in einer verdreckten Sozialwohnung hausen würde, vermutlich zusammen mit anderen Islamisten. Die Wahrheit erwies sich als wesentlich schlimmer.

»Wo ist der Treffpunkt?«, fragte Katharina von Kranich. Sie hatten eine Demonstration geplant, die direkt zum Hause des Terroristen führen sollte. Alle würden sehen, was für eine giftige Brut sie in ihrer geliebten Heimatstadt beherbergten. Es war von Kranichs geniale Idee gewesen, diese Demonstration an Heiligabend, dem christlichsten aller Feste, abzuhalten. Dazu hatte sie ein Schild gebastelt, auf dem »ARAB GO HOME« stand. Nun wollten sie zu den anderen stoßen, die sie sicher schon erwarteten. Als Bernie nicht antwortete, wandte Katharina sich ihm zu. Er sah aus, als müsste er auf Klo.

»Was ist los?«, fragte sie.

»Na ja, es ist halt so«, wand er sich, »die meisten haben schon was vor.«

»Wie? Was vor?«

»Na ja, es ist Weihnachten.«

»Eben. Und wir haben einen Terroristen in unserer Mitte.« Bernie zuckte mit den Schultern.

»Also gut, wie viele kommen?«, fragte sie.

Als Bernie wieder nicht antwortete, bekam ihre Stimme einen drohenden Unterton: »Bernie!«

»Was sollte ich denn machen?«, rief er. »Heute Abend ist Bescherung. Die Kinder …«

»Pah, die Kinder!«, rief von Kranich. »Wenn wir nichts machen, werden die Kinder bald vollverschleiert in die Moschee geschleppt. Verdammt! Dann müssen wir das alleine stemmen. Wie gut, dass du keine Kinder hast.«

»Also, um ehrlich zu sein«, sagte Bernie und wies mit dem Daumen zum Rücksitz, auf dem ein Weihnachtsmannkostüm lag, »ich muss bei den Kindern meiner Schwester den Weihnachtsmann machen. Mache ich jedes Mal.«

Bernie hob schützend den Arm, als Katharina mit dem ARAB-GO-HOME-Schild auf ihn einschlug. »Hör auf, ich kann nichts dafür.«

Katharina ließ sich in ihren Sitz zurückfallen und schnaufte wütend.

»Ich gehe da hin«, sagte sie nach einer Weile entschlossen. »Ich gehe ins Haus rein.«

»Wie willst du da denn reinkommen?«, fragte Bernie erschrocken.

Katharina von Kranich warf einen Blick auf den Rücksitz, dann setzte sie ein listiges Lächeln auf. »Ich habe eine Idee«, sagte sie.

Der Weihnachtsbaum leuchtete in aller Pracht. Die Zwillinge hatten ihre besten Kleidchen angezogen und trugen sogar eine Schleife im Haar. Ihr Vater, Hassan Al-Hashimi, schaute zufrieden auf sie hinab.

»Ihr wisst, was ihr mir versprochen habt?«

Die Mädchen nickten synchron. Da pochte es dreimal an der Tür. Tatjana und Zofia zuckten zusammen. Sie vernahmen, wie Marianne, ihre Köchin, die Tür öffnete. Kurz darauf kam sie ins Wohnzimmer.

»Der ... äh ... Weihnachtsmann«, sagte sie mit einer etwas hilflosen Miene.

»Natürlich ist es der Weihnachtsmann, Marianne«, sagte Vater Al-Hashimi. »Bitten Sie ihn herein.«

Als der Weihnachtsmann eintrat, fiel den Mädchen der Unterkiefer runter.

»HOHOHO!«, machte der Weihnachtsmann mit einer Stimme, die zwar tief, aber nicht wirklich männlich klang. Als er Hassan Al-Hashimi erblickte, erstarrte er, riss die Augen auf und fiepte ein letztes »HO«.

Tatjana, Zofia und ihr Vater schauten verdutzt auf die unförmige Gestalt. Unter der roten Mütze trug der Weihnachtsmann einen gepolsterten Lederhelm, wie ihn die Fänger beim Baseball trugen. Ebenso wie den dicken Fängerhandschuh und die Beinschützer, die unter dem Mantel hervorragten. Über der Schulter hatte der Weihnachtsmann einen Sack, in dem sich wohl die Geschenke verbargen. Aber er machte keinerlei Anstalten, sie auszupacken. Stattdessen starrte er weiter Hassan Al-Hashimi an, während sich langsam sein Gesicht über dem weißen Bart rötete.

Tatjana (oder Zofia) zupfte ihren Vater am Ärmel.

»Papa«, flüsterte sie, »das ist aber ein lustiger Weihnachtsmann.«

Marlies hatte mit allem gerechnet, nur nicht, dass sie sich von einer Sekunde auf die nächste verlieben würde.

Die Baseballausrüstung hatte ihr Ex-Mann, Willi, zurückgelassen, als er ausgezogen war. Nach allem, was ihr ihre Leute über die früheren Besuche bei den Al-Hashimis erzählt hatten, schien ihr das die adäquate Ausrüstung für diesen Job. Nun aber begriff sie, dass die dicken Lederpolster das Wichtigste nicht schützen konnten: ihr Herz!

In dem Moment, da sie Hassan Al-Hashimi erblickte, war es um sie geschehen. Ihre Knie wurden weich. Aber das machte nichts, denn sie schwebte ja. In ihrem Bauch drehte sich ein Karussell zu süßer orientalischer Musik, die sie und diesen wunderschönen Prinzen einwob, wobei sich ihre Gliedmaßen wundersam ineinander verschlangen. Irgendwo in ihrem Inneren rief zwar eine verzweifelte Stimme etwas von Hormonstau, aber sie achtete nicht weiter auf das Geschwätz. Es gab nichts, was diesen wundervollen Moment zerbrechen konnte.

Bis ein paar harte Schläge an der Haustür sie aus ihrem Traum rissen.

Marlies blinzelte. Hinter ihr öffnete jemand die Tür. Die Frau, die sie eingelassen hatte, rief: »Nanu!« Marlies sah auf die Mädchen, die wie Engel aussahen. Da rempelte sie jemand beiseite. Es war …

… der Weihnachtsmann!

Katharina von Kranich war wütend. Es hatte damit angefangen, dass Bernie den Mantel nicht rausrücken wollte. »Aber die Kinder meiner Schwester!«, hatte er gerufen. Als sie es schließlich geschafft hatte, ihm den roten Fummel zu entreißen, hatte er geweint. Es war wirklich ein Kreuz mit den Männern, keiner hatte mehr Mumm.

Kaum hatte sie den Mantel an, fiel ihr auf, dass er nach alter Unterwäsche stank. Außerdem schwitzte sie darin. Und unter dem blöden Bart juckte ihre Haut. Zudem hatte sie ständig Fussel im Mund. Sie war also schon richtig geladen, als sie in das Haus des Arabers stürmte. Was sie da sah, gab ihr den Rest.

Dieser stinkende Kameltreiber hatte zwei blonde, offensichtlich deutsche Mädchen an seiner Seite. Sie mochte sich gar nicht ausmalen, wie es dazu gekommen war. Und wo war die Mutter? Wahrscheinlich saß sie im hinteren Teil des Hauses, eingehüllt in eine Burka. Oder einen Kebab oder wie die Dinger hießen.

Sie stellte sich vor den Araber, reckte das Schild in die Höhe und kreischte: »Arab go home!« Dann fiel ihr ein, dass das ja schon auf dem Schild stand. Aber wahrscheinlich konnte er eh nicht lesen. Dennoch fand sie, dass sie die Parole erweitern sollte. »Araber raus aus Glückstadt!«, schrie sie, spuckte ein paar Wattefussel vom Bart aus und setzte nach: »Und aus Deutschland!«

Der Araber glotzte sie mit offenem Mund an. Hinter ihr räusperte sich jemand. Sie fuhr herum und bemerkte erst jetzt so richtig den anderen Weihnachtsmann mit Baseballhelm und Knieschützern. Der schwitzte anscheinend noch mehr als sie, denn er war schon ganz rot angelaufen.

»Wer …«, sie spuckte wieder Fussel aus, griff entschlossen nach dem Bart und zog ihn runter, sodass er unter ihrem Kinn klemmte. »Wer bist du Penner denn?«, fuhr sie den anderen fusselfrei an.

Ehe der Baseballweihnachtsmann etwas antworten konnte, polterte es erneut an der Tür. Hatte Bernie sich doch noch durchgerungen?

Die Köchin kam ins Wohnzimmer geeilt. »Herr Al-Hashimi, ich kann nicht mehr, das geht zu weit.«

Marlies traute ihren Augen nicht, als noch ein Weihnachtsmann ins Zimmer gestürmt kam. Er war von ziemlich imposanter Gestalt und wurde von einem komischen Kauz mit einer Adidas-Sporttasche begleitet. Der Kauz trug eine braune Mütze, ein kariertes Hemd und ausgebeulte Jogginghosen. Und einen falschen Bart. Aber der war schwarz. Als Weihnachtsmann konnte der jedenfalls nicht durchgehen.

»So, ihr zwei Hübschen«, rief der neue Weihnachtsmann mit tief gelegter Stimme, »kommt doch mal her!«

Dann gewahrte er die beiden anderen Weihnachtsmänner und furchte verärgert die Stirn. »Wer, zum Teufel, seid ihr denn?«, fügte er mit eindeutig weiblicher Altstimme hinzu.

»Mama?«, riefen die beiden Mädchen entsetzt im Chor.

»Sie sind die Mutter?«, kreischte die Arab-go-home-Weihnachtsfrau. »Tragt ihr jetzt schon rote Kebabs. Und auch noch falsche Bärte?«

Marlies fand, es war an der Zeit, einzugreifen. Die Frau war eindeutig verrückt. Sie beleidigte diesen wundervollen Mann, mit dem Marlies den Rest ihres Lebens zu verbringen gedachte. Dass die Hünin die Mutter der Kinder sein sollte und somit auch die Angetraute ihres Traumprinzen, verstörte sie zwar. Aber sie war sicher, eine Lösung finden zu können. Begeistert waren jedenfalls weder Vater noch Töchter von ihrem Auftauchen. Im Übrigen war das hier ihr Job, für den sie bezahlt wurde. Es konnte nur einen Weihnachtsmann geben.

»Hören Sie mal«, wandte sie sich an die Schildträgerin, »Sie haben hier nichts zu suchen. Verlassen Sie sofort das Haus.«

»ICH soll das Haus verlassen!« Der Fusselbartträgerin quollen fast die Augen aus dem Kopf. »ICH BIN IN DIESEM LAND ZU HAUSE.«

Ehe Marlies irgendetwas sagen oder tun konnte, holte die Verrückte aus und drosch ihr das Schild auf den Kopf.

Zwar merkte Marlies kaum etwas davon, weil ihr Lederhelm den Schlag komplett abfing. Aber jetzt wurde sie richtig ärgerlich. Sie zog der Frau am Bart und ließ ihn in ihr Gesicht zurückschnellen. Die Verrückte quietschte und fuchtelte weiter mit dem Schild herum.

»Jetzt reicht es«, knurrte die Hünin und streckte dem Kauz eine Hand hin. »Wassilij, die Wumme!«

Der kleine Kerl griff in die Adidas-Tasche und zog ein Schnellfeuergewehr hervor. Marlies schoss das Adrenalin in die Adern. Noch während die Riesenweihnachtsmännin das Gewehr entgegennahm, griff Marlies in den Sack. Entsetzt sah sie, wie die große Frau die Waffe auf die Al-Hashimis richtete.

»Ihr zwei Süßen kommt jetzt mit mir«, grollte sie.

»Terroristen!«, schrie die Schildträgerin. »Selbstmordattentäter go home!«

Marlies zog den Baseballschläger hervor, den sie als ultimative Schutzmaßnahme eingepackt hatte, und schlug mit voller Wucht auf das Gewehr. Das zerbrach sofort in zwei Teile.

Mit einem zornigen Fauchen fuhr die Hünin zu Marlies herum und rammte ihr den Gewehrkolben gegen die Brust. Das machte ihr nichts aus, weil sie unter dem Mantel rundrum eingepolstert war. Sie schlug der Frau den Gewehrkolben aus der Hand und traf dabei ihre Finger. Zornig jaulte die Weihnachtsmännin auf.

Mittlerweile hatte die aufgebrachte Katharina von Kranich eingesehen, dass sie gegen die Hünin nichts ausrichten konnte. Und auch bei dem Baseballweihnachtsmann kam sie nicht weiter. Aber da war ja noch der hässliche Kerl mit dem schwarzen Bart. Das war doch ein Taliban, sah man ja sofort. Sie knallte ihm das Schild ins Gesicht. Der Taliban ruderte mit den Armen und versuchte, sich in Sicherheit zu bringen. Von Kranich setzte nach.

Großfürstin Natascha Olofsson war außer sich vor Zorn. Wie konnten diese gewöhnlichen Kreaturen es wagen, sich ihr in den Weg zu stellen. Voller Schrecken musste sie feststellen, dass dieser vermummte Weihnachtsmann ihrer Entschlossenheit widerstand. Doch so schnell gab sie nicht auf. Sie griff nach dem Sack, der zwischen ihnen auf dem Boden stand, und holte aus, um damit den Baseballweihnachtsmann umzuhauen. Doch der Mistkerl war schneller. Er duckte sich, und Natascha wurde vom Schwung um ihre eigene Achse gedreht. Sie traf die Verrückte voll ins Kreuz. Die stand gerade mit hoch erhobenem Schild über dem am Boden liegenden Wassilij, um ihm den Todesstoß zu versetzen. Der Schlag mit dem Sack haute ihr nicht nur das Schild aus den Händen, sondern warf auch sie um. Sie landete direkt auf Wassilij. Mit einem harten Knacken schlugen ihre Köpfe aneinander.

Marlies zögerte nicht. Die Hünin wandte ihr den Rücken zu. Sie haute ihr den Baseballschläger in die Kniekehlen. Die angebliche Mutter der Kinder sackte mit einem Aufschrei zu Boden. Marlies war drauf und dran, der blöden Kuh eins über die Rübe zu geben, als ihr Blick auf die Al-Hashimis fiel.

Die drei standen immer noch vor dem Weihnachtsbaum und sahen sie mit großen Augen an. Mit einem Mal schämte Marlies sich. Eine Schlägerei schien ihr nicht wirklich ein brauchbarer Weg zu sein, um ihren künftigen Bräutigam für sich einzunehmen. Ohne die stöhnende Hünin weiter zu beachten, verbarg sie den Baseballschläger verlegen hinter ihrem Rücken. Jetzt vernahm sie die Polizeisirenen, die sich rasch näherten. Eines der beiden entzückenden Mädchen zupfte seinen Vater am Ärmel.

»Papa«, sagte sie eindringlich, »das waren diesmal aber nicht wir.«

Marlies saß neben Hassan Al-Hashimi auf dem Sofa, während die Polizei Natascha Olofsson abführte. Ein wenig ratlos waren die Beamten bei den anderen beiden Eindringlingen. Katharina von Kranich lag bewusstlos auf dem ebenfalls bewusstlosen Wassilij. Da der alle viere von sich gestreckt hatte, wirkte die Position etwas verwegen.

»Sieht aus, als wenn der Weihnachtsmann Knecht Ruprecht bumst«, murmelte einer der Polizisten.

Die Mädchen hatten alles gut verkraftet, sie hockten unter dem Weihnachtsbaum und packten ihre leicht demolierten Geschenke aus.

Marlies wand sich verlegen. Sie hatte ihre Verkleidung und Schutzpolster abgelegt.

»Hören Sie, Herr Al-Hashimi, ich …«

Er unterbrach sie. »Sie haben uns gerettet«, sagte er voller Bewunderung.

»Ich … äh … finden Sie?«

»Ich habe noch nie eine Frau wie Sie gesehen. Würden Sie uns die Freude machen und mir beim Essen Gesellschaft leisten?«

»Ja, gerne«, hauchte sie.

Hassan Al-Hashimi erhob sich und bot ihr seinen Arm. Marlies hakte sich errötend lächelnd bei ihm unter. Auf dem Weg ins Esszimmer hielt sie inne und fragte: »Was ist mit den Mädchen?«

Hassan seufzte. »Ich glaube, keine Macht der Welt kann sie dazu bewegen, von ihren Spielsachen abzulassen.«

Marlies strahlte ihn an. »Darf ich es versuchen?«

»Warum nicht?«, erwiderte Hassan amüsiert, aber auch ungläubig.

Marlies schaute über die Schulter.

»Tatjana! Zofia!«

Die Köpfe der beiden Mädchen ruckten hoch.

»Ja«, antworteten sie synchron.

»Kommt ihr zum Essen?«

Die Mädchen hatten begriffen, dass mit dieser Frau nicht zu spaßen war. Sie erhoben sich augenblicklich und stellten sich hinter Marlies und Hassan auf. In dessen Augen stand grenzenlose Bewunderung.

»Ich glaube«, sagte er, »das wird ein sehr harmonisches Weihnachtsfest.«

Gert Anhalt

Das Tür-zu-sing-sing-Weihnachtsspiel

Kellerwald bei Frankenberg

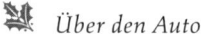 *Über den Autor*

Gert Anhalt, Jahrgang 1963, studierte Japanologie in Marburg und Tokio und berichtete zehn Jahre lang für das Zweite Deutsche Fernsehen aus China und Japan. Er hat zahlreiche Spannungsromane und Krimis veröffentlicht, deren Handlungen oft in Fernost angesiedelt sind. Seine Krimis mit dem Helden Hamada Ken waren zweimal für den Glauser-Krimipreis nominiert.

Der Bürgermeister und der Landrat waren schon am Morgen erschienen, um ihn zu beglückwünschen, einen Fotografen der Lokalpresse im Schlepptau. Die Anrichte unter dem Elchkopf in der guten Stube sah aus wie das Schaufenster eines Floristen, und es gab keine unbenutzte Vase mehr im ganzen Haus. Die letzten beiden Sträuße, die der Blumenbote aus Frankenberg abgegeben hatte, waren wenig feierlich in Weißbiergläsern gelandet. Der Weihnachtsbaum am großen Fenster zum Balkon, überreichlich mit silbernen Lamettafäden, Kerzen und roten Kugeln behängt, wirkte fast blass gegen den üppigen Blumenschmuck.

Annegret, seine Tochter, war mit ihrem Sohn Konrad zu Besuch. Die beiden wohnten ja leider längst in Frankfurt, wohin sie nach ihrer unseligen Scheidung gezogen war. Aber an Lortzigs Doppelfest Geburtstag / Weihnachten war sie selbstverständlich zur Stelle. Um zu helfen und zu feiern. Sie hatte eine goldene, umkränzte »95« an den Elchschaufeln befestigt, die sich im sanften Hauch der Warmluftheizung wiegte. Kleine, vom Verkaufspersonal sachkundig verpackte Geschenke, vermutlich Bücher mit den trockenen Lebensweisheiten großer Männer und diversen Jagdgeschichten, stapelten sich auf dem Stuhl. Seit Jahren bekam er nur noch dünne Bücher geschenkt. Als rechne keiner mehr damit, dass er noch lange würde lesen können.

Aber Johann Ernst Lortzig war zäh.

Zäh wie Leder.

Er genoss den stillen Moment zwischen Besuchen und Telefonanrufen und trat ans Fenster. Herrlich, der verschneite deutsche Wald. Da konnte man auf die hundert zugehen und sich immer noch erfreuen an den majestätischen Tannenwipfeln, zauberhaft mit Schnee beladen. Fünfundneunzig Jahre war er. Kerngesund und bei glasklarem Verstand.

»Sie sind ein Phänomen für die Wissenschaft und ein Vorbild und eine Inspiration für uns alle«, hatte ihm der Landrat geschmeichelt. Er konnte den aufgeblasenen Sozi zwar nicht leiden, aber wo er recht hatte, hatte er recht. Der Fotograf knipste und blitzte, als sie sich die Hände reichten. Der Bürgermeister hatte sich seine falschgoldene Amtskette umgehängt. Das Bild würde am Montag nach Weihnachten in der Zeitung erscheinen.

Lärm an der Haustür. Schnapps, sein treuer Jagdhund, hob den Kopf und bettete ihn dann grunzend wieder auf seine Pfoten. Kein Grund zur Aufregung. Annegret und Konrad kamen vom Einkaufen zurück.

»Opa, wir sind wieder da-ha«, flötete sie. Fußtrampeln im Windfang, der Schnee musste von den Schuhen runter.

»Wo ist Opa? Opa? Opa?«, kreischte der Dreijährige.

Lortzigs altes, aber immer noch topfittes Herz machte einen freudigen Sprung. Der Junge war sein kleiner Sonnenschein.

»Da bist du ja wieder, mein süßer Ki-Ka-Kobold«, rief er, ging in die Knie, die knackten wie altes Geäst, und streckte seine Arme aus. Der Junge quietschte vor Vergnügen. Strohblond, blaue Augen. Kräftig und gelehrig. Ein deutscher Bursche, wie er im Buche stand.

»Erwartest du Besuch?«, fragte Annegret, während sie die Einkäufe in die Küche brachte. Es sollte heute Krautwickel mit Püree geben, sein Leibgericht. Für morgen, Heiligabend, standen wie immer Kartoffelsalat und Würstchen auf dem Speiseplan. Traute Weihnacht im engsten Kreise.

»Nein«, gab er zurück. »Das weißt du doch. Warum fragst du? Oh, ho-ho-ho, wer ist wohl dieser starke Ki-Ka-Kobold, der einen ausgewachsenen Riesenhöhlenbär zu Fall bringt?« Konrad strahlte und rang spielerisch seinen Großvater nieder.

»Na, weil wir auf dem Weg zum Haus einen alten Mann überholt haben. Der sagte, er sei zu dir unterwegs. Ich wollte ihn das Stück mitnehmen, aber er sagte, er laufe lieber.«

Lortzig ließ sich von seinem ungestümen Enkel auf den Rücken werfen, und sein Lachen verebbte.

»Ein alter Mann?«

»Vielleicht ein Freund ...«, schallte es aus der Küche.

Unmöglich – ich habe keine Freunde, hätte er fast geantwortet, als er sich mühevoll wieder hochrappelte.

Das alte Jagdhaus, das der ehemalige Sägemühlenbesitzer Lortzig, früher landauf, landab als der Holzbaron bekannt, seit Menschengedenken bewohnte, stand etwa fünfhundert Meter abseits der Landesstraße 252 zwischen Frankenberg und Korbach. Gerade bei Eis und Schnee kein leichter Weg für einen alten Mann. Daher dauerte es noch eine Weile, bis es klingelte.

»Ich mach schon auf«, brummte der Jubilar, riss die Tür auf und erstarrte beim Blick in die Augen eines Mannes, den er längst tot und begraben gewähnt hatte.

»Johann!«, sagte der Besucher, als sei dies die lange gesuchte Antwort auf ein Rätsel.

Es wehte dem Angesprochenen ins Gemüt wie ein Orkan aus fernen Jahren. Bilder, Gesichter, Erinnerungen prasselten aus allen Richtungen auf ihn ein. Ein Rauschen dazu, ein Brüllen. Stimmengewirr der Lebenden und der Toten, schwere Artillerie, Schreie.

»Pawlak?« Es konnte kein Zweifel bestehen. Über siebzig Jahre – und doch erkannte er den Mann sofort. Es war, als stünde sein verschollener Zwilling vor ihm.

»Alles Gute zum Geburtstag!«

»Was willst du?«

»Ich will dir gratulieren. Und mit dir reden.«

»Wir haben nichts zu reden.«

»Doch, das haben wir. Sehr viel sogar. Darf ich eintreten?« Indem er es aussprach, drängte sich Pawlak an dem verdatterten Lortzig vorbei in den Flur, blickte auf die mit Reh- und Hirschgeweihen dekorierte Wand und sagte mit einem wissenden Nicken. »Beeindruckende Sammlung. Mit dem Töten kennst du dich wahrhaftig aus, Johann. Da kennst du dich aus …«

Da sein Haus etwas abseits stand und allerlei Gesocks anlocken könnte, hatte der sehr wohlhabende Johann Ernst Lortzig schon vor Jahren für den Einbau moderner Sicherheitssysteme gesorgt. Aber kein Sicherheitsfenster und keine Aluminiumtür, kein Schnappriegel und kein Hebelschutz konnten verhindern, dass die Schuld, diese ungeheure Schuld, in sein Haus gekrochen kam und sich überall breitmachte wie ein unsichtbares Gas.

Übel riechend und giftig.

Annegret war, nachdem sie den beiden alten Herren Kaffee und Kuchen serviert hatte, aufgebrochen, um eine alte Freundin in Korbach zu besuchen. Sie wollte gegen sechs Uhr zurück sein. Der kleine Konrad hielt im Nebenzimmer seinen Mittagsschlaf. Nur der Elchkopf, der starr und verständnislos ins Wohnzimmer glotzte, war Zeuge, wie Johann Ernst Lortzig und sein ungebetener Gast jede falsche Höflichkeit ablegten. Die Patina des Vergessens platzte auf und blätterte ab, als die beiden sich nach langer Zeit gegenübersaßen.

Heute zwei hasserfüllte Greise.

Vor siebzig Jahren Schutzhaftlagerführer Lortzig und Blockführer Pawlak, blutjunge Offiziere der Totenkopf-SS im Lagerdienst in Polen.

Pawlak ließ eine Bombe platzen: »Ich habe beschlossen, reinen Tisch zu machen.«

Lortzig erstarrte. »Was soll das heißen?«

»Ich werde mich selbst anzeigen. Ich will alles erzählen.«

»Du verdammter Verräter.«

»Seit Jahren träume ich jede Nacht von ihnen, höre ihre Stimmen, sehe ihre Gesichter. Sie verfolgen mich, sie jagen mich, sie treiben mich ins Feuer.«

»Mach dich nicht lächerlich. Wir haben nur getan, was getan werden musste.«

Pawlak schüttelte müde den Kopf. »Lügen, nichts als Lügen. Wir sind Mörder. Ich bin krank, Johann. Sehr krank. So will ich nicht sterben.«

Lortzig schnaubte verächtlich. »Das fällt dir früh ein. Mit einem Fuß im Grab ist die Reue billig.«

Pawlak lächelte abwesend. »Mein Entschluss steht fest. Wenn ich vor meinem Herrgott stehe, dann will ich keine Lügen und keine Geheimnisse im Gepäck haben. Nächsten Mittwoch habe ich einen Termin mit dem Staatsanwalt in Frankfurt.«

»Du rückgratloser Feigling! Und mich willst du wohl mit in den Schmutz ziehen? Weißt du, wer heute hier war? Der Landrat. Und der Bürgermeister. Die mich lobten als Musterbürger und Pfeiler der Gemeinschaft. Jeder respektiert mich.«

Lortzig erhob sich, baute sich vor seinem Blumentisch auf und fuchtelte mit den Armen. Seine Erregung übertrug sich auf den Hund Schnapps, der sich murrend erhob und den Besucher viermal anbellte, bevor er sich wieder hinsetzte. »Und dann kommt so ein dahergelaufener Wicht und …«

»Schrei, so viel du willst, Lortzig.« Pawlak blieb ganz ruhig und hob nicht die Stimme. »Weißt du es nicht mehr? Es war dein Geburtstag, der 23. Dezember 1944. Minus dreiundzwanzig Grad. Der Dirigent aus Krakau … hast du den vergessen?«

»Halt dein verdammtes Maul!«

Natürlich erinnerte er sich. Sie hatten den Dirigenten, einen Juden namens Mandelbaum, barfuß und im Hemd in die klirrende Nacht gejagt und gezwungen, Weihnachtslieder zu singen. Paul Peters, wie Lortzig Unterscharführer, hatte ihm einen verdorrten Ast in die Hand gedrückt als Dirigentenstab. Da stand der arme Teufel halbnackt und sang. Bis er erfror. Ein Geburtstagsständchen für Lortzig. Ein Spaß für die gesamte Wachmannschaft. Auch das war also einer von Lortzigs Geburtstagen gewesen – aber der war längst vergessen.

»Er musste *Stille Nacht, heilige Nacht* singen, bis er starb. Erinnerst du dich nicht, Johann?«

»Das waren andere Zeiten«, schrie Lortzig. Schnapps, dem die Auseinandersetzung nun unheimlich wurde, trollte sich winselnd und mit eingezogenem Schwanz ins Treppenhaus, wo sein Körbchen stand.

»Das war nur einer, Johann. Einer von so vielen. Ich höre ihn jede Nacht singen. Ich sehe, wie er auf die Knie sinkt, wie er blau wird, wie er langsam vergeht, während wir lachen. Ich will, dass es aufhört. Ich will, dass er mir vergibt.«

»Ach ja? Und hinter Gittern sterben? Willst du das auch?«

»Wenn es so sein soll …«

Johann Ernst Lortzig war hart.

Hart wie Kruppstahl.

Und er besaß kein liebevolles Wesen. Milde und Mitgefühl waren ihm grundsätzlich fremd. Damals, nach seiner Rückkehr aus dem Osten, hatte er sich hier im Kellerwald mühevoll eine Existenz aufgebaut. Er hatte den Krieg und die Gräuel hinter sich gelassen und die deutlich jüngere Irmgard geheiratet. Spät, er war schon Anfang sechzig, kam ihre Tochter Annegret. Irmgard starb an Krebs, als Annegret gerade zwanzig war. So etwas wie Liebe hatte er auch als Ehemann und Vater nicht empfunden. Immer nur Pflicht, Verantwortung und Macht. Seinen

Blutdurst, sein in unerklärlichen Schüben wiederkehrendes Verlangen, zu töten, stillte er nur noch auf der Jagd. Dass tatsächlich auch warme, nahezu zärtliche Gefühle in ihm wohnten, hatte er erst vor Kurzem entdeckt, als Enkelchen Konrad in sein Leben getreten war. Aber noch immer war ihm der Zorn geläufiger als jede andere Emotion. Und Zorn stieg nun in ihm auf. Unbändiger, heiliger Zorn auf diesen vertrockneten, alten Mistkäfer, der ihm auf der letzten Etappe noch sein respektables Leben zerstören wollte.

»Ich lasse nicht zu, dass du meinen guten Namen mit diesen alten Geschichten besudelst«, sagte er und klang plötzlich heiser. Sein Herz pochte schnell wie nach einem Dauerlauf.

»Und ich dachte tatsächlich, es ginge dir ähnlich wie mir«, seufzte Pawlak, dem langsam dämmerte, welchen kapitalen Fehler er begangen hatte.

Zu spät.

Lortzig hatte sich vor ihm aufgebaut und bebte vor Wut und Entschlossenheit. Bevor er wußte, wie ihm geschah, spürte Pawlak die knochigen Hände des ehemaligen Unterscharführers, die sich wie eine Todesklammer um seinen Hals schlossen. Er spürte, wie zwei Daumen seinen Kehlkopf nach hinten drückten, blickte in die kalten, blauen Augen seines Mörders. Hörte ein Röcheln, das er selbst verursachte. Lortzig schnaufte vor Anstrengung, während er das Leben aus seinem Besucher förmlich herauspresste. Seine Arme schmerzten und zitterten, als Pawlaks Körper nicht mehr zappelte, als er wegsackte und als seine Augen sich nach innen drehten. Das Rauschen und Tosen in Lortzigs Kopf verschlang jedes andere Geräusch, bis aus weiter Ferne die glockenhelle Stimme seines Enkels ihn erreichte.

»Opa, was machst du mit dem Mann?«

Wie aus tiefer Hypnose erwachte er. Erfasste das Geschehen. Ließ den leblosen Körper zurück in den Sessel sinken. Konrad stand in der Tür, seinen Schlafhasen fest an sich gedrückt, und rieb sich die Augen.

»Ein Spiel, mein kleiner Süßer. Opa spielt ein Spiel mit dem Mann.«

»Hast du ihm wehgetan?« Der Junge kam näher und zeigte auf den Toten. »Warum ist er müde?«

»Er will schlafen.« Lortzigs Stimme wurde ein Flüstern. »Wir müssen ganz leise sein.«

»Leise sein …«, flüstere der kluge Junge zurück.

»Möchtest du einen heißen Kakao?«

»Ja.«

»Komm mit in die Küche, mein Schatz. Jetzt wird Kakao gemacht …«

Während Lortzig die Milch im Topf wärmte, spielte Konrad mit seinen Playmobil-Figuren auf dem Küchentisch. Den toten Mann im Wohnzimmer hatte der Junge anscheinend wieder vergessen. Nach außen ganz ruhig, plante Lortzig seine nächsten Schritte. Es dämmerte, bald würde es stockfinster sein. Es war jetzt vier Uhr. Annegret würde also in frühestens zwei Stunden zurückkommen. Bis dahin musste die Leiche verschwunden sein. Aber das war kein Problem. Lortzig war schnell. Schnell wie ein Windhund. Und er hatte bereits einen Plan.

Er würde Pawlak über den Balkon entsorgen. Im Schnee, der im Garten gut vierzig Zentimeter tief lag, würde ihn über die Feiertage niemand entdecken. Es war kalt, minus sieben Grad waren für die Nacht vorhergesagt. Da würde es nicht lange dauern, bis der Leichnam solide tiefgefroren war. Und dann, zwischen den Jahren, wenn Annegret und Konrad wieder abgereist waren, würde er ihn in den Schuppen schaffen, wo noch die alte Kreissäge aus dem Betrieb stand. Damit würde er den tiefgefrorenen Pawlak zerlegen und ihn bis Ostern Stück für Stück, Happen für Happen, an die Wildschweine verfüttern. Ein passendes, geradezu poetisches Ende für den elenden Verräter. Lortzig lächelte gallig.

»Will der Mann auch einen Kakao?«, fragte Konrad unschuldig.

Ob der Junge ihm vielleicht gefährlich werden könnte? Was, wenn er seiner Mutter erzählte, was am Nachmittag vorgefallen war? Annegret hatte Pawlak ankommen sehen und ihm Kaffee und Kuchen serviert. Sie hatte ihn gefragt, ob er zum Abendessen bleiben wolle. Sicherlich würde sie sich nach seinem Verbleib erkundigen. Was also, wenn der Kleine erzählte, dass Opa den Mann am Hals gepackt und ganz fest gedrückt hatte? Würde sie ihm glauben?

Für einen kurzen, schrecklichen Moment dachte Lortzig das Undenkbare. Er lauschte in sich hinein. Wäre er denn wirklich dazu imstande? Die Antwort lautete: ja, freilich. Es wäre nicht der erste kleine Junge, den er aus dem Weg räumte. Damals, im Lager, gehörte das zum Alltag der Wachmannschaft. Aber Konrad, seinen eigenen Enkel?

Nein – er hatte zum Glück eine bessere Idee.

»Welchen Mann meinst du, mein Kleiner?«, fragte er in lieblichem, falschem Singsang.

»Den müden Mann«, antwortete der Dreijährige.

»Das musst du geträumt haben.«

Jetzt schnell!

»Trink deinen Kakao, der Opa ist gleich wieder da.«

Damit huschte er zur Tür, die er zuzog und hinter sich absperrte. Sofort packte er den Toten unter den Achseln und schleifte ihn rücklings zur Balkontür, wobei er einen Beistelltisch umwarf und einen Riesenradau verursachte. Konrad machte sich vergeblich an der Türklinke zu schaffen.

»Opa, was ist denn los?«, rief der Kleine alarmiert.

»Das ist nur ein Spiel!«, brüllte Lortzig zurück, den Kopf rot vor Anstrengung. »Das Tür-zu-Spiel!«

»Was machst du, Opa?« Der Fuß des Toten hatte sich im Stuhlbein verkantet, die auf der Sitzfläche gestapelten Geschenke prasselten geräuschvoll zu Boden.

»Besser noch, es ist das beliebte Tür-zu-sing-sing-Weihnachtsspiel«, rief Lortzig und stimmte, um den Lärm zu übertönen, ein Lied an. »*O Tannenbaum, o Tannenbaum, wie grün sind deine Blätter* ... Los, mitsingen, Konrad!« Er lauschte – und tatsächlich sang der Junge mit. Er war für sein Alter ungewöhnlich musikalisch und konnte sich auch die Texte sehr gut merken.

»*Du grünst nicht nur zur Sommerszeit* – Scheiße, verdammte!« Er hatte vor lauter Singen und Schleifen im Rückwärtsgang den Tannenbaum vergessen und war einen Schritt zu weit gegangen. Die lamettabehängten Zweige der stolzen Kellerwaldtanne griffen nach ihm wie gierige Hände, Kugeln tanzten wild, einige fielen zu Boden und zersprühten in tausend Teile.

»Opa ...?«

Jetzt neigte sich der Baum und kippte nach hinten über.

»*Nein, auch im Winter, wenn es schneit, o Tannenbaum, o Tannenbaum, wie grün sind deine Blätter* ...«

Mit einem geschickten Handgriff gelang es ihm, die einbruch- und hebelsichere Balkontür zu öffnen und den Toten auf den Balkon hinauszuwuchten. Aus der Küche erklang das Jammern seines anspruchsvollen Enkels, den das Tür-zu-sing-sing-Spiel schon nicht mehr zu amüsieren schien. Ein letztes Aufbäumen, eine fast übermenschliche Kraftanstrengung, und Pawlak, der viel schwerer war als sein Sterbealter und sein angeschlagener Gesundheitszustand vermuten lassen konnten, war über das Geländer gewuchtet und landete mit einem dumpfen, endgültigen Geräusch drei Meter tiefer auf den Terrassenplatten. Später würde Lortzig hinuntergehen und ihn mit ein paar Schaufeln Schnee bedecken, dann würde niemandem etwas auffallen. Es war dunkel und eiskalt hier draußen. Sein Atem formte kleine Wolken, seine Finger wurden schon taub. Schnell schlüpfte er wieder ins Warme. In der Küche rebellierte sein Enkel.

»Der Opa kommt ja schon!«, beruhigte er ihn, während er versuchte, den havarierten Christbaum wieder in die Senkrechte zu bringen. Wie ging das verdammte Lied noch weiter?

»Die Hoffnung und Beständigkeit gibt Trost und Kraft zu jeder Zeit. O Tannenbaum, o Tannenbaum, dein Kleid will mich erwürgen.« Erst als das letzte Wort wie ein Echo im Raum hing, wurde Lortzig bewusst, was er soeben gesungen hatte, und er lachte herzlich. Bin doch nicht mehr der Jüngste, dachte er.

»Opaa-aa-aa!«, quengelte der Junge.

Das Wohnzimmer sah aus, als sei eine Bombe explodiert. Sei's drum. Er würde Annegret weismachen, dass Schnapps seine tollen fünf Minuten bekommen hatte. Im Zuweisen von Schuld war er schon immer ein Meister gewesen. Er sperrte die Küchentür auf und breitete die Arme aus.

»Hallo, mein kleiner Sonnenschein! Da bist du ja wieder.«

Aber der kleine Konrad hatte keinen Bedarf an einer großväterlichen Umarmung. Er trug einen Kakaobart, hatte einen hochroten, fast fiebrigen Kopf, verheulte Augen und betrat das Wohnzimmer mit vorwurfsvollem Blick.

»Wo ist der müde Mann?«, fragte er streng.

Verdammt, dieser schlaue Knirps war wirklich nicht so leicht hinters Licht zu führen. Lortzig atmete immer noch schwer und bemerkte, dass ihm der Schweiß auf die Stirn getreten war. Ihm war plötzlich so heiß, dass er seinen Pullover ausziehen musste. Im Unterhemd stand er da und schwitzte immer noch.

»Es gibt doch gar keinen müden Mann, mein Goldstück. Du selbst warst nämlich so müde, und dann hast du von dem Mann nur geträumt.«

»Opa hat den Mann so fest gedrückt.«

»Nein, Konrad, da war wirklich kein Mann.«

»Und da liegt sein Schuh!« Der Kleine hob den rechten Arm und deutete hinaus auf den Balkon.

Tatsache. Da lag ein beschissener Schuh. Irgendwie musste er sich von Pawlaks rechtem Fuß gelöst haben, und statt herunterzufallen, war er auf dem handbreiten Holzgeländer liegen geblieben.

»Das ist kein Schuh, das ist nur ein Vögelchen, vielleicht eine Eule. Opa schaut mal nach …«, log Lortzig und stellte sich zwischen Konrad und das Corpus Delicti. Langsam schob er sich rückwärts zur Tür, fingerte den Hebel auf und ließ sich auf den Balkon gleiten, ohne den Blick von Konrad zu wenden, der jede seiner Bewegungen aufmerksam verfolgte. Mit der Hand hinter dem Rücken bugsierte er den verräterischen Schuh in die Dunkelheit. Geschafft.

»Hoppla, da ist die Eule weggeflogen!«, rief er und drehte sich zum Wald hin, als schaue er dem imaginären Vogel hinterher. Als er sich wieder zu seinem Enkel umdrehte, gefror ihm das Blut in den Adern, und sein Pulsschlag setzte einen Moment aus. Konrad hatte den einbruchs- und hebelsicheren Bügel nach oben gedrückt und damit die Balkontür verriegelt. Lortzig war ausgesperrt.

»Konrad, mein lieber, guter Junge«, rief er und bemühte sich, nicht allzu streng und bedrohlich zu klingen. Der Knabe blickte ihn aus seinen großen, wissenden Kinderaugen an. »Dem Opa wird langsam kalt. Machst du bitte auf?«

Er sah, wie Konrad die Lippen bewegte, konnte aber durch die doppelt verglaste Fensterfront kein Wort verstehen.

»Was sagst du?«, schrie er.

Der Junge brüllte aus Leibeskräften zurück. Seine Worte klangen verzerrt und gedämpft, als kämen sie von tief unten aus dem Meer. Er rief: »Wir spielen das Tür-zu-sing-sing-Weihnachtsspiel!«

Eine Gänsehaus überkroch den Fünfundneunzigjährigen wie ein eiskaltes Leichentuch, in das die Nacht ihn einwickelte. Wie lange konnte er hier aushalten, bis sein Körper den eisigen Temperaturen nachgeben würde? Konnte er springen? Drei Meter auf die Terrasse – wenn er auf dem toten Pawlak landete, gab es eine Chance. Aber eher würde er sich alle Knochen brechen.

Schnapps erschien, vom Lärm angelockt, schwanzwedelnd im Raum, sah das Herrchen in seiner verzweifelten Lage und beschloss, sich lieber nicht einzumischen. Er machte kehrt und legte sich wieder in sein warmes Körbchen unter der Treppe.

Lortzig blickte sich nach einem brauchbaren Gegenstand um, nach irgendeinem Hiebwerkzeug, mit dem er das Fenster bearbeiten konnte. Aber auf dem Balkon lag nur ein kurzer Bambusstab, mit dem er im Sommer den Hortensienstrauch stabilisiert hatte. Da stand er mit dem Stöckchen in der Hand wie ein grotesker, halbnackter Dirigent und sah, wie der Mund seines Enkels die Worte formte: »Sing *Stille Nacht, heilige Nacht.*«

Das kann nicht sein, dachte er. Dann schrie er es hinaus in den eiskalten Wind, der mit glühenden Zangen seine Glieder erfasste, seine Haut anfraß, seine Sinne betäubte. »Das kann nicht sein!«

»Sing das Lied für mich!«

Sagte das wirklich sein geliebter Enkel Konrad, oder erklang diese unheimliche Stimme in seinem Kopf? Lortzig konnte den Unterschied nicht mehr ermitteln. Er sank langsam auf die

45

Knie, beide Hände flehend gegen die Scheibe gepresst. Tränen rollten über seine Wangen, als er mühsam und mit zitternden Lippen und klappernden Zähnen das Lied anstimmte: »*Stille Nacht, heilige Nacht ...*«

Aber der Junge wandte sich plötzlich von ihm ab. Er verschwand in der Küche, wo sein inzwischen erkalteter Kakao stand. Dann wurde er schläfrig und kuschelte sich auf das Sofa, um sein von Pawlaks Todesröcheln jäh unterbrochenes Nickerchen fortzusetzen, bis ihn anderthalb Stunden später seine Mama wecken würde. Unter Schock, tränenüberströmt, wie gelähmt vor Trauer über den grausamen Kältetod ihres geliebten Vaters.

Der Leichnam, den die Polizei am Weihnachtstag auf der Terrasse unter dem Balkon entdeckte, gab zunächst ein unlösbares Rätsel auf. Jedenfalls so lange, bis die Papiere des Ermordeten den Weg in seine Wohnung wiesen, wo ein schriftliches Geständnis gefunden wurde, das auch Johann Ernst Lortzig, den verstorbenen Holzbaron, in einem neuen, sehr unvorteilhaften Licht erscheinen ließ.

Der kleine Konrad hatte, wie die Kinderpsychologin später attestierte, keine Ahnung, was an diesem Abend geschehen war. Schon bald erinnerte er sich gar nicht mehr an das lustige Tür-zu-sing-sing-Weihnachtsspiel. Woran er sich aber gut erinnerte, auch Jahre später noch, war dieser schöne Traum. Während sein Opa auf dem Balkon erfror, träumte ihm, er laufe lachend über eine Blumenwiese, Hand in Hand mit einem freundlichen, singenden Zauberer, der mit seinem Zauberstab lustige Kreise in die Luft malte. Die beiden rannten vergnügt unter rosa blühenden Bäumen, die sich in einer milden Frühlingsbrise zu wundervoller Musik wiegten. Konrad konnte es nicht wissen, und es hätte ihm auch wohl kaum etwas bedeutet, dass es Mandelbäume waren ...

3

Monika Bittl

Bastelanleitung für einen Adventskalender – in 10 Schritten zu einem erfolgreichen Mord

München

Über die Autorin

Monika Bittl, 1963 in einem kleinen Dorf im Altmühltal geboren, hat Germanistik und Psychologie studiert. Seit 1992 ist sie freie Autorin und schreibt neben ihren preisgekrönten Drehbüchern und Romanen auch erfolgreich Sachbücher. *Ich hatte mich jünger in Erinnerung* stand zwei Jahre ununterbrochen unter den Top 10 der *Spiegel*-Bestsellerliste. Monika Bittl lebt mit ihrer Familie in München.
Mehr zur Autorin unter www.monikabittl.de.

1.

Bevor Sie Bastelmaterialien suchen, wählen Sie ein Mordmotiv aus, ganz nach Belieben. Es kann alles Mögliche sein. Häufig sind Eifersucht, Rache oder Habgier. Wichtig ist nur, dass Sie sich über Ihr Motiv im Klaren sind, denn im Lauf des Advents werden Zweifel auftauchen, ob Sie Ihr Vorhaben auch wirklich vollenden wollen. Sie werden Ihren Plan von Grund auf infrage stellen und immer wieder innerliche Einbrüche bei der Umsetzung Ihres Vorhabens erleiden. Sie werden wahlweise Mitleid, Verständnis oder schiere Empathie für Ihr Opfer haben. Deshalb ist es wichtig, dass Sie Ihr Motiv möglichst genau eingrenzen können. So können Sie die unweigerlich aufkeimenden Bedenken – und damit auch Ihr Opfer – wesentlich zuverlässiger aus dem Weg räumen. Je klarer Sie sich über das Motiv sind, desto eher können Sie im Vorfeld auch noch einmal entscheiden, ob Sie wirklich einen Adventskalender basteln möchten oder doch lieber im Darknet nach einem Auftragskiller suchen. Denn Ihr Motiv für einen Adventskalender muss stark sein und darf nicht nur einer Laune entspringen, sonst werden die Zweifel zu groß. Aus einer Laune heraus können nur ganz wenige Ausnahmetalente morden. Normale Menschen wie Sie oder ich müssen deshalb sorgfältig planen. Die gute Kinderstube oder die moralischen Maßstäbe stellen uns regelmäßig ein inneres Bein.

Beispiel: Ich dachte ja zunächst, ich möchte meinen Mann aus meinem Leben verbannen, weil er mich oft so schlecht behandelte und deshalb seine gerechte Strafe verdient hat. Im Lauf des Bastelns und Nachdenkens stellte ich jedoch fest, dass mein wahres Mordmotiv darin liegt, dass ich ihm die Schlechtigkeit der Welt, die er tagtäglich anführte, nun endgültig selbst beweisen will. Genaueres dazu später – ein Motiv aus der Weltsicht des Opfers heraus zu finden, ist jedenfalls die größte Kunst. Wenn beispielsweise die Ehefrau oder die Erbtante stets behauptet, die Welt würde immer gefühlloser und brutaler und früher wäre alles besser gewesen – zeigen Sie ihnen mit Ihrer Tat das wahre Ausmaß dieser Behauptung und Weltsicht!

2.

Die sorgfältige Planung ist auch deshalb wichtig, weil Ihr Vorhaben wesentlich mehr Erfolgschancen hat, je mehr Zeit, Mühen oder Geld Sie schon im Voraus investiert haben. Nachdem Sie bereits zwanzig Stunden oder mehr an einem Kalender gebastelt haben, werden Sie ihn nicht mehr so einfach in die Ecke werfen und aufgeben. Motiv UND Motivation sind fast gleich wichtig, das vergessen leider viele. Was unterscheidet einen erfolgreichen Mörder von einem Möchtegern, der nur immer wieder in Gedanken damit spielt, den Chef, den Partner oder die ständig kreischende Nachbarin umzubringen? Eben: die

Handlungskompetenz. Der Erfolgreiche denkt lösungsorientiert und begreift Hindernisse als Herausforderungen und nicht als »berechtigte Zweifel«. Entsprechend handelt er nach dem Motto: »Es gibt immer eine Lösung.« Vergegenwärtigen Sie sich Situationen, in denen Sie schon nach diesem Motto agierten. Die kranke Mutter rief an, der Sohn hatte einen Unfall, und in der Arbeit stand ein wichtiges Meeting an? Sie wussten nicht, was Sie zuerst anpacken sollten? Und trotzdem fanden Sie einen Weg! Denken Sie an diese Situation, es wird Sie positiv stärken! Denn jedes Tötungsvorhaben setzt Selbstbewusstsein gepaart mit Handlungskompetenz – auch in Stresssituationen – voraus.

Beispiel: In meinem Fall war ich zunächst unglücklich in meiner Ehe und litt immer mehr, ohne zu verstehen, woher der Wind weht. Hielt ich nur an einem Partner fest, weil ich mich nicht traute, ihn zu verlassen? Aus Angst vor Einsamkeit? Aus Gewohnheit? Nein! Eines Tages wurde mir klar, dass mein Mann mich nur deshalb so quälte, weil er sich selbst quälte, weil er stets davon ausging, dass ihm andere Böses wollen. Der Kapitalismus, die Gesellschaft, ich, unsere Kinder, seine Eltern, der menschliche Fortschritt. Unaufhaltsam beschwerte sich mein Mann über alles Mögliche, wie zum Beispiel die Aldi-Website. Wenn er dort nach Angeboten suchte, zeigte die Seite nur die Aldi-Filialen in der Nähe an und nicht, welcher Schraubenzieher nun genau günstiger war. Erbost rief mein Mann daraufhin bei Aldi an, machte die Betreiber der Website auf den Fehler aufmerksam und kontrollierte minütlich, ob die Homepage nun aktualisiert sei – als das nicht der Fall war, beklagte er sich tagtäglich bitterlich über die grenzenlose Bosheit der Welt, die ihn dazu zwinge, auf Websites zu gehen, statt glücklich mit der Natur in Einklang zu leben. Die Natur, so mein Mann damals, würde ihn nicht so verbiegen wie das moderne Hamsterrad, in dem er sich mit seinem Leben und seinem Job befände. Nachdem Aldi die Website auch nach drei Tagen noch nicht aktualisiert hatte, sprach mein Mann wochenlang nicht mehr mit mir. Dann warf er mir vor, ich würde einfach stumpfsinnig in diesem modernen Hamsterrad mitmachen und ihn damit brüskieren. Ob ich ihn überhaupt lieben würde? Wie könne ein liebender Partner einfach so weitermachen, wenn der Mensch neben ihm so an diesem System leide? Ich traute mich daraufhin nicht mehr, fröhliche Musik zu hören oder über einen Witz laut zu lachen. All das hätte er mir als mangelnde Liebe ausgelegt. So wurde ich immer trauriger und fühlte mich eines Tages wie in einem Ehekäfig (Hamsterrad) gefangen. Ich war verzweifelt, bis mir eines Abends vor dem Einschlafen der Satz meiner Mutter einfiel: Für jedes Problem gibt es eine Lösung. Meine Energie kehrte wieder zurück, und innerhalb kürzester Zeit kam ich auf die Idee dieses Adventskalenders.

3.

Beginnen Sie mit den ersten Vorbereitung möglichst schon im Sommer oder im Herbst. Die langfristige Herangehensweise vereinfacht die spätere Befüllung des Adventskalenders mit Gift ungemein! Kaufen Sie im Sommer Hortensien oder Thujabäumchen, Engelstrompeten, Bilsenkraut, Eiben, Goldregen oder einen Wunderbaum und pflanzen Sie Gewächse im Garten oder auf dem Balkon ein. Weniger zu empfehlen ist der blaue Eisenhut, Europas giftigste Pflanze, da zu viele um seine toxische Wirkung wissen. Die anderen Blüten erregen normalerweise hingegen keinerlei Verdacht. Wer sich im Jahreslauf zu spät für einen Mord entschieden hat, kann auch im Herbst beispielsweise noch Herbstzeitlose besorgen oder Fliegenpilze suchen. Bei Pilzen sollte jedoch vorher ein Bestimmungsbuch gelesen werden, um die Gewächse nicht mit anderen, harmlosen zu verwechseln.

Beispiel: Ich verwandelte im Sommer meinen Balkon in ein Blütenmeer von weißen Engelstrompeten, lila Hortensien und gelbem Goldregen. Nachbarn bewunderten sogar meinen »grünen Daumen«, denn diese Pflanzen hegte und pflegte ich natürlich sehr sorgfältig. Blüten und andere Pflanzenteile, die ich später noch brauchte, legte ich in eine Trockenblumenschale. Das ist völlig unauffällig, auch wenn Sie häufig Gäste haben. Engelstrompeten gedeihen übrigens auch auf Nordbalkonen prächtig!

4.

Wählen Sie die Form des Adventskalenders sorgfältig aus. Sie können leere Streichholzschachteln, selbst gestrickte Söckchen oder leere Dosen verwenden. Aber selbstverständlich sollten Sie die Streichholzschachteln einheitlich mit Filz umkleben und anordnen oder die selbst gestrickten Socken an einer schönen roten Schnur aufhängen oder die leeren Dosen einheitlich in Silber oder Gold lackieren. Arrangieren Sie die Anordnung harmonisch. Kleben Sie Sternchen und Glitzer auf. Anregungen für weitere Gestaltungsmöglichkeiten finden Sie in diversen Bastelbüchern oder im Internet. Gestalten Sie liebevolle Details. So wie das Auge mitisst, so macht ein schönes Arrangement aus Ihrem Vorhaben ein einmaliges Erlebnis.

Beispiel: Ich wählte, passend zum Hamsterrad-Empfinden meines Mannes, befüllbare Christbaumkugeln (im Fachgeschäft erhältlich) und reihte sie auf einer goldenen Schnur auf. Jede Kugel versah ich mit einer goldenen Ziffer von 1 bis 24. In die Kugeln legte ich nicht nur jeweils ein Plätzchen, sondern auch noch ein kleines Stück Schokolade oder Gummibärchen, Glitzersterne oder Mini-Tannenzweiglein.

5.

Wappnen Sie sich gegen die Sentimentalität, die jede Adventszeit unweigerlich mit sich bringt. Die Nächte werden länger, Kerzen brennen romantisch allerorten, es riecht nach Plätzchen, und alles steuert auf das Fest der Liebe zu.

Beispiel: Bei der Auswahl der passenden Glitzersterne für die befüllbaren Kugeln lief im Kaufhaus Weihnachtsmusik: *Ihr Kinderlein kommet, Lasst uns froh und munter sein* und *Leise rieselt der Schnee*. Eine Mutter mit einem kleinen Mädchen kam in die Haushaltsabteilung, und das etwa fünfjährige Mädchen bestaunte mit großen Augen ein kleines Krippenspiel, das sich durch den Rauch der Kerzen bewegte. Mir schossen Tränen in die Augen – dieses Weihnachten würde ich nicht mehr mit meinem Mann feiern können. Wir würden nicht mehr in der Tradition unserer Eltern »Stille Nacht« unter dem Christbaum singen, uns einen Kuss geben und nach und nach die Geschenke auspacken. Ich dachte: »Da mache ich mir doch mein eigenes Weihnachten kaputt.« Dann ermahnte ich mich: Der Heilige Abend ist nur einer von 365 Abenden im Jahr. Was nützt mir ein schönes Weihnachten, wenn mein Mann an anderen Abenden nicht mehr mit mir spricht, von mir fordert, ich solle die

Schlechtigkeit der Welt einsehen, und ich immer verzweifelter und trauriger werde?

6.

Resultierend aus Punkt 5: Überlegen Sie sich schon bei den Vorbereitungen neue Rituale, die Sie nach Abwesenheit des Opfers einführen können. Wie oft im Leben vermissen wir gar nicht so sehr einen Menschen, sondern vielmehr seine Rituale.

Beispiel: Nach der Sentimentalität im Kaufhaus plante ich meinen Weihnachtsabend neu. Ich würde die nächsten Jahre immer verreisen und zum Beispiel in Griechenland am Strand sitzen oder vielleicht nach Australien fliegen. Weihnachten am Meer wäre dann mein neues Ritual. Aber Achtung! Planen Sie dieses Ritual erst für das Jahr nach dem Mord. Wenn Sie schon vor dem Ableben des Opfers beispielsweise eine Reise für sich alleine buchen, können Ermittler das später gegen Sie auslegen.

7.

Vergessen Sie über dem Spaß am Basteln nicht den eigentlichen Zweck des Adventskalenders und kümmern Sie sich um die Giftmischung. Je nach verwendeten Pflanzen müssen Sie einen Sud zubereiten oder die Mischung anderweitig für den Plätzchenteig vorbereiten. Welche Pflanzenteile (Samen, Blüten oder Blätter) genau zu verwenden sind, lässt sich leicht googeln. Sie müssen nur »giftige Pflanzen« eingeben, und schon gelangen Sie zu mehreren Listen mit Beschreibungen der toxischen Wirkung.

Beispiel: Ich verkochte meine getrockneten Pflanzenteile zu einer schmackhaften Marmelade, mit der ich später nach einem Rezept meiner Großmutter die Mulden der Engelsaugen-Plätzchen befüllte. Auch für Ungeübte lassen sich diese Plätzchen leicht herstellen. Sie brauchen 240 Gramm Mehl, 150 Gramm Butter, zwei Eigelb, 70 Gramm Puderzucker, zwei Teelöffel Vanillezucker, eine Zitrone und eben diese Marmelade. Alle Zutaten zu einem glatten Teig verkneten, für zwei Stunden kalt stellen. Ein Backblech mit Backpapier auslegen. Den Backofen auf 200 Grad Ober-/Unterhitze (Umluft ca. 180 Grad) vorheizen. Aus dem Teig kleine Kugeln formen und diese aufs Backblech setzen. Mit einem in Mehl getauchten Kochlöffelstiel Löcher in die Kugeln bohren. Achtung – bitte nicht durchstechen! Die Marmelade glatt rühren und mit einem Spritzbeutel (ein kleiner Espressolöffel geht auch – so mache ich das immer) in die Vertiefungen der Teigkugeln füllen. Im vorgeheizten Backofen 10–15 Minuten backen. Bitte beobachten! Die Plätzchen dürfen nicht zu braun werden! Auskühlen lassen, dann mit Puderzucker bestäuben.

(Selbstverständlich können Sie auch ein anderes Plätzchenrezept, für das man Marmelade benötigt, verwenden oder auch das Gift in eine salzige Form bringen, wenn Ihr Opfer Süßes nicht mag.)

8.

Befüllen Sie den Adventskalender Ihrer Wahl mit den Plätzchen und hängen oder stellen Sie den Kalender an einem prominenten Ort in Ihrer Wohnung oder Ihrem Haus auf. Sprechen Sie Ihr Opfer nicht von sich aus auf den Kalender an, sondern warten Sie, bis Ihr Opfer ihn bemerkt. Sagen Sie dann:

»Den habe ich mit Liebe für dich gemacht«, und erzählen Sie von Details wie Extra-Besorgungen (aber Achtung! Lassen Sie sich nicht dazu hinreißen, vom größten Teil der Arbeit mit den Pflanzen zu erzählen!). Ihr Opfer wird von Ihrer Mühe beeindruckt sein und sich deshalb nicht erlauben, an einem Tag einmal *nicht* das entsprechende Türchen oder die entsprechende Kugel zu öffnen. Erwähnen Sie im Lauf des Advents auch immer wieder ganz nebenbei, mit welcher Liebe Sie an Ihr Werk gegangen sind. Das bindet Ihr Opfer regelrecht an die Bastelei und wird für Sie zu einer zunehmenden Quelle der Freude, vor allem dann, wenn es ihm täglich schlechter geht.

Beispiel: Ich ging extra früher aus dem Büro heim, um den Adventskalender als Überraschung für meinen Mann aufzuhängen. Im Wohnzimmer fand ich den geeigneten Platz über dem Sofa. Als mein Mann nach dem Abendessen das Wohnzimmer betrat, fragte er: »Was ist das denn?« Ich antwortete: »Ein Adventskalender. Für dich gemacht, extra für dich gebastelt.« Dabei strahlte ich meinen Mann an. Wie erwartet, antwortete er brummig: »Ich bin doch kein kleines Kind. Und jetzt soll ich mich womöglich auch noch darüber freuen? Geschenke sind immer eine moralische Erpressung. Was für eine kapitalistische Perfidie! Nur dazu da, damit wir wieder besser im Hamsterrad funktionieren!«
»Wie du meinst«, entgegnete ich. »Ich hab ihn aber mit Liebe gemacht, und du wirst Leckereien darin finden.« Da ich stoisch gelassen blieb, konnte mein Mann gar nicht anders, als das Geschenk doch anzunehmen. Und damit hatte ich ihn in die tägliche Falle gelockt!

9.

Üben Sie sich in Geduld, wenn das Gift nicht sofort wirkt – Sie haben ja nicht umsonst den Adventskalender als passende Form gewählt. Nach Meinung vieler Experten ist – sollte es doch zu Ermittlungen kommen – schleichende Vergiftung wesentlich schwerer nachzuweisen als die einmalige Gabe von Gift. Verbieten Sie sich umgekehrt aber auch jegliches Mitleid mit dem Opfer, wenn es ihm täglich schlechter geht.

Beispiel: Erst das dritte Plätzchen zeigte bei meinem Mann mit Atemnot, Übelkeit und allgemeiner Schwäche die gewünschte Wirkung. Es dauerte dann wiederum mehrere Tage, bis mein Mann sich krankmeldete und im Bett blieb. Bald verlor er fast jeglichen Appetit und jammerte unablässig über Lähmungserscheinungen und Kreislaufprobleme. Ich konnte ihn jedoch stets täglich neu davon überzeugen, dass er »wenigstens das Plätzchen aus dem Adventskalender« essen solle, vielleicht würde ihm meine »gebackene Liebe« ja auch helfen. Wie er so elend immer blasser und fahler wurde, tat er mir richtig leid. Und am 17. Dezember griff er – im Bett liegend – nach meiner Hand und sagte doch tatsächlich: »Ich weiß gar nicht, womit ich deine Liebe verdient habe. Ich hab dich so oft so schlecht behandelt.« Da brach mir fast das Herz. Ich war kurz davor, mein Vorhaben abzubrechen und die speziellen Plätzchen im Adventskalender gegen normale auszutauschen. Ich fragte mich, wer ich denn sei, über Leben und Tod eines anderen Menschen entscheiden zu dürfen. Die ganze Nacht lag ich wach und grübelte. Bis mir der Rat meiner Mutter wieder einfiel: »Deinen Mann wirst du nie ändern können. Du musst ihn nehmen, wie er eben ist – oder dich von ihm trennen.« Ja, meine Mutter hatte recht. Würde er erst wieder gesund, würde er wieder ganz der Alte werden und mir jegliche Lebensfreude stehlen. Trennung war besser. Und eine Trennung geht nun mal nicht ohne seelische Schmerzen. Mein Mitleid war der Trennungsschmerz.

10.

Seien Sie flexibel! Geben Sie dem Opfer, wenn es die Lage erfordert, auch schon mal ein Plätzchen vom nächsten oder übernächsten Tag. Halten Sie nicht zu jedem Preis an dem Ritual der Kindheit fest, niemals schon einen Tag vorher das Türchen zu öffnen!

Beispiel: Am 22. Dezember wurde mein Mann so schwach, dass er mich bat, den ärztlichen Notdienst zu rufen. Ich willigte vorgeblich ein und tat so, als würde ich telefonieren. »Die werden gleich kommen«, sagte ich zu meinem Mann und gab ihm das Plätzchen vom nächsten Tag mit der Bemerkung: »Heute hast du noch kein Liebesplätzchen bekommen. Vielleicht liegt es daran, dass es dir schlechter geht.« Mein Mann blickte mich unschlüssig an und meinte: »Ich dachte, ich hätte doch heute schon …« Dann führte er die Vergesslichkeit jedoch auf seinen so schwachen Allgemeinzustand zurück und aß das Plätzchen vom 23. Dezember. Die doppelte Dosis ließ ihn in eine Art Dämmerzustand fallen. Da musste ich flexibel sein und mich umentscheiden, ihn noch mal wach rütteln, um ihm auch noch das letzte Plätzchen vom 24. Dezember geben zu können. Bewusstlos kann schließlich kein Mensch essen. Abgesehen davon wusste ich auch nicht, ob er allein von der doppelten Dosis an einem Tag schon sterben würde. Die dreifache Plätzchengabe würde aber auf jeden Fall den finalen Zweck erfüllen und ihn zugleich daran hindern, noch einen Arzt zu rufen. Ich verließ dann das Haus und ging in eine Bar. Das erfüllte gleich mehrere Zwecke. Erstens hatte ich ein Alibi. Zweitens musste ich ihm nicht beim Sterben zusehen. Und drittens konnte ich schließlich überzeugend behaupten, ich sei aus gewesen, hätte mich spät ins Bett gelegt, nichts gemerkt und mich erst nach dem Frühstück am nächsten Morgen gewundert, warum mein Mann gar nicht aufstehe. So war es dann auch. Gegen zehn Uhr am nächsten Morgen rief ich den Notarzt, der einen natürlichen Tod attestierte. Der darauffolgende Heilige Abend war trotz des noch nicht eingeführten Rituals des Verreisens der schönste seit meiner Kindheit. Denn Weihnachten ist immer dann am schönsten, wenn alle anstehenden Aufgaben schon im Advent erledigt wurden und sich das Warten auf das Christkind und die neue Lebensfreude lohnt.

Raoul Biltgen

Ein Weihnachten zu Haus

Esch an der Alzette, Luxemburg

Über den Autor

Raoul Biltgen, geboren 1974 in Luxemburg, lebt und arbeitet seit 2003 als freier Schriftsteller, Schauspieler und Theatermacher in Wien. Seit 2015 arbeitet er zusätzlich als Psychotherapeut (in Ausbildung unter Supervision) bei der Männerberatung Wien. 2014 und 2017 war Raoul Biltgen für den Friedrich-Glauser-Preis in der Sparte Kurzkrimi, 2018 in der Hauptkategorie »Bester Kriminalroman« nominiert.
Mehr zum Autor unter www.raoulbiltgen.com.

Wie sehr er sich danach sehnte, wieder nach Hause zu kommen. Dabei war er erst seit etwa zehn Minuten an dem Ort, von dem wohl jeder andere Mensch gesagt hätte: Da bist du doch zu Hause. Nein, zu Hause war da, wo er lebte. Jetzt war er da, wo er aufgewachsen war. Und das war schon seit Jahrzehnten nicht mehr sein Zuhause. Auch nicht für die paar Tage über Weihnachten, an denen er wohl oder übel »nach Hause« musste, zu den Eltern, zu den Geschwistern, in die alte Heimat, wie man so schön sagte. Wie alle anderen so sagten, er nicht.

Doch, er freute sich schon auch, seine Familie zu sehen. Er war schließlich selten genug da, in Esch, in Luxemburg, lebte und arbeitete er das Jahr über doch in St. Pölten. Das war zwar auch nur ein etwas größeres österreichisches Kaff, aber es war *sein* etwas größeres österreichisches Kaff, das hatte er sich ausgesucht, da waren seine Freunde, da war sein Alltag, da war sein Leben, da war seine große Liebe.

Nein, seine große Liebe nahm er nicht mit zu seinen Eltern. Nicht, weil sie etwas gegen sie gehabt hätten, nicht, weil sie etwas gegen seine Eltern gehabt hätte, sondern sie hatte ihre Familienbesuche zu absolvieren, er seine. Beide hielten sie ihre jeweiligen Verpflichtungen möglichst kurz. Meistens reiste er am 22. an, manchmal sogar erst am 23. Meistens flog er am 27. auch schon wieder ab. Um Silvester dort zu verbringen, wo er wollte. Nicht in Luxemburg. Auch nicht in Österreich. Irgendwo in Kroatien zum Beispiel. Fernab vom Schuss sozusagen. Und von den Schüssen und Knallern und Böllern und Raketen.

Erst zehn Minuten in Esch, und er hatte schon sehr viele sehr schwere Seufzer unterdrücken müssen. Er liebte seine

Eltern, aber sie waren dann doch sehr anstrengend. Nicht aus Böswilligkeit, ganz sicher nicht, sondern weil sie waren, wie sie waren. Liebenswert, ja, aber eben in einer ganz anderen Welt lebend. Einer Welt, die er vor über zwanzig Jahren verlassen hatte. Und er war einfach keine fünfzehn mehr. Auch wenn er die paar Tage über Weihnachten in seinem alten Jugendzimmer verbrachte. Und das sah noch genauso aus wie damals, als er es verlassen hatte, wegziehend, zur Uni, in ein eigenes Leben. Und das, was er damals zurückgelassen hatte, das hatte er aus gutem Grund zurückgelassen. Weil er auch damals schon aus den Klamotten und Vorlieben, die er noch mit fünfzehn gehabt hatte, längst herausgewachsen war.

Er hörte nicht mehr die Musik, die dort meterweise aufgereiht war. Er las nicht mehr die Bücher, die nicht weniger Raum in den Regalen einnahmen. Er fand die ach so altklugen Revoluzzer-Sprüche, mit denen er die Wände tapeziert hatte, ganz einfach nur noch peinlich. »Macht kaputt, was euch kaputt macht« klang pubertär und hohl, wenn es über der dicken Daunendecke im nicht besonders klein bemessenen Jugendzimmer in einem gutbürgerlichen Haus am Stadtrand schön sauber auf ein Pappplakat gesprayt war. Und der Aschenbecher stand auch ganz brav außen auf dem Fensterbrett. Er war seit über zehn Jahren Nichtraucher. Trotzdem stellte seine Mutter den Aschenbecher immer wieder hin. So wie sie den hellblauen Pyjama rauslegte. Jedes Mal. Wahrscheinlich passte er nicht einmal mehr rein, der war mindestens fünfundzwanzig Jahre alt, *vintage*, würde man sagen, verkauf ihn doch an irgendwelche Hipster.

Aber er sagte nichts, bedankte sich für das späte, nicht gerade leichte Mittagessen, das seine Mutter für ihn aufwärmte, hörte sich die vielen Geschichten an, die es zu erzählen gab, von der Tatta Josephine, die sich einen neuen Mann geangelt hatte, und vom Hund Carlo, der mal wieder Verstopfung hatte, vom Postboten, der neue Schuhe hatte, in denen er nicht gehen konnte, und vom Nachbarn Hubert, der schon seit Wochen im Krankenhaus war, und der wohl am liebsten sein Leben beenden würde, weil er komplett pleite war, sich das Haus wahrscheinlich nicht einmal mehr leisten konnte. Seit es den Franken nicht mehr gab, war das Geld ja auch nichts mehr wert. Und das eigene Dach war auch schon wieder undicht und musste erneuert werden, und woher das Geld nehmen, wenn nicht stehlen? Und jener Cousine ging es auch nicht so gut, und dieser Politiker war in einen Skandal verwickelt und …

Und er hörte nicht wirklich zu, verzog aber jeweils im richtigen Moment die Mundwinkel nach oben oder unten oder seitlich oder gar nicht.

»Ja, mach ich«, sagte er, wenn seine Mutter meinte, er könne doch noch die Glühbirne im Bad austauschen, und »natürlich, kein Problem«, wenn sie ihn darum bat, noch in den Supermarkt zu fahren, mit Papas Auto, weil sie ja die obligatorische Weihnachtsbûche bestellt hatte, und Papa war schlecht zu Fuß und noch schlechter im Auto, weil er hatte ja keinen Hals, mit dem er sich noch umschauen konnte, ob wer kam. Papa sagte genau nichts darauf, denn das bekam er seit Jahren zu hören, doch er machte sich nichts draus, er fuhr trotzdem auch weiterhin. Und wenn es mal wieder eine Schramme gab, dann sagte er es nicht zu Hause, sondern zahlte die Reparatur, die er beim nächsten Service einfach mitmachen ließ.

Das Leben in Luxemburg hatte System. Doch Jhang war nicht mehr Teil des Systems. So wie er nicht mehr der Jhang war. Nur mehr für seine Familie war er der Jhang. Für alle anderen, für alle in St. Pölten, war er Jean. Das klang für Österreicher ausgefallen und luxemburgisch genug. Mit Jhang, der luxemburgischen Version von Jean, hätten sie nichts anzufangen gewusst. So wie er dem Namen längst entwachsen war. Und müde lächelte, wenn ihn sein älterer Bruder damit aufzog: »Wandjhang« – ein Hallodri, der wohl nichts da draußen anbrennen ließ, in der weiten, weiten Welt, jaja. Warum wechselte der eigentlich nicht die Glühbirne im Bad? Er wohnte doch gleich ums Eck. Und warum richtete der Bruder nicht das Bild, das seit Monaten schief hing? Und holte die Bûche und hörte sich die immer gleichen Geschichten an? Weil er Teil der immer gleichen Geschichten war.

»Jhahang«, rief seine Mutter, wie früher, durch das Treppenhaus.

»Jaha«, rief er von seinem Jugendzimmer im obersten Stock zurück.

»Vergiss nicht, dass du noch Opas Maschine reparieren musst.«

»Jaha.«

Opas Maschine war sein Computer. Und Opa war Papa. Jeans Vater war zwar Großvater, aber nicht Jeans, sondern jener der beiden Kinder von Jeans Schwester Carole. Aber seit seine Eltern Großeltern waren, war die gegenseitige Bezeichnung Oma und Opa. Auch wenn es Jean ärgerte, sagte er nichts. Nie sagte er etwas. Was sollte er an einem System rütteln, zu dem er nicht gehörte? Dem er sich entzogen hatte. Lass laufen, was läuft, denn es läuft gut. Du bist nur ein temporärer Fahrgast, also schmeiß nicht mit Stöcken ins Getriebe. Höchstens dem Hund.

»Und könntest du noch mit Carlo spazieren gehen? Er hat heute noch gar nicht gekackt.«

»Jaha.« Tief seufzend stand er von seinem zu engen Schreibtisch in seinem alten Zimmer auf, in das er sich nach dem Essen zurückgezogen hatte, um sich in Ruhe vergewissern zu können, dass es keinen Grund gab, sich aufzuregen über Dinge, die ihn nichts angingen. Mit dem Hund rausgehen, Computer reparieren, zum Supermarkt fahren, alles Kleinigkeiten, ein geringer Preis für eine ansonsten stinknormale, intakte Familie, bitte schön, in der sich ja alle irgendwie miteinander verstanden. Und das konnte auch nicht jeder von sich behaupten.

»Wie dringend ist es denn beim Hund?«, fragte er in die Küche hinein, wo seine Mutter wie seit Jahr und Tag um diese Zeit mit umgebundener Schürze Weihnachtskekse ausstach, obwohl es schon kiloweise davon gab.

»Opa ist dringender.«

Gut, Opa ist dringender, also Opa zuerst.

»Hast du wieder das Internet gelöscht?« Jean hatte das Gefühl, diese Frage jedes Mal zu stellen, wenn er in Luxemburg bei seinen Eltern war.

Und jedes Mal kam die Antwort: »Ich habe gar nichts getan, Google geht nicht mehr.«

»Na, dann wollen wir uns das mal anschauen.« Jean fuhr den PC hoch. Und wartete. Lange. Der PC hatte schon etliche Jahre auf dem Buckel und war nicht mehr unbedingt auf dem neuesten Stand, was Hardware oder Software anging. Doch es reichte. Für Jeans Vater allemal. Der klickte sich, wenn ihm langweilig war, durch die Welt, las die gleichen Artikel, die er zuvor auf Papier gelesen hatte, bei den Online-Ausgaben der Zeitungen noch mal, schaute sich E-Mails an. Die er ausschließlich von einem Uralt-Freund bekam. Der ausschließlich blöde Witze schickte. Nein, stimmte nicht, ab und zu waren auch Diashows mit Naturaufnahmen dabei. Und natürlich Videos, in denen es irgendwen auf die Schnauze haute.

Solange es nur so was war. Jean hatte sich längst angewöhnt, routinemäßig einen Virenscan laufen zu lassen, sobald der PC an war.

»Also, wo zwickt es denn?«, fragte er und kam sich ein wenig wie der Landdoktor vor, der Vieh und Mensch gleichermaßen zu behandeln wusste.

»Google ist kaputt«, antwortete Jeans Vater, »zuerst waren meine Zeitungen weg, und dann war gar nichts mehr da.«

»Aha.«

»Ich habe nach den Zeitungen gesucht, wie du es mir gesagt hast, aber da waren sie nicht.« Er meinte die Lesezeichen, die Jean ihm letztes Weihnachten mühsamst eingerichtet hatte.

»Das wird wohl zu beheben sein.«

»Oma hat gemeint, ich brauche eine neue Maschine. Aber die ist doch noch gut.« Jeans Vater platzierte sich direkt hinter ihm und schaute ihm über die Schulter.

»Du kannst gerne etwas anderes machen«, versuchte es Jean, »das hier kann dauern.«

»Jaja«, verstand sein Vater den Wink mit dem Zaunpfahl nicht und blieb wie angewurzelt stehen, sich auch noch nach vorn beugend, um besser sehen zu können, weil er natürlich die falsche Brille aufgesetzt hatte.

»Nein, wirklich«, musste Jean also direkter werden, »es wär mir lieber, du lässt mich das mal machen, und ich ruf dich, sobald ich dich brauch.«

»Jaja«, machte sein Vater, aber keine Anstalten, sich vom Fleck zu bewegen.

Eine Aufgabe, das war es, was fehlte: »Es wär mir eine sehr große Hilfe, wenn du mir die ganzen Zeitungen, die du haben willst, noch mal in einer übersichtlichen Liste zusammenfasst, ja?«

»Oh, ja, klar«, antwortete er, »das *Luxemburger Wort, Tageblatt, Woxx, Zeitung vum Lëtzebuerger Vollek* …«

»Aufschreiben.« Jean deutete auf einen Stapel Papier.

»Ja, klar.« Endlich hatte er es kapiert. Jeans Vater nahm sich einen Kugelschreiber und ein Blatt Papier und schaute sich um. »Ich mach das im Wohnzimmer, hier kann ich nicht sitzen.«

Das war Jean bewusst. Und das war sein Hintergedanke gewesen. »Danke.«

»Jaja.« Und damit war sein Vater raus, und Jean konnte sich in Ruhe anschauen, was sein Vater diesmal wieder rumgeklickt hatte, um Google kaputt zu machen.

Der erste Fehler war schnell gefunden: Aus irgendeinem Grund war Google nicht mehr die Startseite im Browser, sondern eine Fehlermeldung einer nicht nachvollziehbaren Adresse. Jean wollte nicht wissen, auf welche Seite sein Vater eigentlich gewollt hatte. Zwei Klicks, und Google war repariert. Das hatte er schon mal schlimmer erlebt. Im zweiten Schritt ging es also um die Lesezeichen. Und da hatte sich der Alte scheinbar richtig Mühe gegeben, denn es reichte eindeutig nicht, die Lesezeichenleiste mal eben wieder auf »sichtbar« zu stellen.

Na gut, egal, also noch mal alle Zeitungen aufrufen und markieren. Jean musste gar nicht auf die Liste von seinem Vater warten, er wusste ja in etwa, worum es ging. *Luxemburger Wort, Tageblatt, Woxx, Zeitung vum Lëtzebuerger Vollek* … Und so weiter und so fort. Mit ein wenig Glück würde er sie ja noch im Browserverlauf entdecken, dann musste er sie nicht alle einzeln raussuchen.

Tatsächlich, das *Wort* war schon mal da. Neben einer Seite, die sich »dienstfertige Sekretärinnen« nannte. Könnte er eigentlich auch gleich als Lesezeichen abspeichern, sein Vater würde sich freuen. Nein, das sollte der sich schon lieber selber jeden Tag aufs Neue raussuchen. Solange es harmlos blieb, sollte sein Vater tun und lassen, was er wollte, er war ein erwachsener Mann, und wenn er sich unbedingt dienstfertige Sekretärinnen anschauen musste, dann hatte er das höchstens mit seiner Frau zu klären, sicher nicht mit seinem Sohn. Dienstfertige Sekretärinnen und den Jungbäuerinnenkalender. Und eine waschechte Pornoseite war dann doch dabei. Jean nahm sich vor, den Browserverlauf zu löschen, nachdem er mit den Lesezeichen fertig war.

Skimasken? Sein Vater hatte nach Skimasken und Sturmhauben gesucht. Wozu denn das? Er fuhr nicht Ski. Hatte er noch nie getan. Ein Fetisch? Bitte nicht. Egal, war ihm wohl kalt.

Und Nylonstrümpfe, blickdicht und nicht blickdicht. Aha.

Und Waffen. Wie, Waffen?

Sein Vater hatte nach Gewehren und Pistolen gesucht.

Warum sollte sein Vater so was tun? Er war doch kein Waffennarr. Und seine Mutter verabscheute solche Dinger kategorisch, die würde es niemals zulassen, wenn ihr Mann plötzlich anfangen würde, auf die Jagd zu gehen oder zum Schießstand. Und bitte, dafür war er doch nun wirklich schon zu alt, Ende siebzig, da kann der doch keinen schweren Revolver mehr halten, geschweige denn geradeaus schießen.

Als Nächstes kam eine illegale Downloadseite, wo offensichtlich eine Raubkopie des Films »Going in Style – Die Rentnergang« heruntergeladen worden war. War das nicht dieser Film, in dem Morgan Freeman und Michael Caine als alternde Kleinganoven eine Bank überfallen? Jean schaute nach. Es war offensichtlich ein alter Film aus den 70ern, der mit Morgan Freeman war nur das Remake.

Am meisten stutzen ließ Jean aber die Suchanfrage: »Banken in Luxemburg« und in direkter Abfolge weiter »Banküberfälle in Luxemburg« und »Aufklärungsrate Banküberfälle Luxemburg« sowie »Sicherheitskameras austricksen«.

Und was ihm anfangs harmlos vorgekommen war, bekam auf einmal eine neue Bedeutung: Dachdecker in Luxemburg und Umgebung. Der angeklickte Link ging zu einer Firma im Süden des Landes, die angeklickte Seite war eine Preistabelle.

Hatte seine Mutter nicht vorhin was davon gesagt, dass das Dach neu gemacht werden musste?

Doch, hatte sie. Und dass das ewig teuer würde. Und das Geld? Woher nehmen, wenn nicht stehlen?

Das hatte nicht sie gesagt, das hatte er gesagt. Woher nehmen, wenn nicht stehlen?

Nein, das war absurd.

Das war vollkommen absurd, bitte schön, sein Vater würde doch keinen Banküberfall planen, um die Kosten fürs Dach begleichen zu können. Mit Ende siebzig. Nein. So was passierte nur in schlechten Hollywoodkomödien. »Die Opas schlagen zu«. Und nächstes Jahr kommt »Die Omas schlagen zurück«. Blödsinn.

Oder?

Blödsinn.

»Danke, bin schon fertig«, sagte er, als sein Vater, der in seinem Lesesofa unter dem besonders üppig geschmückten Weihnachtsbaum versunken war und mal grün, mal rot von den künstlichen Kerzen angeleuchtet wurde, ihm seine Liste entgegenhielt.

»Google ist wieder da?«, fragte er.

»Google war nie weg«, entgegnete Jean. Und ging zu seiner Mutter in die Küche. Es roch nach Rum und Zimt, und aus dem Radio erfuhr er, dass auch Chris Rea mal wieder auf dem Weg nach Hause war. »Was war das mit dem Dach?«, fragte er sie.

»Ach«, sagte sie und bestäubte einen Klumpen Teig mit Mehl, sodass sie kurzfristig in einer Wolke verschwand, »das leckt, oben am Dachboden ist es schon ganz feucht und schimmelig, das muss alles runter und neu gemacht werden.«

»Das wurde doch erst neu gemacht«, meinte Jean.

»Vor elf Jahren«, entgegnete seine Mutter.

»So ein Dach muss doch länger halten als zehn Jahre.«

»Sag das mal der Versicherung«, diesmal schaute sie kurz zu ihm.

»Und wenn die Versicherung nicht zahlt?«, fragte er.

»Die zahlt.« Sie vergrub ihre Fäuste tief im Teig. »Opa sagt, es ist ein Sturmschaden«, fuhr sie fort, »da bleibt denen nichts anderes übrig, als zu zahlen.«

»Und wenn nicht?«

»Wie nicht?«

»Du weißt doch, wie Versicherungen sind.«

»Opa sagt, das geht.« Offensichtlich machte sich Jeans Mutter tatsächlich keine größeren Sorgen. Sie wischte sich die Hände an der Schürze ab und fragte lächelnd: »Was magst du denn morgen essen? Carole kommt mit Marc und den Kindern.«

»Dann koch was, was die Kinder mögen«, schlug er vor.

»Die kriegen immer, was sie mögen. Aber jetzt bist du da, jetzt darfst du dir was aussuchen.« Jean hatte das Gefühl, es fehlte nicht mehr viel, und sie zwickte ihm in die Wange. Tat sie aber nicht.

Er entschied sich für Schnitzel mit Pommes, weil er dachte, die Kinder seiner Schwester würden sich darüber freuen. Im Grunde war es ihm egal, denn etwas ganz anderes nagte wesentlich mehr an ihm. Nämlich was er von seinem Vater denken sollte.

Aber es war ja Weihnachten, also würde er noch ein paar Tage Gelegenheit haben, möglichst geschickt und unauffällig nachzubohren. Dachte er sich.

Bis zum nächsten Morgen.

»Wo ist denn Papa?«, fragte er seine Mutter, die allein am Frühstückstisch saß.

»Der musste noch zur Bank«, meinte sie und biss in ein mit Marmelade beschmiertes Stück Weihnachtsstollen.

»Zur Bank? Heute?«

»Warum nicht?«

»Es ist der 23., wozu muss er denn da heute extra zur Bank?«, wollte Jean wissen.

»Ich weiß es nicht. Ich kümmere mich auch nicht drum. Er macht das, er hat das immer gemacht, und ich bin froh, wenn er das macht.« Jeans Fragerei ging seiner Mutter scheinbar auf die Nerven.

Er ging ins Arbeitszimmer seines Vaters, um irgendwas zu finden, was ihm Klarheit verschaffen würde. Klarheit darüber, ob sein Vater gerade in diesem Moment eine Bank überfiel. Der Mann, den er, den alle nur als gutmütigsten Menschen weit und breit kannten. Der nie einer Fliege etwas zuleide getan hatte. Oder tun würde. Oder?

Oder hatten ihm die finanziellen Sorgen tatsächlich so zugesetzt, dass er keinen anderen Ausweg mehr sah, als sich das Geld mit einem Raub zu beschaffen? Weil die Versicherung abgelehnt hatte. Und er sich nicht getraut hatte, es seiner Frau zu sagen.

Ein Banküberfall, das konnte doch nichts werden. Das musste doch schiefgehen. Jeans Vater hatte zwei linke Hände und war zerstreut. Dem würde doch keiner den skrupellosen Bankräuber abnehmen.

Da fand Jean endlich, was er suchte: Im Taschenkalender seines Vaters steckte ein loser Zettel. Und darauf stand: »23. Dezember, 9:00, Spuerkeess Monnerëch«.

Monnerëch, das Nachbardorf. Sein Vater war zwar, wie jeder anständige Luxemburger, seit immer und auf immer Sparkassenkunde, aber seine Filiale war die in Esch. Das hieß nichts Gutes.

Jean rannte die Treppen hinunter, immer zwei Stufen auf einmal nehmend, was in diesem Haushalt streng verboten war, denn das Treppenhaus war eng, und es hatte einmal seine Schwester bei einer ähnlichen Aktion vor vielen, vielen Jahren, als sie zwölf war, tatsächlich die Stufen runtergehauen, und seither hatte sie zwei Zähne aus Plastik.

Jean warf einen Blick in die Garage. Die blaue Mercedes-A-Klasse war weg.

»Jhahang?«, hört er seine Mutter von oben, »ist was?«

»Nahein«, rief er zurück, schnappte sich seinen Mantel, schlüpfte in die Schuhe und sprang vor die Tür. Dann fiel ihm ein, dass er keine luxemburgische Taxinummer auswendig konnte, also wieder rein, ins Arbeitszimmer seines Vaters, dort klebte am Festnetztelefon ein gelber Aufkleber mit den wichtigsten Nummern.

Kaum hatte er sich ein Taxi bestellt, stürzte er wieder runter und lief die Straße entlang, dem Taxi entgegen.

»So schnell es geht«, blökte er den Fahrer an, er war kaum im Auto, »die Strafzettel zahle ich.«

Das ließ sich der Taxifahrer nicht zweimal sagen und stieg mit beiden Füßen aufs Gas, sodass es Jean fest in den Sitz drückte. Gottseidank einer, der auch immer schon mal Actionheld sein wollte, dachte er und schaute auf die Uhr. Zehn vor neun. Das wurde knapp.

Vor der betreffenden Bankfiliale angekommen, griff Jean in seine Geldbörse und fand darin nur einen Hunderter. Stimmt, darüber hatte er sich noch am Flughafen geärgert, dass der Bankomat keine kleineren Scheine hatte. Egal. Er warf dem Fahrer den grünen Schein hin und fügte im Hinauseilen »Stimmt so« hinzu.

Hoffentlich war es noch nicht zu spät. Hoffentlich konnte er seinen Vater noch aufhalten, den größten Blödsinn seines Lebens zu machen. Hoffentlich.

Zumindest schien in der Bank noch kein Überfall stattzufinden. Alles war ruhig, keine Schalterbeamtin, die mit verstohlenen Blicken um sich warf, kein Wachmann, der mit einem verdächtigen roten Fleck auf der Brust nur mal kurz eingedöst zu sein schien, keine nervös schwitzenden Kunden, die verstecken mussten, dass sie von einem netten alten Opa mit vorgehaltener Waffe dazu genötigt wurden, so zu tun, als wär alles aber so was von normal.

Nur einer passte nicht in dieses Bild der morgendlichen Gelassenheit. Und das war Jeans Vater.

Jean entdeckte ihn in einer Ecke an einem Stehtisch, ohne dass er den vor sich liegenden Zahlschein tatsächlich ausfüllte. Stattdessen schaute er sich um. Offensichtlich so, dass niemand es mitbekommen sollte. Er machte große Augen, als er seinen Sohn erblickte.

»Komm mit«, zischte Jean ihm ins Ohr.

»Das geht jetzt nicht«, zischte der zurück.

»Natürlich geht das«, zischte Jean nun schon etwas lauter, »das hat genau jetzt und hier ein Ende.«

»Du verstehst das nicht«, flüsterte sein Vater zurück.

»Und ob ich das verstehe. Und jetzt Schluss.«

»Nein.«

»Doch.«

Sie waren beide lauter geworden, ein paar Leute drehten sich bereits um. Doch das war Jean jetzt egal. Es gab Schlimmeres, als blöd angeschaut zu werden. Also packte er seinen Vater am Ärmel und begann, ihn zum Ausgang zu zerren.

»Lass mich los, lass mich los«, entfuhr es dem alten Mann.

Ein Herr in dunklem Anzug und Krawatte, wohl der Filialleiter, schaute besorgt.

»Lass mich sofort los.« Jeans Vater versuchte, sich dem Griff seines Sohnes zu entziehen.

»Kann ich helfen?«, fragte der Herr.

»Neinnein«, versuchte Jean zu beschwichtigen.

»Neinnein«, pflichtete sein Vater ihm bei.

In dem Moment gab es einen lauten Knall. Der Filialleiter, Jeans Vater und Jean drehten sich gleichzeitig um.

»Das ist ein Banküberfall«, krächzte es unter einer fleischfarbenen Strumpfhose hervor. In der Decke klaffte ein Loch, und Staub bröselte herab.

»Aber ...«, stammelte der Filialleiter.

»Aber ...«, stammelte auch Jean.

»Aber, Hubert«, sagte Jeans Vater mit fester Stimme. Und ging auf den recht kleinen Mann zu, der mit zittriger Hand ein klapprig wirkendes Jagdgewehr vor sich hielt.

»Papa«, rief Jean.

Der ließ sich nicht beirren. »Das hat doch keinen Sinn«, sagte er dem Bankräuber. »So wirst du das Haus doch auch nicht retten können.«

»Aber wie denn dann?«, erklang die zittrige Stimme eines alten Mannes unter der Strumpfhose.

»Ich helf dir doch, Hubert, das hab ich dir doch gesagt.«

»Nein«, krächzte es zurück, »du hast gesagt, bei so was machst du niemals mit.«

»Natürlich mach ich bei einem Banküberfall nicht mit«, antwortete Jeans Vater, »und ich wünschte, ich hätte dich aufhalten können, ehe du hier aufgetaucht bist.«

»Alles ist weg, das Haus, meine Frau, meine Eier«, weinte der Bankräuber jetzt.

»Deine Frau ist schon seit Jahren tot, mit deinen Hoden hättest du eh nichts mehr anfangen können, und bevor dich der Krebs auffrisst, ist es doch besser, die sind raus.« Jean beobachtete, wie sein Vater ganz behutsam die Hand auf den Lauf des Gewehres legte. Er selbst hoffte nur, dass auch alle anderen in der Bank Anwesenden es wie er machten und sich ruhig verhielten.

»Dass ich jetzt keine Eier mehr hab, das kostet mich mein Haus«, schluchzte es nun hinter der Strumpfhose. Ein nasser Fleck bildete sich da, wo sich die Nase abzeichnete.

»Ich gebe dir das Geld, das du brauchst. Das hab ich dir gesagt. Hubert, hörst du mir zu? Wie lange sind wir jetzt schon Nachbarn? Vierzig Jahre?«

»Fünfundvierzig«, kam es kleinlaut von Hubert.

»Fünfundvierzig Jahre, genau. Ich lass dich doch jetzt nicht im Stich.« Jeans Vater drückte den Lauf des Gewehres leicht nach unten. Hubert ließ es geschehen.

»Woher willst du denn so viel Geld nehmen?«, fragte er.

»Vom Dach«, antwortete Jeans Vater, »ich habe doch schon alles in die Wege geleitet. Ein Dachdecker aus Audun schreibt mir für die Versicherung eine Rechnung über die doppelte Summe der anfälligen Dacharbeiten. Den Überschuss kriegst du, sobald die Versicherung gezahlt hat. Sturmschaden, eindeutig, die übernimmt.«

»Echt?«

»Ja.«

Eine lange Stille.

Endlich senkte Hubert das Gewehr ganz nach unten, Jeans Vater nahm es ihm ab und lehnte es gegen einen Geldautomaten.

»Und jetzt komm.« Er legte den Arm um die Schultern seines Nachbarn und Freundes und bugsierte ihn zur Tür hinaus. Natürlich wartete dort längst die Polizei und führte den armen Mann ab.

Nach den ganzen Befragungen gelang es Jean schließlich, seinen Vater abzupassen. Zusammen gingen sie zum Auto.

»Du fährst«, sagte Jeans Vater und reichte ihm den Schlüssel.

Doch auch als sie im Auto saßen, startete Jean das Auto lange nicht.

»Du hast also nicht für dich im Internet nach Waffen gegoogelt?«, fragte er schließlich leise.

»Natürlich nicht«, entgegnete sein Vater. »Allerdings wusste ich am Anfang auch nicht, weshalb mich Hubert darum gebeten hatte, nach Skimasken und blickdichten Strumpfhosen zu suchen. Weil er im Krankenhaus kein WLAN hatte.«

»WLAN«, meinte Jean, »was du alles weißt.«

Doch sein Vater ließ sich nicht beirren: »Bei den Waffen wurde ich stutzig. Und habe ihn gefragt. Da hat er mir alles gebeichtet. Ausgerechnet ein Banküberfall. ›Wer kommt denn schon auf einen alten Mann wie mich?‹, hat er gesagt. Vergeblich habe ich versucht, es ihm auszureden. Aber da ich seinen Plan kannte, wollte ich ihn abpassen, bevor es zu spät war.« Er seufzte schwer. »Tja, ist mir nicht gelungen.« Nach einer weiteren langen Pause drehte sich Jeans Vater auf einmal zu ihm um: »Und du hast gedacht, ich überfalle die Bank?«

»Ja, nein …«, stotterte Jean vor sich hin.

»Ja, nein«, machte ihn sein Vater nach, »was denn jetzt?«

Jean schwieg.

»Und der Oma sagen wir nichts davon, hast du gehört?«

»Aber …«, versuchte Jean etwas einzuwenden.

Doch sein Vater unterbrach ihn: »Kein Sterbenswörtchen, klar?« Er erhob einen drohenden Zeigefinger. »Und jetzt fahr, wir müssen noch die Bûche abholen. Und dann wechsel endlich diese blöde Glühbirne im Bad, seit Wochen zetert sie schon, dass sie nichts mehr sieht. Dabei liegt das nicht am Licht. Aber das sagst du ihr auch nicht, dass ich das gesagt habe.«

Jean nickte nur und startete den Wagen.

»Und bei meinen Zeitungen fehlt noch das *Lëtzebuerger Land*, das hast du vergessen einzuprogrammieren.«

»Tut mir leid«, sagte Jean und fuhr nach Hause.

5

Thomas Kastura

Die allerletzte Lesung

Weißenbrunn

Über den Autor

Thomas Kastura, geboren 1966 in Bamberg, lebt ebendort mit seiner Frau und seinen beiden Töchtern. Er studierte Germanistik und Geschichte und arbeitet seit 1996 als Autor für den Bayerischen Rundfunk. Thomas Kastura schrieb zahlreiche Erzählungen, Jugendbücher und Kriminalromane. 2017 erhielt er für die Erzählung *Genug ist genug* den Friedrich-Glauser-Preis. Sein Roman *Todesströmung* erschien 2018 unter dem Pseudonym Gordon Tyrie bei Droemer.
Mehr zum Autor unter www.thomaskastura.de.

Nach dieser Lesung würde endgültig Schluss sein. Und mit »endgültig« meinte er: Tabula rasa, ohne Kompromisse. Er hatte es satt, Perlen vor die Säue zu werfen, diesen Affentanz immer aufs Neue mitzumachen und eine Rolle zu spielen, die weiter von seinem Selbstbild entfernt war als die Erde vom Mars. Diesmal war es ihm ernst. Todernst. Ohne eine Leiche würde es heute nicht abgehen. Eine wirkliche Leiche, oh ja.

»Adventliches Krimimenü« – das sagte doch alles. Worum ging es hier? Um Kunst oder um verkokeltes Federvieh? Hauptsache, volle Bäuche. Die meisten Leute, die so eine Veranstaltung besuchten, kannten seines Erachtens nicht einmal den Unterschied zwischen Tolstoi und Tolkien.

Vielleicht war er verzweifelt, weil die Bank keinen Kredit mehr herausrückte. Vielleicht hatte sich seine depressive Grundstimmung zu einem finalen Zerstörungswahn ausgewachsen. Sicher war nur eines: Dieser Abend würde eine spektakuläre Wendung nehmen. Er würde mit einem Paukenschlag von der Bühne abtreten. Sein offener Abschiedsbrief an alle wichtigen Zeitungen lag bereits im Briefkasten. Es gab kein Zurück.

Er war durch und durch Profi, überließ nichts dem Zufall. Vor einer Lesung vollführte er bestimmte Rituale. Dazu gehörte das Ankleiden. Im Grunde war es ein *Ver*kleiden.

Zuerst schlüpfte er in seine Lesungshose, dunkle Chinos, die auch als Anzughose durchgehen konnten. Manchmal experimentierte er mit einem lässigen Schlabberlook, durchlöcherten Jeans, ausgeleierten T-Shirts, ein bisschen antibürgerlich durfte es in größeren Städten schon sein. Doch inzwischen hatte sich sein Wirkungskreis auf ländliche Gebiete verlagert, auf Käffer, die sich höchstens einmal im Jahr einen Kulturabend leisteten, bevorzugt vor Weihnachten. Dort kam ein offiziöses Auftreten besser an.

Seine Chinos bestanden aus Stretchmaterial, ideal für eine Lesung im Sitzen. Nichts sollte seine Atmung beeinträchtigen, kein enger Hosenbund, kein straffer Gürtel. Dazu trug er ein schwarzes Hemd, passend zum Thema »Krimi«. Die Farbe Schwarz wurde förmlich erwartet, diese Intellektuellenuniform. Ein Narrenkostüm wäre ehrlicher, fand er.

Er zog schwarze Sneakers mit weißer Sohle an – sein Zugeständnis an die vorherrschende Mode sowie ein Hauch Unkonventionalität. Außerdem hatte bequemes Schuhwerk einen praktischen Nutzen. Wie oft war er durch die Ganglabyrinthe von Schulhäusern geirrt? Durch gähnend leere Fußgängerzonen, durch schmuddelige Bahnhofshallen, kilometerweit entfernt vom Leseort? Für solche Fußmärsche benötigten seine Schriftstellersohlen eine gewisse Dämpfung.

Zuletzt kam sein Lesungsjackett, mitternachtsblau. So ein Jackett musste hochwertig verarbeitet sein. Es musste Platz bieten für diverse Schreibwerkzeuge: einen Kuli für alltägliche Zwecke wie das Gegenzeichnen der Rechnung, Notizen, Einträge in sein Fahrtenbuch; einen Bleistift, mit dem er – teilweise sogar während der Lesung – Verbesserungen am Text vornahm oder ihn mit Markierungen versah, kleine Akzente für Betonungen, Doppelstriche für Pausen und vieles mehr; und seinen Signierfüller, der schwarze Tinte enthielt. Leute, die nach der Lesung ein Buch kauften und eine Signatur oder eine Widmung verlangten, waren mächtig beeindruckt von seinem alten Füller. Tinte vermittelte etwas vom ursprünglichen Schreibprozess, von der Mühsal des künstlerischen Handwerks und der Kreativität, die dahintersteckte.

Des Weiteren befanden sich in seinem Lesungsjackett: Visitenkarten, Papiertaschentücher, eine Hals- und eine Hustentablette zum Lutschen (einzeln verpackt) sowie der Ablaufplan der Veranstaltung. Das Jackett verfügte über ein saugfähiges Innenfutter. Trotz langjähriger Erfahrung war ein gewisses Maß an Transpiration oft unvermeidlich.

Im Spiegel überprüfte er sein Äußeres – zum letzten Mal. Er hatte eine Feuchtigkeitscreme mit Antiglanzeffekt aufgetragen. Da er immer mit vollem Einsatz las, wollte er nach einer Stunde Monolog nicht aussehen wie ein Schwein vor der Schlachtung. Scheinwerfer, falls vorhanden, erhöhten die Raumtemperatur. Dagegen musste man gewappnet sein. Noch ein wenig mattierender Gesichtspuder auf Nase, Stirn und Wangen – fertig.

Atemprobe. Kein Knoblauch und keine Zwiebeln, so hieß es schon in Shakespeares *Sommernachtstraum*. Mittags hatte er nur ein leichtes Tomaten-Rucola-Sandwich zu sich genommen. Keine schwere Kost vor mündlichem Vortrag.

Schließlich steckte er das Giftfläschchen ein. Ein befreundeter Apotheker hatte es ihm vor Jahren zu Demonstrationszwecken zusammengemischt: farblos, geruchlos, geschmacklos, angeblich schnell wirkend, eine Arsenverbindung. Auf dem Etikett befand sich ein Totenkopf.

Und da er ein Typ war, der stets auf Nummer sicher ging, schob er eine Taschenpistole in die andere Hosentasche. Eine verkleinerte PPK von Walther, Kaliber 6,35 mm, die noch von seinem Großvater stammte.

Dann kam der schwierige Teil: Er musste die Bücherkiste zum Auto schleppen.

Kein Hexenschuss, kein Bandscheibenvorfall, er hatte noch mal Glück gehabt, die Bücherkiste lag im Kofferraum. Angeblich würde eine lokale Buchhandlung seine Titel zum Verkauf feilbieten. Aber darauf verließ er sich lieber nicht. Also nahm er zur Sicherheit immer eine Auswahl seiner Werke mit. Wenn heute jemand ein signiertes Buch bei ihm erwarb, würde das eine Ausgabe von letzter Hand sein, wortwörtlich.

Er gab die Adresse des Lesungsortes in das Navi ein. Mit der Bahn gelangte er nicht zu dem Gasthaus im Nirgendwo des Frankenwalds, einer dünn besiedelten Gegend zwischen der Zivilisation und der ehemaligen Zonengrenze. Also fuhr er mit dem Auto nach Weißenbrunn, obwohl er Autofahren hasste, vor allem vor Lesungen. Inzwischen waren ja nur noch Psychopathen auf den Straßen unterwegs. Entweder brachen sie alle Geschwindigkeitsbegrenzungen, oder sie blieben leicht unter dem zulässigen Tempo. Enervierend.

Während der Fahrt machte er Sprechübungen. Er richtete sich kerzengerade auf, um den Stimmapparat auf seinen Einsatz vorzubereiten. Er drehte den Kopf hin und her zur Lockerung der Nackenmuskulatur. Er riss den Mund weit auf und schloss ihn wieder, machte Kaubewegungen. Mit Vokalen fing er an, A, E, I, O, U, gefolgt von Zungenbrechern, »Blaukraut bleibt Blaukraut, und Brautkleid bleibt Brautkleid«.

Dann ließ er ein Hörbuch laufen und sprach den Text nach, um ein Gefühl für das Tempo zu bekommen. Es war harte Arbeit, eine Lesung stimmlich zu gestalten. Man musste *denken*, was man aussprach, es nicht einfach Wort für Wort ablesen oder herunterleiern. Zu diesem Zweck hatte er einst Unterricht bei einer Schauspielerin genommen. Von nichts kam nichts.

Ein Fiat Panda bremste scharf vor ihm ab.

»Arschloch!«, entfuhr es ihm. Negativen Emotionen sollte man vor einer Lesung freien Lauf lassen.

Vorbei waren die Zeiten, als ein Autor mit einer Darbietung des Knabenchors begrüßt, vom Bürgermeister persönlich empfangen und ins Stadttheater kutschiert wurde wie noch Hermann Hesse. Der Schriftsteller musste sich selbst seinen Weg suchen zu einem Etablissement namens Goldener Schwan.

Er stellte den Wagen neben dem Gasthaus ab. Der ungepflasterte Parkplatz glich einer Schlammlandschaft. Warum regnete es immer, wenn er an einem Lesungsort ankam? Gab es einen Lesegott, der keine Krimis mochte? Oder der nur *seine* Krimis nicht mochte?

»Golden« war dieser Schwan, Wappentier aller Dichter, schon lange nicht mehr zu nennen. Er lag an einer Durchgangsstraße, das gesamte Dorf schien nur ein Durchgangsdorf zu sein. Die von Lkw-Abgasen patinierte Fassade des Gasthauses machte einem Spukschloss alle Ehre. Durch ein paar gelblich getönte Scheiben im Erdgeschoss versuchte funzeliges Licht nach draußen zu dringen.

Er stieg aus. Seinen Schriftstellerschal, der ihn sonst zuverlässig vor Halsentzündungen schützte, hatte er nicht mitgenommen. Das war ein Fehler. Mit Hagelkörnern durchsetzte Windböen rissen ihm seine Flüche von den Lippen. Geduckt holte er die Bücherkiste aus dem Kofferraum und eilte zum Eingang. Der wirkte mehr wie ein Notausgang.

Natürlich war er pünktlich, 19.30 Uhr, eine halbe Stunde vor Lesungsbeginn, wie verabredet und mehrmals per E-Mail bestätigt. Doch die Gaststube war leer.

Er folgte dem Essensgeruch nach Kohl und Röstaromen und erreichte, seine Bücherkiste immer noch unter dem Arm tragend, die Küche. Dort fand er den Wirt im Zwiegespräch mit der Köchin. Anscheinend verhandelten die beiden wichtige Dinge bei einer Flasche Schnaps.

Nach mehrmaligem Räuspern wurde man endlich auf ihn aufmerksam.

»Die Lesung ist oben im Saal!«, sagte der Wirt, ohne hochzuschauen. »Die Frau von der VHS kommt gleich.«

Der Schriftsteller warf einen Blick auf die Töpfe. »Was gibt's denn Schönes heute Abend?« Es war immer ratsam, mit den Eingeborenen zwanglos Kontakt aufzunehmen.

Widerstrebend löste sich die Köchin von ihrem Schnapsglas. Sie trug einen verwaschenen Kittel, der schon bessere Tage gesehen hatte, vor allem hygienischere angesichts der Achselbehaarung, die aus ihrer ärmellosen Arbeitskleidung hervorwucherte. Wo man hinspuckt, keimt es! Das wusste schon Max Frisch.

»Erst gibt es Hochzeitssuppe. Dann kommt die Gans mit Klößen und Sauerkraut. Zum Nachtisch Vanilleeis.«

»Alles frisch zubereitet, oder?« Der Schriftsteller versuchte ein teambildendes Lächeln.

»Die Suppe ist von gestern übrig«, sagte die Köchin. »Da haben wir eine größere Gesellschaft gehabt. Aber das kann man ja gut aufwärmen. Das Kraut auch.«

»Da schmeckt es noch besser!«, ergänzte der Wirt.

Die Köchin nickte. »Und die Klöße hab ich vorhin erst gemacht! Bei uns ist alles Handarbeit!«

Wieder fiel der Blick des Schriftstellers auf die Achseln der Köchin, doch er verbat es sich, über die hiesige Knödelformtechnik zu spekulieren. »Die Gänse kommen doch bestimmt von einem Bauernhof aus der Region?«

»Freilich. Region Ungarn!«

»Und was hat das alles mit Krimi zu tun?«, wandte er ein.

»Na, die Gänse sind doch tot!« Die Köchin lachte, ihr Mutterwitz steckte an. »Und zum Vanilleeis mache ich Himbeersoße, die sieht aus wie Blut!«

»Tolle Idee«, gab der Schriftsteller zurück, nicht ohne Ironie. »Da dürfen wir uns ja auf ein kulinarisches Highlight freuen!«

»Gibt's auch Musik?«, fragte der Wirt, eine vierschrötige Gestalt mit starker Gesichtsrötung.

»Musik?«

»Weil der Ding neulich, der hat Akkordeon gespielt zu seiner Lesung.«

»Bedaure, leider beherrsche ich kein Instrument.«

»Beim Ding hatten wir volles Haus! Über hundert Leut waren da, und eine Stimmung haben wir gehabt!«

»Wann war denn die Lesung von dem Ding?«, fragte der Schriftsteller und vermutete, dass mit dem »Ding« ein Kollege gemeint war, dessen Mundartdichtung so einfach gestrickt war wie Häkelhauben für Klorollen.

»Vorgestern! Der Hammer war das!«

»Dann gibt es hier ja jede Menge Literaturfreunde!«

»Heute ist Champions League. Letztes Spiel vor der Winterpause.«

»Wirklich?«, fragte der Schriftsteller.

»Und im Feuerwehrhaus ist Jahresversammlung, da geht das halbe Dorf hin, schon wegen dem Glühwein.«

»Dann ist der Lesungstermin wohl etwas unglücklich gewählt.«

»Da steckt man nicht drin.« Der Wirt winkte ab. »Gehen Sie schon mal hoch.«

Zum sogenannten Saal im ersten Stock führte eine Wendeltreppe empor. Der Schriftsteller bugsierte seine Bücherkiste nach oben und sah sich um. Das war nicht ganz einfach, weil alles im Finstern lag. Nach einer Weile fand er den Lichtschalter.

Neonlampen schufen eine eher unheimelige Atmosphäre. Es gab einen quadratischen Lesetisch mit Resopalplatte, ein mal ein Meter. Davor standen vier Esstische mit Bestuhlung. In einer Ecke waren weitere Tische und Stühle abgestellt für den Fall einer unerwarteten Publikumsflut trotz Fußball und Feuerwehr.

Er suchte sich ein Fensterbrett für seine Bücherkiste und begann auszupacken. Es brachte nichts, Bücher einzeln auszulegen. Dann wurde die Käuferschaft misstrauisch. Am besten waren große Stapel ein und desselben Titels. Die Leute waren auf Schlussverkauf geeicht. Wenn er noch ein »Sale«-Schild dranmachte, würden sie ihm die Bücher aus den Händen reißen. Aber das ging nicht. Feste Buchpreisbindung.

Sein Atem bildete kleine Wölkchen, es war eisig kalt. Er prüfte die museumsreifen Heizkörper – sie waren nicht eingeschaltet. Er drehte sie voll auf, was ein Rumpeln und Pfeifen in den Leitungen erzeugte.

»Sie sind ja schon da!«

Er fuhr herum.

»Schön, Sie kennenzulernen!« Die Frau von der VHS stellte sich als Frau von der VHS vor, die schon immer mit ihm, dem Schriftsteller, eine Lesung hatte machen wollen. Sie umarmte ihn so fest, als wollte sie ihn nie wieder loslassen. Und ein bisschen länger, als es angesichts der Tatsache, dass sie sich noch nie begegnet waren, vertretbar war. »Und? Passt alles für Sie?«

»Ein Mikrofon wäre nicht schlecht.«

»Das haben wir noch nie gebraucht. Und wahrscheinlich kommen nicht so viele. Wir hatten nur zwei Voranmeldungen.«

»Schade.«

»Über die Abendkasse geht sicher auch noch was. Ich habe den Eintrittspreis auf zehn Euro herabgesetzt.«

»Wie sieht es mit der Beleuchtung aus? Ich brauche Licht. Vielleicht eine Leselampe?«

Die Frau von der VHS setzte sich probeweise an den quadratischen Tisch. »Also, ich kann von hier aus alles erkennen.« Ihr Blick fiel auf seinen Ehering, den er nur noch aus Nostalgie – und als Vorsichtsmaßnahme – trug. »Sie sind ja verheiratet!«

»Eigentlich …«

Plötzlich wirkte sie weniger herzlich. »Irgendwie habe ich den Eindruck, dass Krimis nicht mehr so gehen wie früher. Haben Sie auch diese Erfahrung gemacht?«

»Das wird schon«, sagte der Schriftsteller geduldig.

»Was wollen Sie denn lesen?«, fragte sie skeptisch. »Zwischen den Gängen natürlich, da bleibt wenig Zeit.«

»Wie abgesprochen Erzählungen. Die sind sehr beliebt.«

»Erzählungen?«, wiederholte sie. »Ich lese nur Romane!«

»Romane schreibe ich auch. Aber in meinem neuen Buch …«

»Na, das überlasse ich Ihnen. Wir ziehen das jetzt durch!«

»Die Buchhandlung hat es wohl nicht geschafft?«

»Welche Buchhandlung?«

Die Raumtemperatur stieg nur um wenige Grad. Aber das schien dem Publikum nichts auszumachen. Es war mit den Örtlichkeiten vertraut und behielt Jacken und Mäntel vorerst an. Sieben Dorfbewohner waren erschienen, inklusive der Frau von der VHS und der Bedienung, also fünf richtige Gäste, verteilt auf zwei Tische, die übrigen zwei blieben leer. Einer der fünf Gäste war der Pressevertreter, ein dicklicher junger Mann, der einen Literaturblog mit drei Rezensionen täglich verfasste, wie er stolz mitteilte, und sich ansonsten als freier Mitarbeiter für das Lokalblatt verdingte.

Nachdem alle mit Getränken versorgt waren (der Schriftsteller mit einem Glas Sprudel, obwohl er um stilles Wasser gebeten hatte), erfolgte die Begrüßung. Die Frau von der VHS las den Klappentext eines seiner Bücher vor, verhaspelte sich bei seinem Nachnamen und bedauerte, dass der Bürgermeister wegen dringender Termine – Feuerwehr – unabkömmlich war.

»Und nun übergebe ich das Wort an unseren Schreiberling!«, sagte sie und ging zu ihrem Platz zurück.

Kein Applaus. Der Schriftsteller tastete nach dem Giftfläschchen in seiner Hosentasche. Es war noch da. Die Pistole in der anderen Tasche ebenfalls.

Er setzte sich in Positur und begann mit einer launigen Einführung über sich und seine Werke, erntete ein paar Schmunzler. Richtige Lacher, das war ihm nach wenigen Minuten klar, würden diesem Publikum kaum zu entlocken sein. Er befand sich im Frankenwald. Da war man mit Affektbezeugungen sparsam.

Ein letzter Blick in die Runde. Er hatte es mit vier Gästen zu tun, die aus freien Stücken in den Saal des Goldenen Schwan gekommen waren, zwei Paaren. Bei Paar Nummer eins musste es sich, nach den kulturbeflissenen Mienen zu urteilen, um einen pensionierten Lehrer und seine Gattin handeln. Paar Nummer zwei wirkte, als hätte es einen langen Arbeitstag in der Landwirtschaft hinter sich, Gülle auf den Äckern ausbringen oder Ähnliches, der Geruch lag andeutungsweise in der Luft.

Der erste Satz der Auftakterzählung wurde von einem Huster unterbrochen. Der Schriftsteller hob noch einmal an. Doch auch der zweite und dritte Satz fiel der Erkältung des Lehrers zum Opfer. Den Landmann mit dem Gülleparfüm schien das nicht zu stören. Das Kinn sank ihm auf die Brust, und er begann leise, aber vernehmlich zu schnarchen.

Doch der Schriftsteller hatte schon ganz andere Störungen überstanden. Er las tapfer weiter und kam immerhin zehn Seiten weit, als der Ruf »Die Suppe!« ertönte.

Die Bedienung entnahm dem Speiseaufzug ein Tablett mit dampfenden Tellern. Der erste Gang wurde serviert.

Für den Schriftsteller war keine Portion eingeplant. Schon jetzt, fand er, konnte man diesen Abend mit Fug und Recht als Lesung des Grauens bezeichnen. Der perfekte Anlass, ein für allemal ein Zeichen zu setzen. Vielleicht würde er als Werther der Kriminalliteratur in die Geschichte eingehen.

Sein nächster Leseblock lief ähnlich ab. Der Husten des Lehrers ließ etwas nach, dafür wurde das Schnarchen des – inzwischen leicht gesättigten – Landmanns stärker. Immer wieder blickte der Schriftsteller hoch, doch auch seine besten Pointen riefen keine Reaktionen hervor.

Während Gänsebrüste, Klöße und Sauerkraut auf den Tisch kamen, vertrat er sich die Beine und ging in die Küche hinunter. Dort legte sich die Hektik der Essensausgabe gerade. Köchin und Wirt gönnten sich eine Zigarettenpause. In einem kleinen Topf auf dem Herd blubberte Himbeersoße, offenbar in Vorbereitung für das Dessert.

»Das hat ja wie am Schnürchen geklappt«, scherzte der Schriftsteller. »Kompliment!«

»Passt schon«, sagte der Wirt, während er auf einem kleinen Röhrenfernseher ein Champions-League-Spiel verfolgte. Er schien sich in der vergangenen Stunde kaum von der Stelle gerührt zu haben.

Die Köchin genehmigte sich einen Schnaps und schwieg.

»Oben läuft es ganz gut«, schwindelte der Schriftsteller.

»Heut kommen die Leut nur wegen dem Essen.« Der Wirt blickte unbeirrt auf den Bildschirm. »Dem Lehrer seine Frau kann nicht kochen. Und der Mühlbauer frisst Gans für sein Leben gern.«

»Wer kann bei einem Preis von zehn Euro schon nein sagen? Für ein ganzes Menü plus Lesung.«

»Beim Ding vorgestern war die Hütte voll!«

»Das sagten Sie schon.«

Dem Schriftsteller dämmerte es. Er war hier nur der Pausenclown, der Kulturdepp zwischen den Gängen – und zudem das Opfer einer terminlichen Fehlplanung. Es war noch schlimmer gekommen, als er befürchtet hatte.

Vielleicht sollte er sein Vorhaben ausweiten? Er war ja auf alle Eventualitäten vorbereitet. Wenn er ein paar Weißenbrunner mit in den Tod nahm, würde das seine Botschaft sicher verstärken. Statt »Ohne mich!« würde es zugleich heißen: »Ohne euch!« Das war nur konsequent. Wenn man auf den Autor verzichten konnte, sollte das auch fürs Publikum gelten. Verzicht auf der ganzen Linie.

Die Köchin stierte auf ihr Schnapsglas, der Wirt auf den Fernseher. Eine günstige Gelegenheit, das Giftfläschchen hervorzuholen, es aufzuschrauben und den Inhalt in die Himbeersoße zu kippen.

Der Leseblock vor dem Nachtisch wurde von den üblichen Schnarchgeräuschen begleitet, außerdem von Aufstoßern, Gähnern und Geschmatze zum Zwecke der Zahnreinigung, die Gänsebrüste waren wohl etwas zäh geraten. Dennoch lief der Schriftsteller zur Höchstform auf, Thomas Mann hätte es nicht besser machen können. Ein letztes Mal führte er sein Auditorium an Orte, die zu betreten es nie hoffen durfte, stellte ihm Geschehnisse vor, die nichts weniger als der Spiegel und die abgekürzte Chronik des Zeitalters waren.

Dann kam das Vanilleeis. Zwei Kugeln pro Person. Mit Himbeersoße.

Die Schnarcher erwachten, und ausnahmslos alle Zuhörer, sogar die Bedienung, schaufelten den Nachtisch in sich hinein, als würden Lebensmittel demnächst rationiert.

Der Schriftsteller wartete, bis auch der letzte Löffel vertilgt war. Gut. Jetzt würde das Gift seine Wirkung tun. Zehn Minuten, hatte ihm der Apotheker gesagt, dann sei Feierabend.

Genug Zeit, diesen Banausen eines seiner frühen Gedichte vorzutragen. Die hatte er nur für die Schublade geschrieben, bevor er dem Krimi verfallen war.

Weihnacht
Weihnacht und drei Könige
Drei Könige
Drei Könige und Kinder
Weihnacht
Weihnacht und Kinder
Weihnacht und drei Könige und Kinder und
ein Herodes

Der Schriftsteller nahm nicht an, dass irgendeiner der Anwesenden das Gedicht und seinen parodistischen Bezug verstand. Aber das war ihm egal. Sollte sich die Nachwelt mit seinem literarischen Erbe auseinandersetzen.

Der Lehrer griff sich an den Bauch und eilte zu den Toiletten. Offenbar kam es zu ersten Reaktionen auf das Gift.

Auch die Frau von der VHS sah nicht mehr taufrisch aus. Totenbleich verdrehte sie die Augen. Dem Landmann ging es ähnlich. Binnen Kurzem blickte der Schriftsteller nur noch in Leidensmienen.

»Zeit für den Schlussakt!« Er zückte die Pistole und hielt sie sich dramatisch an die Schläfe. »Hiermit spreche ich die drei verbotenen Worte: Krimi! Tod! Applaus!«

Er zog den Abzug, woraufhin sich ein Projektil von 6,35 mm in seinen Schädel bohrte und sein Oberkörper nach vorn auf die einen mal einen Meter große Lesetischplatte kippte.

Die Weißenbrunner verharrten ungläubig. Sekunden verstrichen. Schließlich begann die Frau von der VHS zu klatschen, andere fielen ein. »Was für ein gelungener Theatereffekt!«, rief der Pressevertreter.

Dann drängten alle zum Klo.

Niemand starb. Wie sich herausstellte, war das Gift nur eine Attrappe gewesen. Kein verantwortungsvoller Apotheker würde einem als reizbar und labil bekannten Schriftsteller Gift geben, auch nicht aus Freundschaft. Die Übelkeit der Lesungsgäste rührte von dem Sauerkraut, das trotz der Beteuerungen des Wirtes und der Köchin wohl etwas unverträglich gewesen war. Und der Schriftsteller hatte nicht mit der geringen Durchschlagskraft des Projektils und den altersschwachen Treibladungen der Patronen gerechnet. Die Kugel hatte nichts Wichtiges getroffen, sie war in der Außenseite der Schädeldecke stecken geblieben – leicht entfernbar für den Notarzt.

Der Abschiedsbrief war problematischer. Aber als klar war, dass der Absender überlebt hatte, wurde der Brief als schlechter Scherz abgetan und von keiner Zeitung veröffentlicht. Es gab Wichtigeres zu berichten.

Der Schriftsteller hielt weiterhin Lesungen, allerdings in der geschlossenen Abteilung der Bayreuther Psychiatrie. Alle hörten ihm aufmerksam zu, alle mochten ihn, auch die Pfleger. Nur wenn es Gänsebrust gab, verfiel er in eine tagelang anhaltende Schockstarre. Und als an einem unglücklichen Mittwochabend, vor einer Champions-League-Übertragung, Vanilleeis mit heißen Himbeeren auf dem Speiseplan stand, brach der Schriftsteller aus.

Zuletzt sah man ihn auf dem Staffelberg, direkt an der Klippe sitzend, Krimis in die Ferne rezitierend.

6

Ivonne Keller

Ein Slip für den Nikolaus

Frankfurt am Main

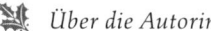 *Über die Autorin*

Ivonne Keller, geboren 1970 in Hessen, ist freiberufliche Schriftstellerin. Schon seit ihrer Kindheit liebt sie das Spiel mit der Sprache. Diese Faszination für Sprache, gekoppelt mit dem Interesse für alles Menschliche, führte sie neben ihrer früheren Tätigkeit als Personalerin zum Schreiben. Ivonne Keller lebt mit ihrer Familie in der Nähe von Frankfurt am Main. Mehr zur Autorin unter www.ivonne-keller.de.

Das von außen mit Lichtstrahlern in Szene gesetzte moderne Einfamilienhaus im Bauhausstil auf dem Sachsenhäuser Berg, einem der besseren Wohnviertel Frankfurts, wirkte wie ein Bunker. Wahrscheinlich hatte man von der Dachterrasse des Hauses einen erstklassigen Blick über die Skyline mit der historischen Fachwerkkulisse vor dem Bankenviertel – doch Richard hatte leider noch nicht das Vergnügen gehabt, der Terrasse einen Besuch abzustatten.

Es war ein eiskalter, klarer Tag und schon seit zwei Stunden dunkel. Die gepflegte Gegend war in weihnachtlichen Glanz getaucht, man legte Wert auf geschmackvolle und nicht überladene Dekoration. An Balkonen baumelnde Plastikweihnachtsmänner suchte man hier vergebens – man setzte auf glitzernde Rentiere und leuchtende Hecken in den Vorgärten sowie üppige Türkränze aus glänzenden roten Kugeln.

Richard stand als Nikolaus verkleidet etwas abseits unter den überhängenden Ästen einer immergrünen Hecke und sah hinüber zum Haus der Schönefelds. Das nüchterne Gebäude war eigentlich nicht sein Geschmack, er mochte lieber was mit Säulen und Schnörkeln, aber von innen war es die reinste Pracht.

Zuletzt war er vor drei Wochen drin gewesen. Seine Firma hatte im Keller eine Sauna eingebaut, und Richard hatte ein paarmal die Gelegenheit genutzt, wenn keiner da war, beim Materialholen Abstecher in den Rest des Hauses zu unternehmen. Irgendwie stand er drauf, sich anzuschauen, wie andere wohnten, und sei es nur, um sich vorzustellen, wie es wäre, selbst so ein Leben zu führen.

Nicht immer bekam man so viel glänzenden Stahl und Granit zu sehen wie hier, und auch keine echten Gemälde. Die waren es aber nicht, worauf er es heute abgesehen hatte. Viel zu groß.

Richard sah zu dem weitläufigen Grundstück, auf dem zur Rechten des Hauses auch eine Doppelgarage Platz fand. Er und seine Kollegen hatten immer zur Garage reingemusst, damit sie nichts dreckig machten; von dort gelangte man in den Flur, von dem auch eine Treppe in den Keller abging.

Die Hausherrin arbeitete freiberuflich als »Coach«, wie sie ihm bei einem kurzen Plausch in der Garage erzählt hatte. Angeblich brachte sie Unternehmensbossen den »nachhaltigen Umgang mit ihren Mitarbeiterressourcen« bei. Richards Chef konnte sie seiner Meinung nach gleich mitcoachen. Gerhard zahlte nämlich miserabel. Und zwar so mies, dass Richard nichts anderes übrig blieb, als am Wochenende schwarzzuarbeiten. Damit sollte nun endgültig Schluss sein. Er war fast sechzig, und abends taten ihm alle Knochen weh.

Er sah die Straße hinunter. Wann kam er denn endlich? Der Mann der Madame, die übrigens Brigitte hieß, sollte heute besonders pünktlich sein.

Sie war jedenfalls schon bereit. Durch die bodentiefen Fensterscheiben sah Richard sie auf dem hellen Nappaledersofa sitzen, während der achtjährige Sebastian im Sessel vor dem Kamin auf dem Handy daddelte, um die Zeit zu überbrücken, bis der Nikolaus kam.

Auf dem Sofatisch stand ein Adventskranz mit vier großen Kerzen, eine davon brannte und ließ das rote Wachs flackernd aufleuchten.

Eben kam lautlos die schwarze Mercedes-E-Klasse herangerollt. Der Blinker wurde gesetzt, das Einfahrtstor rollte wie von Geisterhand zur Seite, das Garagentor fuhr gleichzeitig hoch, und Peter Schönefeld bog elegant in die Garage ein, in der durch einen Bewegungsmelder das Licht anging. Bevor das

Rolltor sich wieder schloss, huschte Richard alias Nikolaus über die Straße und bog in einem geschickten Winkel aufs Grundstück, sodass man ihn weder vom Haus noch von der Garage aus sehen konnte.

Richard hatte übrigens noch nie zuvor so eine saubere und ordentliche Garage gesehen. Da gab es Wandvorrichtungen für jegliches Handwerkszeug, thematisch geordnet. Hier die Sägen, dort die Schraubenzieher, da die Hämmer. Bei ihm zu Hause flog alles in einem Kasten herum und rostete vor sich hin. Gerhard und er kriegten sich wegen seiner angeblichen Unordnung öfters in die Wolle.

Als das Garagentor sich wieder in Bewegung setzte, duckte sich Richard darunter hindurch und ging hinter dem Kofferraum des Wagens von Peter Schönefeld in die Hocke. Aus der Jackentasche seines Nikolausmantels kramte er eilig die präparierte Einwegspritze hervor und zog die Kappe von der Nadel.

Eben stieg Peter Schönefeld aus. Er trug keine Jacke und fuhr sich, nachdem er ausgestiegen war, durchs graue Haar, als überlegte er, ob er tatsächlich tun sollte, was seine Frau ihm aufgetragen hatte.

Richard hatte ihn noch nicht oft zu Gesicht bekommen, dafür aber umso öfter gehört. Er und seine Frau Brigitte stritten sich abwechselnd im Wohnzimmer wie die Kesselflicker und hatten keine Stunde später im Gästezimmer am anderen Ende des Flurs unüberhörbar lauten Sex. Die Arbeiter im Keller schienen sie bei beidem ganz und gar zu vergessen.

Jedenfalls hatte Richard bei einem jener Streits im Wohnzimmer vernommen, dass Peter gefälligst am Nikolausabend »das volle Programm abspulen« sollte. Dabei hasste dieser es abgrundtief, sich in der eiskalten Garage beim Umziehen den Arsch abzufrieren und sich danach im Wohnzimmer zum Affen zu machen. Außerdem, so sein schlagendstes Argument, glaube der Junge mit seinen acht Jahren doch sowieso nicht mehr an den Nikolaus. (Vermutlich auch nicht daran, dass Mama und Papa eine glückliche Ehe führten, aber vielleicht gehörte das ganze Gezanke ja einfach zum Vorspiel, was wusste denn Richard.)

Jedenfalls hatte Richard darüber hinaus den haargenauen von Brigitte gewünschten Ablauf der »Show« mitbekommen, und da er sich in seiner Freizeit ein bisschen mit Drehbüchern für kleine Bühnenspiele befasste (er war schon von Kindesbeinen an ein recht talentierter Stimmenimitator und trat ab und zu mit einer Laienspielgruppe auf), hatte er die Ohren gespitzt. Kurz darauf war sein Plan gereift, bei dem alle auf ihre Kosten kommen würden:

Söhnchen Sebastian würde seine Show bekommen.

Peter und Brigitte ihren Streit (und damit ihren Sex!).

Und Richard ein Vermögen.

Peter Schönefeld verschwand für einen Moment aus Richards Sichtfeld und ging zu einem Metallschrank. Er holte ein auf einem Bügel hängendes glänzend rotes Nikolauskostüm mit fluffigem Rauschebart hervor, dazu ein paar Schneestiefel. Oh. Das sah alles verdammt professionell aus. Er selbst hatte sein Kostüm gebraucht gekauft. Der Bart war etwas verfilzt, und die Handschuhe waren auch nicht rot, sondern aus einfachem Strick. Außerdem war die Hose etwas kurz, sie endete ein ganzes Stück über den Knöcheln. Peter Schönefeld schlüpfte aus seinen Lederslippern und der Anzughose.

Richards Augen weiteten sich. Was trug der Kerl denn da? Eine Unterhose im Leopardenlook? Igitt.

Richard beobachtete den Mann weiter dabei, wie er Kostüm und Stiefel anzog, Gürtel und Bart umlegte, einen prall gefüllten Jutesack aus dem Metallschrank zerrte und anschließend durch seine Brille im glänzenden Lack seines Wagens sein Aussehen überprüfte.

Er nickte grimmig, schlängelte sich an der Motorhaube seines Wagens vorbei und begann, den Code an der Tür, die ins Haus führte, einzugeben.

Jetzt war Richards Moment gekommen! Lautlos schlich er sich mit ausgebreiteten Armen von hinten an, in der rechten Hand die Nadel. In einer fließenden Bewegung umschlang er Peter Schönefeld, überkreuzte kraftvoll die Arme vor dessen Brust und jagte ihm durch den dünnen Stoff des Nikolausmantels beherzt die Nadel in den linken Oberarm. Er hatte es zigmal an einer in Stoff gehüllten Orange geübt. Jetzt galt es, durchzuhalten. Wenn der Mann stärker war als gedacht, oder Richard jetzt die Nerven verlor … Das Adrenalin pumpte durch seinen Körper, während er den sich mit Händen und Füßen wehrenden Mann wie im Schraubstock hielt.

Tatsächlich dauerte es nicht lange, und der Peter-Schönefeld-Nikolaus sank dank der K.o.-Tropfen wie ein Sack zu Boden. Den dicken Jutebeutel, in dem die Geschenke für Sebastian lagen, nahm Richard an sich. Später würde darin mühelos das Schmuckkästchen aus Brigittes Schlafzimmer Platz finden.

Eilig lupfte er Peter Schönefeld den Bart vom Gesicht, zog sich das flauschige Ding selbst an und platzierte es knapp unter den Augen. Anschließend zog er die Kapuze noch etwas tiefer. Nun kamen die Handschuhe – die Madame würde sonst vielleicht doch Verdacht schöpfen. Zu guter Letzt setzte er sich noch Peter Schönefelds Brille auf – ups, die war aber ganz schön stark – und öffnete die Tür zum Hausflur.

Nun hatte Richard ziemlich genau eine halbe Stunde Zeit. Die Tropfen hatte er im Internet besorgt, es gab sogar Foren, in denen sich Leute darüber austauschten, wie sie andere damit schachmatt setzten. Meist wurden sie in Drinks gekippt, aber intravenös oder intramuskulär funktionierte genauso gut.

Im Flur nahm Richard sofort den köstlichen Geruch nach

Marzipan und Zitrusfrüchten wahr. Außerdem waberte über diesen weihnachtlichen Speisen noch ein Hauch nach … mmh. Richard rieb sich unwillkürlich den Bauch. Er eilte zur Küchentür – so viel Zeit hatte er bestimmt – und spähte über den Rand der Brille hinweg hinein. Und siehe da, was hatte er doch für eine feine Nase: Dort lachten ihn fein säuberlich aufgereiht vier kelchförmige Glasschalen an, die mit köstlichem Shrimp-Cocktail befüllt waren. Hinter der Spüle stand ein weiterer Becher. War der etwa übrig? Richard lief das Wasser im Mund zusammen.

Aus dem Wohnzimmer schallte Weihnachtsmusik zu ihm herüber. Jede Sekunde würde das Glöckchen läuten, es war gleich sieben!

Verstohlen sah er sich um und glitt in die Küche, ließ den Jutesack zu Boden gleiten und öffnete ein paar Schubladen, bis er die mit dem Besteck erwischte. Entschlossen griff er nach einem Teelöffel. Er musste einfach davon probieren! Vorsichtig stippte er aus dem Becher an der Spüle einen Löffel voll heraus, hob den Bart an und steckte die leckere Masse aus Shrimps, Avocado und Mandarinenstückchen genüsslich in den Mund.

Shit, war das ein Genuss! Eilig kauend nahm er noch ein paar Happen. Und noch welche.

Als er ein Geräusch aus dem Flur hörte, zuckte er zusammen und stellte den halbleeren Becher in der Spüle ab. Dann verbarrikadierte er mit seinem Körper die Sicht. Wer zum Teufel –?

Und schon trat sie ein.

»Hallihallo«, gurrte die junge Haushälterin, die Richard erst ein paarmal gesehen hatte. Auch jetzt erkannte er sie nicht richtig – die Brille machte ihn ganz schwummrig.

Zu seiner Überraschung drängte sich die blonde, wohlproportionierte Frau sofort an ihn und ließ unversehens ihre Hand unter seine rote Weste gleiten. Mit geübten Griffen zog sie das

Unterhemd aus Richards Hosenbund und streichelte kurz darauf seinen behaarten Bauch. Richard zog ihn unwillkürlich ein.

»Aaahhh«, gurrte die junge Frau, »da ist ja endlich mein Nikolaus. Hast du was für mich in deinem Sack?« Sie kicherte anzüglich.

Richard räusperte sich. Hier war jetzt nicht seine eigene Stimme, sondern die von Peter Schönefeld gefragt.

»Was wollen Sie von mir?«, fragte er in diesem erhabenen Tonfall, den er beim Hausherrn aufgeschnappt hatte, als dieser einmal mit den Handwerkern sprach.

Für eine Sekunde schien die junge Frau verblüfft, dann flüsterte sie: »Schönes Spiel, Herr Nikolaus. Siezen wir uns.« Sie zwinkerte. »Und, tragen Sie mein Geschenk auch brav?«

Richard schluckte. Welches Geschenk mochte sie meinen?

»Natürlich«, antwortete er und versuchte, sich aus ihrem Griff zu befreien. Vermutlich ertönte gleich das Glöckchen, so hatten die Eheleute es ausgemacht. Wenn es aus dem Wohnzimmer bimmelte, musste er los!

»Dann lass Chantalchen doch mal einen Blick darauf werfen«, hauchte die junge Frau und begann, an seiner Filzhose zu zuppeln.

»Lassen Sie das«, bat Richard, »ich muss erst mal den Nikolaus spielen, danach vielleicht ...« Denkste! Danach hatte er anderes vor.

Chantal ließ sich nicht abschütteln. Stattdessen zog sie ihm mit beiden Händen so schwungvoll die Hose herunter, wie es zuletzt seine Mama gemacht haben musste, als er ein Kind war.

»Was?!«, quiekte sie, als sie seine Unterhose zu Gesicht bekam. »Kannst du mir sagen, was das ist?«

»Meine Unterhose«, stammelte Richard in Peter Schönefelds Stimme. Es war eine etwas ältere Feinripperunterhose, bei der schon ein paar Gummis am Bund lose heraushingen. Tatsächlich könnte er mal wieder neue Unterwäsche gebrauchen. Die hier hatte sogar eine Schleifspur, die beim Waschen gar nicht mehr richtig rausging.

Richard blinzelte und zog entschlossen die rote Filzhose hoch. In diesem Moment ertönte das Glöckchen aus dem Wohnzimmer.

»Ich muss dann mal rüber …«, sagte er, doch Chantal packte ihn am Arm. Ihre Augen blitzten.

»Du hast mir versprochen, dass du heute mit deiner Frau sprichst«, flüsterte sie. »Wenn *du* es nicht tust, tue *ich* es! Ich lasse mich nicht weiter von dir hinhalten!«

Richard fehlten die Worte. Was würde Peter Schönefeld dieser Drohung entgegensetzen? Vielleicht eine der beiden Floskeln, die Richard stets schwierigen Kunden gegenüber anwandte?

»Nichts wird so heiß gegessen, wie es gekocht wird«, sagte er entschlossen und schüttelte Chantal endlich ab. »Eins nach dem anderen.«

Als er mit dem Jutesack die Küche verließ, spürte er ihre Blicke in seinem Rücken. Glücklicherweise war er bald weg hier. In Peter Schönefelds Haut wollte er nicht gerne stecken.

An der Wohnzimmertür hielt er das Ohr ans Holz. Ob er einfach eintreten sollte? Er klopfte zaghaft, spürte, wie das Herz in seiner Brust heftig klopfte. Als niemand ihn hereinbat, öffnete er die Tür einen Spaltbreit und sagte vernehmlich: »Hohoho!« Dann trat er ein.

Auf dem Glastisch vor dem Sofa stand neben dem Adventskranz eine Schale mit Bethmännchen, die richtig verlockend aussahen. Allerdings musste er zugeben, dass ihm inzwischen vom Shrimp-Cocktail ein wenig übel geworden war.

Brigittes Augen weiteten sich beim Anblick seiner zu kurz geratenen roten Hose.

Schnell schob er den vollen Jutesack davor und rief sich in Erinnerung, was die Eheleute bezüglich des Ablaufs besprochen hatten: das gemeinsame Singen des Liedes *Lasst uns froh und munter sein.*

Leider sang niemand mit ihm mit, als er zu trällern begann.

Bei »lustig, lustig, tralalalala«, schnitt Brigitte ihm mit einer Handbewegung das Wort ab.

»Nun, lieber Nikolaus, wie schön, dass du da bist«, sagte sie in einem Tonfall, der genau das Gegenteil ausdrückte. Sie deutete auf den kleinen Sebastian, der in dem großen Sessel vor dem Kamin saß und fast darin versank. »Sebastian hat ein Gedicht für dich.«

Richard richtete sich an den Jungen, der ihn mit großen Augen ansah. »Du hast ja Papas Stimme, Nikolaus!«

Scheiße. Daran hatte er gar nicht gedacht. Er hätte natürlich so sprechen müssen, als sei er Peter Schönefeld, der seine Stimme *verstellte.* Welche nahm er denn da jetzt auf die Schnelle?

Ihm fiel keine bessere ein, als die von Helmut Kohl, die hatte er ziemlich gut drauf.

»Mein lieber Sebastian«, sprach er. »Welches Gedicht hast du denn für mich vorbereitet?«

Sebastian sah unsicher zu seiner Mutter, die ihm aufmunternd zunickte und Richard dann aus schmalen Augen ansah.

Der kleine Junge räusperte sich und rutschte an den vorderen Rand des Sessels, stellte die Füße auf den Boden. Dann sagte er inbrünstig:

> *»Lieber guter Nikolaus,*
> *zogst dir mal die Hose aus,*
> *zogst sie wieder an,*
> *jetzt bist du dran.«*

Richard verzog anerkennend den Mund und lobte in Helmut Kohls Stimme: »Das hast du aber fein aufgesagt, Sebastian. Warst du denn auch immer brav?«

»Er schon«, antwortete Brigitte anstelle ihres Sohnes.

Richard ließ sich nicht beirren. Seine Gedanken waren ohnehin gerade woanders. Zum einen musste er aufstoßen – dieser dumme Cocktail war irgendwie doch zu viel gewesen. Außerdem war ihm eingefallen, dass Chantal höchstwahrscheinlich vor dem Wohnzimmer auf ihn warten würde, wenn er hier fertig war. Wie sollte er sie nur abwimmeln? Bestimmt wollte sie gleich mit ihm ins Gästezimmer. Obwohl – das war unwahrscheinlich. Die beiden würden wohl immer gewartet haben, bis Brigitte nach einem Streit wutentbrannt das Haus verließ.

Jedenfalls musste er unbedingt eine Gelegenheit finden, ungehindert – und unauffällig! – ins obere Schlafzimmer zu gelangen, um Brigittes Schmuckschatulle an sich zu bringen.

Er leckte sich über die Lippen und zog das größte Päckchen aus dem Sack – insgesamt waren es drei – und las den Namen auf dem Anhänger ab: »für Sebastian«.

Ups. Das war jetzt versehentlich seine eigene Stimme gewesen.

Sebastian schien sich nicht daran zu stören, er stürzte sich regelrecht auf das Päckchen. Mit zwei Handgriffen zerrte er das Geschenkpapier herunter und fiel Richard dann mit einem Freudenschrei um die Hüfte.

»Danke, lieber Nikolaus, genau den Todesstern hab ich mir gewünscht!«

Richard warf einen Blick auf die Verpackung. Irgendwas von Lego. Mit diesem Kram kannte er sich nicht aus.

»Da ist auch ein Päckchen für dich drin, lieber Nikolaus«, gurrte Brigitte. »Schau doch mal rein.«

»Für mich?« Richard suchte nach Worten. »Lieber nicht. Ich

muss auch ganz bald wieder los, es warten ja noch ganz viele andere Kind –«

»Pack aus, sag ich«, unterbrach ihn Brigitte.

Richard hob die Schultern und holte ein zweites Päckchen aus dem Sack. Etwas Längliches, Schmales.

»Ah!«, sagte Brigitte, »na schön, dann bin ich zuerst dran.« Richard übergab ihr das Geschenk und sah verstohlen auf die Uhr. Ihm lief wirklich die Zeit davon. In maximal zehn Minuten musste er aus dem Haus! Was, wenn das Zeug doch nicht so gut wirkte wie angepriesen?

Brigitte öffnete mit spitzen Fingern die rote Schleife des Päckchens und zog mit erdrückender Langsamkeit das Band vom Papier. Löste dann jeden Klebestreifen einzeln und tat, als wüsste sie nicht, was darin war. Dabei hatte sie es höchstwahrscheinlich selbst eingepackt.

Sebastian war zu Richards Füßen bereits damit beschäftigt, das Lego-Set auseinanderzunehmen, während seine Mutter endlich zum Inhalt ihres Geschenks vordrang.

»Ach!«, rief sie entzückt. »Ein japanisches Messer! Was man damit alles machen kann! Nein, ist das nicht eine schöne Idee, lieber Nikolaus?« Sie warf ihm einen bitterbösen Blick zu.

»Geht so«, tat Richard seine ehrliche Meinung kund und kramte nun das letzte Päckchen aus dem Sack. Der Inhalt war weich. Fühlte sich an wie ein Paar Socken. Solchen Kram hatte er früher auch immer bekommen.

»Das würde ich gern bei mir daheim im hohen Norden zusammen mit den fleißigen Elfen auspacken«, verkündete er, hob die Hand zum Gruß und bewegte sich auf die Wohnzimmertür zu, doch Brigitte sprang von ihrem Platz auf und stellte sich ihm in den Weg.

»Wo willst du denn nur so schnell hin, Nikolaus, hast du etwa noch was vor?«

»Wie schon gesagt, ich muss ja noch zu den anderen Kind –«
Brigitte entriss ihm den Sack und holte das Päckchen hervor,
das er wieder hineingesteckt hatte. »Nicht, ohne dieses vorher
geöffnet zu haben. Darauf bestehe ich!«

Ergeben nahm Richard das Bündel entgegen und entfernte
das weihnachtliche Geschenkpapier, was wegen der Handschuhe nicht ganz einfach war.

Perplex entfaltete er das Stück Stoff, das zum Vorschein
gekommen war. Es war eine Männerunterhose. Schwarz. Mit
unzähligen weißen Totenköpfen darauf.

»Oi, die ist schick«, sagte er heiser, und ihm fiel eine List ein.
»Die möchte ich am liebsten gleich anprobieren. Hast du etwas
dagegen, wenn ich mich damit ganz kurz nach oben zurück-
ziehe?«

Tatsächlich schien er Brigitte für einen Moment aus dem
Konzept gebracht zu haben.

»Das könnte dir so …«, begann sie, doch Richard hauchte
nun in Peter Schönefelds Stimme: »… natürlich für dich. Endlich schenkst du mir mal so etwas!«

Und schwups, war er aus der Tür. Kaum hatte er sie hinter
sich geschlossen, hielt er sich an der Wand fest. Himmel, ihm
war schlecht. Die Brille auf seiner Nase trug nicht unbedingt
dazu bei, das Gleichgewicht zu halten. Jetzt nur nicht schlapp-
machen – er musste nach oben!

Doch kaum hatte er die ersten beiden Stufen genommen,
schrak er zusammen. Chantal. Sie stand in der Mitte der Treppe
und blockierte den Weg. Die Gute hatte er ganz vergessen.

»Was ist das?«, fragte sie und zeigte auf seine Hand. Richard
schielte über den Rand der Brille hinweg auf den Männerslip.

»Ein Geschenk von Brigitte«, erklärte er in Peter Schönefelds Stimme und wollte an ihr vorbei. Selbst der Hausherr
würde sich jetzt, wo so offensichtlich war, dass seine Affäre mit

Chantal aufgeflogen war, bestimmt nicht mehr von dieser unter Druck setzen lassen. »Lass mich in Ruhe«, fügte er hinzu – doch sie lachte nur höhnisch.

»In Ruhe? Sehr bald sogar, Schätzchen. Sehr bald liegst du in ewiger Ruhe. Wie ich gesehen habe, hast du genascht? Etwas früher als erwartet, zugegeben, aber …«

Gott, ihm war kotzübel. Er musste so schnell wie möglich raus hier, bevor sein Körper die Kontrolle übernahm!

»Lass mich vorbei!«, rief er und fügte verzweifelt hinzu: »Ich liebe meine Frau!«

Richard hatte nie eine Frau gehabt. Aus gutem Grund! So einen Stress hielt man ja keine fünf Minuten aus …

Chantal schluchzte auf und packte ihn an den Armen, doch Richard war schneller. Auch wenn er nicht so aussah: Die jahrelange handwerkliche Arbeit hatte seine Muskeln trainiert. Mit einem Satz hob er das schmale Persönchen zur Seite – doch leider verfehlte er die Stufe, als er sie wieder absetzte, und die junge Frau geriet ins Straucheln. Scheiße.

Richard sah Peter Schönefelds Geliebter über den Rand der Brille hinweg entsetzt dabei zu, wie sie stürzte, einen nahezu perfekten Purzelbaum vollführte und auf der untersten Treppenstufe mit dem Nacken aufkam, während ihr Körper der Länge nach aufschlug. Er hörte einen Knacks, als wenn ein Ast brach.

Plötzlich tauchte Brigitte vor der Treppe auf. In ihrer Hand das japanische Messer. Mit offenem Mund starrte sie auf Chantal. Hatte sie schon die ganze Zeit dort gestanden?

Grundgütiger. Ihm war so schwindelig. Was hatte Chantal eigentlich damit gemeint, als sie sagte, er läge bald in ewiger Ruhe? Weil er genascht hatte? An dem separat stehenden Shrimp-Cocktail?

Brigitte machte einen Schritt über Chantal hinweg und nahm die paar Stufen zu Richard hinauf, der sich inzwischen am Treppengeländer festkrallte. Ihm stand der Schweiß auf der Stirn.

»Peterchen, was hast du denn?«, flüsterte Brigitte und schmiegte sich an ihn. »Stimmt es, was du eben zu Chantal gesagt hast? Dass du mich liebst?«

Plötzlich vernahm Richard ein Geräusch. Es kam vom Ende des Flurs. Dort, wo die Tür zur Garage lag.

»Brigitte?«

Die Angesprochene blickte fragend zwischen Richard und ihrem Mann hin und her.

»O Gott, Chantal, Liebste, was ist passiert?« Schon kniete Brigittes Ehemann am Fuß der Treppe vor der Verunglückten.

Brigitte und Richard sagten kein Wort. Richard, weil er nicht dazu in der Lage war, da seine Zunge plötzlich so dick zu sein schien wie die von einer Kuh; Brigitte, weil sie offenbar Schwierigkeiten hatte, die Dinge einzuordnen. Lang hielt ihr starrer Zustand allerdings nicht an. Im nächsten Moment hastete sie die wenigen Stufen nach unten und rammte ihrem Mann mit beiden Händen das Messer in den dargebotenen Rücken.

Richard wurde schwarz vor Augen. Nach oben zur Schmuckschatulle kam er nicht mehr, so viel stand fest. Aber wenigstens lebend hier raus?

Er hastete stolpernd die Treppe hinunter an Brigitte vorbei, die plötzlich in Wehgeschrei ausbrach – und hetzte zur Haustür. Fast verließ ihn die Kraft, sie zu öffnen.

Auf der Fußmatte mit der Aufschrift »Home Sweet Home« brach er schließlich zusammen. Die Brille verhedderte sich im Nikolausbart, die rote Kapuze rutschte ihm über die Augen.

In seiner behandschuhten Hand hielt Richard noch immer den Männerslip mit den Totenköpfen. Vielleicht durfte er wenigstens den behalten, wenn man ihn rechtzeitig fand. Eine neue Unterhose konnte er allemal gut gebrauchen.

Eva Almstädt

Driving Home

Ostholstein

Chris Rea schmalzt sich mit *Driving Home for Christmas* durch den frühen Heiligabend. Lennart dreht das Autoradio voll auf und singt mit. Er ist auf dem Weg nach Norden, um die Weihnachtsfeiertage bei seinen Eltern in einem kleinen Kaff in Ostholstein zu verbringen. Hier oben, am Ende der zivilisierten Welt, bleibt der Schnee natürlich liegen. Und er ist mit Sommerreifen unterwegs.

Endlich erreicht er die Autobahnausfahrt Neustadt in Holstein. Der wuchtige Kirchturm von Altenkrempe leuchtet im Scheinwerferlicht. Die Kirchenglocken läuten. Dunkel gekleidete Gestalten drängen sich in der Dämmerung vor dem Kirchenportal zusammen. Heute wird die Kirche wohl voll werden.

Hinter Altenkrempe gibt Lennart wieder Gas. Der bewölkte Himmel liegt schwer wie ein altes Federbett über der Landschaft. Der Schnee fällt jetzt so dicht, dass er den Verlauf der Straße nur noch an den schmutzig weißen Pfählen erkennen kann, die die Fahrbahn flankieren. Vor ihm erstreckt sich eine eintönige Fläche, die außerhalb des Scheinwerferlichts in bleigrauer Dunkelheit versinkt. Vereinzelt kann er Häuser und Höfe erkennen, deren Umrisse oder Fenster und Türen von Lichterketten umrahmt sind.

Die wirbelnden Schneeflocken hypnotisieren ihn, sodass die Biegung wie aus dem Nichts auftaucht. Lennart reißt das Lenkrad herum, sein Wagen bricht aus. Er wird doch die Kurve kriegen … Wenn die Sommerreifen nicht wären. Der Graben kommt viel zu schnell näher. Es gibt einen Ruck. Lennart prallt in den Airbag. Sein Kopf dröhnt, und er blinzelt. Die Scheinwerfer leuchten im grellweißen Schnee, der fast bis zur Oberkante der Seitenfenster reicht. Die Scheibenwischer schieben Schneeberge vor sich her, und der abgestorbene Motor tickert. Chris Rea nimmt keine Notiz davon, sondern fährt schon wieder gut gelaunt nach Hause. Lennart stellt das Radio aus. Der Wind rüttelt am Wagen. Ansonsten ist es jetzt still. Still wie in einem Grab. Und es wird von Sekunde zu Sekunde kälter.

Lennart bewegt Arme und Beine, dreht den Kopf. Sein Hals knirscht. Er holt tief Luft. Kein Stechen in der Lunge, alles funktionsfähig. Gott sei Dank! Er fummelt das Handy aus seiner Tasche, doch es zeigt keine Balken, kein Netz. Er ist, wie könnte es anders sein, im weißen Nirwana gestrandet.

Ohne die Autoheizung kühlt der Innenraum schnell aus. Er muss aus dem Wagen raus, bevor es zu ungemütlich wird. Doch die Fahrertür lässt sich nicht öffnen. Nach einem Moment der Panik registriert er, dass sein Auto zu schräg im Graben liegt. Lennart kriecht über die Mittelkonsole auf den Beifahrersitz, stößt die Tür auf und schiebt sich stöhnend kopfüber ins Freie. Er landet mit einer Rolle im Schnee, rappelt sich auf, klopft sich ab und vergewissert sich, dass niemand sein peinliches Manöver gesehen hat. Dann wünscht er sich, es hätte jemand gesehen. Er ist allein hier draußen, und es ist eiskalt. Mit ein paar Verrenkungen zieht er seinen Parka von der Rückbank und streift ihn über. Nun fühlt es sich nur noch so an, als ob ihm im schneidend kalten Wind Ohren und Nase abfallen würden.

Mit zusammengekniffenen Augen starrt Lennart über die verschneite Fläche. Die Allee verliert sich in der Schwärze der Nacht. Weder Mond noch Sterne sind zu sehen. Er dreht sich zu seinem Auto um. Aus dieser Schneewehe kommt er allein nie wieder heraus. Sein Wagen sieht sogar ausgesprochen angepisst aus, wie er da schräg mit der Schnauze im Schnee steckt. Um diese Uhrzeit an Heiligabend kann es gut sein, dass hier stundenlang kein Auto vorbeikommt. Es bleibt ihm nichts anderes übrig, als zu Fuß weiterzugehen. Nur wohin?

Die Straße führt noch ein paar Kilometer durch die Felder. Er erinnert sich, dass in dieser Richtung kein Ort, nicht einmal ein einzelnes Haus, auftauchen wird. Und in der Richtung, aus der er kommt, auch nicht. In etwa einhundert Metern müsste sich allerdings eine Abzweigung befinden. Er hat sich früher schon gefragt, wo die hinführt.

Die Sohlen seiner Lederschuhe sind rutschig, seine Jeans und das Hemd unter dem Parka viel zu dünn. Erschreckend, wie schnell sich das Blatt für einen wenden kann! Er sollte gemütlich unter dem Weihnachtsbaum sitzen. Stattdessen sinkt er immer tiefer in den Schnee ein. Das Zeug dringt von oben in seine Schuhe und in den Kragen. Seine Füße sind Eisklumpen, und die schmelzende Schneesoße läuft ihm den Rücken hinunter. Zweimal rutscht Lennart aus, sodass ihm die Jeans kalt am Hintern und an den Beinen klebt. Als er an ein schief in den Angeln hängendes Tor gelangt und es öffnen will, hat er kein Gefühl mehr in seinen Händen.

Vor ihm liegt ein Bauernhaus, das auf den ersten Blick pittoresk aussieht, mit dem alten Fachwerk und der Schneehaube auf dem Dach. Bei genauerem Hinsehen verdeckt der Schnee gnädig die Berge aus alten Reifen und sonstigem Unrat, die auf dem Hofplatz herumliegen. Hinter zwei Fenstern glimmt ein schwacher Lichtschein, wie von Kerzenlicht. Neben der Haustür brennt eine Außenlampe und lässt die ellenlangen Eiszapfen glitzern.

Lennart geht zur Eingangstür und hämmert dagegen. Nichts. Als er dem Haus schon den Rücken zuwenden will, öffnet sich die Tür und ein Lichtschein fällt in den Schnee. Da steht ein Mann, der den Kopf einziehen muss, um nicht gegen den Türrahmen zu stoßen. Er hat borstige graue Haare und einen ebensolchen Bart. In seinen Arbeitshosen und dem Troyer, an dem Zweige und Tannennadeln hängen, sieht er aus, als sei er gerade aus dem Wald gekommen. Vielleicht ist er spät dran, einen Weihnachtsbaum von draußen hereinzuholen? Das würde auch seinen gereizten Gesichtsausdruck erklären.

»Moin. Äh, entschuldigen Sie die Störung. Ich bin von der Straße abgekommen. Mein Wagen liegt im Graben.« Lennart versucht ruhig und gefasst zu klingen, doch beim Sprechen schlagen seine Zähne aufeinander.

»Ist das so?«

Lennart klopft sich Schnee vom Ärmel, der von der niedrigen Traufe auf ihn herabrutscht. »Können Sie mir helfen? Kann ich bei Ihnen telefonieren?« Er zieht sein Smartphone aus der Tasche und hält es hoch. »Hier ist nämlich kein Netz. Nirgendwo.«

»Ach das.« Der Mann tritt einen Schritt zur Seite und ruckt mit dem Kopf. Lennart interpretiert das als Einladung, einzutreten. Drinnen ist es nicht viel wärmer als draußen, nur der schneidende Wind und der Schnee werden von den einfach gemauerten Wänden und dem Dach abgehalten.

Der Mann führt Lennart von der Diele aus in ein schlauchartiges Zimmer, an dessen hinterem Ende sich ein Sofa und zwei Sessel befinden. An der Tür steht ein Esstisch mit sechs Stühlen. Im Licht des Adventskranzes, auf dem vier Kerzen flackern, sieht es so aus, als wären sie allein im Raum. Als Lennart sich nach einem Telefon umsieht, entdeckt er die junge Frau, die zusammengekauert in der Ecke der Couch sitzt. Ihr Haar klebt an ihrem Kopf, sie ist blass, mit dunklen Schatten um die Augen, und sie hat eine Hand am Mund, als würde sie Nägel kauen.

»Hi, guten Abend! Ich muss nur mal kurz telefonieren«, sagt er in ihre Richtung.

Sie sieht ihn stumm an.

Sein Gastgeber deutet auf ein Telefon. »Machen Sie schon.«

Lennart nimmt den Apparat aus der Station, doch das Display ist schwarz, da leuchtet nichts. Es fühlt sich ... tot an. Er drückt auf die Tasten. »Es funktioniert nicht.«

Der Mann reißt es ihm aus der Hand, fingert daran herum, donnert es dann in die Station zurück. »Schon wieder. So ein Mistding!«

»Haben Sie noch ein anderes?«

»Was? Noch ein Telefon? Eins reicht nicht?«

»Ich muss den Pannendienst anrufen.«

Der Mann nickt. »Setzen Sie sich doch erst mal.«

Lennart sinkt mit weichen Knien auf einen Stuhl, seine Schultern fallen nach vorn. Er stützt den Kopf in die kalten Hände. Erst jetzt merkt er, wie fertig er ist. Als die Tür aufgestoßen wird und ein zweiter Mann den Raum betritt, hebt er nur langsam den Kopf. Der andere ist jünger und auch kleiner als der Alte, aber immer noch größer als er selbst. Er hat wie gelackt aussehendes schwarzes Haar und ein für Lennarts Geschmack zu schönes Gesicht.

»Wen haben wir denn hier?« Der Mann setzt sich dicht neben Lennart. »Was führt Sie an Heiligabend in diese Einöde?«

Lennart erklärt mit neu aufkeimender Hoffnung, was passiert ist. »Vielleicht können Sie mir helfen, mein Auto wieder auf die Straße zu befördern? Das wäre großartig.«

Der Alte schüttelt den Kopf. »Tut mir leid. Wir haben keinen Trecker hier. Und wer sagt, dass wir Sie überhaupt schnell loswerden wollen? Es ist schließlich Heiligabend. Wann leben wir christliche Nächstenliebe, wenn nicht jetzt?«

Aus dem Halbdunkel hört Lennart die junge Frau scharf einatmen.

»Ich will Ihnen wirklich nicht zur Last fallen.« Lennart erhebt sich, doch die Hand des Alten legt sich auf seine Schulter.

»Nun mal schön langsam, Junge. Wie heißen Sie?«

»Lennart Baldur.«

Der Jüngere nickt konzentriert, als hätte Lennart ihm gerade die Relativitätstheorie erklärt. »Sie sind auf dem Hansenhof gestrandet. Das ist mein Schwiegervater in spe, Henning Hansen«, erläutert er. »Die junge Dame auf dem Sofa mit den bedauerlich schlechten Manieren ist meine Verlobte Saskia. Und ich bin Hauke.«

»Freut mich.«

»Dann ist es also abgemacht. Sie bleiben zum Essen.« Der Jüngere erhebt sich geschmeidig. Die beiden Männer erinnern Lennart an einen alten Löwen und einen Leoparden. In der Ecke hockt, wie paralysiert, die Gazelle. Es riecht auch ein wenig nach Zoo.

»Tut mir leid, aber das geht nicht«, sagt Lennart etwas zu schnell. »Ich weiß Ihr Angebot zu schätzen. Wirklich! Aber meine Eltern erwarten mich. Die machen sich bestimmt schon Sorgen, wo ich bleibe.«

»Wie süß«, sagt der Jüngere.

»Hol noch ein Gedeck für unseren Gast«, fordert der Alte seine Tochter auf. »Die Gans ist gleich fertig.«

»Aber er will doch gar nicht mit uns essen«, hört Lennart zum ersten Mal ihre Stimme.

Der Alte wirft ihr einen Blick zu, und sie erhebt sich.

»Wir essen jetzt zusammen, bevor die Gans zu trocken wird. Und dann sehen wir, was wir für den jungen Mann tun können«, bestimmt ihr Verlobter.

Saskia, in Leggins und einem dicken Pullover, dessen Ärmel ihr bis zu den Fingerspitzen reichen, schleicht an Lennart vorbei. Sie zieht ihr rechtes Bein nach.

Als sie zu viert am Tisch sitzen, fröstelt Lennart in seinen nassen Sachen. Vor ihm liegt ein magerer, ziemlich verbrannter Braten, irgendwo zwischen Ratte ohne Schwanz und Wetterhahn. Dazu gibt es Knödel und sauer riechenden Rotkohl. Lennarts Magen macht entsetzte kleine Hüpfer, und er muss schlucken. Die Teller sind angestoßen, das Tafelsilber schwarz angelaufen. Seine Gabel hat Zinken, spitz und so lang wie sein kleiner Finger, aber er hat kein Messer. Verstohlen mustert er die anderen Gedecke. Da sind überhaupt keine Messer.

Der Jüngere steht auf und schabt mit Gabel und Löffel das Fleisch von der Karkasse. Ergeben lässt Lennart sich ein paar Fetzen auftun. Die Farbe changiert zwischen blutig rosa und nahezu schwarz. Rohes Geflügelfleisch wird er unter keinen Umständen essen.

»Wein?« Der Alte hält einen Tetra Pak Rotwein in die Höhe.

»Nur ganz wenig. Ich muss ja noch fahren.« Er versucht so zu klingen, als sei das eine unumstößliche Tatsache. Keinesfalls will er sich bittend oder hoffnungsvoll anhören.

Der Alte lacht auf und schenkt Lennarts Metallbecher voll. »Frohe Weihnachten!« Er hebt seinen Becher.

Sie prosten sich zu. Der Wind rüttelt an den Fenstern, während sie schweigend essen. Die nikotingelben Gardinen bewegen sich leicht in der hereinkommenden Zugluft.

Lennart wirft der Frau verstohlene Blicke zu. Sie scheint die einzige halbwegs vernünftige Person in diesem Haushalt zu sein. Sie weicht seinem Blick aus. Als Saskia die Hand hebt, um sich eine Haarsträhne aus dem Gesicht zu schieben, rutscht ihr Ärmel zurück. Um ihr Handgelenk verlaufen rote, verschorfte Striemen.

»Nachtisch?«, fragt der Alte jovial in die Runde, und Lennart zuckt zusammen.

Er schüttelt den Kopf. »Nein, danke.«

»Ich bin müde.« Saskia steht auf. »Ich geh wieder auf mein Zimmer.«

»Tu das.« Ihr Verlobter lächelt.

»Meine Tochter hatte die Grippe«, sagt der Alte. »Sie ist immer noch nicht wieder ganz sie selbst.«

»Das tut mir leid. Könnte ich vielleicht mal Ihr Bad benutzen?« Lennart erhebt sich ebenfalls. Er hat aus Versehen etwas von dem Fleisch gegessen. Ihm ist schlecht.

Die Männer sehen einander an. »Klar«, sagte der Jüngere. »Zweite Tür rechts.«

In der kühlen Diele, in der es nicht so penetrant nach verbranntem Fleisch riecht, atmet Lennart auf. Er muss hier raus! Mit wenigen Schritten ist er an der Haustür und drückt die Klinke hinunter.

»Die ist abgeschlossen. Sie schließen sie immer ab.« Saskia steht im Türrahmen eines weiteren Zimmers.

»Und die Fenster?«

»Da kommst du auch nicht raus.«

Er geht zu ihr. »Was ist hier los? Brauchst du Hilfe?«, fragt Lennart in gedämpften Tonfall. Es scheint sofort ein nicht ausgesprochenes Einverständnis zwischen ihnen zu herrschen. Doch dann blickt sie an ihm vorbei zur Wohnzimmertür, und ihre Pupillen werden weit. Ihr Verlobter ist geräuschlos aus dem Wohnzimmer gekommen und sieht sie an. »Das Badezimmer ist eine Tür weiter.«

Das Bad ist hellblau gefliest und muffelt nach alten Socken. Wann hat er zuletzt einen Spülkasten mit einer Kette zum Ziehen daran gesehen? Das Fenster neben dem Spülkasten ist zu klein, um hinauszuklettern. Lennart hält sich am Waschbeckenrand fest, starrt sein Gesicht im Spiegel an. Seine Stirn ziert eine beachtliche Beule, die von blauen Adern durchzogen ist. Sein Kopf pocht. Ihm ist immer noch schlecht. Er öffnet den

Badezimmerschrank, doch da ist nichts, das ihm nützlich sein könnte. Keine Schmerzmittel … keine Schere oder Nagelfeile.

Er zuckt zusammen, als jemand gegen die Tür hämmert. »Alles gut bei Ihnen?«, fragt der Alte.

»Bestens!« Lennart betätigt die Klospülung.

Als er zurück in die Diele kommt, ist Saskia nicht mehr zu sehen. Ihre Zimmertür ist geschlossen. Dafür steht die Haustür weit offen, und ein eisiger Wind pfeift herein. Der Alte und sein Schwiegersohn stehen außen unter dem Vordach. Der Jüngere raucht eine Zigarette. Lennart tritt näher. Sie haben ein Feuer in einer alten Tonne entzündet. Qualm zieht ins Haus. Der Alte schlägt einen der Eiszapfen von der Regenrinne und wirft ihn ins Feuer.

»Verdammt gefährlich, die Dinger«, sagt er zu Lennart. »Wir sind hier vorsichtig, so weit ab von allem.«

Lennart greift nach seinem nassen Parka an der Garderobe und streift ihn über. »Danke für das wunderbare Essen! Da Sie ja kein Telefon haben, werde ich mal zu meinem Wagen zurückgehen. Bestimmt kommt noch jemand vorbei.«

Der Alte sieht ihn an. »Ich würde in so einer Nacht nicht freiwillig ein schützendes Haus verlassen!«

»Ich habe Ihre Gastfreundschaft doch schon lange genug in Anspruch genommen.«

»Stimmt auch wieder.« Der Alte lacht und schlägt ihm auf die Schulter.

Lennart will so schnell wie möglich weg und nuschelt nur noch ein »Vielen Dank noch einmal« in Richtung der Männer. Er fühlt ihre Blicke in seinem Rücken, als er durch den knirschenden Schnee in Richtung Straße geht. Als er aus ihrem Blickfeld verschwunden ist, bleibt er stehen.

Was ist mit Saskia? Halten die Männer sie gegen ihren Willen dort fest? Ist er womöglich Zeuge eines Verbrechens, das erst noch geschieht? Bis er die Polizei benachrichtigen kann, ist es vielleicht zu spät für sie. Die Striemen an Saskias Handgelenken, ihr Hinken, ihr ängstlicher Blick … Er kann sie doch nicht einfach im Stich lassen!

Lennart blickt in Richtung Haus zurück. Wenn es nur nicht so verdammt kalt wäre. Er stampft auf, um wieder Gefühl in seine Füße zu bekommen, haucht in seine vor Kälte schmerzenden Hände. Dann fasst er einen Entschluss. Er wendet sich nach rechts ins Gestrüpp, um ungesehen zurück zum Haus zu gelangen. Die Bäume und Büsche geben ihm Deckung. Schneeklumpen fallen auf ihn herab, doch er kümmert sich nicht darum. Als er von der Dunkelheit und den verschneiten Zweigen verborgen zum Haus schaut, züngeln nur noch ein paar müde Flammen in der Feuertonne. Die Männer sind nicht mehr zu sehen, die Haustür ist angelehnt.

Das ist seine Chance. Lennart rennt los, bleibt jedoch vor der angelehnten Tür stehen und lauscht. Es ist nichts zu hören als ein leises Wimmern. Es kommt aus Richtung von Saskias Zimmer.

Die Tür zum Wohnzimmer ist ebenfalls angelehnt, die zur Küche geschlossen. Wo sind die Männer? Mit hämmerndem Herzen schleicht Lennart in den Flur, klopft leise gegen Saskias Zimmertür. Keine Reaktion. Der Schlüssel steckt von außen. Er schließt auf und tritt zögernd ein.

Saskia steht am Fenster. Sie fährt zu ihm herum, reißt die Augen auf, als sie ihn sieht. »Ich hätte nicht gedacht, dass du noch mal wiederkommst.« Sie lacht hysterisch auf.

»Psst! Was ist hier überhaupt los?«

»Nichts.«

»Das glaube ich dir nicht.« Er fasst sie an den Schultern, die sich mager, aber durchaus kräftig anfühlen. »Ich kann dir helfen, wenn du willst.«

»Das ist zu gefährlich«, wispert sie.

»Ich lasse dich ganz bestimmt nicht mit diesen beiden allein!«

»Für mich ist es zu spät. Aber du solltest von hier verschwinden, solange du es noch kannst.«

»Wo sind Henning und Hauke? Sind das wirklich dein Vater und dein Verlobter?«

Sie schnaubt verächtlich. »Sie sind wieder im Wohnzimmer, soweit ich weiß. Sie trinken.«

»Dann ist jetzt die Gelegenheit, von hier abzuhauen.«

»Ohne Auto kommen wir nicht weit. Die hätten uns schnell eingeholt.«

»Gibt es denn hier kein Auto?«

»Doch, aber das ist kaputt.« Sie klopft sich mit dem Fingernagel gegen die Schneidezähne, während sie überlegt. »Aber in der Scheune steht ein Quad.«

»Funktioniert das? Wo ist der Schlüssel dazu?«

»Den Schlüssel hat mein Vater an seinem Schlüsselbund, und den hat er meistens bei sich.«

Lennart erläutert Saskia seine Idee. »Vertrau mir«, sagt er noch und versucht, zuversichtlich zu lächeln. Er verlässt den Raum, schließt ihre Tür, ohne sie wieder abzuschließen. Dann sucht er in der Küche nach etwas, das er als Waffe benutzen kann.

Lennart blickt durch den Türspalt ins Wohnzimmer. Die Männer sitzen am Esstisch, eine Flasche Korn zwischen sich. Sie haben ihm die Rücken zugewandt. Er versteckt sich hinter einem Wandvorsprung in der Diele. Saskia trommelt gegen ihre Zimmertür. Sie stößt einen heulenden Schrei aus, der ihm trotz ihrer Absprache einen Schauer den Rücken hinunterjagt.

Es dauert eine Weile, bis der Jüngere reagiert. Lennart hört ihn genervt stöhnen, Stuhlbeine scharren über den Dielenboden. Der Mann, der sich als Hauke vorgestellt hat, geht an ihm vorbei zu Saskias Zimmer, und Lennart sieht ihn darin verschwinden. Mit einem Satz ist er im Wohnzimmer und zieht dem alten Mann einen gusseisernen Stieltopf über den Kopf. Es gibt ein hohles »Pong«. Wie ein Essensgong. Der Mann sackt, ohne einen Laut von sich zu geben, vom Stuhl. Lennart prüft seinen Puls. Er lebt, doch er ist bewusstlos. Die Taschen seiner ausgebeulten Cordhose zu untersuchen kostet Lennart Überwindung, doch ihm bleibt nicht viel Zeit, den Rest seines Plans durchzuführen. Der Schlüsselbund liegt schwer in seiner Hand.

Saskias Idee war es, den Jüngeren in den Keller zu locken und dort einzusperren. Sie scheint den Keller aus eigener Erfahrung zu kennen. Angst und auch Rachegelüste haben sich in ihrem Gesicht gezeigt, als sie es vorgeschlagen hat. Doch gerade kommt sie aus ihrem Zimmer und lächelt schwach, als sie Lennart sieht. Ihr Blick ist unstet. Sie wischt ihre zitternden Hände an ihrer Jeans ab und verbirgt sie hinter ihrem Rücken.

»Saskia, was ist passiert?«

»Hauke ist da drinnen.« Sie schließt die Zimmertür hinter sich ab. »Der steht so schnell nicht wieder auf.«

»Wie hast du das geschafft?«

Sie lächelt, doch in ihren Augen sieht Lennart Panik aufflackern. Er nimmt sie in den Arm. »Ich hab den Schlüsselbund«, flüstert er ihr ins Ohr. »Zieh dir was Warmes an und zeig mir, wo das Quad steht. Alles wird gut.«

»Alles wird gut«, bestätigt sie mit dünner Stimme.

Durch dichtes Schneetreiben laufen sie nebeneinanderher zur Scheune. Hinter dem hölzernen Tor steht tatsächlich ein neu aussehendes Quad. Lennart steigt auf, steckt den Schlüssel ins Zündschloss, sieht Saskia an. »Kommst du? Die beiden können jederzeit wieder zu Bewusstsein kommen.«

»Ich glaube, wir brauchen noch Benzin. Hier irgendwo ist ein Reservekanister.« Saskia wühlt in einem Schwerlastregal, das hinter einem Stützbalken an der Wand steht. Metall klirrt auf dem Betonboden, als etwas herunterfällt, und eine schwarze Katze flitzt mit aufgerichtetem Fell an Lennart vorbei.

»Beeil dich!« Er lässt den Motor an. Die Tankanzeige zuckt und wandert auf viertel voll. Das sollte doch reichen bis in den nächsten Ort. »Wir haben noch genug im Tank«, ruft Lennart zu Saskia rüber. Sie dreht sich zu ihm um, kommt mit einer Hand hinter dem Rücken auf ihn zu. Ihr Gesicht leuchtet im Scheinwerferlicht weiß auf. Sie wirkt auf einmal ganz verändert. Zuversichtlich, oder trifft euphorisch es besser?

»Setz dich hinter mich. Schnell!« Durch das offene Tor wehen dicke Schneeflocken aus der Dunkelheit in die Scheune hinein. Lennart blickt wieder zur Haustür. Die Männer können jeden Moment auftauchen.

Saskia hält sich an Lennarts Schulter fest, während sie sich hinter ihn schwingt. Was für eine zarte Person sie doch ist. Das Quad bewegt sich kaum. Zwei riesige Kerle gegen eine Frau wie sie! Voller Verachtung gegenüber den Männern umkrampfen Lennarts Hände den Lenker. »Alles klar?« Er hält den Blick starr geradeaus gerichtet. »Welche Richtung soll ich nehmen?«

»Du fährst jetzt nirgendwo mehr hin«, sagt sie.

Etwas Kaltes presst sich gegen seinen Hals.

»Saskia?«, fragt er mit belegter Stimme.

»Weißt du, ich bin nur auf Urlaub draußen. Wegen der Feiertage.« Saskia lacht auf. Ihre Stimme klingt fremd, mitleidlos. »Ich bin in der Geschlossenen, seit ich meiner Lehrerin die Kehle aufgeschlitzt habe. Dieser blöden Ziege! Das ging vor ein paar Jahren sogar durch die Presse, erinnerst du dich nicht? Ich bin berühmt! Aber heute habe ich Freigang. Weil Weihnachten ist und der Psychologe ein sentimentaler Idiot! Vater und

Hauke denken, sie haben mich im Griff. Sie haben alle Messer und sogar alles aus Glas vor mir versteckt. Nur das alte Jagdmesser in der Scheune haben sie vergessen. Spürst du es?«

Lennarts Herzschlag setzt aus. Das ist ein Albtraum, und gleich wacht er auf, denkt er. Doch wieso fühlt er den kalten Stahl an seinem Hals? Riecht Saskias Duft nach Vanille und Gänsebraten? »Saskia, du musst das nicht tun«, flüstert er.

Sie kichert. Ihr Arm ruckt. Ein heißkalter Schmerz durchfährt Lennart. Er presst seine Hände an den Hals. Blubbernd und brennend läuft das Leben aus ihm heraus. Es rinnt warm in seinen Hemdkragen. Das muss sein Blut sein, das sein rasendes Herz durch die Adern pumpt. Da ist nur noch der Schmerz und das ungläubige Staunen über die Sinnlosigkeit des Geschehens.

Wenn er noch Luft hätte, würde Lennart schreien vor Angst und Verzweiflung. Oder lachen darüber, wie naiv er war. Doch es ist zu spät. Nichts geht mehr. Ihm schwinden die Sinne. Letzte Erinnerungen drängen wie Luftblasen an die Oberfläche seines Bewusstseins.

Und dieses Lied. Driving Home … for Death.

8

Franz Zeller

Die Umkehr

Oberösterreichisches Alpenvorland

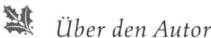 *Über den Autor*

Franz Zeller hat in Salzburg und Oxford studiert. Seit 2004 moderiert er beim ORF-Sender Ö1 zwei Sendereihen. Daneben kocht er gerne mit seiner Familie, spielt Bass oder braut Bier. Obwohl Franz Zeller mittlerweile im Wienerwald lebt, ermittelt sein Trio Moll, Oberhollenzer und Pelegrini in Salzburg, zuletzt in *Sterben ist das Letzte*. 2016 erschien unter Pseudonym die Familienkomödie *In Unterzahl* bei Knaur.

Mehr zum Autor unter www.franzzeller.at.

Man konnte dem Reisinger Hermann vieles vorwerfen, und er war auch sicher nicht der Klügste. Aber eines hatte er immer gehabt: Haltung. Wenn ihm einer unrecht tat, so wie der Aichholzer Wickerl, und sich nicht in angemessener Zeit entschuldigte, dann war diese Seele irreparabel verloren für ihn.

Aber der Aichholzer hatte es ja nicht bei der einen Verfehlung gelassen. Dabei waren sie fast bis zur Mondlandung 1969 Freunde gewesen.

Reisinger sah aus dem Fenster. Die Flocken fielen in Zeitlupe. Weißer Flaum lag im Garten. In ein paar Stunden würde man nichts mehr davon merken. Das war jedes Jahr das Gleiche. Kurz vor Weihnachten lockte der Winter mit einer feinen Schneedecke und ließ auf weiße Weihnachten hoffen, kurze Zeit später versickerte das Kindheitsbild im Boden. Aber der Schneefall erinnerte ihn an eine liebgewordene Tradition: Bald war es Zeit, sich um den Weihnachtsbaum zu kümmern. Und den würde er, wie jedes Jahr seit 1970, aus der Christbaumkultur vom Aichholzer stehlen.

Noch hatte er sieben Tage Zeit. Und je frischer der Baum, umso länger konnte er ihn nach dem Fest im Wohnzimmer stehen lassen, idealerweise bis Lichtmess Anfang Februar, so wie es bei den Katholiken Brauch war, obwohl Reisinger sonst mit der Kirche nicht viel anfangen konnte. Aber er mochte den Jahreskreis der Feiertage und das ganze Gebrumme, das sie um ihre Heiligen machte.

Genauso gehörte es zu Reisingers Jahreskreis, dass der Groll über Aichholzer Richtung Weihnachten lauter wurde, während er elf Monate im Jahr gut damit leben konnte. Noch dazu konnte er Aichholzers Vierkanthof vom Tisch aus sehen, er lag ja nur knapp hundert Meter weg.

Das waren jetzt die dritten Weihnachten ohne Grete. Und er hätte lügen müssen, hätte er behauptet, sie zu vermissen. Er hatte eine ganz andere Grete geheiratet als die, mit der er schließlich fünfundvierzig Jahre zusammengelebt hatte. Wenn man sich einen Fernseher kaufte, und der begann nach einem Jahr mit Macken, dann hatte man darauf Gewährleistung und konnte ihn zur Reparatur bringen. Aber bei einer Heirat endete die Gewährleistung mit der Unterschrift am Standesamt. So gesehen ein schlechter Vertrag. Die Grete hatte schon nach ein paar Wochen ihre Macken gezeigt. Sie war ein launisches Weib gewesen, immer ein bisschen unzufrieden. Und mindestens einmal im Monat hatte sie ihn spüren lassen, dass sie auch den Bergwirt heiraten hätte können, der sicher eine bessere Partie gewesen wäre, was das Konto anging. Anfangs hatte er Gretes Gemecker auf das Hormonelle geschoben, schließlich aber einsehen müssen, dass die Unzufriedenheit bei Grete nicht zyklisch gewesen war, sondern permanent.

Wirklich wütend gemacht hatte ihn allerdings ihr Geständnis am Sterbebett.

Der Aichholzer Wickerl, die Karin, die Grete und er hatten einander schon von der achtklassigen Volksschule gekannt. Der Aichholzer hatte eine Lehre zum Landmaschinenmechaniker begonnen, so wie das bei den Bauern üblich war, er selbst war als Betriebsschlosser ins Kalkwerk gegangen, und die Mädchen hatten als Hilfsarbeiterinnen in einem Kunststoffbetrieb begonnen, der Gehäuse für Kameras und Stereoanlagen herstellte. Reisingers Vater hatte ihn zwar immer wieder davor gewarnt, dass es keine Freundschaft geben könne zwischen einem Bauern und einem Arbeiter, aber Reisinger hatte mit dem Wickerl den sichtbaren Gegenbeweis angetreten.

»Du wirst schon noch sehen«, hatte der Vater gesagt und immer nur den Kopf geschüttelt. Dabei erwähnte er wiederholt, dass es den Arbeitern beim Dorfwirt nicht erlaubt war, am Tisch der Bauern zu sitzen. Aber Reisinger hatte an den Fortschritt geglaubt. Schließlich konnte man schon bemannte Raketen zum Mond schießen. Und wenn etwas Menschliches die Erdumlaufbahn verließ, dann war es wohl möglich, dass das in Traditionen eingezwängte Menschliche auch seine kleinen engen Dorfgrenzen überschritt.

Der Reisinger, der Wickerl, die Karin und die Grete waren immer wieder miteinander zu den Feuerwehrfesten gegangen, zu den Hausbällen der Wirte, die es damals noch gegeben hatte, zum Ball der Landjugend oder im Sommer an die Steyrling gefahren, einen kalten Gebirgsbach, in dem sich die Tümpel im Juli und August so weit erwärmten, dass man es ein paar Minuten im Wasser aushielt. Dort hatten sie sich geneckt, die schlafenden Mädchen mit kaltem Wasser bespritzt und dann miteinander gerangelt. So waren sie sich nähergekommen und hatten den Genuss von weiblicher Haut kennengelernt, im Spiel, wie die jungen Katzen. Und auch der Apfelmost, den der Wickerl und der Reisinger in Doppelliterflaschen mitgebracht hatten, hatte sein Übriges getan.

Der Reisinger wusste mit Sicherheit, dass er die Karin als Erstes geküsst hatte. Es war ihr Geruch gewesen, der sich ihm eingeprägt hatte, noch viel mehr als die Aufregung der warmen Haut, der Geruch von Heu, wenn es in der prallen Sonne trocknete, leicht herb und gleichzeitig frisch und süß.

Schön war diese Zeit gewesen, als alles im Lot schien.

Reisinger schreckte aus seinen Gedanken auf. Irgendjemand trommelte gegen das Fenster. Er wollte keinen Besuch mehr heute, obwohl er Menschen grundsätzlich mochte. Egal, vielleicht brauchte jemand etwas von ihm.

»Warum erschrickst du denn so?«, fragte Karin, als er ihr die Tür öffnete, ohne zu grüßen. »So schiach bin ich auch noch nicht.«

»Ganz im Gegenteil«, murmelte Reisinger.

»Stör ich dich, Hermann?«

Reisinger schüttelte den Kopf. »Komm rein.« Er hatte ganz vergessen, dass Karin immer am Donnerstag bei ihm vorbeischaute. Da hatte der Aichholzer Fraktionssitzung in der Gemeinde. Und das nutzte seine Frau für Besuche bei Leuten, mit denen sie ihr Mann nicht gern sah.

Unter dem modernen LED-Licht, das er sich erst kürzlich für den Holztisch geleistet hatte, wirkte Karin wie Mitte fünfzig, sehr energievoll und frisch. Sie trug ihr brünettes Haar zwar kürzer als früher, aber es war noch immer erstaunlich dicht. Und welche Haarfarbe eine Frau wirklich hatte, konnte man ohnehin kaum jemals wissen. Das war ihm aber auch immer egal gewesen.

Reisinger schenkte Karin ein Viertel vom lieblichen Birnenmost ein und verdünnte es mit ganz wenig Soda, während er sich selbst vom herberen Apfelmost eingoss, wie jede Woche, pur.

Wortlos stießen sie an. Karin trug schon seit Jahren hochgeschlossene Kleider und Blusen. Auch das stand ihr ausgesprochen gut.

»Schön, dass du da bist«, sagte Reisinger wie immer und ertappte sich dabei, dass er es auch so meinte.

Karin lächelte und schob ihm ein Foto über den Tisch zu. »Erinnerst du dich noch? Du mit deiner Horex. Ich hab es heute beim Aufräumen des Wohnzimmerschranks gefunden.«

Reisinger zog das kleine Schwarz-Weiß-Foto mit dem gewellten Rand heran. Daraus sah ihn ein junger Mann an, der an einem glänzenden Motorrad lehnte.

»Meine Horex, ja. Als wir mit dem Hausbau begonnen haben, habe ich sie verkauft. Das muss so 1971 gewesen sein. Ihr hattet damals schon einen Opel, so wie alle Bauern.«

»Deine Maschin war viel schnittiger als der Rekord. Da wär ich lieber draufgesessen.« Karin nahm zwei hastige Schlucke. »Gut schaust du übrigens aus, Hermann. Viel besser als …« Erschrocken setzte sie den Birnenmost noch einmal an.

»… besser als zu Gretes Zeiten. Ich weiß«, sagte Reisinger und versuchte sich die Freude über das Kompliment nicht anmerken zu lassen. »Was ich dich schon lange fragen wollte, Karin …« Reisinger pausierte, aber er hatte sich vorgenommen, das Thema noch in diesem Jahr anzusprechen. »Stimmt es, was Grete mir erzählt hat, als sie bereits sehr schwer krank war?«

Karin hob die Augenbrauen.

»Dass du und Grete um mich und den Wickerl, also, dass ihr gelost habt?«

Kurz erstarrte Karin. Dann spürte Reisinger, dass sie wieder atmete.

Sie nickte.

»Das Leben ist ein Glücksspiel«, murmelte Reisinger und griff zur Apfelmostflasche, ohne sich einzuschenken.

Karin stellte ihr leeres Glas ab und tätschelte kurz seine Hand. »Nicht nur, Hermann. Manches kann man steuern.« Sie sah sich um im Raum. »Hast du noch gar keinen Weihnachtsbaum?«

»Den besorge ich mir am Montag«, entschied er spontan.

»Soll ich dir am Dienstag aufputzen helfen? Da ist der Wickerl beim Eisstockschießen der Senioren. Als Vertreter des Gemeinderats.«

»Ich putz schon selber den Baum auf. Aber wenn du mir Gesellschaft leisten willst, dann freu ich mich drüber.«

Karin stand auf. »Dein Birnenmost ist im Übrigen sensationell, wie immer.«

Am nächsten Tag wachte der Reisinger Hermann mit dem Gefühl auf, er hätte nachts eine Lawine von Würfeln beobachtet, die den Mayrschlag herabdonnerten, einen abgeholzten Hang, den der dumme Aichholzer trotz des Gefälles völlig leer geschlägert hatte. Seitdem wuchs nur mehr Gebüsch auf dem zwei Hektar großen Areal, weil alle paar Jahre, mangels Wald, eine Lawine abging und die Jungpflanzen köpfte.

Im Grunde waren es acht Quadratmeter Grund gewesen, derentwillen er sich mit dem Aichholzer vor einem halben Jahrhundert zerstritten hatte. Reisingers Schwester hatte die große Bodenwiese als Erbe bekommen, er das Elternhaus samt dem großen Obstgarten. So wie viele im Dorf waren die Eltern Kleinhäusler gewesen und hatten neben der Arbeit in der Fabrik noch zwei Kühe und ein Schwein gefüttert. Mehr wäre sich mit einem Hektar Grund auch gar nicht ausgegangen.

Reisingers Obstgarten grenzte, nur durch einen Feldweg getrennt, an einen großen Aichholzer-Acker, auf dem er Rüben anbaute. Der Aichholzer hatte sich aber einen Sport daraus gemacht, bei seinen Grundnachbarn immer ein paar Quadratmeter abzuknabbern. Wenn er mit seinem Steyr-Traktor aufs Feld fuhr, lenkte er jedes Mal zwanzig Zentimeter in den fremden Grund und verlegte damit die Straße nach und nach, zuungunsten der angrenzenden Besitzer. Dafür ackerte er von der anderen Seite immer größere Teile der Straße ab. So auch bei Reisingers Obstgarten. Reisinger hatte zwar gewusst, dass sich Aichholzer auf diese Art Boden erschlich und auch die Grundsteine anderer Bauern immer wieder verschwinden ließ, aber als er die massiven Furchen auf seinem eigenen Territorium sah, hatte er eine Mordswut bekommen und den Aichholzer zur Rede gestellt.

»Was regst du dich denn wegen der paar Meter auf?«, hatte der Aichholzer nur gelacht. »Dir geht der Grund eh nicht ab, für deine blöden Mostbäume. Du wirst sowieso ewig ein armer Schlucker bleiben als Arbeiter.« Da hatte ihm der Reisinger so eine Ohrfeige gegeben, dass es den Aichholzer umgehauen hatte. Von da an hatten sie nichts mehr gemeinsam unternommen. Und auch kaum mehr miteinander geredet.

Und darum hatte der Reisinger, als er 1969 mit dem halben Dorf im Wirtshaus gesessen war und sich im einzigen Fernseher des Dorfes die Mondlandung angesehen hatte, sofort gewusst: Ab jetzt leuchtet der Mond dunkler. Weil die Scheibe mit den schwarzen Punkten von den Astronauten nicht mehr so viel Licht zurückwirft. Und im Grunde hatte er dabei nur an den Aichholzer gedacht, der mit seiner Überheblichkeit auch sein Leben verdunkelt hatte.

Reisinger hatte dann ein paar ausrangierte Eisenbahnschwellen in den Boden gerammt, damit der großkotzige Bauer nicht mehr über seinen Grund rollen konnte. Aber nach und nach hatte es der Aichholzer geschafft, auch diese Hindernisse umzufahren.

Der Zorn über die fortgesetzte Respektlosigkeit von Aichholzer hatte Reisinger aber nicht davon abgehalten, seinen Obstgarten zu nutzen und etwas fortzuführen, was schon sein Vater begonnen hatte: das Mostmachen. Und das fügte dem Verdruss mit Aichholzer einen weiteren Stein hinzu.

In seinem Garten wuchsen Speck-, Winawitz- und Landlbirnen, dazu resche Mostäpfel. Der Vater hatte das ganze Obst einfach in einen Bottich geworfen, gewaschen, gepresst und dann in den alten Fässern im Keller mit natürlich zufliegender Hefe vergoren. Manchmal war dabei ein guter Most rausgekommen, viel öfter aber ein Zwölf-Apostel-Most. Einer trank einen Schluck, elf schüttelten sich dabei vor Ekel, weil wieder

135

irgendeine biologische Verunreinigung die Vergärung beeinträchtigt hatte.

Der Reisinger wollte es besser machen. Er hatte gehört, dass die Winzer spezielle Hefen verwendeten und ihren Wein nicht mehr dem Zufall und der Natur überließen. Deshalb hatte er mit diesen Hefen experimentiert, zuerst in kleinen Mengen, dann in großen Fässern. Dann ließ er auch den Mischmost hinter sich und vergärte entweder sortenrein, oder aber schmackhafte Mischungen, von lieblich bis säurebetont. Bald rissen ihm die Wirte der Umgebung seine Möste aus der Hand. Aber leider hatte die Grete, diese Tratschn, dem Aichholzer gesteckt, welcher Tricks sich der Reisinger beim Mostmachen bediente.

Ein Jahr später hatte der Großbauer seinen Keller umgestellt und sogar die alte schwere Obstpresse aus Eichenholz durch eine neue hydraulische Presse ersetzt. Drei Jahre später war sein Most zwar nichts Besonderes, aber zumindest gut trinkbar geworden. Und vor allem billiger als der vom Reisinger. Das tat ihm der Aichholzer zufleiß, dieser ausgefressene Furchenscheißer.

Die guten Wirte kauften nach wie vor beim Reisinger, aber natürlich war er jetzt nicht mehr der Mostkönig. Im Grunde hatte er zwar nie so richtig verloren, doch genauso gut hätte man sagen können, dass der Aichholzer letztendlich alle Matches gewonnen hatte. Sogar Karin hatte er bekommen. Wie hatte er, Reisinger, auch wissen können, dass die zwei dummen Gurken um die Männer gelost hatten. Sonst hätte er sich mehr um Karin bemüht. Die war ihm schon damals die Liebere gewesen.

Reisinger ließ die Faust auf den Tisch fallen. Vielleicht sollte er sich heute ein Mostbratl ins Rohr schieben. Aber für einen allein? Die Karin würde in den nächsten Tagen wahrscheinlich auch nicht bei ihm vorbeischauen. Trotzdem, die Aussicht auf ein Stück Schopfbraten mit einem Mostsaftl gefiel ihm. Und es machte ihm auch nichts aus, noch zwei Tage davon zu essen. Essen, ja, vielleicht war das doch der Sex des Alters. Wieder dachte er kurz an Karin. Und schob den Gedanken sofort weg. Das Los hatte eben anders entschieden. Auch wenn ihn keiner gefragt hatte. Aber dass die Karin damit auch nicht glücklich geworden war, das hatte er schon mitbekommen. Der Aichholzer war immer ein Vieh gewesen, mit nur wenig Verständnis für alles Menschliche, aber dafür mit umso mehr Verständnis für seine eigenen Launen und Bedürfnisse.

Überrascht schüttelte Reisinger den Kopf. Es schneite in dicken Flocken. Auf undurchschaubaren Bahnen trudelten die feinen Schneekristalle zu Boden. Vielleicht würden diese Weihnachten doch anders werden als erwartet.

Am Sonntag schlüpfte Reisinger in seine Winterstiefel, schlug den Kragen seiner Winterjacke hoch und trat in die Schneelandschaft hinaus. Es war höchste Zeit, sich in Aichholzers Christbaumplantage umzusehen. Er wollte keine Spuren im Schnee hinterlassen. Darum fuhr er mit seinem Auto bis zur Einmündung der Forststraße, zwei Kilometer oberhalb des Dorfes. Dann stapfte er eine Weile in den Wald hinein und blieb schließlich oberhalb der Nordmanntannen stehen. Aichholzer verkaufte die Bäume in der nahen Bezirksstadt, ein nettes steuerfreies Zubrot Richtung Weihnachten.

Sofort fielen Reisinger vier mindestens fünf Meter hohe Tannen auf. Das waren bestimmt jene, die Aichholzer am Christtag in die Kirche bringen würde, um sie links und rechts vom Altar aufzustellen, dieser bigotte Hund. Eine von ihnen würde er ihm umschneiden. Zufleiß. Zwar passte, wenn man die glänzende Christbaumspitze aus Glas auch noch mitrechnete, maximal ein Baum mit zwei Metern Höhe in Reisingers

Wohnzimmer, aber er würde eh nur den regelmäßig und luftig gewachsenen Wipfel mitnehmen und den Rest liegen lassen. Aus Schadenfreude. Die würde auch Teil seiner Weihnachtsbescherung sein.

Am Montag ging Reisinger am späten Nachmittag in den Werkzeugschuppen und nahm den Fuchsschwanz und eine größere Zugsäge von der Wand. Er hatte die beiden Geräte seit dem letzten Weihnachten nicht mehr in der Hand gehabt. Reisinger musste lächeln. Schon wieder ein Jahr um.

In den letzten Tagen hatte er den Mond beobachtet. Er war fast voll. Und da es nicht mehr schneite, würde er genug Licht geben. Gut so. Denn seine Stirnlampe war hinüber. Er hatte sie ein Jahr lang nicht mehr benützt. In dieser Zeit waren die Batterien ausgelaufen und hatten die Elektronik mit ihrer Säure ruiniert.

Diesmal parkte er sein Auto nicht mehr direkt am Beginn der Forststraße, sondern am Holzplatz vom Mayr, wo jener die gespaltenen Scheiter zum Verkauf im nächsten Herbst lagerte.

Aus dem Tal waren vereinzelt Autos zu hören, die Bergstraße benutzte um diese Zeit und angesichts der schlechten Straßenverhältnisse kaum jemand.

Nach einer Minute hatten sich Reisingers Augen an das Mondlicht gewöhnt. Die Spuren seiner Schritte vom Vortag waren längst verschwunden, stattdessen glaubte Reisinger die Abdrücke eines Traktors auf der Forststraße auszumachen. Wahrscheinlich hatte sich der Aichholzer noch ein paar Bäume zum Verkaufen geholt. Hoffentlich stand *sein* Baum noch.

Aber die Vierergruppe der großen Tannen ragte aus dem Schnee, als hätten sie in aller Ruhe auf ihn gewartet. Als er die Straße verließ, rutschte Reisinger sofort aus und schlitterte auf seinem Rücken ein paar Meter hinunter. Mit einem Gluckser klopfte er sich den Schnee von der Kleidung.

Er setzte die Zugsäge in Brusthöhe an. Das würde den Aichholzer besonders ärgern, wenn auch noch eineinhalb Meter Stamm aus dem Boden ragten. Der Baum sollte bergwärts fallen, dann würde er es leichter haben, ihn auf die Straße und zum Auto zu ziehen.

Noch einmal hielt Reisinger den Atem an und horchte in den Wald. Es war totenstill. Nicht einmal das Rauschen der Autos aus dem Tal war hier zu hören.

Das Geräusch der Säge wirkte umso lauter, wenn man direkt danebenstand. Zügig brachte Reisinger die Tanne zu Fall. Jetzt musste er nur noch den Wipfel abtrennen. Und Weihnachten konnte kommen.

In diesem Augenblick wurde er von einem gleißenden Licht geblendet. Er ließ die Säge fallen und hob die Hände vor das Gesicht. »Hab ich dich, du Lump«, schrie Aichholzer und stapfte aus dem Unterholz auf ihn zu. Für seine Leibesfülle war der Großbauer erstaunlich schnell. Reisinger erschien er im Gegenlicht wie ein Riese aus einer Sage. Panisch suchte er im Schnee nach einer Säge. Das war das Einzige, was er als Waffe benutzen konnte. Aber als er sie hob, um damit auf das Waldmonster einzuschlagen, traf ihn schon der erste Hieb auf die Nase. Sofort schossen Tränen in seine Augen. Er begann blind mit Aichholzer zu rangeln.

»Das hättest du dir nicht gedacht, dass Karin mir erzählt, wo du Jahr für Jahr den Baum holst, Reisinger.« Aichholzer lachte dreckig auf und nutzte Reisingers Überraschung, um ihn in die Magengrube zu boxen. Reisinger stand da wie gelähmt. Nein, das hätte er sich wirklich nicht gedacht. Der nächste Schlag, diesmal in die Niere. Tatsächlich. Diese Weihnachten würden anders sein als all die anderen.

Kurz überlegte Reisinger, keine Gegenwehr mehr zu leisten und sich einfach niederprügeln zu lassen. Aber dann wurde der Zorn so übermächtig in ihm, dass er einfach ins Finstere trat und mit einem Volltreffer den fetten Kerl ins Wanken brachte.

Die Männer stürzten in den Schnee. Reisinger bekam Aichholzer am Ohr zu fassen und drehte es um, sodass der Bauer vor Schmerzen aufschrie. Dieser Moment reichte Reisinger, um Oberwasser zu bekommen. Er konnte den Aichholzer von seinem Körper stoßen. Aber schon packte ihn der Mann mit einer Hand an der Gurgel und drückte fest zu. Reisinger stach mit den Fingern in Aichholzers Augen. Der Riese lockerte seinen Griff. Nun drehte Reisinger ihn auf den Rücken und verpasste ihm ein paar Faustschläge ins Gesicht.

Aichholzer lag still. Offenbar hatte Reisinger ihn wuchtig am Kinn getroffen.

Der rechte Arm des Bauern kippte kraftlos in den Schnee. Reisinger dachte schon, er hätte den Kampf für sich entschieden.

Plötzlich zog Aichholzer einen Hirschfänger aus seiner Jagdhose und versuchte, damit auf Reisinger einzustechen. Der erste Stich streifte Reisingers Unterarm.

»Dir werde ich zeigen, wo der Bartl den Most holt«, schrie Aichholzer und holte mit dem Messer ein weiteres Mal aus. Reisinger rollte von Aichholzers Brust und sprang auf. Auch der Bauer war erstaunlich schnell auf den Beinen. Diesmal zielte er mit dem Hirschfänger nach dem Hals des Christbaumdiebs. Der Stich traf Reisinger an der Schulter. Er schrie vor Schmerzen auf. Aichholzer holte zu einer weiteren Attacke aus.

Dann hörte Reisinger ein dumpfes Geräusch. Aichholzer stürzte in den Schnee.

Dahinter stand Karin mit einem Spaten in der Hand. Sie atmete schwer. Und schlug noch einmal auf Aichholzers Kopf ein, als hätte sie noch eine Rechnung offen.

»Tut mir leid, Hermann. Ich wusste nicht, dass er den Hirschfänger mithat.«

Sie griff an seine Schulter. Die Wunde blutete nur leicht.

Reisinger war zu müde, um ihre Hand abzuschütteln.

»Ich versteh das alles nicht. Warum hast du gewusst, dass ich mir den Baum hier hole? Und warum in aller Welt hast du mich verraten?«

»Das erzähle ich dir, wenn du mir hilfst, den Wickerl zum Traktor zu schleppen. Wir legen ihn in die Transportkiste.«

Reisinger bückte sich nach Aichholzer und tastete seinen Hals ab. »Ich glaube, den brauchen wir in kein Krankenhaus mehr bringen.«

»Gut so«, sagte Karin und versuchte, unter die Armbeuge des Schwergewichts zu kommen.

Langsam schleppten sie den Toten zum Traktor, dessen Lichter jetzt wehtaten in den Augen.

»Und nun?«, fragte Reisinger und deutete auf die Leiche.

»Das sage ich dir, wenn du mich kurz in den Arm nimmst. Ich bringe auch nicht jeden Tag einen Mann um.«

Reisinger umarmte sie folgsam. Sein Kopf fand keine Worte, um sich den Augenblick zu erklären. Eine halbe Minute standen sie da wie verschmolzen.

»Jetzt fahren wir mit dem Traktor rauf zur Umkehr. Dort wird der Wickerl einen Unfall haben, von der Straße abkommen und mit dem Traktor hundert Meter über den Hang hinunterkollern. So wie der Schremser Kurt vor sieben Jahren.«

»Und das hast du dir alles jetzt ausgedacht?«

»Nein, dazu hatte ich seit dem letzten Most bei dir Zeit. Schau …« Sie zog den Kragen ihres Pullovers herunter. »Der

Wickerl war jetzt schon lange Zeit grob zu mir. Er hat mich gewürgt, weil blaue Augen und ein grünes Gesicht bei der Frau eines Lokalpolitikers nicht gut ausschauen.«

Karin startete den Traktor, Reisinger stand neben ihrem Sitz und sah sie während der Fahrt immer wieder von der Seite an. Sicher steuerte sie das große Fahrzeug bis zur Umkehr und ließ den Motor laufen, als sie ausstiegen. Schweigend zerrten sie Aichholzer aus der Transportkiste und setzten den massigen Mann mit einigem Ziehen, Heben und Zerren in den Fahrersitz. Dann legte Karin den ersten Gang ein und sprang von der Kupplung auf die Straße. Der Traktor schoss los und fuhr ins Dunkel des Felsabbruchs.

Jedes Mal, wenn sie das schwere Fahrzeug gegen den Stein des Abhangs donnern hörten, war das Geräusch weiter entfernt. Nach sieben oder acht Kollisionen hörten sie nichts mehr. Jetzt musste der Traktor in der Senke liegen.

»Ich war mir sicher, dass du stärker bist als der Wickerl. Nur mit dem Hirschfänger habe ich nicht gerechnet«, sagte Karin, als sie auf der Forststraße in der mächtigen Reifenspur zurückgingen. »Aber ich habe mir gewünscht, dass wir das heute gemeinsam erledigen.«

»Und warum hast du gewusst, dass ich mir den Weihnachtsbaum aus eurer Plantage hole?«

»Das weiß ich schon seit einem Vierteljahrhundert. Wir waren doch die Ersten, die Nordmanntannen angepflanzt haben. Und als ich so einen Baum bei dir und Grete im Wohnzimmer stehen sah, musste ich nur eins und eins zusammenzählen.«

»Hast du keine Angst, dass sie uns auf die Schliche kommen?«

Karin schüttelte den Kopf. »Niemand kommt auf die Idee, im Winter hier raufzufahren. So bald wird ihn niemand finden. Ich werde den Wickerl erst morgen Nachmittag als vermisst melden. Außerdem soll es heute Nacht stark schneien. Da sind dann auch unsere Fußspuren weg.«

Karin griff nach Reisingers Hand. Eine Weile gingen sie schweigend dahin. Der ganze Wald war für Reisinger ein einziges Herzklopfen.

»Ist es dir jetzt noch recht, wenn ich dir beim Aufputzen des Baumes helfe?«, fragte Karin plötzlich.

Reisinger nickte. »Sehr recht.«

»Dann musst du jetzt zwanzig Meter zurückgehen und unsere Tanne holen, von den Sägen mal abgesehen und dem Hirschfänger, die noch im Schnee liegen.«

Erst jetzt merkte Reisinger, dass sie die Christbaumplantage schon passiert hatten. Wie in Trance kehrte er zurück und schnitt den Wipfel vom Stamm. Dann zog er ihn mit Karin auf die Straße.

»Gut ausgesucht, der Baum«, sagte Karin und strich Reisinger über die Wange. »Ich kenne viele Paare, die wegen des Christbaumes am Heiligen Abend streiten.« Sie lachte kurz.

»Eines musst du mir noch verraten«, begann Reisinger, bevor sie den Holzplatz erreichten. »Wie habt ihr eigentlich damals um mich und den Wickerl gelost?«

»Mit einem kurzen und einem langen Grashalm.«

»Und wer hat den Kürzeren gezogen?«

Karin seufzte. »Ich.«

Reisinger nickte. Diese Weihnachten würden tatsächlich anders werden.

9

Regine Kölpin

Der Weihnachtsretter von Mucklhusen

Zeteler Marsch

Ich lebte bis zum letzten Jahr gern in meinem beschaulichen friesischen Dorf. In dieser Umgebung galten seit Jahrhunderten feste Strukturen, die sich nach meiner Vorstellung auf keinen Fall ändern durften! Bis zum letzten Weihnachtsfest fühlte ich mich darin auch von allen unterstützt. Aber dann änderte es sich von einem Tag auf den anderen. Mein kleines Mucklhusen wurde vom Zahn der Zeit erfasst, und ich musste eingreifen! Aber eins nach dem anderen.

Kennen Sie Mucklhusen überhaupt? Wahrscheinlich nicht. Ich habe mein Dorf extra umbenannt, ich wäre nämlich meines Lebens sonst nicht mehr sicher, denn es ist verpönt, offen über die Vorkommnisse dort zu plaudern. Hinzu kommt, dass ich mir durch meinen Einsatz Ruhm und Ehre erhofft habe, aber die Menschen sind einfach undankbar. Ich verrate nur so viel: Mein Mucklhusen liegt in der Zeteler Marsch neben den sich inflationär ausbreitenden Kavernenfeldern und an der Grenze zu Ostfriesland. Wenn Sie also die B 210 in Richtung Friedeburg entlangfahren, sind Sie schon ganz nah dran. Was für andere nur eine Ansammlung von Häusern mit Kirche ist, ist für mich die Welt.

Nun, Mucklhusen ist eine alte Ansiedlung aus dem 16. Jahrhundert, und da ist man Traditionen verpflichtet. Bislang hatten das alle Dorfbewohner auch sehr ernst genommen. Halloween wurde erfolgreich abgewehrt, Schlickerkram verschenkten die Mucklhusener nur an die Martinisänger, ansonsten blieben Tür und Tor verschlossen. Ostereier gab es im Tante-Emma-Laden erst ab März. Kurz: Es ließ sich gut leben in meinem kleinen Dörfchen, das ich nun, wie schon gesagt, verleugnen muss. Auch in der Weihnachtszeit hatten sich feste

Bräuche eingebürgert. So war es Sitte, im Gemeindehaus am dritten Advent ein eigens arrangiertes Krippenspiel mit den Kindern und Jugendlichen aus Mucklhusen aufzuführen. Darum kümmerte sich seit Jahren Frau Janßen, das ist eine geborene Hillers. Familie Hillers wiederum organisierte das Spiel schon in der vierten Generation. Auch da setzten wir in Mucklhusen auf Altbewährtes.

Während des Krippenspiels wurde gemütlich Tee getrunken und Kekse genascht, die die Dienstagsdamen selbst gebacken hatten. Wir saßen in trautem Weihnachtsfrieden beieinander und waren stets sehr stolz auf die Leistungen unserer Kinder.

Die Inszenierung des Krippenspiels war traditionell geprägt. So, wie es sich gehörte. Mit Maria und Josef, den Hirten und den drei Heiligen aus dem Morgenland. Es gab sogar ein echtes Schaf! Ich liebte diesen Tag und freute mich das ganze Jahr darauf.

Ab November begannen die Proben mit den Schulkindern, aber auch mit den Jugendlichen, schließlich musste man die von der Straße weghaben. Auf dem Dorf kommen die sonst auf komische Gedanken, Hasch rauchen oder Ähnliches. Auch so eine neumodische Randerscheinung! Prävention war oberstes Gebot. Wir Mucklhusener hatten alles im Griff. Aber dann probten die Konfirmanden im letzten Jahr plötzlich den Aufstand!

»Wir wollen etwas verändern«, sagte Keno, der Konfirmandensprecher. Er war mit einer Abordnung von drei Jugendlichen, die der Haarfarbe nach auch Außerirdische hätten sein können, zum Pastor gegangen. Hatte extra einen Termin mit ihm gemacht, damit sie alles in Ruhe besprechen konnten. »Dieses alte Krippenspiel ist völlig überholt«, behauptete Keno. Das weiß ich, weil ich gelauscht habe. Ich hätte mal nicht nur lauschen, sondern gleich dazwischengehen sollen. Es wäre Schlimmeres verhütet worden, und es hätte auch keine Toten gegeben.

Unser Pastor hörte sich das dumme Gerede jedenfalls tatsächlich an. Er war neu in Mucklhusen, hatte zuvor eine Kirchengemeinde in Hamburg revolutioniert und schon zu Beginn gesagt, dass er ein paar Neuerungen nicht ausschließen wollte. Als Erstes schaffte er einen Kaffeeautomaten an, aus dem dieses neumodische Gesöff Cappuccino sprudelte. Cappuccino anstelle von echtem Tee! Das grenzte an Friesenlästerung! Ich glaubte schon damals, an diesen Milchschaumblasen zu ersticken. Nun, unser Pastor gab sich weltoffen und fragte Keno gleich: »Was genau möchtet ihr denn verändern? Nur zu, ich bin ganz Ohr!«

»Wir wollen ein modernes Krippenspiel und dabei rappen!«, schlug Keno vor. »Und statt innen in der Kirche am besten auf offener Straße, gepaart mit einem kleinen Weihnachtsmarkt. Mit Glühwein und Feuerzangenbowle. Mit Stockbrot und Bratwurst. So, dass echt eine coole Stimmung aufkommt. Also ein modernes Stück, nicht diese lahme Ochs-und-Esel-Variante.« Dann zog Keno den letzten Joker. »Und für das arme Schaf ist es bestimmt auch besser, wenn es nicht mehr mitspielen muss. Ist ja ein bisschen Tierquälerei. In unserer Gruppe sind zwei Veganer, die das schon negativ angemerkt haben.«

Gegen die Veganer kam auch unser Pastor nicht an, schließlich musste er für alle da sein, und Tierquälerei war unchristlich. Als Keno dann nachsetzte, dass die wunderbaren Weihnachtslieder *Vom Himmel hoch, da komm ich her* und *Stern über Bethlehem* in diesem Zuge eher als Rap rüberkommen sollten, knickte unser Pastor völlig ein. Mir blieb fast die Spucke weg, als ich hörte: »Das sind ja tolle Ideen. Ja, das machen wir. Veränderung ist immer gut.«

Wie soll man die Geburt vom Christkind denn modernisieren? Die Story war, wie sie war! Oder wollten sie das Jesuskind nun ganz modern als geplanten Kaiserschnitt auf die Welt holen, so wie man das heutzutage in der Realität immer häufiger praktizierte? Das ging gar nicht. Die Geburt Christi musste weiterhin so stattfinden, wie es in der Weihnachtsgeschichte beschrieben war. Punkt! Maria, hochschwanger, reitet auf dem Esel, Josef klopft an die Herbergen, bekommt eine Abfuhr nach der anderen, und schließlich landen sie im Heu. Nein, das ist falsch ausgedrückt. Sie landen natürlich im Stall, bei Ochs und Esel, manchmal von mir aus noch bei einer Kuh oder, wie bei uns in Mucklhusen, beim Schaf. So viel künstlerische Freiheit kann ich zulassen.

Ich sah nun mit dieser Ansage unser wunderbares Adventsfest das Horster Tief runtersegeln. Keine besinnliche Stunde mehr mit feinem Tee und Gebäck, sondern Party! Alle Orte umzu hatten ihre Weihnachtsmärkte *und* ihr Krippenspiel. Aber alles hübsch getrennt und so, wie es musste. In Neustadtgödens spielte sogar der Posaunenchor auf dem Weihnachtsmarkt und vermittelte das richtige besinnliche Gefühl. Und in Mucklhusen, was würden wir da bekommen? Einen Rap mit Josef und Maria auf offener Straße!

Deshalb musste ich schnellstens reagieren! Ich überlegte, dass es vermutlich am sinnvollsten war, die Dienstagsdamen auf meine Seite zu ziehen. Sie buken gerade Kekse und waren selbstredend völlig entsetzt über die dunkle schwarze Woge, die auf uns zurollte.

»Das geht nicht, wir müssen dem Einhalt gebieten!«, war die einhellige Meinung. Frau Hillers band sich sofort die Schürze ab und schlüpfte in den Mantel. Sie wollte unserem Pastor mal ganz gehörig den Marsch blasen.

Kurz darauf kam sie mit hochroten Wangen und offenbar unverrichteter Dinge zurück. Sie zuckte bedauernd mit den

Schultern. »Keine Chance.« Seufzend entledigte sie sich des Mantels und wusch sich die Hände. Dann griff sie erneut nach der Schürze. »Wir können nichts tun. Außer weiterhin unsere Kekse backen.«

»Hat er denn gar nichts gesagt?«, ließ sich Frau Janßen mit ihrer piepsigen Stimme vernehmen.

»O doch, klar hat er was gesagt. ›Seien Sie doch froh, wenn die Jugendlichen sich einbringen und engagieren!‹ Das hat er gesagt. Und mich zur Tür rausgeschoben, weil er mit diesem Keno alles besprechen wollte und keine Zeit für mich hatte.«

»Der Sündenpfuhl ist eröffnet«, sagte Frau Janßen düster. Sie hieb die Ausstechform in den ausgerollten Teig.

Frau Hillers strich ihre Schürze über den breiten Hüften glatt. »Sodom und Gomorrha waren dagegen ja ein Kindergarten.«

Ohnmächtig mussten wir zusehen, wie sich am Tag vor dem dritten Advent unser kleines Mucklhusen in eine weihnachtliche Discolandschaft verwandelte. Große Boxen verschandelten die gepflasterte Hauptstraße, schillernde Kugeln baumelten von den historischen Laternen. Der Boßelverein zeigte sich zudem als Verräter und baute tatsächlich eine Bude auf, um den Markt zu unterstützen. Klar, die Boßler konnten den Kanal ja nie voll genug kriegen. Wenn es ums Trinken ging, waren sie erster Mann an Deck. Egal, ob sie unseren Boykott damit boykottierten.

»Wir bieten nicht nur Glühwein an«, hörte ich Hein sagen. »Kakao mit Rum und Feuerzangenbowle ist auch dabei! So'n büschen gemütlich muss das ja, wenn das Jungvolk rappt.«

Wutentbrannt lief ich nach Hause und durchblätterte die Tageszeitung. Das würde mein kochendes Gemüt ein wenig abkühlen. Ich war bislang noch nicht dazu gekommen, einen Blick hineinzuwerfen, so tief hatte mich diese Weihnachtsverschandelung getroffen. Und prompt stach mir folgender Artikel ins Auge:

Bei Weihnachtsfeiern und anderen Veranstaltungen rund ums Fest küssen 80 % der Frauen und Männer fremd.

Achtzig Prozent! Ich wiederholte die Zahl laut. »Achtzig Prozent.«

Das hieße dann in meinem kleinen Mucklhusen mit den paar Hundert Einwohnern … Nein, ich mochte es nicht zu Ende denken, aber ich wusste schon jetzt, dass ich in der Folgenacht nicht schlafen würde, denn ich sah die Katastrophe schon vor meinem inneren Auge. Volltrunken würden die Bewohner unseres Ortes die lauschigen Straßen unsicher machen. Und was tun Besoffene immer? Sie benehmen sich, als gäbe es kein Morgen. Grete van der Bakker würde womöglich Wigbald Meenen küssen, das hatte sie schon beim letzten Schützenfest getan. Die glaubten damals, es hätte keiner bemerkt, aber ich habe meine Augen schließlich überall. Beim Schützenfest hatte ich noch weggeschaut, aber an Weihnachten? Beim heiligen Fest der Liebe? Da konnte man alles tun, aber keine Liebe machen. Jedenfalls nicht so sündige und unanständige Sachen wie fremdküssen. Die waren doch verheiratet. Allerdings nicht miteinander.

Meta Gerjets würde hingegen ihre beachtliche Oberweite zur Schau stellen. Es gelang ihr sogar im Wintermantel, sündig auszusehen. Und in Fraukes Hintern, der einer Bäckerswitwe alle Ehre machte, würden die Hände der Männerwelt ihre Abdrücke hinterlassen. Wie sollte ich diesen Wahnsinn verhindern? Achtzig Prozent! Die Zahl sagte doch alles.

Zuerst plante ich, das neue Straßenkrippenspiel zu ignorieren und mich in meinem Haus zu verschanzen, denn mittlerweile war nicht nur der Boßelverein eingeknickt, auch die dritte Herrenmannschaft wollte sich mit einem Bratwurststand beteiligen. Die »Möwendanzer«, das waren die Damen, die glaubten, sie könnten tatsächlich auf der Bühne noch etwas reißen, hatten sich angeboten, Cocktails zu mixen, auch die heiße Variante. Zu den »Möwendanzern« gehörte auch Meta. Ihr kamen die Betrunkenen sicher ganz recht. Da konnte sie die sündige Bardame geben. Na ja, und am Ende spendeten sogar Frau Hillers und Frau Janßen mit ihren Dienstagsdamen die Kekse für den Tag. Ich war der Einzige, der sich konsequent aus allem raushielt, allerdings gehörte ich prinzipiell keinem Verein an, damit ich wie ein Richter mein objektives Auge auf alles werfen konnte. Also blieb mir nur der totale Rückzug. Kommode vor die Haustür, Rollos runterlassen, Licht nur in existenzrelevanten Räumen wie Küche und Klo.

Aber am nächsten Tag, dem dritten Advent, schneite es so heftig, als könnte Frau Holle gar nicht allein da oben stehen und hätte Hilfe ohne Ende. Ich huschte noch kurz zu Frauke in die Bäckerei, die morgens zwei Stunden geöffnet hatte, denn verhungern wollte ich schließlich nicht, wenn ich mich verbarrikadierte.

»Ich bin eigentlich sehr froh, dass ich jetzt vor Weihnachten weniger Arbeit habe«, sagte Frau Hillers eben, als sie die Brötchentüte vom Tresen nahm. »Man wird ja nicht jünger. Und so haben wir alle mehr davon. Die jungen Leute haben sich wirklich um alles selbst gekümmert.«

Ich schwieg, aber schüttelte innerlich den Kopf. Als ob das alles ein Freibrief dafür war, die Sitten schleifen zu lassen. Ich konnte es einfach nicht begreifen.

»Endlich ist mal was los!«, war Fraukes Kommentar. Das hätte ich ihr zum Düwel nicht zugetraut, dass sie sich zu so etwas hinreißen ließ! Sie wirkte sonst so anständig, so sauber, und nun freute sie sich auf das Fremdküssen! Wenn das ihr seliger Edzard wüsste, der würde aus dem Grab wiederauferstehen!

Danach blieb mir keine Wahl mehr. Ich wurde förmlich gezwungen, zu handeln und mich zu opfern, um dem Ganzen Einhalt zu gebieten. Es wäre ein Fehler, mich im Haus einzuschließen. Einer musste schließlich für Ordnung sorgen, und das würde ich mit Nachdruck tun. Ich kam mir vor wie der letzte Mohikaner. Oder besser, wie der letzte anständige Friese.

Während ich mich ankleidete, wurde mir immer stärker deutlich, was für eine Leistung ich eben für die Allgemeinheit erbrachte, indem ich ein wachsames Auge auf die Geschehnisse haben und notfalls unter Einsatz meines Lebens eingreifen würde. Ich, Tjark Mannenga, opferte mich gerade für das ganze Dorf, denn alle rannten wie die Lemminge in ihr Unglück. Eines Tages würde mir ganz Mucklhusen für meinen Einsatz dankbar sein, und wer wusste schon, ob sie mir im Zuge dessen nicht auch so ein feines Denkmal bauen würden, wie sie das vor Jahren in Neustadtgödens mit dem *Utrooper* getan haben. Der steht jetzt in der Kirchstraße, die Glocke in der Hand und den Blick in die Staustraße gerichtet. Das würde mir auch gefallen. Vielleicht mit einem kleinen Tannenzweig garniert.

Tjark Mannenga – der Weihnachtsretter von Mucklhusen

Es wurde Zeit. Ich schlüpfte in meine dicke Joppe und machte mich auf den Weg. Es war schlimmer, als ich es befürchtet hatte. Nichts von besinnlicher Weihnacht. Die Bässe hallten mir schon von Weitem entgegen, während die Discokugeln ihren bunten Schein in den frisch gefallenen Schnee warfen. Alle waren sehr ausgelassen. Mein Unmut wuchs von Minute zu Minute.

Achtzig Prozent, das war die Hausnummer, die auch für mein Mucklhusen zutraf. Ich musste auf der Hut sein. Mir krampfte sich der Bauch zusammen, denn das konnte bedeuten, dass Frauke … Das ging gar nicht. Sie steckte noch im siebten Monat des Trauerjahres.

Auf jeden Fall war eine Menge los. Maria und Josef tanzten mit seltsamen Zuckbewegungen mit den drei Hirten durchs Dorf und schienen sich blendend zu amüsieren. Ob das schon ein Teil des Krippenspiels war, erschloss sich mir leider nicht. Ich war zu sehr damit beschäftigt, auf meine Dörfler achtzugeben. Irgendwer würde gleich aus der Rolle fallen.

Eine Horde Jugendlicher rockte an mir vorbei. »Geld, Geld, Geld, aus uns herausgequält!«, gaben sie in stakkatoartigen Rufen von sich.

Wigbald Meenen hielt mir einen Glühwein hin. »Komm, trink mit uns, Tjark! Ist mal was anderes, und das Jungvolk hat das prima gemacht! So ein Stück auf offener Straße hat doch was!«

Ich nickte, es half ja nichts. Wenn ich auf das weitere Geschehen ein Auge haben wollte, durfte ich mich nicht vorzeitig entfernen. Nur so konnte ich im letzten Moment eingreifen und Schlimmeres verhüten.

Der Glühwein war angenehm vom Geschmack her. Nicht zu süß, nicht zu würzig. Und er wärmte, denn es schneite nicht nur, auch die Temperaturen waren eisig, zudem ein scharfer Ostwind wehte.

»Mann, Tjark, dass du doch mitkommst, ist super!«, freute sich Metas Mann Hein. Seine Frau konnte ich nicht sehen, sie stand auch nicht in der Cocktailbude. Ich bestellte mir bei Hein noch einen Glühwein, dieses Mal mit Schuss. Mir war wirklich kalt. Ich ertappte mich dabei, a) zu viel zu trinken (Glühwein drei, vier und fünf waren schnell hinuntergespült) und b) das Ganze immer lustiger zu finden.

Das Einzige, was den ganzen Abend über nicht passierte, war die Knutscherei, die offenbar auf anderen Weihnachtsfestivitäten stattfand, nicht aber in Mucklhusen. Ich traute dem Braten dennoch nicht. Es konnte doch nicht angehen, dass woanders die betrunkenen Weihnachtsmarktbesucher übereinander herfielen und hier in der Zeteler Marsch alle nur unverdrossen den Glühwein in sich hineinkippten, ohne moralisch in fremden Gefilden zu wildern! Ich dachte wieder an Wigbald und Grete, die an diesem Abend allerdings brav neben ihren Ehepartnern verharrten.

Mittlerweile war ich auf Genever umgestiegen, das süße Glühweinzeug machte mich ganz kirre. Und da kam mir Meta entgegen. Sie rempelte mich an, und ich musste sie auffangen. Ihr Blick war eindeutig, sie wollte was von mir, Tjark Mannenga, dem Weihnachtsretter von Mucklhusen. Zack, berührten sich unsere Lippen. Ich hatte mich also nicht geirrt! Man küsste hier wohl fremd, wie woanders auf den Weihnachtsfeiern auch. Ich gab Meta noch einen Kuss, schließlich musste ich auf Nummer sicher gehen, dass ich mit all meinen Unkenrufen richtiglag!

Meta erschien mir erstaunt, was ich aber dennoch als Aufforderung verstand, ihr an der richtigen Stelle an den Mantel zu greifen. Es fühlte sich gut an, ich mochte das.

Hein wohl weniger. Jedenfalls zischte mir plötzlich von hinten etwas Hartes gegen den Schädel. Heute weiß ich, dass es sein Glühweinbecher war. Immerhin der mit Mucklhusenmotiv. Ist ein schöner Becher, dicke Keramik, in leichtem Grau gehalten, darauf die Wasserschöpfmühle von Neustadtgödens, weil wir die von Mucklhusen aus sehen können und ich eine Diskussion in Gang gesetzt habe, ob sie nicht doch eher zu unserem Ort als nach Neustadtgödens gehört. Darum hatte ich mich auch noch kümmern wollen, war aber wegen der Rettung der Weihnacht noch nicht dazugekommen.

Nun habe ich sowieso ganz andere Sorgen! Obwohl ich mit allem recht behalten habe, waren die Mucklhusener entsetzt, dass in ihrem Dorf solch schlimme Dinge passieren. Wigbald ist nach Heins Angriff auf mich nämlich noch auf Hein losgegangen, der wiederum wollte sich an Frauke festhalten und hat sie dabei zu Boden gerissen. Das fand wiederum Meta blöd, und sie hat ihrem Mann eins mit dem Hirtenstab über den Rücken gezogen. Heins Kumpels mussten ihn dann ehrenhalber gegen Wigbald verteidigen, und so kämpften die Boßler »De Slooter« mit der dritten Herren vom »FC Mucklhusen« um die Ehre von wem auch immer.

Dabei verlor Frauke leider ihr Leben, weil Hein ihr den Hirtenstab, der zuvor Metas Tatwaffe gegen ihn gewesen war, von hinten über den Kopf gezwiebelt hatte. Aus Versehen, sagt er bis heute. Aber da er heimlich schon lange auf sie scharf war und sie ihn nicht wollte, geht die Polizei mittlerweile von Vorsatz aus.

Fraukes Tod ist wirklich tragisch für mich, denn als Witwe wäre ihr Trauerjahr bald rum gewesen, und ich hätte es nicht verkehrt gefunden, der Inhaber der Dorfbäckerei zu sein und so ein Auge auf alle Einwohner von Mucklhusen zu haben, denn Brot brauchten ja alle.

Jedenfalls beschloss der Pastor zusammen mit den Dienstagsdamen kurzerhand, dass es von nun an in Mucklhusen wieder das traditionelle Krippenspiel ohne Rap und gleichzeitigen Weihnachtsmarkt gibt. Zu Letzterem müssen nun alle wieder nach Neustadtgödens fahren. In Mucklhusen wird dabei zu viel kriminelle Energie freigesetzt. Hab ich ja gleich gesagt!

Es war gut, dass ich mit meinem selbstlosen Einsatz zeigen konnte, wie verwerflich es war, Sitten und Gebräuche nicht zu achten oder zu verfremden. Es gibt eben Dinge, die passen nicht nach Friesland, und schon gar nicht in die Zeteler Marsch in das beschauliche Mucklhusen.

Manchmal spaziere ich jetzt durch die Straßen in unserem kleinen Ort und suche mir schon den Platz für mein Denkmal aus. Könnte ich mir gut so schräg vor meinem kleinen Häuschen in Richtung des Horster Tiefs vorstellen. Etwa eins fünfzig hoch und in Bronze mit eben jenem Tannenzweig. Ein kleiner Sockel genügt vollkommen. Hab auf jeden Fall in Neustadtgödens schon Maß genommen. Das Material ist perfekt.

Das lässt aber auf sich warten, weil Meta noch immer behauptet, ich hätte sie mit duhmem Kopf angebaggert und ohne ihr Einverständnis geküsst. Ohne mich wäre das alles nicht derart eskaliert, sagt sie. Und der Mob gibt ihr recht. Ich hab sogar eine Anzeige am Hals. Ich! Als ob ich je kriminell sein könnte!

Sie müssen noch lernen, die Mucklhusener: Wo gehobelt wird, da fallen Späne. Aber das Gerede verläuft sich schon noch im Sand. Die werden bald dahinterkommen, wer die Moral im Dorf gerettet hat.

Ich, Tjark Mannenga, der Weihnachtsretter von Mucklhusen!

Aber bitte, sagen Sie nicht weiter, dass ich Ihnen die Geschichte erzählt habe. Noch steht das Denkmal ja nicht, und ich kann mir vorstellen, dass der eine oder andere Mucklhusener es nicht gut findet, wenn ich von dem Malheur am dritten Advent erzähle. Auch wenn ich den Namen verfremdet habe, es gibt immer Leute, die doch wissen, von welchem Dorf ich spreche. So sind sie, die Friesen.

10

Arno Strobel

Ein fast perfekter Moment

Saarlouis

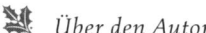 *Über den Autor*

Arno Strobel, geboren 1962 in Saarlouis, studierte Informationstechnologie und arbeitete lange bei einer Bank in Luxemburg. Erst im Alter von fast vierzig Jahren begann er mit dem Schreiben. 2010 gelang ihm mit seinem Psychothriller *Der Trakt* der Durchbruch. Seither zählt er zu den erfolgreichsten deutschen Thriller-Autoren mit reihenweise Bestsellern. Arno Strobel lebt mit seiner Familie in der Nähe von Trier.
Mehr zum Autor unter www.arno-strobel.de.

Bernhard öffnet die Klappe des Backofens und lässt den ersten Schwall heißer Luft entweichen, bevor er sich nach vorne beugt und mit aufgeblähten Nasenflügeln den köstlichen Duft einsaugt, der ihm aus dem Inneren des Gerätes entgegenschlägt. Die Mischung aus gebratenem Gänsefleisch, heißen Maronen und Äpfeln, durchsetzt mit einer Ahnung von Zimt, lässt ihm das Wasser im Mund zusammenlaufen.

Sein Blick wandert in den angrenzenden Wohn-Essraum, streicht über den festlich geschmückten Baum weiter zu der prachtvollen Krippe mit den handgeschnitzten Figuren und legt sich schließlich wie eine zärtliche Berührung auf Marie, die am Tisch sitzt und ihn mit glänzenden Augen beobachtet.

Seine Marie.

Welch ein perfekter Moment. Noch immer kann er es nicht recht glauben, dass er nun schon das zweite Weihnachtsfest mit ihr gemeinsam verbringen darf. Er ist glücklich, und sie ist es auch, das sieht er in ihren Augen. Es ist, als ob ein geheimer Zauber über diesem Abend läge, der alles heller und wärmer erscheinen lässt und sein Haus zu einem verwunschenen Ort der Liebe macht.

»Bald«, verkündet er, nachdem er den Garzustand der Gans durch einen Druck mit der Gabel geprüft und den Ofen wieder geschlossen hat. »Nicht mehr lange, dann ist sie so weit. Ich glaube, dieses Mal ist sie mir noch besser gelungen als im letzten Jahr. Obwohl du sie auch da schon ganz hervorragend fandest, erinnerst du dich? Es wird ein wahres Festmahl, das verspreche ich dir.« Verschmitzt zwinkert er Marie zu. »Und danach gibt es die Bescherung.«

Sie erwidert nichts, aber das ist auch nicht nötig. Ihr Blick sagt mehr, als alle Worte dieser Welt es vermögen. Er berührt sein Herz und schickt von dort eine Welle wohliger Wärme durch seinen ganzen Körper.

Für einen kurzen Moment schließt Bernhard die Augen und seufzt leise vor Wonne, bevor er nach der Weinflasche greift, die auf der Arbeitsplatte darauf wartet, von ihm entkorkt zu werden. Château L'Evangile 2014, 82 % Merlot, 18 % Cabernet Franc. Ein edler und sehr teurer Tropfen mit einer wunderschönen Nase aus Sauerkirsche, süßer roter Kirsche, Brombeere und Schlehe.

»Ich denke, es ist an der Zeit für einen ersten kleinen Höhepunkt dieses ganz besonderen Abends«, verkündet er und trägt die wertvolle Flasche wie ein Baby in seiner Armbeuge zum Tisch. »Wobei das Wundervollste überhaupt natürlich die Tatsache ist, dass du bei mir bist.«

»Alles an diesem Abend ist wundervoll, mein Liebster.« Maries warme, weiche Stimme scheint nicht von dieser Welt. Es ist, als würde sie direkt aus ihrem Herzen in seinen Kopf gesendet. Nie zuvor hat er sich einer Frau so nahe gefühlt.

Der Korkenzieher liegt neben den bauchigen Weinkelchen in der Mitte des Tisches bereit. Bernhard klappt ihn auf und löst mit einem sauberen Schnitt der kleinen Klinge den oberen Bereich der Bleikappe, bevor er die gewundene Spindel in den Verschluss dreht. Er schaut Marie dabei unentwegt in die Augen, und ihre Blicke bilden eine Brücke, über die sie liebevolle Worte in die Gedanken des anderen schicken, ohne sie aussprechen zu müssen.

Bernhard verzichtet darauf, an der Flasche zu riechen, nachdem sie mit einem lauten Plopp entkorkt ist. Das wundervolle Bouquet des edlen Tropfens würde seine Aufmerksamkeit von Marie ablenken, was ihr gegenüber sehr unhöflich wäre.

»Nur das Beste für meine Liebste«, säuselt er lächelnd und lässt den schwarzroten Wein langsam aus der Flasche laufen. Nachdem beide Gläser schließlich zwei Finger hoch gefüllt sind, greift er eines davon am Stiel und prostet Marie zu. »Auf einen wundervollen Weihnachtsabend mit der schönsten Frau der Welt.«

Maries Lächeln wirkt fast ein wenig verlegen. »Es gibt in diesem Moment keinen Platz auf der Welt, an dem ich lieber wäre als hier bei dir, Bernhard.«

Obwohl er die Flasche gerade erst geöffnet hat, entwickelt der Wein schon ein fantastisches Bouquet und ein vollmundiges Aroma.

Bernhard nimmt einen kleinen Schluck, stellt das Glas vorsichtig ab und legt seine Hand auf die der Geliebten.

»Deine Hände sind ja ganz kalt«, stellt er fest.

»Aber das sind sie doch immer«, entgegnet sie lächelnd. »Das weißt du doch. Gerade fühlt sich vor allem mein Nacken ganz steif an.«

»Na, dagegen kann ich etwas tun, Liebling.« Bernhard geht um den Tisch herum, legt Marie von hinten die Hände auf die Schultern und beginnt damit, sie sanft zu massieren. Sie gibt ein leises Seufzen von sich.

»Ich muss immer wieder an den Moment denken, als ich dich zum ersten Mal gesehen habe«, erinnert er sich, während seine Finger die verhärtete Muskulatur bearbeiten.

»Ja, das war … entschuldige, ich wollte dich nicht unterbrechen.«

»Doch, bitte, erzähl mir, was du damals empfunden hast.«

»Ich möchte wirklich nicht …«

»Ich bestehe darauf«, unterbricht Bernhard sie sanft, aber bestimmt.

»Also gut.«

Einen schweigsamen Moment lang scheint sie sich die Ereignisse von damals ins Gedächtnis zu rufen, bevor sie schließlich nickt. »Es war genau vor einem Jahr, am 24. Dezember. Ich hatte das Haus eigentlich nur verlassen, um für ein paar Minuten die frische Luft zu genießen, aber es war so herrlich draußen, dass ich mich zu einem kleinen Spaziergang durch den Saarlouiser Stadtgarten entschloss, der direkt auf der anderen Straßenseite beginnt. Etwa in der Mitte des Rundwegs kamst du mir entgegen.« Sie greift nach ihrem Glas, nimmt einen Schluck und dann gleich noch einen.

»Ich wusste gleich, dass du etwas Besonderes bist. Wie du dich bewegt hast, als du auf mich zukamst, die Art, mit der du mir in die Augen sahst … Ich war dir vom ersten Moment an verfallen und wusste, ich will nur noch dich.«

»Du Schmeichlerin.« Nun ist es an Bernhard, ein wenig verlegen zu sein.

»Nein, wirklich …« Marie macht eine kurze Pause, bevor sie weiterspricht. Ihre Stimme klingt nun um einige Nuancen dunkler. »Obwohl es zu Hause ja jemanden gab, dem es furchtbar wehtat, dass ich ihn verlassen musste, konnte ich doch nicht anders.«

»Ja, ich weiß.« Bernhard ist so ergriffen, dass er flüstert. »Ich erinnere mich noch sehr gut an die Situation.«

»Ich wollte mich zur Wehr setzen gegen das, was da geschah, aber ich hatte keine Chance.«

»Und dafür bin ich unendlich dankbar.« Bernhard denkt an den Moment, als er an diesem Abend vor einem Jahr mit Marie in seinem Haus angekommen war. Er hatte sie wie ein verliebter Teenager über die Schwelle getragen und im Wohnzimmer behutsam auf die Couch gelegt …

Er dreht den Kopf zur Seite, betrachtet den braunen Stoff der Couch und hat gleich wieder dieses unfassbar schöne Bild vor

Augen. Wie Marie dort gelegen hat, engelsgleich, die langen schwarzen Haare wie ein Schleier unter ihrem Kopf aufgefächert, mit ihrer fast weißen Haut einer kostbaren Porzellanfigur gleichend … Bernhard erhöht den Druck, mit dem seine Finger Maries Nacken massieren. Er spürt, dass es ihr guttut.

»Ich liebe dich«, sagt sie.

»Ich liebe dich«, antwortet er. »Ich sollte jetzt die Gans –«

Der Türgong stört überlaut das Gespräch und lässt Bernhard innehalten. Seine Hände lösen sich von Maries Nacken und sinken herab.

»Wer zum Teufel …«, setzt er an, bricht aber inmitten des Satzes ab. »Entschuldige bitte, Liebling. Ich bin gleich wieder da.«

Er umrundet den Tisch und verlässt den Raum, ohne sich noch einmal nach Marie umzudrehen. Wer immer da draußen vor der Tür steht, wird gleich zu hören bekommen, was Bernhard davon hält, am Heiligen Abend gestört zu werden. Schon als er die Klinke hinunterdrückt, holt er tief Luft, um ein verbales Donnerwetter über den Störenfried hereinbrechen zu lassen. Doch als die Haustür nach innen aufschwingt, bleiben ihm die Worte im Hals stecken.

Der dunkelhaarige, etwas untersetzte Mann, der ihm ernst entgegenschaut, ist vermutlich nur minimal jünger als er selbst. Bernhard schätzt ihn auf Ende vierzig.

»Sie?«, ist alles, was er herausbringt.

»Guten Abend, Herr Kurowski, tut mir leid, wenn ich störe, aber …«

»Das kann man wohl sagen. Sie haben ja vielleicht Nerven, am Heiligen Abend hier aufzutauchen.« Bernhard versucht erst gar nicht, den Ärger in seiner Stimme zu unterdrücken. Sein Gegenüber scheint das allerdings gar nicht wahrzunehmen. Der Mann nickt.

»Noch einmal: Es tut mir leid, zu stören, aber wie Sie selbst schon bemerkten, ist heute der 24. Dezember, und Sie wissen ja ...«

»Ja, ja, ich weiß, was vor einem Jahr geschehen ist, und das tut mir auch leid, aber ich verstehe trotzdem nicht, was Sie von mir wollen. Und es rechtfertigt vor allem nicht, dass Sie den feierlichsten Abend des ganzen Jahres stören. Denken Sie vielleicht, das bringt Ihnen was?«

»Für Sie mag es der feierlichste Abend sein, aber es gibt ...«

Bernhard hebt demonstrativ die Hand und würgt den Mann damit ab. »Nein, Schluss damit. Mag sein, dass Sie sich das Weihnachtsfest durch diese Sache ruinieren wollen, meines ruinieren Sie mir nicht, das lasse ich nicht zu. Zumindest nicht völlig, denn die schöne Stimmung ist jetzt natürlich erst mal dahin. Auf Wiedersehen.«

Ohne zu zögern, lässt Bernhard den Mann stehen und schlägt ihm die Tür vor der Nase zu. Er ist aufgebracht. Wütend. Wie kann der Kerl es wagen ... Hätte er sich nicht wenigstens heute zurückhalten können??

Eine Weile bleibt er im Flur stehen und starrt gegen die geschlossene Tür vor sich. Er rechnet damit, gleich wieder den Türgong zu hören, doch es bleibt still. Offensichtlich hat der Störenfried eingesehen, dass er sich unmöglich benommen hat, und ist gegangen.

Bernhard wendet sich ab und geht zurück ins Wohnzimmer. Am Eingang bleibt er stehen und betrachtet Marie, die mit in den Nacken gelegtem Kopf dasitzt und nicht bemerkt, dass er wieder zurück ist. Er horcht in sich hinein und könnte schreien. Vor Verzweiflung. Vor Wut.

Der Zauber ist verflogen. Diese ganz besondere Atmosphäre, auf die er sich schon seit Wochen gefreut, der er entgegengefiebert hat ... zerstört in einem einzigen Augenblick von einem Kerl, der sich nicht damit abfinden kann, verloren zu haben.

Bernhard denkt fieberhaft nach, wie er den Abend noch retten kann. Er muss etwas tun, zur Ruhe kommen, um sich wieder auf den Moment einlassen und ihn genießen zu können. Es weiß, es kann ihm gelingen, er braucht nur ein bisschen Ruhe.

Ich bin gleich wieder da, mein Liebling, möchte er Marie zurufen, verkneift es sich aber. Sie wird natürlich wissen wollen, wer da an der Tür war, und er wird sie nicht anlügen können. Das wäre es dann endgültig mit dem besonderen Abend.

Bernhard dreht sich um und verlässt mit leisen Schritten den Raum, steigt die Treppe hoch und geht zum Schlafzimmer, wo er sich mit einem Seufzer auf sein Bett fallen lässt.

So sehr er Maries Gegenwart genießt, er braucht jetzt einen Moment für sich alleine. Er muss die schlechten Gedanken verdrängen und sich darauf konzentrieren, welch ein Glück es ist, diese Frau dort unten bei sich zu haben.

Er schließt die Augen, atmet tief durch und erlaubt seinen Gedanken eine Reise in die Vergangenheit, in die Zeit vor Marie. Zu den vielen Tagen, an denen er einsam in seinem kleinen Haus gesessen hat, während alle anderen gemeinsam mit ihren Lieben feierten. Silvester, Ostern, Geburtstage … Weihnachten. Stunden und Minuten, ja sogar Sekunden, die sich zäh wie klebriger Brei dahingezogen und ihm in gleichbleibendem Rhythmus wieder und wieder die Tristesse seiner Einsamkeit vor Augen geführt hatten. In denen er manchmal auch wütend geworden war auf all diese Egoisten da draußen, die ihn gar nicht wahrnahmen und nur an sich selbst dachten. Ignoranten, die es nicht interessierte, dass mitten unter ihnen Menschen lebten, die keine Familie hatten, keine Freunde, die sie besuchten. Niemanden, der sie liebte.

Die als Kind Jahr für Jahr an Heiligabend von der Mutter in den Keller gesperrt worden waren, wo sie vor Angst zitternd darauf gewartet hatten, dass die fremden Männer kamen, um mit ihnen ihre ganz besondere Vorstellung von einem gelungenen Weihnachtsfest zu feiern.

Die vor Verzweiflung mit gesenktem Kopf gegen die feuchte Sandsteinwand ihres Gefängnisses gelaufen waren, um dem zu entgehen, was unausweichlich war …

Dann hatte er Lena getroffen. Am 23. Dezember vor zwei Jahren war das gewesen. Lena war groß und hatte kurze blonde Haare. Sie hatte ihm zwar gefallen, aber leider lief es mit ihr nicht so, wie er sich das gewünscht hätte. Es hatte sich schnell herausgestellt, dass große, kräftige Frauen doch nichts für ihn waren.

Dann, genau ein Jahr und einen Tag später, hatte er Marie gesehen und im gleichen Moment erkannt, dass sich mit ihr alles ändern könnte. Ändern würde. Marie war in jeder Beziehung das Gegenteil von Lena. Klein, zierlich, unendlich sanft …

Gut, in einem Punkt hatte er sie ein kleines bisschen getäuscht. Es war kein Zufall gewesen, dass sie sich im Saarlouiser Stadtgarten begegnet waren. Zumindest nicht völlig. Er hatte sie zuvor aus dem Haus kommen und in den Park gehen sehen und war ihr gefolgt. Irgendwann war er in einem Bogen um sie herumgelaufen und ihr entgegengeschlendert, als sei auch er auf einem Spaziergang durch den Park und ihre Begegnung dort rein zufällig.

Als er dann zum ersten Mal ganz nah vor ihr gestanden hatte, als er ihre Zerbrechlichkeit gespürt und ihren Duft eingeatmet hatte, da wusste er, dass Marie die Frau war, nach der er so lange gesucht hat. Und tatsächlich war ihr Kennenlernen genau so verlaufen, wie er es sich ausgemalt hatte. Sie hatten einen geradezu märchenhaften Heiligen Abend und einen wunderschönen ersten Weihnachtstag zusammen verbracht. Dann war dieser Kerl zum ersten Mal aufgetaucht und hatte nach Marie gesucht. Vor einem Jahr hatte er Bernhard damit das Fest immerhin erst am zweiten Weihnachtstag verdorben. Dieses Jahr hingegen …

Bernhard öffnet die Augen, richtet sich auf und bleibt noch einen Moment wütend auf der Bettkante sitzen.

Vorbei. Er spürt deutlich, dass er nicht mehr in Stimmung kommen wird. Vermutlich ist es genau das, was dieser Scheißkerl mit seinem Besuch bezweckt hat.

Er steht auf und wirft noch einen wehmütigen Blick auf das Bett, in dem er an diesem Heiligabend vor einem Jahr mit Marie eine unvergessliche Nacht erlebt hat, dann stapft er wütend aus dem Zimmer.

Unten angekommen, geht er geradewegs ins Wohnzimmer, bleibt am Durchgang zur Küche stehen und schaut sich um. Er könnte schreien vor Verzweiflung und Wut.

Die dunkle Scheibe des ausgeschalteten und leeren Backofens glotzt ihn an wie ein Zyklopenauge. Da, wo zuvor noch der festlich geschmückte Tannenbaum gestanden hatte, ragt der verdorrte Ast einer abgestorbenen Yucca-Palme aus einem braunen Topf. Die mit matten Schlieren überzogenen Gläser auf dem Tisch – leer. Alles vorbei.

Er wendet sich Marie zu, betrachtet ihre graue, mit Flecken durchsetzte Haut, den tief in den Nacken gelegten Kopf, die stumpfen, blicklosen Augen. Er nimmt die nasse Pfütze wahr, die sich mittlerweile unter ihrem Stuhl gebildet hat, strafft sich schließlich und atmet tief durch.

»Tut mir leid, aber das Weihnachtsfest ist für dieses Jahr zu Ende.« Er hört selbst den Vorwurf in seiner Stimme, und obwohl er weiß, dass Marie keine Schuld trifft, kann und will er nichts dagegen tun. »Ich bringe dich jetzt in dein Zimmer. Du kannst dich bei diesem Kerl bedanken, der uns schon im letzten Jahr alles vermasselt hat, diesem Hauptkommissar. Er meint wohl immer noch, es gäbe Gemeinsamkeiten zwischen dir und Lena.«

Ohne Zögern löst Bernhard die beiden Gurte, die verhindert haben, dass Marie vom Stuhl kippt, und hievt sich ihren leichten Körper mit einer gekonnten Drehung über die Schulter. Alles an ihr ist jetzt nass. Die Wärme zeigt so langsam Wirkung …

»Lena … Ich hab dir ja von ihr erzählt. Sie ist auf mich losgegangen wie eine Furie, da hatte ich keine Lust mehr. Wer weiß, was sie diesem Polizisten erzählt hat. Ist ja auch egal.«

Marie ist so leicht, dass Bernhard sie kaum auf seiner Schulter spürt. Selbst die Kellertreppe hinunter hat er keine Schwierigkeiten, sie zu tragen.

Er erreicht das Zimmer, das er extra für sie hergerichtet hat und das sie schon seit dem letzten Weihnachtsfest bewohnt. Er öffnet die Tür und läuft auf den einzigen Einrichtungsgegenstand zu. Er klappt den Deckel der Kühltruhe auf, lässt Marie langsam hineingleiten und verschließt sie wieder. Eine Weile bleibt er noch stehen, betrachtet die weiße Oberfläche der Gefrierbox, lauscht dem leisen Summen des Kühlaggregates.

»Schlaf schön«, sagt er, dann wendet er sich ab. Er hat die Tür fast erreicht, als Marie hinter ihm sagt: »Du auch. Ich freue mich schon sehr auf das nächste Weihnachtsfest.«

11

Sabine Trinkaus

Bescherung bei Mutti

Vorgebirge, Rheinland

Über die Autorin

Sabine Trinkaus, geboren 1969 in Hessen, ist in Schleswig-Holstein aufgewachsen. Nach dem Studium in Bonn folgten Wanderjahre in den USA und Frankreich. Seit 2007 lebt sie ihre kriminellen Energien schriftlich in kurzer und langer Form aus und wurde dafür mehrfach ausgezeichnet, unter anderem mit dem Agatha-Christie-Krimipreis. Heute lebt Sabine Trinkaus in Alfter bei Bonn.

Mehr zur Autorin unter www.sabine-trinkaus.de.

as wird ein Fest, Süße«, sagt Jörg, während er auf die geschlossenen Schranken starrt. »Die schönste Bescherung, die du je erlebt hast, das garantiere ich dir.« Er lacht, trommelt mit den Fingern nervös aufs Lenkrad.

Ich sitze auf dem Beifahrersitz und sage nichts. Ich weiß, wann ich besser die Schnauze halte. Mir ist saukalt. Und außerdem schlecht.

»Ey, warum jaulst du denn jetzt?« Er wirft mir einen Blick zu. Nicht mitfühlend, eher genervt. Er hasst es, wenn ich heule. Aber jetzt gerade kann ich nicht anders, mir ist das alles ein bisschen zu viel. Ich liebe diesen Mann. Wirklich. Und er ist, wie er ist. Nicht die hellste Kerze auf der Torte. Kann er nichts dafür. Dafür, dass ich gerade so verzweifelt bin – und ja, auch sauer –, kann ich allerdings auch nichts.

Ich hatte mir Weihnachten anders vorgestellt. Unser erstes gemeinsames Weihnachten, immerhin. Dabei habe ich wirklich keine hohen Ansprüche. Nicht an ihn, nicht an unsere Beziehung, und schon gar nicht an Weihnachten. Ich brauche weder Baum noch Festmenü noch Geschenke. Nicht dieses Brimborium, auf das manche Weiber so abfahren. Julia zum Beispiel, oder Mutti. Mir hätte die Gulaschsuppe aus der Dose völlig gereicht. Die Gute vom Reske war das, echt lecker. Das Einzige, was ich mir gewünscht habe, war, dass wir es uns mal gemütlich machen und nett, zu zweit.

Stattdessen hocken wir jetzt hier im kalten Auto und sind auf dem Weg zu Mutti in die Villa. Wenn es einen Ort auf dieser Welt gibt, an dem ich heute nicht sein möchte, dann ist es die Villa. Und wenn es einen Menschen gibt, auf den ich gut verzichten kann, dann ist es Mutti, zumal Mutti nicht allein sein wird, weil: Weihnachten. Darum wird er da sein, Sven, und wenn ich irgendwen noch weniger sehen will als Mutti, dann mit Sicherheit Sven.

Die Bahn rumpelt endlich vorbei, die Schranken öffnen sich. Jörg startet den Motor und wirft mir einen prüfenden Blick zu. Ich tue, als würde ich das nicht bemerken, wende mich ab und schaue aus dem Fenster. Es hat wieder angefangen zu schneien. Dicke, weiche Flocken rieseln auf die Felder. Es könnte so schön sein, denke ich. Wenn Jörg einfach ein bisschen sensibler wäre, ab und zu mal genauer hinschauen würde und sehen, was vor seiner Nase ist.

Ich seufze leise. Mein Magen rumort.

Jörg gibt Gas. Das Auto schlingert an der Steigung, er fährt wie ein Henker, obwohl es glatt ist.

Scheiß Suppe! Ich war noch nicht mal fertig, als er aufgesprungen ist, eben. »Jetzt fahren wir zu Mutti und gucken mal nach der Heizung«, hat er gesagt. Und ich habe mich beeilt mit dem Rest von der Suppe. Aus Hunger, aber irgendwie auch vor Schreck, so eine Art Übersprunghandlung.

Ich weiß, dass Jörg seinen Job sehr ernst nimmt. Er ist Heizungsmonteur mit Leib und Seele. Gründlich, zuverlässig, kompetent, der Beste. Aber man kann es auch übertreiben. Es ist Weihnachten! Und ich weiß nicht, wie oft wir bei Mutti waren in den letzten Wochen. Er hat einen irrsinnigen Aufwand betrieben mit dieser Heizung. Stundenlang hat er im kalten Keller gehockt. Hat geschraubt, gebastelt, gelötet, gemacht, er hat sogar eine Art Fernbedienung gebaut. Er hat sich wirklich ein Bein ausgerissen für Muttis alte Heizung. Obwohl er selbst gesagt hat, dass das nicht mehr lohnt. Das Ding ist uralt, das hat es hinter sich. Hat er gesagt, auch zu Mutti. Ich bin Monteur, kein Zauberer, hat er gesagt, da müssen Sie wirklich investieren. Ist auch ein Risiko, hat er gesagt, so ein altes

Gasding da im Keller, das entspricht keiner Sicherheitsnorm mehr.

Ich hoffe, das hält noch über Weihnachten, hat er beim letzten Mal gesagt.

Das hoffe ich auch, hat Mutti erwidert, in so einem Ton, dass klar war, dass es ansonsten ganz allein Jörgs Schuld wäre.

Das ist typisch für Mutti. Hohe Ansprüche. Und auch darum ist diese Aktion jetzt so idiotisch. Wenn da was wäre an der Heizung, dann hätte Mutti längst angerufen. Da kennt die nichts. Die hockt Heiligabend nicht im Kalten, weil sie sich überlegt, dass der Jörg vielleicht mal seine Ruhe will, schön feiern, ungestört, mit mir. Und um Sachen wie Feiertagszuschlag macht die sich auch keinen Kopf, muss sie ja auch nicht, weil Jörg ihr nie eine Rechnung schreibt. Weil sie ja schließlich Mutti ist.

Nicht seine, wohlgemerkt, auch nicht meine.

Sondern die von Sven.

Das bringt mich sofort wieder zum Kern des Problems. Meines Problems, aber eben auch Jörgs. Er ist zu gut für diese Welt. Und kapiert manchmal wirklich gar nichts, vor allem, was Menschen angeht. Er kennt Mutti lange genug, wirklich. Sven und er waren schon in der Schule die besten Kumpel.

Sie haben zusammen beim VfL Fußball gespielt, jede freie Minute zusammen abgehangen, er weiß, dass Mutti ein fieses Schrapnell ist. Trotzdem macht er ihr die Heizung für umme, bis heute. Blendet aus, dass Mutti sich ihm gegenüber nie sonderlich mütterlich oder dankbar betragen hat. Ganz im Gegenteil. Mutti ist nämlich eine borniert Kuh mit einem gewaltigen Dünkel.

Das sage ich nicht einfach so, ich weiß, wovon ich rede. Immerhin habe ich jahrelang mit Sven zusammengelebt. Ich weiß, wie die sein kann, wenn sie glaubt, dass jemand nicht gut genug ist für ihren Sven. Die hat mich immer wie Dreck behandelt. Und Jörg auch. Solche wie wir sind unter Muttis Niveau. Das merkt man deutlich, das merkt wirklich jeder. Außer Jörg. Der sich im Ernst einzubilden scheint, dass er da jetzt einfach klingeln kann, Heiligabend. Dass Mutti sich womöglich freut, ihn reinbittet, mit mir im Schlepptau. Was zu trinken anbietet, und dann sitzen wir alle fein im Wohnzimmer, von wo aus man den Kölner Dom sehen kann, ist sie total stolz drauf. Und wir stoßen an, Mutti und Sven und Jörg und ich, friedlich, harmonisch und weihnachtlich. Eine völlig bizarre Vorstellung!

Das hier kann nur in einer Katastrophe enden.

»Die werden Augen machen«, murmelt Jörg jetzt. »Oh, das wird eine schöne Bescherung!« Er lacht, es klingt ein bisschen irre. Dann knallt er den Gang rein, dass es knirscht, gibt Gas, obwohl wir gerade in diese fiese, enge Kurve fahren. Der Wagen schlingert. Ich bin nicht angeschnallt, rutsche gegen die Beifahrertür. Mein Magen hebt sich bedenklich, ich muss würgen. Mir ist wirklich überhaupt nicht gut.

»Ey!«, sagt Jörg. »Wag dich, Süße!« Er wirft mir einen warnenden Blick zu. Ich würde am liebsten sofort wieder anfangen zu heulen. Natürlich würde ich das nie wagen! Ich kenne ihn schließlich. Er ist eine Seele von Mensch, eigentlich. Aber es gibt so ein paar Sachen, da flippt er echt aus. Wenn er sich verarscht fühlt zum Beispiel. Oder wenn ihm jemand ins Auto kotzt. Da kennt der nichts, da wird der fuchsteufelswild.

»Hättest du mal nicht so geschlungen! Bist eh fett genug.«

Kurz bin ich in Versuchung. Ich bin nicht empfindlich, aber ich habe auch meine Grenzen. Und für die Bemerkung hätte er echt verdient, dass ich es einfach kommen lasse.

Aber ich atme durch. Versuche, mich auf das zu konzentrieren, was wichtig ist. Ich liebe ihn. Wirklich. Und er liebt mich. Darauf kommt es letztlich an.

Wir führen eine gute Beziehung. Obwohl, oder eben weil wir im Grunde beide wissen, dass wir nie erste Wahl füreinander waren. Aber man kommt halt in ein Alter, in dem man die Ansprüche ein bisschen anpassen muss, die Dinge pragmatisch sehen. Wir passen gut zusammen. Und dass wir beide ein gebrochenes Herz haben, verbindet uns ja auch auf einer bestimmten Ebene. Darum habe ich auch nie ein großes Gewese darum gemacht. Obwohl ich im Moment echt überlege, ob das nicht ein Fehler war. Vielleicht hätte ich klarermachen müssen, wie sich das bei mir noch immer anfühlt mit Sven. Dass ich natürlich noch an ihn denke, ab und zu, und ihn manchmal vermisse, trotz allem.

Ich hab das halt nie so raushängen lassen, Jörg gegenüber. Schon weil ich weiß, wie sich das anfühlt. Jörg hat da nämlich nicht so viele Skrupel. Sobald der ein Bierchen zu viel hat, muss ich mir das jedes Mal anhören. Julia, ach Julia. Schön ist anders, echt. Zumal es Julia noch viel weniger wert ist als Sven. Jörg kann froh sein, dass er die los ist. Ja, sie war mal eine heiße Nummer, Maikönigin und so, umschwärmt und weltberühmt von Alfter bis Wesseling. Aber eine verlogene Schlampe war sie halt auch immer schon, das konnte man echt riechen. Die hat Jörg von Anfang an nur ausgenutzt und verarscht. Und dann ihr dummes Gewäsch, als sie ihn abgesägt hat. Sie bräuchte mal Abstand und Zeit, sie würde sich halt entwickeln, und darum wäre die Beziehung gerade nichts für sie, hätte nichts mit Jörg zu tun. Dabei konnte ein Blinder mit Krückstock sehen, dass Jörg ihr halt nicht mehr gut genug war. Julia ist nämlich auch so eine, die nach Höherem strebt.

Das einzig Gute an der Frau war, dass man sie so leicht aus der Fassung bringen konnte. Diese Hysterie, das hatte echt Unterhaltungswert. Die konnte immer derart ausflippen und kreischen! Herrlich. Ich war auch nicht die Einzige, die das total lustig fand. Ich war nur die Einzige, die sich das getraut hat. Darum hat Julia mich natürlich immer gehasst. Das kann so eine nämlich nicht gut haben, wenn man sich auf ihre Kosten amüsiert.

Beim Gedanken an Julia hebt sich mein Magen wieder. Ich krümme mich ein bisschen, um Schlimmeres zu verhindern, dabei entfährt mir ein Wind.

»Hey, du Sau! Jetzt reicht es aber!« Jörg schaut mich empört an. »Das ist ja widerlich!« Er kurbelt das Fenster runter.

Schlagartig wird mir noch kälter, innen und außen, und noch schlechter außerdem, verdammt. Ich muss hier raus, ich muss aus diesem Wagen, denn diese Suppe muss raus aus mir. Lange geht das nicht mehr gut. Und darum bin ich jetzt fast froh, dass er blinkt, dass wir abbiegen, die letzten steilen Meter hochfahren. Gleich wird es mir besser gehen. Und dann kann ich mich mit dem Rest befassen. Ich schaffe das schon. Scheiß auf Sven, das kriege ich schon hin!

Jörg stellt sich hinten auf die Einfahrt, parkt den tiefer gelegten Golf zu. Scheiße, er fährt den noch immer. Den guten alten Golf mit dem VfL-Aufkleber. Irgendwie erwischt mich das kalt. Mir ist, als würde ich das Kratzen der grauen Polster an meinem nackten Rücken spüren, Svens Lachen hören und den komischen Duftbaum riechen, den ich aussuchen durfte, damals. Erinnerungen, die auf mich einstürzen, sodass für einen Moment alles verschwimmt, Jörg, Weihnachten, meine Wut, sogar die Übelkeit.

Es wäre schön, denke ich, es wäre irgendwie auch schön, ihn zu sehen. Sven. Ihn zu umarmen, zu fühlen, zu riechen, so wie früher.

»Was ist denn jetzt? Ich dachte, du hast es eilig!« Jörgs Stimme holt mich in die Realität zurück. Ich reiße mich zusammen. Es wird nicht passieren, erinnere ich mich, Mutti wird uns nicht mal reinlassen. Und das ist auch gut so. Ich will ihn nämlich nicht sehen, nicht umarmen, fühlen oder gar riechen. Ich will mit Sven nichts mehr zu tun haben. Ich habe ihn geliebt. Und er hat mein Herz gebrochen. Er hat mich behandelt wie Dreck an diesem Abend bei Spargel-Weber, dem schlimmsten Abend meines Lebens. Dem letzten mit Sven. Der dann irgendwie der erste mit Jörg wurde.

Jetzt, wo Julia weg ist, hat Sven da nämlich zu Jörg gesagt, da bist du doch bestimmt sehr einsam. Da kannst du dich doch ein bisschen um sie kümmern. Würde dich aufmuntern, garantiert. Sie ist toll, echt, mit der kannst du jede Menge Spaß haben. Die macht alles, was du willst, hat er gesagt. Und dann: Ich schenk sie dir.

Als wäre ich gar nicht da! Ich war sprachlos.

Und Jörg im ersten Moment auch, das hat man deutlich gemerkt. Digger, hat er gesagt, das kannst du doch nicht bringen. Die hängt doch total an dir, die liebt dich doch, die hat doch auch Gefühle, hat er gesagt.

Sven hat gelacht. Ach komm, hat er gesagt, Gefühle! Ey, ich hab einfach die Zeit nicht mehr, mit dem Job jetzt, und die neue Wohnung in Köln, kann ich nicht ändern, das wird mir echt zu viel. Aber mach dir keine Sorgen, hat er dann gesagt, die ist robust. Die flennt ein bisschen, aber dann kriegt die sich wieder ein, die ist anpassungsfähig. Und sie mag dich, die mag dich echt, hat er gesagt.

Jörg hat den Kopf geschüttelt. Digger, find ich scheiße, echt, hat er gesagt, die ganze Zeit auf *big love* machen und dann auf einmal Tschüss und Ade, das war's? Das ist echt 'ne harte Nummer, hat Jörg gesagt, ich hätte nicht gedacht, dass du so krass drauf bist.

Jetzt hör mal auf zu flennen, Alter, hat Sven gesagt. Die kommt drüber weg. Nimmst du sie jetzt oder nicht?

Und das hat Jörg gemacht. Dafür bin ich ihm dankbar, bis heute, dafür liebe ich ihn. Nicht nur dafür, sondern auch, weil er es wirklich wert ist, geliebt zu werden, im Unterschied zu Sven, dem Arsch. Der ist nämlich im Grunde genau wie Mutti.

Als er noch studiert hat, bummelig, da war alles bestens. Da fand er mich toll, genau wie Jörg. Da brauchte er uns, zum Abhängen, zum Biertrinken, zum Feierngehen. Aber als er dann endlich seinen Abschluss gemacht hat, als dann der tolle Job mit Anzug und Krawatte kam, Kohle und Karriere, da haben Jörg und ich halt nicht mehr gepasst.

Er hat uns beide verarscht und benutzt. Der einzige Unterschied ist, dass ich das kapiere und Jörg eben nicht.

Ich muss wieder würgen, springe aus dem Auto. Während Jörg an der Haustür klingelt, schaue ich mich verzweifelt um.

Mutti macht auf. »Ja, bitte?«

Ich weiß nicht, ob es ihr Ton ist oder dieser stechende Mutti-Geruch, aber jetzt gibt es kein Halten mehr. Ich wähle den Blumentopf neben der Tür, die Christrose, die Mutti so mag. Und tue, was ich tun muss.

»Um Himmels willen …«, höre ich Mutti kreischen.

»Entschuldigung«, sagt Jörg und: »Hör mal, Süße, das gehört sich aber nicht.« Es klingt eher liebevoll als streng, das ist komisch, mir aber gerade egal. Ich habe zu tun mit dem, was ich tun muss, und das tue ich, lange und ausgiebig, und dann ist es vorbei, und ich fühle mich wesentlich besser.

Ich schüttele mich und atme durch.

»Das ist ja wohl das Allerletzte«, keift Mutti. »Dieser widerliche Köter, das glaube ich ja jetzt nicht!«

»Sorry«, sagt Jörg. »Sie hat das Essen wohl nicht vertragen.« Er tätschelt mir den Kopf. »Ich wollte nur mal kurz nach der Heizung schauen«, sagt er dann zu Mutti.

Ich halte die Luft an.

Mutti starrt ihn fassungslos an. »Es ist Heiligabend!«

»Ja, eben.« Gott, Jörg! So stumpf, denke ich, während all diese Gerüche aus dem Haus an meine Nase dringen. Er kapiert nichts! Und das ist auch gut so, begreife ich jetzt. Denn da ist ein Duft, der mich nicht wirklich überrascht, den ich aber für mich behalten muss, unbedingt. Ich kenne Jörg. Seele von Mensch, aber wenn er sich verarscht fühlt, dann wird es ungemütlich. Darum ist es manchmal ganz gut, dass er halt nicht die hellste Kerze ist, dass er bestimmte Sachen nicht riechen kann, obwohl sie vor seiner Nase sind.

»Das ist ja sehr aufmerksam von Ihnen«, flötet Mutti jetzt in falschem, ungeduldigem Ton. »Aber die Heizung läuft einwandfrei, vielen Dank.« Sie macht Anstalten, Jörg die Tür vor der Nase zuzuklappen.

»Sicher?« Jörg stupst mich mit dem Fuß an.

»Ja, natürlich, ganz sicher!« Sie legt zum Beweis eine Hand auf den Heizkörper im Flur. Und scheint zu merken, dass sie Jörg so nicht loswird. »Ich würde Sie ja gerne reinbitten«, lügt sie jetzt nämlich. »Aber wir haben Besuch. Und mit dem Hund, also, das geht natürlich gar nicht. Wir essen gleich, wir sind quasi schon bei der Vorspeise.«

Jörg stupst schon wieder. Herrgott, dieser Mann kann einem das Leben wirklich schwer machen. Es kostet mich doch ohnehin alle Kraft, mich zusammenzunehmen. Nicht aufzuspringen. Reinzurennen in diesen Flur, zu diesem Wohnzimmer, aus dem es so verheißungsvoll duftet, dass sogar der Pesthauch von Mutti in den Hintergrund gedrängt wird. Lockender Hauch, verdammt, Sven hat immer so gut gerochen, besser als alles andere auf der Welt. Ich hatte vergessen, wie gut dieser Mann riecht! Aber ich darf nicht, nein, ich werde der Versuchung widerstehen, der von Sven und auch den anderen Düften, von denen Jörg nun wirklich nichts wissen sollte, ausgerechnet Weihnachten.

Aber jetzt geht er auch noch in die Hocke. Kommt mit seinem Mund dicht an mein Ohr. »Na los, Süße«, sagt er liebevoll. »Nun lauf schon!«

Auf keinen Fall, denke ich noch, aber da bin ich versehentlich schon losgerannt. Vorbei an Muttis Beinen in den Flur.

»Nein!«, kreischt Mutti. »Verdammt, wir haben doch Besuch, halten Sie den Köter zurück!«

Aber das tut Jörg nicht. Er könnte auch nicht, denn ich bin jetzt in Fahrt, renne auf die geschlossene Wohnzimmertür zu, kein Problem für mich, ich bin ziemlich kräftig, ein Satz dagegen, und sie springt auf.

Und da steht er. Sven. Er steht da, stocksteif, er wirkt nervös, aber mir ist das egal. Ich begrüße ihn, ich belle, ich jaule, ich bin außer mir vor Freude. Und ganz kurz tut er das Richtige, er umarmt mich, krault mich, da an dieser Stelle, an der ich es so gern habe, kurz bin ich glücklich, aber dann bringt mich das Kreischen zur Besinnung.

Ich lasse Sven, wende mich ihr zu. Es ist zu spät, ich kann mich jetzt wirklich nicht mehr bremsen. Aber so wie sie kreischt, hat Jörg es mit Sicherheit sowieso schon kapiert. Ist also jetzt egal, und darum gönne ich mir den Spaß, genau wie früher. Die verlogene Schlampe quietscht panisch, als wäre ich ein blutrünstiges Monster. Und – ach, es macht Spaß, noch mehr Spaß als früher.

»Aus«, schreit sie. »Weg von mir. Hilfe! Hilfe!« Und ich springe, ich belle, ich knurre, ich schnappe sogar ein bisschen, nur zum Spaß natürlich. Sie weicht zurück, bis zum Weihnachtsbaum, ich treibe sie tief in die pieksenden Zweige.

»Hilfe«, kreischt sie noch mal, dann fällt sie um, mit dem Baum, es klirrt und scheppert, und für einen Moment ist es mir wirklich ein Fest!

Aber dann bringt mich Jörgs Pfeifen von der Tür zur Besinnung. Er ruft meinen Namen. Und obwohl er ganz ruhig klingt, wird mir schlagartig klar, was ich angerichtet habe mit meiner Unbeherrschtheit.

Jetzt weiß er Bescheid. Jetzt muss sogar Jörg sehen, was die ganze Zeit vor seiner Nase war. Nicht nur Julia, nicht nur Sven, nein, auch die beiden im Doppelpack, sie haben ihn verarscht, wie selten zuvor ein Mensch verarscht wurde. Und dass er das jetzt kapiert, ausgerechnet jetzt, ist allein meine Schuld. Jetzt wird er gleich ausrasten, verdammt, das ist nicht gut. Klar, es war seine blöde Idee, hierherzukommen. Aber hätte ich mich beherrscht, dann wäre es glimpflich abgelaufen. Er wäre ein bisschen beleidigt gewesen, dass Mutti ihn so behandelt. Aber wir wären einfach nach Haus gefahren, er hätte vermutlich Bier getrunken, vielleicht viel Bier, er hätte womöglich ein bisschen über Julia geredet, aber wir hätten es trotzdem irgendwie schön gehabt, zu zweit.

Ich japse. Lasse ab von dem blöden Weib, drehe mich um und renne zur Tür. Er steht einfach da, ganz ruhig, das ist komisch. Er hat sie gehört, mit Sicherheit, jeder im Umkreis von zehn Kilometern hat Julias hysterisches Gekreische gehört. Und darum wird er ausrasten, jetzt, darum ist es unmöglich, dass er einfach dasteht und grinst. Nicht unbedingt fröhlich, aber doch zufrieden. Darum ist es total merkwürdig, dass er mit jetzt den Kopf tätschelt, mich kurz krault und: »Gut gemacht, Süße« sagt.

Ich verstehe die Welt nicht mehr. Aber ist egal, ich will weg, nur weg von hier. Und ich bin dankbar, dass Jörg tatsächlich ausnahmsweise meiner Meinung ist.

»Komm«, sagt er nämlich zu mir, ganz ruhig, als wäre nichts, obwohl in diesem Moment Sven in den Flur tritt. Und »hey, Alter, das … das ist ja mal eine Überraschung, du hier« sagt und nervös lacht. »Du, ich … also, das ist jetzt nicht so, wie es vielleicht aussieht, ich kann dir das erklären …«, stammelt er.

Ich halte die Luft an. Jetzt, denke ich. Jetzt hat Svens letztes Stündchen geschlagen. Aber Jörg sagt nur: »Klar, kannst du bestimmt. Musst du aber nicht.«

Dann dreht er sich um und geht. Ich knurre Sven ein letztes Mal an, böse diesmal, denn in diesem Moment weiß ich mit absoluter Sicherheit, wo ich hingehöre. Dann renne ich hinter Jörg her. Dann sitzen wir im Auto, er legt den Rückwärtsgang ein, wendet. Er ist total ruhig, unheimlich ruhig.

Bevor wir die Sackgasse verlassen, hält er noch mal an. Er schaut zur Villa. »Danke, Süße«, sagt er. »Das hast du fein gemacht! Nicht, dass ich es nicht geahnt hätte, aber ich wollte es schon lieber ganz genau wissen.« Er greift nach hinten auf den Rücksitz, holt die komische Fernbedienung, und ich frage mich noch, ober er Mutti und Sven und Julia jetzt die Heizung abdreht, verdient hätten sie es ja. »Ein Fest, Süße«, sagt er. »Wie ich es dir versprochen habe. Jetzt ist Zeit für die Bescherung!« Dann drückt er auf den Knopf.

Ich habe ihn unterschätzt. Wirklich, ich habe ihm unrecht getan. Mag sein, dass er nicht der Hellste ist. Aber auch nicht so blöd, wie ich dachte, denke ich, als die Autoscheiben unter der Wucht der Explosion erzittern.

»Ich hasse es, verarscht zu werden«, murmelt er, während wir langsam den Berg hinunterfahren. »Süße, ich sage dir, da raste ich echt aus.«

Ich weiß, denke ich. Seufze leise und zufrieden.

Ich liebe diesen Mann.

12

Rudi Jagusch

Edgar_tot_unter_dem_ Tannenbaum_2018

Wallenborn, Eifel

 *Über den Autor*

Rudi Jagusch, 1967 geboren, arbeitet als freier Schriftsteller in der Nähe von Köln. Bekannt wurde er durch zahlreiche Krimis mit regionaler Färbung. Darüber hinaus schreibt er Thriller und veröffentlicht auch unter dem Pseudonym Jan Kilman.
Mehr zum Autor unter www.rudijagusch.com.

2. Dezember

Geburtstag!

Und was schenkt mir der Ochse? Ein Tablet! So ein neumodisches Ding, mit Knöpfen und Tasten, die keine Tasten sind. Alles nur Glas, auf dem man rumtippt. Kalt und leblos.

Schalt es ein, hat Edgar mich aufgefordert.

Ja, wie denn, hab ich verärgert geantwortet.

Dusselige Kuh, hat Edgar ungeduldig geknurrt. Wie nett, da freut sich ein Geburtstagskind.

Er mag es nicht, wenn ich mich blöd anstelle.

Irgendwann lief das Ding.

Da ist eine Tagebuch-App drauf, das hast du dir doch gewünscht, hat Edgar gesagt und auf ein Kästchen gedeutet.

Am liebsten hätte ich ihm eine gescheuert.

Richtig! Ich wollte ein Tagebuch. Aber eins aus Papier, mit Seiten, die ich umblättern kann, die leise raschelnd durch meine Finger gleiten.

Ich war einfach zu naiv! Dass Edgar mit so einem Technikfirlefanz auftauchen würde, war ja klar. Edgar redet sogar mit seinem Handy. Mit dem Auto auch. Und mit einer schwarzen Röhre neben dem Fernseher. Den Namen der Dame, die dort auf ihn hört, spricht er liebevoller aus als meinen. Echt krank!

Aber ich wollte nur ein Buch mit leeren Seiten. Klassisch altmodisch, so wie ich es seit meiner Kindheit kenne. Am Rand einen dicken Riegel, damit ich abschließen und niemand in meinen Gedanken schnüffeln kann.

Am wenigsten Edgar.

Das wäre nämlich nicht gut. Gar nicht gut.

Du kannst das Tagebuch mit einem Passwort verschlüsseln, hat Edgar erklärt, du musst etwas wählen, das niemand erraten kann, du dir aber leicht merken kannst. Selbstzufrieden hat er mir das Tablet hingehalten, damit ich das Passwort eingeben konnte. Dann hat er verschwörerisch gezwinkert. Mir kannst du es natürlich verraten, hat er geflüstert und anschließend einen imaginären Reißverschluss über die Lippen gezogen.

Den Teufel werde ich tun!

Bis Weihnachten will ich den Drecksack loswerden.

Den Saufbold! Den Mistkerl!

Er hat mich lange genug benutzt, ausgenutzt, veräppelt und angelogen.

Unzählige Male habe ich ihm verziehen, seine Unschuldsbeteuerungen geglaubt, um dann wenig später wieder enttäuscht zu werden.

Jetzt wird der Spieß umgedreht! Auge um Auge, Zahn um Zahn.

Aber alles mit Ruhe und Bedacht.

Suß hat zum Kuchen eingeladen. Das macht sie immer zum ersten Advent. Hier in der Eifel auf dem Dorf sind die Traditionen heilig. Da muss ich hin.

Muss weiterhin unschuldig wirken, unauffällig sein, nur keinen Verdacht aufkeimen lassen.

Am liebsten würde ich ja stattdessen Suß die Kuchengabel in den Hals rammen.

Aber … nein. Da gehen die Pferde mit mir durch, und ich mache das Opfer zum Täter. Ja, Suß ist schlicht und ergreifend ein Edgar-Opfer. Der Hurenbock kann sehr charmant sein, wenn er sich in den Kopf gesetzt hat, jemanden flachzulegen. Dann hast du als Frau keine Chance mehr, da hisst jeder gesunde und noch so emanzipierte Frauenverstand die weiße Fahne und ergibt sich … beziehungsweise: Gibt sich hin!

Also los, auf zu Suß.

Mein Passwort (kann ich mir sehr gut merken!): Edgar_tot_ unter_dem_Tannenbaum_2018

4. Dezember

Eine Scheidung kommt nicht infrage! Punkt!

Ich bin traditionell katholisch erzogen worden: Bis dass der Tod euch scheidet. Dazu stehe ich! Das ist meine Überzeugung!

Ich liebe mein Wallenborn, die Landschaft, den blubbernden Kaltwassergeysir, die Menschen (sieht man von Edgar ab!).

Ich will hier nicht weg!

Ich will allerdings auch nicht so schief angesehen werden wie die Suß. Die ist geschieden. Manchmal glaube ich, eine Leprakranke würde man in Wallenborn herzlicher behandeln.

Nein! Keine Scheidung!

Bis dass der Tod euch … hatte ich ja schon oben geschrieben. Ja, so habe ich es versprochen. Ich halte mich an mein Gelübde!

Muss ich dem Tod halt ein wenig auf die Sprünge helfen.

Nachtrag: *Seine* Fingerabdrücke sind auf dem Tablet. Edgars Wurstfinger! Garantiert hat er versucht, mein Tagebuch zu lesen.

Schweinebacke!

Nikolaus

Ich würde gerne mehr schreiben. Doch Edgar beobachtet mich, geiert nur darauf, mir über die Schulter zu schauen und einen Blick zu erhaschen. Daher muss ich Vorsicht walten lassen.

Im Moment droht allerdings keine Gefahr.

Edgar ist die Fietje klarmachen.

Fietje, die blonde Holländerin, die vor zwei Monaten nach Wallenborn gezogen ist. Will eine alte Scheune zum Café umbauen. Ist klar, dass Edgar seine Hilfe anbietet. Muss da Rohre verlegen, hat er vorhin erklärt.

Vermutlich nur *ein* Rohr!!!

Ich könnte die Wände hochgehen. Er wird Fietje garantiert den Nikolaus machen und ihr seinen Sack und seine Rute zeigen. Gift!

Ich habe mich schlaugemacht: Es gibt Langzeitgifte, also solche, die ihre Wirkung nach und nach entfalten. Dagegen stehen die schnell wirkenden Gifte. Pilze, Kräuter, Drogen, Chemie, ein Arsenal an Substanzen steht zur Verfügung. Frauen morden mit Gift, das habe ich recherchiert.

Und deswegen habe ich mich dagegen entschieden. Bin doch nicht auf den Kopf gefallen und mache mich schon allein durch mein Geschlecht verdächtig.

Aber jetzt muss ich wieder. Beerdigung des Schmitzes Hannes. Der ist beim Äpfelpflücken vom Baum gefallen. Genickbruch. Immerhin: Sechsundneunzig Jahre ist Hannes alt geworden. Körperlich war der noch ganz fit; aber der Kopf. Da summte nichts mehr ordentlich von einer Gehirnzelle zur nächsten. Wer schon bei frostigen Minusgraden Äpfel erntet … das sagt ja alles.

Zweiter Advent!

War heute zur Beichte. Habe dem Pfarrer alles erzählt, ein reines Gewissen ist mir wichtig. Und, ja, ich gebe es zu, ich liebe seinen schockierten Gesichtsausdruck. Dafür würde ich alles

Mögliche erfinden und behaupten. Wenn er mich so fassungslos anschaut, die blassblauen Augen hinter dem Gitter weit aufgerissen, einfach süß, zum Dahinschmelzen.

Ich habe mich ein klein wenig in den kleinen Lümmel verguckt (Nein! Nicht in »seinen Kleinen«!).

Der Pfarrer Weber – ich nenne ihn nur so, wenn andere in der Nähe sind, ansonsten ist er mein »Lümmelchen« – sieht einfach zum Anbeißen aus. Typ Terence Hill in seinen besten Jahren. Genau mein Geschmack (Was habe ich eigentlich je an Edgar gefunden??? Der war doch immer schon eher Bud Spencer!!!).

Er wird garantiert nichts verraten. Beichtgeheimnis.

Aber nicht nur deswegen.

Lümmelchen liebt seinen Beruf (er nennt es Berufung). Und seine Gemeinde. Das setzt der nicht aufs Spiel.

Ich habe ihn in der Hand.

Wie gesagt: Lümmelchen ist ein echter Hingucker. Und handwerkern kann er auch. Ein echter Tausendsassa! Als ich letztes Jahr mit ihm allein in der Sakristei war – Edgar hatte gerade was mit der jungen Fleischfachverkäuferin laufen –, nun ja, da dachte ich mir: Was Edgar kann, das kann ich auch. Lümmelchen wollte gerade das schwere Holzkreuz, das in der Sakristei an der Wand hängt, neu befestigen. Die Verankerung ist wohl morsch geworden. Wie Lümmelchen dastand, verschwitzt in einem weißen T-Shirt, in der einen Hand den Bohrhammer, den Bizeps angespannt (als hätte er eine Eisenkugel unter der Haut!!!), in der anderen Hand den fetten Dübel … mir hatte es glatt den Atem verschlagen.

Allerdings leider nicht die Sprache, und so rutschte mir »Wollen Sie nicht lieber etwas anderes dübeln?« heraus. Schamlos, ich weiß, aber verzaubert von dem Anblick war es nun mal passiert. Lümmelchen fackelte nicht lange. Er glich einem Verdurstenden in der Wüste, der gerade ein Wasserloch entdeckt hatte. Konnte gar nicht genug bekommen. Hinterher schämte er sich für seinen »Überfall«, ja, er wollte sich sogar selbst der Kurie stellen. Gott sei Dank konnte ich ihm den Quatsch ausreden. Schließlich war ich es gewesen, die den Reißverschluss zu seinem »Werkzeug« geöffnet hatte. Seitdem treffen wir uns hin und wieder heimlich. Kann von mir aus auch noch lange so weitergehen.

Edgar ist nach Gerolstein zum Weihnachtsmarkt.

Wie jedes Jahr.

Bei seiner Rückkehr wird er nach billigem Parfüm riechen, aus dem Mund nach Kippen, Oppjesetzten und Glühwein stinken und damit prahlen, wie er mit anderthalb Promille im Blut sicherer Auto fährt als jede Frau bei klarem Verstand. Dabei hat er letztes Jahr die Gartenzwerggarnitur im Vorgarten mit seinem Werkstattwagen umgenietet. Ein Scherbenhaufen: den Zwerg mit der Schubkarre, den mit dem Spaten in der Hand und meinen Lieblingszwerg: den, der seinen Mantel lüftet und seinen klitzekleinen Zwerg zeigt. Eine kleine Provokation hier in der Eifel, die ich mir spaßeshalber erlaubt hatte und die mir den Ruf als Frau, die sich was traut, eingebracht hatte.

Apropros Werkstatt. Ich habe da eine Idee.

10. Dezember

Es ist zum Haareraufen.

Was sich gestern noch wie ein toller Einfall anfühlte, ist bei der zweiten Überlegung nur noch Mist.

Das Gas wollte ich aufdrehen. Zahlreiche Flaschen stehen in Edgars Werkstatt. Und wenn Edgar dann am Morgen seine erste Zigarette ansteckt … WUMMS!!!

So schön, so gut. Nur ist meistens Edgars Azubi der Erste, der morgens das Licht in der Werkstatt einschaltet. Und der soll nun wirklich nicht über die Klinge springen müssen.

Der schaut mich doch immer so süß an, ist so verlegen, wenn er in meinen Ausschnitt schielt.

Nein, der kleine Racker soll weiterleben und mich als Hauptdarstellerin seiner feuchten Träume behalten.

Ich muss mir was anderes einfallen lassen.

12. Dezember

Komme gerade aus Wittlich zurück. Mein Therapeut attestiert mir Fortschritte. Nun ja, nach drei Jahren sollte es auch so sein, oder? Trotzdem schön, es zu hören.

Früher habe ich in einer anderen Welt gelebt. Was ich mir so alles zusammengesponnen habe, ha, nicht von schlechten Eltern. Wenn ich nur daran denke, dass ich fest davon überzeugt war, Mario Adorf zu sein. Wie absurd. Also nicht nur vom Geschlecht her ja ein Ding der Unmöglichkeit, nein, Adorf kam aus Mayen, ich aus Wallenborn.

Edgar hatte damals schon recht, ich *musste* mir Hilfe suchen. »Adorf«, hat Edgar gesagt, »du hast einen Auftritt in Düren.« Und dann hat er mich in die »Klappsmöll« gebracht, in die Psychiatrie. Dort arbeitet Edgars Bruder, der hatte das arrangiert.

Egal, lange her, inzwischen fühle ich mich viel besser. Ausgeglichener. Mehr im Hier und Jetzt verwurzelt.

Das ist gut. Richtig gut.

Ansonsten hätte ich gezweifelt bei der Sache zwischen Fietje und Edgar. Hätte ich mir ja auch nur wieder eingebildet haben können. Aber das ist real!

Und dafür wird der Hurenbock büßen.

Ich werde ihm einen schönen Kuchen backen.

13. Dezember

Ich habe mich dann doch für Nussecken entschieden. Haselnüsse in Massen! Und meine geheime Zutat habe ich ebenfalls beigefügt: Einen kräftigen Schuss Schokotraum mit Nuss! Ein lecker Likörchen, das ich mir bei der Brennerei Zender aus Wolfsfeld besorge. Vorzüglich! Da könnte ich drin baden.

Die Nussecken waren köstlich, haben alle gesagt.

Ich musste sie leider im Dorf verteilen.

Edgar hat sie nicht angerührt. Wegen seiner Nussallergie.

Ich bin aber auch zu dämlich. Dass sich eine Nussecke nicht zu einem trojanischen Pferd eignet, darauf hätte ich kommen müssen.

Aber ich liiiiiebe Nussecken.

Und den Likör habe ich auch leer gemacht.

14. Dezember

Große Aufregung heute hier in der Nachbarschaft. Der Lommersheim Jupp hat seiner Frau Lisbeth in den Fuß geschossen. Die saß am Tisch und bastelte Strohsterne. Das macht die Lisbeth jedes Jahr. Die bastelt, bastelt und bastelt, große, kleine, schmale, dicke, Strohsterne in allen Variationen. Ihr Haus quillt über, die reinste Strohstern-Galaxie. Vermutlich hat der Jupp vor lauter Sternen Lisbeths Fuß gar nicht gesehen. Aber egal, der Jupp hätte es besser wissen müssen. Man reinigt sein Gewehr doch nicht, wenn man gerade vom Frühschoppen nach Hause kommt.

Auf dem Speicher müsste noch der alte Karabiner von Opa liegen. Den könnte ich doch auch mal reinigen, wenn Edgar in der Nähe ist.

15. Dezember

Ich habe den ganzen Morgen gesucht. Nichts zu finden.

Edgar hat ab und zu nach mir gesehen. Wie skeptisch er geschaut hat. Und immer wieder hat er mich gefragt, ob mir auch nichts fehle. Doch, hätte ich ihn am liebsten angeschrien, Opas Knarre! Damit will ich dir ein Loch in die Stirn stanzen! Aus Versehen natürlich!

Ich glaube, Edgar ahnt etwas. Und deswegen hat er das Gewehr heimlich an sich genommen und versteckt.

Eine rostige Sichel habe ich gefunden. Die liegt schön in der Hand. Aber damit einen Unfall fingieren? Wie soll das gehen? Ups, Edgar, tut mir leid. Da ist mir die Sichel aus der Hand gefallen und hat leider deinen Hals durchtrennt.

Unglaubwürdig.

Oder?

Dritter Advent

Vielleicht probiere ich es mit meinen Tabletten.

Wäre praktisch, so könnte ich sie zugleich beseitigen. Das Versteck läuft bald über, die alte Kaffeekanne meiner Großmutter. Edgar rührt sie nicht an. Er steht auf diese modernen Alubecher.

Edgar achtet streng darauf, dass ich meine Tabletten einnehme. Schon klar, warum. Die machen mich träge und gleichgültig. Der Hurenbock hofft, ich würde ihm dann nicht mehr nachspionieren.

Ha! Nicht mit mir. Ich kann Edgars hinterhältige Gedanken lesen, wie Wörter in einem aufgeschlagenen Buch.

Die Tabletten schiebe ich mit meiner Zunge in die Wange, schlucke dann demonstrativ. Erst dann ist Edgar zufrieden.

Sobald er fort ist, spucke ich die Teufelsdinger wieder aus.

Mir geht es gut. Ich brauche keine Tabletten.

Basta!

18. Dezember

Vielleicht sollte ich Edgar heimlich meine Tabletten einflößen. Mein Versteck ist sowieso voll. Eine Kanne meiner Großmutter. Sie …

Moment!

Déjà-vu!!!

Das habe ich doch schon geschrieben.

Manchmal bin ich aber auch sehr durcheinander.

19. Dezember

Glühwein, Glühwein, tralalalala.

Bin immer noch beschwipst.

Die Landfrauen waren heute bei mir. Lisbeth hat mir einen wunderschönen Strohstern mitgebracht. Die Schusswunde, sagt sie, spürt sie kaum noch. Eifler Heilfleisch halt.

Was haben wir uns amüsiert. Suß hat von ihrem neuen Freund erzählt. Einer aus Düsseldorf. Nicht hübsch, aber reich, hat Suß berichtet und sich gekringelt vor Lachen. Düssel*doof* haben wir ausgerufen und uns mitgekringelt. Albern, ich weiß, aber trotzdem lustig.

Ach, herrlich. Alles war so harmonisch. Ich konnte ICH sein, ohne eine Rolle spielen zu müssen.

Keine Paparazzi, einfach nur unter Freunden sein.

20. Dezember

Fietje war hier!

Das Luder.

Auf gute Nachbarschaft, hat sie gesagt und mir einen Schokoweihnachtsmann überreicht. Dabei hat sie suchend hin und her geäugt. Wie eine brünstige Kuh, die nach einem Stier sucht. Der Stier war aber nicht da.

Der war nach Wittlich, wollte da irgendetwas klären. Was, hat Edgar mir nicht verraten. Aber vermutlich hat er Weihnachtsgeschenke besorgt. Für mich eine Krawatte, und für sein Liebchen eine Perlenkette. Oder so! Man kennt das ja.

Ha! Da habe ich echt »Krawatte« geschrieben. Mensch, wie komme ich nur auf so etwas??? Schürze, ja, die passt. Oder Handtücher.

Ich könnte das mit dem neumodischen Ding hier auch löschen. Aber egal, ist doch ganz lustig, später nachlesen zu können, wie meine Gedanken manchmal abdriften.

Also einfach weiter im Text.

Fietje ist dann auch rasch wieder fort. Den Schokoladenweihnachtsmann hätte ich ihr am liebsten an den Kopf geworfen. Stattdessen habe ich den Schokomann pulverisiert. In winzige, klitzekleine Stückchen. Dabei habe ich mir vorgestellt, Edgar läge auf dem Tisch. Mit dem Hammer, immer drauf.

Edgar hat sich gewundert, als er aus Wittlich zurückkam. Ob es mir wirklich gut ginge, hat er gefragt.

Oh, und wie! So gut habe ich mich schon lange nicht mehr gefühlt.

Edgar hat mir den Hammer trotzdem aus der Hand genommen.

22. Dezember

Manchmal ist das lustig. Oder auch unheimlich, je nachdem.

Ich sitze so den ganzen Tag herum, höre Weihnachtsmusik, um in Stimmung zu kommen. Und da schaue ich auf meine Hände: Schmutzig! Voller Staub. Kein Hausstaub, nein, sondern so wie Mörtel, hell und bröselig.

Ach Gottchen, habe ich ausgerufen und mir rasch die Hände gewaschen.

Es gibt Dinge auf Erden, die sind einfach unerklärlich.

Heiligabend

Nachmittag. Edgar schläft.

Bescherung hatten wir schon, und was für eine! Direkt nach dem Frühstück. Edgar wollte zu Fietje, angeblich ein Rohrbruch, und da müsse er ja vorbeisehen.

Ja, klar, und der Weihnachtsmann kommt durch den Kamin und bringt Geschenke. Glaubt Edgar etwa, ich bin bescheuert? Eine Szene habe ich ihm gemacht, da wäre jeder Orkan vor Neid zum lauen Windchen geworden.

Ich will doch nur, dass Edgar ehrlich zu mir ist. Das habe ich ihm auch gesagt. Ehrlichkeit! Das ist doch das Fundament einer Ehe, oder?

Edgar meint, ich wäre ja auch nicht besser, im Glashaus sollte man nicht mit Steinen werfen. Ich habe die Unschuldige gemimt. Das mit Lümmelchen kann er unmöglich wissen. Ich bin sicher: Es war nur eine armselige Anschuldigung gewesen, um von seinen Fehltritten abzulenken. Ein Schuss ins Blaue. Darauf falle ich nicht rein!!!

Edgar hat dann noch irgendetwas von meinem Psychiater gebrabbelt. Dass er letztens, als er in Wittlich war, bei dem war. Und dass ich schon ewig nicht mehr zur Therapiesitzung gewesen bin und und und … Ich habe dann abgeschaltet. Was für ein Geschwätz! Alles erstunken und erlogen, Edgar will mich nur verunsichern. Ich besuche meinen Psychiater regelmäßig. Basta!

Aber jetzt kommt das dicke Ende noch: Edgar ist trotz des Streits zu Fietje! Das hatte er zumindest behauptet. Dann kehrte er allerdings schon nach einer halben Stunde mit einem riesigen Blumenstrauß in der Hand zurück. Und dann säuselte Edgar mir eine geschlagene Stunde alles Mögliche ins Ohr, wie er mich doch lieben würde (Heuchler!), dass er nie mit einer anderen geschlafen hätte (Lügner!), mit mir bis zum Tod und darüber hinaus vereint sein möchte, dass er mich jetzt auf Schritt und Tritt begleiten würde, damit mir nichts passiert, und so weiter und so fort – bis hin zu einer Entschuldigung. Er hätte überreagiert (Allerdings!!!!!), obwohl er es besser hätte wissen müssen. Ich sei ja schließlich nicht gesund (Pff! Bin topfit!). Trotzdem wurde ich nachdenklich. Edgar hat sich noch nie bei mir für irgendetwas entschuldigt. Könnte er es wirklich ernst meinen? Mit allem?

Ach, jetzt bin ich hin- und hergerissen.

Sooooo schlimm ist Edgar nicht, wenn ich recht darüber nachdenke. Er hat auch seine guten Seiten. Sein Humor zum Beispiel, trocken auf den Punkt und spontan. Wie oft schon hat er mich damit zum Lachen gebracht. Oder sein Hintern. Trotz der Körperfülle knackig wie eine Brühwurst. Da bekommt man keine Delle reingedrückt.

Vielleicht habe ich mich in den letzten Monaten in etwas reingesteigert. Soll ich ihm noch eine Chance geben?

Immer noch Heiligabend, jetzt wirklich Abend

Edgar schläft immer noch.

Schnee fällt. Im Dorf ist es ruhig geworden. Die Nachbarn sitzen jetzt alle beim Festmahl und freuen sich auf ihre Geschenke.

Und ich hocke hier allein in der Küche. Die Ente, die ich eigentlich geplant hatte, friert sich immer noch eine Gänsehaut im Kühlschrank. Ich habe einfach keinen Hunger, geschweige denn Appetit.

Allerdings war ich nicht untätig.

Ich habe endlich eine Entscheidung getroffen!!!

Und das war nicht einfach bei dem Lärm, den die Kühe vom Schmidts Theo im Stall auf der anderen Straßenseite veranstalten. Die haben Durst. Doch Theo gibt denen heute nichts zu saufen. Theo glaubt daran, dass sich an Heiligabend das Wasser in den Trögen zu Wein verwandelt. Den Quatsch glauben viele hier in der Gegend. Und an Geister, weiße Frauen, Feen, Wunderheiler und Hexen. Lümmelchen wird sich für die Mitternachtsmette vorbereiten. Alleine, da bin ich mir sicher.

Ich werde mit ihm reden müssen. Also warum auf die lange Kirchenbank schieben?

Habe mein Passwort geändert: Bud_Spencer@Ich_liebe_dich_immer_noch

25. Dezember

Edgar ist tot!!!
Ein Un– es schellt. Polizei?

Später
Ich bin so aufgewühlt. Edgar ist nicht mehr. Meine Gedanken, hierhin und dorthin. Sie wirbeln umher wie ein riesiger Schwarm Zugvögel. Ich muss mich hinlegen. Der Kommissar hat so viele Fragen gestellt, ich bin ganz durcheinander.

26. Dezember

Wie ein Stein geschlafen. Hätte ich nicht gedacht, nachdem … aber die Schlaftabletten, die haben geholfen.
Es ist still.
So leer.
Ich vermisse Edgar, meinen lieben Edgar, mein Herzchen, meinen Bud Spencer.

27. Dezember

Je länger ich darüber nachdenke, desto klarer wird mir alles.
Also, hier das, was ich der Polizei erzählt habe: Ich bin an

Heiligabend um kurz vor sieben zur Kirche. Ich wollte Lümmelchen zur Hand gehen, der ja ganz allein die Mitternachtsmette vorbereiten musste. In der Sakristei, da habe ich Lümmelchen angetroffen. Er sortierte die Gesangbücher (was stimmt), und ich habe ihm dabei geholfen (stimmt nicht. In Wirklichkeit half ich Lümmelchen, sich zu entspannen. Der Arme ist ja um die Feiertage immer so gestresst.).

Plötzlich stürmte Edgar mit lautem Gebrüll herein, riss Lümmelchen am Kragen hoch und schob ihn quer durch den Raum. Edgar muss mir nachspioniert haben. Das hatte er mir ja angedroht. Sicher hatte er nur so getan, als würde er den ganzen Nachmittag verschlafen. In Wirklichkeit hatte er nur darauf gewartet, dass ich in seine Falle tappe. Was für ein ausgekochtes Schlitzohr Edgar doch war.

Wie ein Spielball hing Lümmelchen zwischen Edgars Händen.

Und dann stießen sie an die Wand. Und an das große Holzkreuz.

Lümmelchens Rücken krachte so richtig dagegen.

Und der Jesus, der dort am Kreuz hing, fühlte sich wohl gestört und wollte sich den Edgar aus der Nähe ansehen.

Die Polizei sagte mir, dass das Holz mehrere Hundert Kilo wiegt.

Erst knirschte es, als bekomme man einen Backenzahn gezogen, dann fiel das Kreuz, verfehlte Lümmelchen um Haaresbreite, traf stattdessen Edgar mittig auf den Kopf.

Das Brüllen hörte sofort auf.

Jesus hatte eindeutig für Ruhe gesorgt.

Ach Gott, was für ein schreckliches Erlebnis. Ich brauche jetzt einen Schabau. Edgar muss noch irgendwo einen Selbstgebrannten haben.

28. Dezember

Gewissensbisse.

Was mir umgeht: Bin ich schuld an Edgars Tod? Ich meine: Hätte ich Lümmelchen damals nicht davon abgehalten, hätte er den neuen Dübel gesetzt.

Lümmelchen? Warum kommt er mich nicht trösten?

29. Dezember

Edgars Beerdigung.

Lümmelchen hat es vorgezogen, nicht die Grabrede zu halten. Schlimmer noch: hat durch Abwesenheit geglänzt. Ich kannte den Mann nicht, der seine Aufgabe übernommen hat. Ist auch nicht wichtig. Ich habe ohnehin nur ein großes Rauschen im Kopf.

Ganz Wallenborn war anwesend, eine Runde Mitleid von allen. Kann ich gebrauchen.

Ich vermisse Edgar.

Die Gewissensbisse sind fort. Ich bin nicht schuld, ich nicht. NEIN! Ich bin nur ein kleines Mädchen, ein unschuldiges Lämmchen. Ein verführtes Opfer!!!

Ich bin wütend.

30. Dezember

Wer hat denn nicht gedübelt? Wer hat das Kreuz nicht befestigt, obwohl es nötig gewesen wäre? Wer hat mich verführt und Edgar damit erst so wütend gemacht?

Wer? Wer? Wer?

Er!
Lümmelchen!
Er ist *schuld!*
Er! Er! Er!
Neues Passwort: Burn!Lümmelchen!Burn!

Silvester

Meine letzten Zeilen für lange Zeit.

Der Regisseur hat sie mir zugestanden. Er wartet im Wohnzimmer.

Die Kulisse brennt. Ein schönes Feuer. Warmes oranges Licht flackert, erhellt den Küchentisch, an dem ich sitze. Es stört nur das harte, blaue, kalte Licht der Einsatzfahrzeuge. Männer rufen, ich höre es bis hierhin in mein Atelier kaum. Gut. Gehört sich schließlich so. Ich bin der Star, der Hauptdarsteller.

Der Regisseur möchte nachher mein Tagebuch lesen.

Das wollte ich zunächst nicht. Verständlich, oder? Aber dann hätte er mich direkt mitgenommen. Und so darf ich halt noch diese letzten Zeilen schreiben. So haben wir es ausgehandelt. Irgendwie fair, finde ich.

Der Regisseur nennt sich selbst: Hauptkommissar Bohleber.

Soll er. Von mir aus auch Hinz oder Kunz. Habe mit exzentrischeren Typen zusammengearbeitet. Das Filmgeschäft vereint die Bekloppten.

Bohleber sagt, ein gewisser Edgar ist von mir erschlagen worden. Also nicht so direkt, sondern mit einem Holzkreuz, an dem ich herumgefummelt haben soll. Und Bohleber sagt auch, es wäre für mich auch kein Problem gewesen, ungestört die Falle vorzubereiten. Schließlich wäre es mein Job als Küsterin, die Kirche in Schuss zu halten.

Guter Stoff, wirklich perfide, wird ein guter Krimi werden.

Dann soll ich Edgar also in diese Falle gelockt haben. Und um die Beweise zu vernichten, habe ich vorhin die Kirche angezündet.

Der Bohleber redet so, als wäre das alles wahr. Nicht eine Story, die wir erst noch drehen wollen. Der bringt das völlig überzeugend rüber. Der ist richtig gut im Drehbuch drin.

Angezündet? Ich habe nichts angezündet! Davon wüsste ich doch.

Nur die … Kulisse? Weil … weil … da war doch der … Lümmelchen? Und immer diese Bilder im Kopf: Habe ich diesen Edgar zu mir gezogen, um ihn zu küssen? Bin dann zurück mit ihm an die Wand getaumelt, eng umschlungen, damit er mich dort anlehnen könnte? Und dann ich mit dem Rücken gegen das Kreuz? Das war doch mein Plan gewesen, oder? Der Plan mit den losen Dübeln. Aber ich kann mich an nichts *erinnern!!!* Einfach nur absurd! Warum sollte ich diesen Edgar küssen wollen? Steht das im Drehbuch? Dann doch eher noch diesen Lümmelchen … Verdammt! Ich kenne doch gar keinen Lümmelchen.

Bohleber übrigens auch nicht. Die Gemeinde hier muss wohl derzeit ohne einen zugewiesenen Pfarrer auskommen, hat Bohleber berichtet.

Aber wie komme ich von einem … Lümmelchen (wer soll das sein???) … auf einen Pfarrer? Was schreibe ich nur für einen Mist.

Ich höre jetzt besser auf.

Nachher denkt dieser Bohleber noch, ich hätte nicht alle Tassen auf dem Regal. Und dann quatscht der mit der Presse, und ehe man es sich versieht, bin ich bei denen ein seniler alter Opa.

Nein, den Stoff liefere ich nicht. Nicht, solange ich, Mario Adorf, noch alle Sinne beieinanderhabe!

13

Iny Lorentz

Eine Leiche unterm Weihnachtsbaum

Berlin, 1875

Die Frau war tot! Dirk Maruhn brauchte keinen zweiten Blick, um dies zu erkennen. Ein wenig wunderte er sich, weil die Polizei die Leiche noch nicht hatte wegschaffen lassen. Sie lag noch immer unter dem festlich geschmückten Weihnachtsbaum, in der rechten Hand die Pistole, die ihrem Leben ein Ende gesetzt hatte.

»Ich danke Ihnen, dass Sie so rasch gekommen sind, Herr Maruhn«, sagte Polizeimajor Reuter mit gepresster Stimme.

»Das ist doch selbstverständlich!«, antwortete Maruhn, obwohl er sich fragte, weshalb die staatlichen Behörden einen Privatdetektiv wie ihn zu einem solchen Fall hinzuholten. »Die Tote heißt Lukretia de Lancy, ist zweiundsiebzig Jahre alt und Besitzerin eines stattlichen Vermögens«, sagte Reuter weiter.

Dass er das Vermögen der Toten anführte, zeigte Maruhn, dass mehr dahinterstecken musste. »Was haben Sie bis jetzt herausgefunden?«, fragte er nachdenklich.

»Um es offen zu sagen, nicht viel«, gab Reuter zu. »Auf den ersten Blick sieht alles nach Selbstmord aus! Die Frau wurde mit der Waffe in ihrer rechten Hand aus nächster Nähe erschossen. Laut Aussage ihres Dienstmädchens war sie jedoch Linkshänderin. Zudem trat das Geschoss an einer Stelle ein, an der sie die Pistole nur unter großen Mühen selbst hätte ansetzen können.«

»Kann ich nachsehen?«, fragte Maruhn und beugte sich über die Tote. Der Weihnachtsbaum war ihm dabei im Weg, und er musste ein paar der stacheligen Tannenzweige beiseitebiegen, um genauer hinschauen zu können.

»Die Kugel traf sie schräg von hinten. Das selbst zu tun, ist wirklich schwierig«, gab er zu. »Wie es aussieht, müssen wir von Mord ausgehen, der als Selbstmord hingestellt werden sollte.«

»Genau meine Meinung«, stimmte ihm Reuter zu.

»Gibt es Indizien, wie es geschehen ist? Was ist mit Verdächtigen? Oder halten Sie es für einen simplen Raubmord?«, fragte Maruhn.

»Laut dem Dienstmädchen der Toten wurde nichts entwendet. Damit fällt Raubmord schon einmal weg«, antwortete Reuter. »Frau de Lancy soll sehr zurückgezogen gelebt und stets darauf geachtet haben, dass die Türen verschlossen waren. Kein Fenster stand auf, und der Hund der Ermordeten hätte gewiss Laut gegeben, wenn jemand versuchte hätte, auf diesem Weg ins Haus einzudringen.«

»Frau de Lancy besaß einen Hund?«

»Ja, einen Mops.«

»Das ist interessant«, erwiderte Maruhn. »Damit ist es fast ausgeschlossen, dass Frau de Lancy von einem Fremden umgebracht wurde, es sei denn, sie hätte zur Tatzeit jemanden ins Haus gelassen.«

»Der Tod trat laut Aussage des Arztes zwischen Mitternacht und zwei Uhr früh ein. Das ist keine Zeit, in der eine alte Dame wie Frau de Lancy noch Besuch empfängt«, wandte Reuter ein.

»Wobei wir bei den möglichen Verdächtigen wären«, sagte Maruhn und rieb sich über die Stirn. »Was ist mit dem Dienstmädchen?«

»Die Frau ist noch älter als ihre Herrin und hat laut ihrer Aussage den Weihnachtsabend bei ihrer Nichte in Potsdam verbracht. Sie kam heute mit dem ersten Zug zurück nach Berlin und fand zu ihrem Erstaunen die Tür der Villa unverschlossen. Wenig später entdeckte sie ihre tote Herrin und rief um Hilfe. Angeblich besitzt sie keinen Schlüssel zur Villa, sondern muss stets läuten, wenn sie wieder ins Haus will. Wir werden ihrer Aussage nachgehen.« Seinen Worten zum Trotz schien Reuter nicht daran zu glauben, dass die Hausangestellte verdächtig sein könnte.

Maruhn wollte sie trotzdem verhören. »Besitzt, oder besser gesagt, besaß Frau de Lancy noch andere Hausangestellte?«, fragte er weiter.

»Frau de Lancy hat ihren Hausdiener zwei Tage vor Weihnachten wegen finanzieller Unregelmäßigkeiten entlassen. Sonst gibt es noch eine Zugehfrau und zwei weitere Frauen, die hier zu regelmäßigen Zeiten arbeiten, aber nicht in der Villa wohnen. Sie sollen ebenso wenig wie das Dienstmädchen und auch der Hausdiener einen Schlüssel besitzen.«

Maruhn schüttelte bei Reuters Bericht den Kopf. »Frau de Lancy wird doch nicht jedes Mal, wenn jemand an der Tür war, diese selbst geöffnet haben!«

»Außer ihr, ihrer Enkelin und ihrem Enkel lebt noch ihre Nichte hier im Haus, die ebenfalls als besseres Dienstmädchen bei ihrer Tante arbeiten muss. Diese drei besitzen jeweils einen Schlüssel der Villa, ebenso Frau von Wonnegen, eine Freundin von Frau de Lancy, mit der diese sehr vertraut war.«

»Konnten diese Personen schon vernommen werden?«, wollte Maruhn wissen.

Reuter schüttelte den Kopf. »Die Nichte und die Enkel waren nicht im Haus. Wo sie sich befinden, wissen wir nicht.«

»Dann beginnen wir mit dem Dienstmädchen. Aber vorher will ich mich umsehen!« Maruhn wandte sich zur Tür, brauchte aber seinen Stock, da sein schwächeres Bein nachzugeben drohte. Mit verkniffener Miene betrat er Frau de Lancys Salon. Dieser war altmodisch mit Biedermeiermöbeln eingerichtet und sah so sauber und aufgeräumt aus, als hätte das Hausmädchen ihn eben erst verlassen.

Reuter war ihm gefolgt und schüttelte den Kopf. »Es fehlt nichts, selbst die Sammlung wertvoller Münzen nicht, die noch von Frau de Lancys Ehemann stammt.«

Maruhn öffnete mehrere Schubladen der Anrichte und fand, dass Reuter recht hatte. »Ein Räuber ist es jedenfalls nicht gewesen! Der hätte weder die Goldmünzen noch dieses Schmuckkästchen hiergelassen«, meinte er mehr zu sich selbst und ging weiter.

In Frau de Lancys Schlafzimmer war ebenfalls nichts Auffälliges zu entdecken. Als er einen Schrank öffnete, fand er dort drei kleine, in Seidenpapier gewickelte Schachteln. Diese waren bereits geöffnet worden. In einer der Schachteln war ein Parfümflakon zu sehen.

»Das Dienstmädchen meint, es wären die Weihnachtsgeschenke, die Frau de Lancy von ihren Enkeln und ihrer Nichte erhalten hat«, berichtete Reuter.

Maruhn nickte und wanderte in das nächste Zimmer weiter. Nichts war in Unordnung, niemand hatte Schubladen und Schränke durchwühlt, und selbst die Geldkassette Frau de Lancys war noch mit etlichen Hundert Mark in Banknoten gefüllt. In den Zimmern des Enkels, der Enkelin und der Nichte war auch alles aufgeräumt. In jedem Schrank befanden sich mehrere kleine Kartons, die ebenfalls mit Seidenpapier umwickelt gewesen sein mussten.

»Ebenfalls nur Weihnachtsgeschenke«, sagte Reuter.

»Da die Wohnung selbst nichts preisgeben will, werden wir nun das Dienstmädchen befragen«, antwortete Maruhn und kehrte ins Wohnzimmer zurück. Dort massierte er sein Bein, das auf einmal höllisch schmerzte, und humpelte zu einem Stuhl. Er ärgerte sich, weil er sich setzen musste, doch langes Stehen war für ihn noch schlimmer als Gehen.

Unterdessen erteilte Reuter dem Polizisten an der Tür einen

Befehl. Dieser verschwand und kehrte kurz darauf mit einer verhuscht aussehenden alten Frau zurück. Sie starrte abwechselnd ihn und Polizeimajor Reuter ängstlich an.

Maruhn bemühte sich, den Schmerz in seinem Bein zu ignorieren, und winkte die Alte zu sich heran. »Sie haben Ihre Herrin heute Morgen als Erste gefunden?«

»Ich glaube schon«, antwortete die Frau.

»Sie waren die Nacht über in Potsdam?«, setzte Maruhn das Verhör fort.

Die Frau nickte eifrig. »Ja, da war ich! Meine Nichte lädt mich jedes Jahr am Heiligen Abend ein.« Sie schniefte. »Ich bin mit dem ersten Zug zurückgekommen, wie Frau de Lancy es wollte, und habe geläutet. Aber es kam niemand, um mir aufzumachen. Das war sehr eigenartig. Sonst kommt nämlich immer die Irma oder auch das Fräulein Charlotte. Als ich dann gegen die Tür geklopft habe, ging sie einfach auf.«

»Und dann?«, fragte Maruhn, weil die Frau zögerte.

»Ich habe nach Irma gerufen, aber es kam keine Antwort. Eigentlich habe ich in meine Kammer gehen wollen, bin dann aber doch nach oben gestiegen und sah auf einmal die Herrin in ihrem Blut liegen. Mir ist fast das Herz stehengeblieben. Danach bin ich ans Fenster gelaufen und habe um Hilfe gerufen!«

Maruhn sah die alte Frau durchdringend an. »Können Sie mir sagen, unter welchen Umständen Ihre Herrin einem Besucher um Mitternacht die Tür öffnen würde?«

Das Dienstmädchen schüttelte energisch den Kopf. »Unter gar keinen Umständen! Frau de Lancy mochte keine Besucher. Deshalb gab es auch immer wieder Streit mit Herrn Emil, wenn dieser Bekannte mit ins Haus brachte.«

»Emil ist wohl der Enkel von Frau de Lancy?«, fragte Maruhn, obwohl es sich ihm aus ihren Worten erschlossen hatte.

Erneut nickte sie. »Das ist er! Er und Fräulein Charlotte sind Frau de Lancys Enkelkinder, aber keine Geschwister, sondern Cousin und Cousine.«

»Außer Ihnen und diesen beiden lebt noch eine Nichte von Frau de Lancy in diesem Haus?«, fragte Maruhn weiter.

»Ja, die Irma. Sie ist zwar eine Tante zweiten Grades der beiden Enkel, aber fast im gleichen Alter«, berichtete das Hausmädchen nickend.

»Wissen Sie, wo sich die drei derzeit befinden?«

Diesmal schüttelte die Frau den Kopf. »Nein! Ich habe mich selbst gewundert, weil niemand hier war. Heute ist immerhin der erste Feiertag. Da hätte Irma mir bei der Zubereitung des Festmahles helfen sollen.«

»Sollten Emil de Lancy, Charlotte Burgschmiet und Irma Herzog weiterhin fernbleiben, wird nach ihnen gefahndet werden müssen«, mischte sich Reuter ein. »Einer der drei Verwandten muss es gewesen sein«, mutmaßte er. »Jemand anderes konnte nicht ins Haus. Der Mörder oder die Mörderin hat die Frau erschossen und danach das Haus verlassen, ohne es zu verschließen, damit es so aussah, als hätte Frau de Lancy die Tür offen gelassen.«

Diese Theorie erschien Maruhn schlüssig. Er wollte jedoch nicht die Unachtsamkeit begehen, der scheinbar leichtesten Fährte zu folgen. Daher forderte er das Hausmädchen auf, ihm zu erklären, ob die Herrin nicht doch jemanden einlassen würde.

»Sie würde es nur dann tun, wenn alle anderen außer Haus wären«, gab das Hausmädchen zu. »Aber vorher würde sie sich vergewissern, wer an der Tür steht. Man kann den Platz vor dem Haus nämlich vom Erker im ersten Stock aus überblicken.«

»Aber gewiss nicht um Mitternacht«, wandte Reuter ein.

»Auch dann!«, trumpfte die Alte auf. »Die Eingangstür wird von der Straßenlaterne erleuchtet. Daher kann man auch in der Nacht ganz genau sehen, wer draußen steht.«

So ganz glaubte Maruhn dies nicht. Er stand auf, nahm seinen Gehstock und ließ sich den Erker zeigen. Als die Alte ihn dorthin geführt hatte und er durch die Fenster blickte, stellte er fest, dass ihre Angaben richtig waren. Die Tür war zu sehen, und die Straßenlaterne stand so, dass sie den Platz davor ausleuchten musste.

Maruhn wollte sich bereits abwenden, um ins Wohnzimmer zurückzukommen, da sah er einen jungen Mann auf die Villa zukommen.

»Das ist Herr Emil!«, sagte das Hausmädchen.

Nun hatte Maruhn es eilig, ins Wohnzimmer zurückzukehren. Er war kaum dort angekommen, als einer der Polizisten Emil de Lancy hereinführte.

Der junge Mann wirkte verwirrt und hob mehrmals zum Sprechen an, ohne jedoch etwas herauszubringen. Stattdessen starrte er auf die Tote unter dem Weihnachtsbaum und schüttelte den Kopf.

»Aber … das ist …!«

Erneut brach er ab und wandte sich Polizeimajor Reuter zu. »Wie es aussieht, sitze ich wahrscheinlich sauber in der Patsche!«

»Weshalb?«, fragte Reuter, bevor Maruhn es tun konnte.

»Wegen meines Streits mit meiner Großmutter gestern Abend. Ich habe in meiner Erregung die Villa verlassen und mich in der Stadt herumgetrieben. Charlotte wird mir sicher daraus einen Strick drehen, und ich habe niemanden, der mir ein Alibi geben kann.« Emil de Lancy klang bedrückt und erklärte dann, dass er die Nacht in einem verrufenen Lokal verbracht habe. »Es war eine Kaschemme, in der man allerlei

Gesindel antrifft, das mit Weihnachten nicht viel anfangen kann. Gestrauchelte ohne Familie, Leute, die sich nirgends sehen lassen können …«

»Also Verbrecher«, unterbrach Reuter ihn.

Maruhn hob mahnend die Hand. »Lassen Sie den jungen Mann ausreden. Wenn er in diesem Lokal war, wird es gewiss Zeugen dafür geben.«

»Schön wäre es!«, sagte Emil de Lancy mit einem resignierenden Seufzer. »Ich weiß nicht einmal, ob ich diese Kneipe wiederfinden würde. Ich bin am Abend blindlings durch die Straßen gelaufen. Durch die Fenster waren überall die brennenden Kerzen der Weihnachtsbäume zu sehen, und ich hörte die Leute Weihnachtslieder singen. Irgendwann fand ich dieses Lokal. In meiner Wut auf meine Großmutter trank ich zu viel und schlief schließlich in einer Ecke ein. Dort lag ich, bis mich die Wirtin am Morgen weckte. Ich bezahlte meine Zeche, gab ihr noch zwei Mark, weil ich dort geschlafen hatte, und verließ anschließend das Lokal. In welcher Straße es liegt, kümmerte mich nicht. Ich wusste ja nicht, dass ich, wenn ich nach Hause komme, meine Großmutter erschossen auffinden und selbst ein Alibi brauchen würde.«

Es klang schlüssig, und doch schwang etwas dabei mit, auf das Maruhn nicht den Finger legen konnte.

Polizeimajor Reuter sah ohne weitere Zeugenaussagen keinen Anlass, den Enkel der Ermordeten zu verhaften. Er forderte Emil de Lancy jedoch auf, im Haus zu bleiben und sich für weitere Gespräche bereitzuhalten. Danach hieß es für ihn und Maruhn zu warten, bis sich wieder etwas tat.

Es dauerte fast eine Stunde, bis Frau de Lancys Enkelin auftauchte. Diese öffnete wie ihr Vetter mit ihrem Schlüssel die Tür und sah sich dann sofort mehreren Polizisten gegenüber.

»Was ist denn hier los?«, fragte sie sichtlich verwundert.

»Das werden Sie gleich erfahren! Gehen Sie bitte ins Wohnzimmer«, sagte einer der Beamten.

Die junge Frau gehorchte. Ihr erster Blick galt dem Weihnachtsbaum. Beim Anblick ihrer toten Großmutter zuckte sie sichtlich zusammen und stieß einen Schrei aus.

»Guten Tag!«, grüßte Reuter sie. »Das hier ist Herr Maruhn, den Staatsanwalt von Bucher mit der Aufklärung des Mordes an Frau de Lancy beauftragt hat.«

Charlotte Burgschmiet sah noch einmal zu der Toten hin und senkte den Kopf. »Jetzt werden Sie es wahrscheinlich mir anhängen, was? Nach dem heftigen Streit mit meiner Großmutter, werden Sie sagen, wäre ich in der Nacht zurückgekommen und hätte sie erschossen! Emil wird das sicher bestätigen. Wenn ich aufs Schafott komme, erbt er alles!«

Jetzt war Maruhn doch verblüfft. Cousin und Cousine schienen fest der Meinung zu sein, dass sie einander des Mordes bezichtigen würden. Dabei hatte keiner von ihnen auch nur ein Wort in diese Richtung verloren.

»Fräulein Burgschmiet, erlauben Sie mir folgende Frage: Wo sind Sie in dieser Nacht gewesen?«, begann er das Verhör.

Die junge Frau verzog ihr Gesicht zu einem schmerzhaften Lächeln. »Ich würde es Ihnen gerne sagen, wenn ich es wüsste. Nachdem ich die Villa nach dem Streit verlassen habe, bin ich ziellos durch die Stadt gerannt. Eine gewisse Zeit war ich im Stettiner Bahnhof und habe mich dort aufgewärmt. Dort hat mich irgendwann eine Diakonissin aufgelesen und in ihren Versammlungssaal mitgenommen, wo bereits einige andere junge Frauen herumsaßen. Es dauerte ein wenig, bis ich begriffen hatte, dass es sich um Huren handelte. Mich hielten die Diakonissinnen wohl auch für eine. Wir mussten fromme Lieder singen und erhielten eine Tasse Trinkschokolade und einen

Pfefferkuchen als kleines Geschenk. Ich durfte sogar auf einer Decke dort schlafen.«

»Sie werden uns gewiss sagen können, wo dieser Versammlungsraum zu finden ist und wann Sie mit der Diakonissin dorthin gegangen sind«, sagte Maruhn zu ihr.

»Die Straße weiß ich nicht. Es war irgendwo in der Nähe der Elisabethkirche, glaube ich. Zumindest sagte eine der Diakonissinnen, dass diese in der Nähe sei«, antwortete Charlotte und hob dann in einer rührenden Geste die Hände. »Wann ich auf die Diakonissin getroffen bin, kann ich Ihnen auch nicht sagen.«

»Wir werden das alles herausfinden.« Reuter klang optimistisch, denn er glaubte, mit diesen Angaben etwas anfangen zu können. Er übernahm auch das restliche Verhör, während Maruhn seinen Gedanken nachhing und sich fragte, was hier wirklich vorgefallen war.

Die weitere Befragung brachte nicht viel. Allerdings wurde die Herkunft der Waffe aufgedeckt, denn Charlotte Burgschmiet berichtete, es würde sich dabei um die Waffe des vor fast einem Jahrzehnt verstorbenen Ehemanns der Frau de Lancy handeln.

»Wo meine Großmutter diese versteckt hatte und wie der Mörder daran gekommen ist, kann ich Ihnen aber nicht sagen«, setzte sie leise hinzu.

»Könnte Ihr Vetter sie nicht gefunden und damit Ihre Großmutter erschossen haben?«, fragte Reuter angespannt.

Charlotte Burgschmiet schüttelte den Kopf. »Das würde er sicher nicht tun! Auch wenn sie manchmal streng war, so war sie doch unsere Großmutter, und wir haben sie geliebt.«

»Danke! Sie können sich auf Ihr Zimmer zurückziehen.« Reuter wartete, bis sie den Raum verlassen hatte, dann wandte er sich an Maruhn.

»Was sagen Sie? Beide könnten es getan haben.«

»Wir sollten mit Verdächtigungen noch abwarten, bis wir Frau de Lancys Nichte befragen können.« Maruhn wollte noch mehr sagen, doch da trat ein Polizist ein und meldete Irma Herzogs Ankunft.

Frau de Lancys Nichte war nicht allein. Eine alte Dame, die passend ganz in Schwarz gekleidet war, begleitete sie.

»Guten Tag!«, grüßte diese. »Sagen Sie mir, dass das, was der Herr Wachtmeister eben gesagt hat, nicht stimmt! Frau de Lancy ist doch nicht wirklich tot?«

»Bedauerlicherweise ist sie es!«, antwortete Maruhn und wies auf zwei Stühle. »Aber setzen Sie sich bitte. Sie werden gewiss verstehen, wenn wir Ihnen und Fräulein Irma diesbezüglich ein paar Fragen stellen wollen.«

»Nur zu!«, antwortete die alte Dame und versetzte Irma einen leichten Schubs.

»Komm, setz dich!«

Die junge Frau folgte der Aufforderung und sah Maruhn erschrocken an. »Sie denken gewiss, ich hätte es getan, nachdem ich gestern Nacht nach dem heftigen Streit mit meiner Tante das Haus verlassen habe. Aber sie war so gemein zu mir und drohte, mich auf die Straße zu setzen. Was sie noch zu mir sagte, will ich lieber verschweigen.«

»Sie sagte, Irma würde ohne sie auf der Straße hausen müssen und selbst als Hure verhungern«, erklärte die alte Dame harsch.

»Die Beleidigung wäre Grund genug, um jemanden zu erschießen«, rief Reuter aus.

Irma rang verzweifelt die Hände und brach in Tränen aus. »Ich habe es aber nicht getan!«

Maruhn betrachtete unterdessen ihre Begleiterin. »Mit wem haben wir die Ehre?«, fragte er.

»Ich bin Adelheid von Wonnegen, eine alte Freundin von Frau de Lancy, und habe dieses verzweifelte Wesen heute Nacht bei mir aufgenommen, als es gegen ein Uhr morgens an meine Tür geklopft hat.«

»Sind Sie die Dame, der Frau de Lancy ebenfalls einen Schlüssel für die Villa gegeben hat?«, wollte Maruhn wissen.

Adelheid von Wonnegen nickte lächelnd. »Die bin ich, und das macht mich wohl auch verdächtig.«

»Aber gewiss nicht, Madame«, versicherte Reuter ihr eifrig, während Maruhn die beiden Frauen betrachtete. Er stellte keine Fragen mehr, sondern überließ das Reuter. Dieser fand jedoch nur heraus, dass Irma Herzog kurz nach elf Uhr nachts das Haus verlassen hatte und etwa um ein Uhr zu Frau von Wonnegen gekommen ist. In der Zwischenzeit sei sie verzweifelt durch Berlin geirrt.

»Die beiden jungen Frauen hatten Glück, dass Heiligabend war. Da feiern sogar die Ganoven Weihnachten und bleiben zu Hause. Zu jeder anderen Zeit hätte es für sie schlimm ausgehen können«, sagte Reuter, als Adelheid von Wonnegen und Irma das Wohnzimmer verlassen hatten.

»So kann man sagen!«, antwortete Maruhn geistesabwesend und wies dann auf die Leiche. »Sie sollten sie langsam wegbringen lassen.«

»Ich habe es bereits in die Wege geleitet! Doch Sie wissen, wie es am ersten Weihnachtsfeiertag zugeht. Da weniger Leute als sonst arbeiten, dauert es eben, bis etwas geschieht.« Reuter klang beleidigt, da Maruhn anzunehmen schien, er hätte die Tote extra hier liegen lassen.

»Wir sollten jetzt noch einmal das Dienstmädchen befragen«, schlug Maruhn vor. Reuter nickte und gab den entsprechenden Befehl. Nur wenig später schlurfte das alte Dienstmädchen ins Zimmer.

»Wir haben noch ein paar Fragen an Sie«, sagte Maruhn. »Die beiden Enkelkinder Frau de Lancys, wie auch deren Nichte, behaupten, nach je einem heftigen Streit mit der alten Dame überstürzt das Haus verlassen zu haben. Gab es öfter Streit?«

Die Alte nickte eifrig. »Und ob! Man soll Toten ja nichts Böses nachreden, aber meine Herrin war zuletzt sehr streitsüchtig!«

»Können Sie das genauer ausführen?«, fragte Reuter.

Die alte Frau sah ihn verwirrt an. »Wen soll ich ausführen?«

»Der Herr Polizeimajor meint, Sie sollen ein Beispiel für die Streitsucht Ihrer Herrin nennen«, erklärte Maruhn.

»Ach, so meinen Sie das«, antwortete das Dienstmädchen und begann zu erzählen.

»Zu mir sagte sie immer, sie würde mich bald ins Armenhaus stecken und sich eine jüngere Hausperle besorgen. Aber das war noch gar nichts gegen die Gemeinheiten, die die arme Irma aushalten musste. Die konnte ihr in der letzten Zeit gar nichts mehr recht machen. Entweder war der Kaffee zu heiß oder zu kalt, das Gemüse zu weich oder zu hart, und die Schimpfworte, die sie dabei benutzte, waren entsetzlich.«

»Ich sagte doch, die Nichte war es«, flüsterte Reuter Maruhn zu.

»Fräulein Charlotte war ebenfalls das Ziel der Bosheiten von Frau de Lancy. Im Sommer machte ein junger, wirklich passabler Herr dem Fräulein den Hof. Da hätten Sie Frau de Lancy hören sollen! Sie schalt ihre Enkelin eine läufige Hündin, weil sie unbedingt verheiratet sein wollte, und verweigerte ihr strikt die Erlaubnis dazu. Als Fräulein Charlotte erklärte, seit letztem Jahr volljährig zu sein, erklärte ihre Großmutter, ihr keine Mitgift zahlen zu wollen. Daraufhin hat sich der Herr zurückgezogen.«

»Die Enkelin kann es also auch gewesen sein«, stellte Reuter fest, während Maruhn die Alte fragte, ob auch Emil de Lancy eine Zielscheibe für die Bosheiten der alten Dame gewesen wäre.

»Zu Anfang nicht, da war er im Gegenteil ein feiner junger Herr, wenn er sich artig vor ihren Freundinnen verbeugte. Als er jedoch erwachsen wurde und Geld von ihr forderte, um mit den jungen Herren in seiner Bekanntschaft mithalten zu können, änderte sich alles. Da war er auf einmal der Lump und Verschwender, der irgendwann einmal im Schuldgefängnis landen würde.«

»Vielleicht war es doch der junge Mann. Frauen traue ich einen Mord mit einem Revolver nicht so recht zu. Die nehmen eher Gift«, meinte Reuter, als die alte Frau ihren Bericht beendet hatte.

»Vielleicht«, antwortete Maruhn. »Jetzt aber sollten wir alle Beteiligten hier versammeln, da ich ihnen noch ein paar Fragen stellen will!«

Reuter hatte einen anderen Raum nehmen wollen als das Wohnzimmer. Zwar war die Leiche mittlerweile abtransportiert worden, doch der Raum strahlte etwas Unheimliches aus. Maruhn aber bestand darauf, das Verhör in genau diesem Zimmer zu führen, und wartete, bis alle Platz genommen hatten. Danach stand er auf und stützte sich mit der linken Hand auf die Lehne seines Stuhles. »Meine Damen und Herren!«, begann er. »Wir haben es hier mit einem Verbrechen zu tun, das nur von einer der hier versammelten Personen begangen worden sein kann.«

»Wieso?«, rief Emil de Lancy dazwischen. »Als ich die Villa verlassen habe, habe ich die Tür nicht hinter mir abgesperrt.«

»Ich ebenfalls nicht«, behauptete Charlotte Burgschmiet, und auch Irma Herzog hob abwehrend die Hand.

Maruhn ließ sich von den Einwänden nicht beirren, sondern wies auf das Hausmädchen. »Glauben Sie, dass Frau de Lancy die Tür unversperrt gelassen hätte, nachdem die drei jungen Leute fort waren?«

Die alte Frau zögerte mit der Antwort. Ihr Blick suchte Hilfe bei Emil, Charlotte und Irma. Erst als Maruhn seine Frage in schärferem Ton wiederholte, begann sie zu sprechen.

»Frau de Lancy hat die Tür zumeist umgehend zugesperrt, wenn ich das Haus verlassen habe.«

»Hätte sie das auch gestern Nacht getan?«, bohrte Maruhn weiter.

Die alte Frau senkte den Kopf. »Das weiß ich nicht! Ich war ja nicht dabei.«

»Es gibt noch einen weiteren Grund, der darauf hinweist, dass es einer von Ihnen war. Ein fremder Besucher hätte erst den Revolver suchen müssen, und dies hätte Frau de Lancy Zeit gegeben, um Hilfe zu rufen. Halten Sie mich also nicht für dumm!« Maruhn klang scharf, um Charlotte, aber auch die anderen aus der Reserve zu locken.

»Vielleicht hat unsere Großmutter bereits geschlafen«, meinte Emil.

»In voller Bekleidung?« Maruhn schüttelte den Kopf. »Es ist ein Mord geschehen. Jeder von Ihnen besaß ein Motiv, ihn zu begehen, und vor allem die Möglichkeit dazu. Sie können versichert sein, dass wir die Wahrheit herausfinden und den Mörder entlarven werden.«

»Sie können nicht einfach behaupten, dass wir es waren«, brach es aus Charlotte Burgschmiet heraus.

»Es ist Tatsache, dass es jemand von Ihnen gewesen sein muss! Dafür gibt es etliche Indizien. Da ist zum Beispiel die Gleich-förmigkeit der Aussagen. Jeder von Ihnen hatte Streit mit Frau de Lancy und hat das Haus angeblich überstürzt verlassen.«

»So war es auch!«, rief Irma verzweifelt aus.

»Dann frage ich Sie, weshalb Sie immer nur den eigenen Streit mit ihr genannt haben und nicht den der anderen. Diejenigen unter Ihnen, die später das Haus verlassen haben, hätten gewusst, dass es zumindest einer vor Ihnen ebenfalls verlassen hat. Ich gestehe Ihnen zu, einander nicht belasten zu wollen. Doch erscheinen mir die Aussagen zu ähnlich, um wahr zu sein. Jeder von Ihnen will die Villa kurz nach dreiundzwanzig Uhr verlassen haben und kurz nach ein Uhr in eine Spelunke, einen Versammlungssaal von Diakonissinnen beziehungsweise Frau von Wonnegens Wohnung gekommen sein.«

»Aber so war es doch!«, unterbrach Irma Maruhn erneut.

»Genau so war es nicht!«, antwortete dieser. »Sie behaupten alle, die Villa im Streit mit Frau de Lancy verlassen zu haben. Trotzdem fanden Sie noch die Zeit, Ihre Weihnachtsgeschenke in Ihre Zimmer zu bringen!«

»Die hat wahrscheinlich unsere Großmutter weggeräumt«, sagte Emil mit gepresster Stimme.

»Und hat in ihrem Zorn jedes Paket in den jeweiligen Schrank gelegt? Junger Mann, jeder Satz, den Sie sprechen, macht Sie verdächtiger!« Maruhn behielt Emil de Lancy scharf im Auge, um seine Reaktionen spüren zu können.

Da klang plötzlich Adelheid von Wonnegens Stimme auf. »Ich habe Frau de Lancy erschossen, denn ich konnte nicht mehr ertragen, wie sie ihre Enkel und die arme Irma behandelt hat! Als Irma völlig verzweifelt zu mir kam, habe ich sie ins Bett geschickt und bin hierhergeeilt. Ich wollte Frau de Lancy ins Gewissen reden. Sie hat mich jedoch angeschrien und beschimpft, und zuletzt drohte sie mir mit der Pistole. Dabei kam es zu einem Handgemenge. Als ich ihr die Waffe entreißen wollte, löste sich der Schuss! Es war keine Absicht, das schwöre ich Ihnen!«

»Nein! Sie dürfen sich nicht für mich opfern, liebste Frau von Wonnegen. Ich habe meine Tante umgebracht«, rief Irma Herzog unter Tränen.

Fast im selben Augenblick sprang Emil de Lancy auf. »Ich will nicht, dass andere für mich bestraft werden! Ich habe meine Großmutter erschossen!«

»Nein, ich war es!«, fiel ihm seine Cousine ins Wort.

Trotz des ernsten Anlasses musste Maruhn sich beim Anblick des völlig entgleisten Gesichts des Polizeimajors das Lachen verkneifen. Dieser starrte die vier, die sich des Verbrechens bezichtigten, mit großen Augen an und schien nicht zu wissen, wie ihm geschah.

Dann sah er Maruhn Hilfe suchend an. »Was soll ich tun?«

»Sie können die Aussagen der vier Personen zu Protokoll nehmen. Mehr wird im Augenblick nicht möglich sein«, erklärte Maruhn mit verkniffener Miene. In Gedanken legte er sich seinen Bericht zurecht, den er für Staatsanwalt von Bucher schreiben musste. Es würde kein Ruhmesblatt für ihn werden. Sie hatten einen Mord, vier Verdächtige und vier Geständnisse. Von Bucher würde jedoch keinen Einzigen der Verdächtigen des Mordes anklagen und noch weniger verurteilen lassen können, da die anderen drei den vierten jeweils entlasteten.

Maruhn jedoch war sich sicher, dass alle drei Verwandten der Verstorbenen – und wahrscheinlich auch Adelheid von Wonnegen – in den Mord verwickelt waren. Die Angaben mit dem Lokal, in das Emil geraten sein wollte, wie auch die Diakonissin waren mit Sicherheit gelogen. Seiner Meinung nach hatte es spät am Abend Streit gegeben, doch die drei jungen Leute waren gemeinsam aufgebrochen und hatten Frau von Wonnegen aufgesucht. Dort war der Plan für den Mord geschmiedet und später ausgeführt worden.

Obwohl Maruhn vollkommen sicher war, dass es so gewesen sein musste, stand er vor einem Dilemma. Eine Frau, die ihren Angehörigen die Hölle auf Erden bereitet hatte, war ermordet worden. Emil de Lancy, Charlotte Burgschmiet und Irma Herzog hatten Grund genug, sich ihrer Peinigerin zu entledigen. Vom Gesetz her wäre das Schafott die Strafe dafür gewesen. Doch auch dann, wenn das Gesetz die jungen Leute nicht zu bestrafen vermochte, so würde die Erinnerung an diese Tat sie für immer verfolgen.

14

U. L. Brich

Reden wir über
den Weihnachtsmann

Arnsdorf bei Dresden

 *Über den Autor*

U.L. Brich ist ein deutscher Autor, der mehrere Romane in verschiedenen Genres und zahlreiche Kurzgeschichten veröffentlicht hat. Er lebt im Gebirge, wo die Luft dünn zu werden beginnt und in den langen Wintern das Blut gefriert. Die Leute dort überstehen das oft nur mit einer Prise schwarzem Humor. Tja, und genau so lesen sich auch die Storys von U.L. Brich.

In Ordnung«, sagte die Ärztin. »Reden wir über den Weihnachtsmann.«

Dem Mann entfuhr ein Geräusch, das ein ersticktes Lachen sein konnte, aber ebenso ein unterdrückter Furz. Sein Gesichtsausdruck ließ erahnen, dass schmerzliche Erinnerungen ihn zu überwältigen drohten.

»Der Weihnachtsmann«, sagte er. »Ich weiß gar nicht, wo ich da anfangen soll.«

»Am besten, Sie beginnen von vorn.«

Der Mann blickte nach draußen. Helle Gebäude mit roten Dächern. Eines der Häuser, das größte, hatte einen spitzen Turm. Altehrwürdig war das erste Wort, das ihm dazu einfiel. Bäume, ein Park mit einem Rondell aus Büschen. Ein passables Versteck, falls man jemandem auflauern wollte.

Der Mann wusste, dass er sich in einem Krankenhaus befand, aber was er sah, kam ihm wie ein Kloster vor. Arnsdorf, unweit von Dresden, fünftausend Menschen, etliche davon in den Zimmern über und unter ihm. Viele in Kitteln, manche in Zwangsjacken. Der Mann fand es nett hier. Er würde gerne bleiben.

»Ich will's versuchen«, sagte er.

Na ja, mal sehen. Haben Sie eine Vorstellung davon, wie Katzenfleisch schmeckt? Man sagt, dass es den Geschmack von Hühnchen hat, aber das ist nur die halbe Wahrheit. Kocht man eine Katze zu lange, wird sie schlabberig wie Wurm in Aspik. Durch seine süßliche Note erinnert das Fleisch an Rote Grütze, in die ein suppenkasperiges Kind ein Hähnchennugget gespuckt hat. Katzen sollte man über einem Lagerfeuer rösten, dann schmecken sie wie mehliges Huhn.

Ich bin ein Experte für Katzenfleisch, und das verdanke ich dem Weihnachtsmann.

Das erste Mal, dass er zu mir gesprochen hat, war in der Weihnachtszeit, so um 1975 herum. Am Heiligen Abend kam wie üblich ein Kerl in einem Kostüm zur Bescherung in unsere Wohnung und drohte, mich in seinem Sack verschwinden zu lassen, sollte ich in der Schule weiterhin Ärger machen. Ich war damals zehn Jahre alt, aber meine Eltern glaubten noch immer, dass ich ihre Tricks nicht durchschaute.

Ich sagte also »Ja, geht klar« und nahm mein Geschenk, ein nagelneues Fort aus Holz mit Cowboys und Indianern, entgegen. Ich verzog mich in mein Kinderzimmer und spielte ein paar Wildwest-Massaker nach, bis meine Knie wund waren. Bei aller Hingabe kreisten meine Gedanken um eine andere Sache: Wer, zum Teufel, war unser Weihnachtsmann?

Von Klassenkameraden wusste ich, dass bei ihnen der Vater, der Opa und ab und zu ein Onkel in das rote Kostüm schlüpften. Die falschen Weihnachtsmänner verbargen ihr Gesicht unter einer Maske mit Wattebart, doch man sah ihre Augen hinter der Papplarve blinzeln, und manchmal verrieten sie sich durch die Art, wie sie redeten, oder durch das Deo, das sie benutzten oder nicht benutzten.

Mein Vater hatte während der Bescherung am Tisch gesessen, er konnte es also nicht gewesen sein. Einen Onkel hatte ich nicht mehr. Onkel Volkmar war an Staublunge krepiert. Vermutlich hatte der Bergarbeiterschnaps, den er gegen den Kohleruß schluckte, ebenfalls eine Rolle gespielt. Wie auch immer: Als Weihnachtsmanndarsteller kam er nicht infrage.

Blieb mein Opa. Rudolf Pleil, der Serienmörder.

Mein Opa stammte aus dem Erzgebirge, was vielleicht einiges erklärt. Die Leute dort waren schon immer ein bisschen schräg drauf. Meine Mutter zeugte er mit neunzehn, hat sich aber weder um sie noch um seine damalige Geliebte gekümmert. Über meine Oma weiß ich nicht viel, bloß dass sie wahrscheinlich die einzige Frau war, mit der mein Opa etwas hatte, ohne sie umzubringen.

Köpfe einzuschlagen war seine Spezialität.

Die Nachkriegsjahre waren eine gesetzlose Zeit, aber mein Opa trieb es besonders bunt. Im Zonenrandgebiet zwischen Ost und West überfiel er Frauen mit einem Hammer, schändete und tötete sie, nicht zwangsläufig in dieser Reihenfolge. In unserer Familie wurde selten über ihn geredet. Meine Mutter sagte, Rudi Pleil sei ein Grenzgänger gewesen. Wie extrem er dabei Grenzen übertrat, wurde kaum erwähnt. Er sei geschnappt und weggesperrt worden und habe sich in seiner Zelle mithilfe einer Knüpfarbeit aus geschnorrten Handtüchern der Gerechtigkeit übereignet, pflegte Mutter zu betonen. Sie tat, als habe sie nichts für ihren Erzeuger übrig. Aber sie nannte ihn Rudi und taufte mich, ihr einziges Kind, Rüdiger. Rüdiger – der kleine Rudolf. Das alles verriet mir, dass sie trotzdem etwas für den alten Schwerenöter empfand.

Rudi Pleil war also tot. Damals, in meinem Zimmer, als ich über den Weihnachtsmann nachgrübelte, hielt ich es jedoch für möglich, dass er aus dem Gefängnis getürmt war, sich in einer Hütte im Wald verbarg und Weihnachten unerkannt bei seiner Familie verbrachte, indem er sich eine Maske übers Gesicht zog, die womöglich aus Menschenhaut genäht war.

Solche Dinge gingen mir im Kopf herum. Ein paar Tage später erfuhr ich mehr. In der ersten Raunacht des neuen Jahres kam mein Opa zu mir.

Ein Lufthauch wie zerstäubtes Eis kündigte seinen Besuch an. Ich schlug die Augen auf und sah als Erstes mein Aquarium, in dem das Wasser gefroren war. Die sonst so flinken Guppys waren im Licht der Neonröhre zu schillernden Edelsteinen erstarrt. Das Fenster stand weit offen, und zunächst dachte ich, dass ich am Abend nach dem Lüften vergessen hatte, es wieder zuzumachen. Doch als ich mich umdrehte, saß mein Opa an meinem Schreibtisch und blätterte in den Schulbüchern, die dort wild durcheinanderlagen.

»Solchen Quatsch bringen sie euch heutzutage bei?«, fragte er. Es klang nach einem Vorwurf. Ich zuckte mit den Schultern. Mit seinem Auftauchen hatte er mir zwar einen Schrecken eingejagt, doch ich fürchtete mich nicht. Außerdem fand ich, dass er recht hatte. »Hallo, Opa«, sagte ich.

Er trug wieder das Weihnachtsmannkostüm, hatte diesmal aber keine Maske auf. In einer alten Zeitung, die meine Mutter in einer Schachtel unter ihrem Bett aufbewahrte, gab es ein Foto von ihm, sodass ich gleich wusste, wer da vor mir saß.

Ich stieg aus dem Bett, um ihm die Hand zu geben, aber ich griff glatt durch ihn durch. Das brachte mich erst mal aus dem Konzept, und ich stolperte zum Fenster, um es zu schließen.

Mein Opa war also wirklich tot. Er war ein Geist, und das jagte mir dann doch einen Schauer über den Rücken.

»Wusstest du, dass ich nach dir benannt worden bin?«, fragte ich. Ich nehme an, damit wollte ich ihn mir gewogen machen.

»So, bist du das?«

»Rüdiger. Der kleine Rudolf.«

»Dann musst du also erst noch ein Großer werden, was?« Er lächelte dünn und sah dabei aus wie mein Lehrer im Werkunterricht, wenn er sich über ein misslungenes Werkstück beugte, das ihm einen Grund lieferte, den Urheber mit ätzendem Spott zu überziehen.

»Tja, ich nehme an, *du* warst mal ein Großer«, sagte ich.

Er nickte ernst. »Man nannte mich den Totmacher. Der Haarmann wollte diesen Titel für sich haben, aber der hat nicht so viele Leute totgemacht wie ich. Bloß zwei Dutzend.«

»Und du?«

»Eine mehr.« Er meinte wohl eine Frau. Dazu lächelte er wieder, aber diesmal sah er aus wie meine Musiklehrerin, wenn sie einem Schüler mit schöner Stimme lauschte. Ich selbst gehörte nie dazu.

Mein Opa redete eine Stunde lang über Fritz Haarmann, den er für einen elenden Hochstapler hielt. Ich hörte die meiste Zeit nur zu, denn zu diesen Geschichten konnte ich nicht viel beitragen. Um überhaupt mal etwas einzubringen, sagte ich: »Das mit den Guppys ist scheiße. Dass du sie eingefroren hast, meine ich.«

Inzwischen begann das Wasser im Aquarium aufzutauen, aber die Fische wirkten nicht sehr lebendig. Mehr wie Fossilien, die man nach Millionen Jahren in einem Stein fand, bloß dass diese hier bald zu stinken anfangen würden.

Er zuckte mit den Schultern. »Sei nicht so zimperlich. Morgen gibt es halt Fischstäbchen zu essen.«

»Fischstäbchen sind anders. Vor allem größer.«

»Ich sehe, eine große Klappe hast du schon, Kleiner.« Er betonte das letzte Wort, sodass es nach einer Zurechtweisung klang. »Zu meiner Zeit kannten wir so was wie Fischstäbchen gar nicht. Wir hatten oft überhaupt nichts zu beißen. Damals, im Krieg, musste ich Katzen essen.«

»Katzen?«, fragte ich verblüfft. »Wie schmecken die?«

Mein Opa lachte. »Probier's aus. Wenn ich dich das nächste Mal besuchen komme, reden wir darüber.«

Und das taten wir.

Deshalb weiß ich heute, dass Katze wie Hühnchen schmeckt,

sofern man sie korrekt zubereitet. Versaut man's, wird Schlabberpampe draus.

Hund ist übrigens ganz anders, würziger. Ein gebratener Beagle unterscheidet sich kaum von einem Rindersteak.

Obwohl mein Opa ein Geist war, fühlten sich die Gespräche mit ihm wie echte Abenteuer an. Wenn er erzählte, wie er in der wilden Zeit nach dem Krieg nachts über die Zonengrenze huschte, konnte ich fühlen, wie Ackerschlamm mir die Schuhe von den Füßen saugte. Mein Herz wummerte, als ob ich im Begriff war, selbst etwas Verbotenes zu tun, Gestrüpp peitschte mein Gesicht. Es war, als spürte ich die Zweige wirklich.

Auf seinen Touren hatte mein Opa oft Frauen im Schlepptau, die vom Osten in den Westen wollten. Sie schleppten Koffer, in denen ihre kostbarste Habe steckte, denn sie wollten drüben neu anfangen. Ein ganzes Leben in einer Kiste aus gepresster Pappe, und mein Opa war der Herr über die Zukunft, die sie sich erträumten. Er hatte das Sagen.

Wenn er sagte: »Zieh dich aus«, taten die Frauen das. Sie fragten nicht: »Wieso?«, sondern: »Gleich hier?«

Ich verstand damals nicht, was meinen Opa daran reizte, die Frauen in ein Gebüsch zu zerren, aber wenn er wieder herauskam, war er allein, und der Koffer mit den Wertsachen gehörte dann ihm.

»Was ist da hinten passiert?«, wollte ich einmal wissen. Mein Opa machte eine Show daraus, die Augen aufzureißen und mich anzustarren, als sei ich der dämlichste Junge der Welt.

»Willst du es sehen?« Als ich zögerlich nickte, drückte er mir etwas in die Hand und zog mich hinter sich her. Ich erkannte, dass das Ding in meiner Faust ein Hammer war. Ich konnte ihn kaum halten, denn er war schwer und sein Stiel glitschig von einer zähen Masse mit kleinen Klumpen darin. Diesmal konnte ich sogar etwas riechen. Ein Gestank, der durch meine Nase tobte wie kochendes Metall.

Hinter dem Busch lag die Frau, und ich sah rot.

Als ich aufwachte, war mein Opa fort. Ich wusste nicht, ob ich wirklich eine Art Zeitreise unternommen hatte und mit ihm da draußen an der alten Zonengrenze gewesen war, oder ob ich das alles geträumt hatte. Ich nahm mir vor, ihn danach zu fragen, doch er kam nicht wieder. Nicht in der nächsten und auch nicht in der übernächsten Nacht.

Ich überlegte, was ich falsch gemacht hatte, und gelangte zu dem Schluss, dass er enttäuscht von mir war, weil ich wegen ein bisschen Blut zusammengeklappt war. Nun ja, nicht nur ein bisschen Blut. In diesem Gebüsch waren auch zerkleinerte Hirnmasse und geplatzte Augäpfel gewesen, und es hatte nach Exkrementen gestunken. Wer würde da keinen Zusammenbruch erleiden?

Im selben Atemzug wusste ich die Antwort: jemand, der ein Großer war.

Mein Opa ließ sich auch an Weihnachten nicht blicken, nicht in diesem und nicht im Jahr darauf. Er wollte wohl nichts mit einem Weichei wie mir zu tun haben. Wenigstens schmeckten die Katzen passabel, wenn mir auch das weinerliche Getue der alten Frauen und kleinen Mädchen aus der Nachbarschaft auf die Nerven ging, die wegen des Verschwindens ihrer Lieblinge hysterisch wurden.

Ich wurde fünfzehn, dann achtzehn. Am Heiligen Abend kam längst kein Weihnachtsmann mehr zu uns nach Hause, aber natürlich liefen noch immer verkleidete Kerle in roten Mänteln durch die Gegend. Und dann, eines Tages, sah ich ihn. Ein Mann im Weihnachtsmannkostüm torkelte die Straße hinunter. Es war eine kalte, regnerische Nacht, die das Licht der Laternen zu inhalieren schien, sodass nichts übrig blieb, um die Wege zu erhellen. Eine Nacht wie schwarze Watte. Ich war mir nicht sicher, aber die Statur des Mannes, seine Art, sich zu bewegen, das Kichern, das er ausstieß – das alles erinnerte mich an meinen Opa.

»Warte auf mich!«, rief ich und eilte ihm nach.

Der Mann verschwand im Stadtpark. Er wurde nicht langsamer, doch er schien betrunken zu sein und bewegte sich nicht so zielstrebig wie ich. Ich holte ihn ein und legte ihm eine Hand auf die Schulter. »Opa, warte, ich ...«

Der Mann fuhr herum, verheddertе sich mit einem Fuß im anderen und stürzte rücklings in den Matsch. Es gab einen Knall wie von einer Kaffeetasse, die auf den Dielen zerspringt, und als ich mich bückte, sah ich, dass der Hinterkopf des Mannes auf einen Stein gefallen war.

Es war nicht mein Opa, sondern bloß irgendein Typ, und er kicherte jetzt auch nicht mehr, sondern keuchte wie ein lungenkranker Marathonläufer auf den letzten Metern seiner Karriere. Ich tastete nach seiner Wunde und spürte wieder die zähe, klebrige Flüssigkeit wie damals im Gebüsch, als mein Opa mir die tote Frau gezeigt hatte.

»Eine schöne Bescherung«, sagte ich zerknirscht.

Das Schnaufen des Mannes wurde zum Röcheln. »Hilf mir.«

Ich nickte. Es war ein Unfall gewesen. Ich konnte ja nicht ahnen, dass er hinfallen würde, und damals wusste ich noch nicht, wie zerbrechlich so ein Schädelknochen war. Doch ich setzte mein neu gewonnenes Wissen ein, um seinem Flehen nachzukommen.

Als ich den besudelten Stein in ein Gebüsch warf, durchströmte mich ein Hochgefühl. Es war, als hätte jemand mein Lieblingseis, meinen Lieblingssong und meinen Lieblingsfilm in einen Mixer geworfen, alles gut durchgerührt und mir das

Gemisch in die Adern gespritzt. Ein un-be-schreib-li-ches Gefühl!

»Siehst du, jetzt verstehst du es«, sagte mein Opa. Er war aus dem Nichts aufgetaucht, ein blutroter Fleck in der Wattenacht. Und er hatte nicht vor, mich wieder zu verlassen.

Das Weihnachtsmannkostüm legte mein Opa niemals ab, auch nicht zu Ostern oder am Totensonntag. Trotzdem habe ich keine Sekunde daran gedacht, deswegen blöde Bemerkungen von mir zu geben. Dafür war er viel zu respekteinflößend.

Bis ich dreißig war, hatte ich fünf Frauen getötet und war ein Fünfsternekoch im Zubereiten von Katzen geworden. Aber nie war mein Opa zufrieden.

Er behauptete zwar, dass er einen Großen aus mir machen wollte, doch in Wirklichkeit mochte er nicht, dass ich besser wurde als er. Deshalb nörgelte er an mir herum wie ein alternder Boxchamp, der einen Jungspund trainiert. Dieser könnte ihm jederzeit eins in die Fresse geben, bloß kam es nie dazu, weil der Ex-Champ dem Jungspund einredete, dass der es nicht draufhatte.

»Es waren nicht mal wirklich fünf Frauen«, sagte mein Opa. »Zwei waren minderjährig, und die eine zählt nur halb. Wie hieß sie gleich noch mal? Karoirgendwas.«

»Karola. Die hat sich ganz schön gewehrt. Wieso sollte sie nur halb zählen?«

»Weil sie im Rollstuhl saß, du Pflaume.«

»Nicht in dem Moment.«

Karola hatte ich bei einem Konzert aufgegabelt und ihr angeboten, sie nach Hause zu schieben.

Erst war sie dankbar und zahm wie ein Kätzchen, und ich vergaß, dass Behinderte einen Nachteil dadurch ausgleichen, dass sie in anderen Dingen besser werden. Blinde hören, als wären ihnen Mikrofone in den Ohren gewachsen. Taube riechen einen Angreifer, sobald der auch nur in ihre Richtung glotzt, solche Sachen. Karola war von der Hüfte abwärts gelähmt, aber mit ihren Armen hätte sie den amtierenden Mister Universum niederringen können. Ich fand, dass sie anderthalb Striche auf meiner Liste wert war.

Ich wollte sie erwürgen, gerade als sie kam, doch das Fatale war, dass auch ich gekommen war und ein bisschen neben mir stand. Mann, was für eine Granate! Und dann explodierte sie noch mal und hackte mit einem Keil aus Zeige-, Mittel- und Ringfinger auf mich ein, als wolle sie ihren Selbstverteidigungstrainer stolz machen.

Aber auch ich hatte jemandem etwas zu beweisen, nämlich meinem Opa, und so griff ich wieder auf die alte Hammermethode zurück, indem ich mir eine Kristallvase vom Nachttisch schnappte und damit zudrosch, bis die Vase und Karolas Schädel eins waren.

»Ich hab dir immer gesagt, nimm einen Hammer mit«, tadelte mich mein Opa.

»Hammer waren auf dem Konzert nicht zugelassen. Den hätte ich am Einlass abgeben müssen.«

»Die Welt wird nicht besser, mein Junge. Gerade deshalb musst du auf alles vorbereitet sein.«

Ich zuckte mit den Schultern. Er selbst war auch nicht auf alles vorbereitet gewesen, denn am Ende hatten sie ihn gekriegt. Im Gefängnis tat er so, als sei er nicht richtig im Kopf. Er wollte, dass sie ihn ins Irrenhaus statt in eine Einzelzelle stecken, aber das hat ebenfalls nicht geklappt.

Ins Gesicht sagte ich ihm das nicht, aber er muss gespürt haben, was mir im Kopf herumging, denn er fing wieder an, mit dem zu prahlen, was er für seinen größten Erfolg hielt.

Dem Mordwald.

Eigentlich ist es bloß ein kleines Waldstück im Südharz. Im Volksmund heißt das Gebiet Mordwäldchen, weil mein Opa dort in den finsteren Jahren nach dem Krieg mehrere Grenzgängerinnen erschlagen hat.

»Da war ein Eisenbahntunnel, durch den sind wir in Richtung Grenze geschlichen. Wenn du drüben alleine rauskamst, wer hätte da sagen können, ob du auf der anderen Seite mit zwei Weibern reingegangen bist, oder mit drei, vielleicht mit vier?«

»Du hast nur zwei Frauen im Mordwäldchen allegemacht, Opa.« Ich wusste das aus einem der Artikel, die meine Mutter in dem Karton unter ihrem Bett aufbewahrte.

»Im Mordwald, ja, ja. Aber im Tunnel … also da ist auch eine riesige Gipshöhle, und wenn die damals alles herausgefunden hätten, dann hieße sie heute nicht mehr Himmelreichhöhle, das kann ich dir sagen.« Er sah mich durchdringend an. »Weißt du, worauf ich hinauswill?«

Vor allem wusste ich, dass er mir zu verstehen gab, was ich nicht geschafft hatte: dass sie den Namen einer Gegend änderten wegen etwas, das ich getan hatte.

Tja, versucht hab ich's.

Die nächsten drei Frauen schnappte ich mir in den Birkenwäldern südlich von Leipzig, wo früher Braunkohle aus der Erde gerissen wurde und heute neue Seen die Kraterlandschaften füllen. Die Landschaft hat einen Namen bekommen, aber der geht leider nicht auf mich zurück. Neuseenland schreiben sie auf Karten und Infotafeln, nicht Totensee oder Blutwald. Nicht mal die *Bild*-Zeitung druckte so eine Schlagzeile. Stattdessen nur »Joggerin im Neuseenland ermordet«. Enttäuschend, ich weiß.

»Selbst schuld«, sagte mein Opa. »Du hast deinen Stil geändert. Hättest bei Joggerinnen bleiben sollen. Irgendwann hätten sie dich den Laufmörder genannt.«

»Die zweite Frau war auch Joggerin.«

»Ja, aber die dritte? Eine Rentnerin, die mit ihrem Hund spazieren gegangen ist!«

»Spazieren gehen ist auch laufen«, wandte ich trotzig ein, doch mir war klar, was er meinte.

Ich hätte den verdammten Köter nicht mit zum Seeufer schleppen sollen, um ihn über einem Lagerfeuer zu rösten. Wie gesagt, Beagle schmeckt wie Rind, aber in der Zeitung nannten sie mich einen Perversen.

Beim nächsten Mal wollte ich es besser machen.

Weihnachten hielt ich für die geeignete Zeit. Ich war entschlossen, meinen Opa diesmal zu übertreffen. Er sollte endlich anerkennen, dass sein Enkel ein würdiger Nachfolger war. Und wie ließe sich das besser demonstrieren als mit einem beeindruckenden Namen? Allerdings sollte nicht irgendein Gestrüpp oder Tümpel meinetwegen umbenannt werden. Ich selbst wollte den Titel haben.

Wahrscheinlich hatte mein Opa mir diesen Gedanken eingepflanzt, als er vom Laufmörder anfing. Doch mal ehrlich: Dieser Name klingt lächerlich und hätte bestenfalls in eine peinliche Fernsehsendung gepasst. Sport ist Mord, Teil acht. Der Name, auf den ich aus war, klang dagegen wie eine Fantasie von der Samttapete eines Sadomasokellers.

Der Engelmacher.

Deshalb musste es Weihnachten sein. Im Advent sind nicht nur verkleidete Kerle in roten Mänteln unterwegs, sondern auch Mädchen, die sich in weiße Kleider hüllen. Ein Anblick zum Dahinschmelzen, zuckersüß und rein wie Schneeflocken. Leichte Beute.

Um einen Weihnachtsengel zu finden, muss man die Nähe von Kirchen suchen. Das liegt an den Krippenspielen. Engel haben darin eine wichtige Aufgabe. Sie posaunen in die Welt, dass in einem Stall in Bethlehem ein Knilch döst, dem diese drei Typen aus dem Morgenland bitte mal auf den Zahn fühlen sollen. Diese Krippenspiele sind ausgemachter Blödsinn, doch die Engel haben mich immer fasziniert.

Ich hätte mir eine große Kirche in Leipzig oder Dresden aussuchen können, wo die Krippenspiele aufwendig wie Opern sind, mit so vielen Darstellern, dass es nicht gleich auffällt, wenn ein Engel fehlt. Aber ich wollte, dass die Botschaft auch wirklich bei meinem Opa ankommt, und deshalb bin ich ins Erzgebirge gefahren, nach Bärenstein.

Dort ist er nämlich geboren.

Die Erlöserkirche Bärenstein sah hübsch aus mit ihren hohen Buntglasfenstern und dem Steckrübenturm. Der Friedhof lag gleich hinter dem Kirchenschiff, da hatten es die Gemeindemitglieder nicht weit, wenn es zu Ende ging.

Ich hatte mich ein bisschen umgesehen und einen Aushang gefunden, auf dem stand, wann die Proben für das Krippenspiel stattfanden. Als der Zeitpunkt heranrückte, trieb ich mich zu Fuß bei der Kirche herum. Ich ging langsam, doch scheinbar zielgerichtet, denn ich wollte keinen Verdacht erregen.

Aller guten Dinge sind drei, heißt es. Daran dachte ich, als ich einen Weg zum dritten Mal entlanglief und meinen Engel plötzlich vor mir sah. Ein Mädchen von vielleicht zehn Jahren mit blonden Haaren, die unter einer pinkfarbenen Mütze hervorlugten. Die Kleine trug eine Winterjacke, und unten am Saum schaute der Rand eines weißen Kleides heraus. Natürlich konnte ich nicht sicher sein. Womöglich hatte ich statt eines Engels bloß ein schlecht gekleidetes Kind vor mir. Deshalb folgte ich der Kleinen, um herauszufinden, wohin sie wollte. Vor der Kirche traf sie zwei andere Mädchen.

»Hast du's doch geschafft, Vanessa«, hörte ich eine Brünette sagen. »Ich dachte, du hast mit deinem Papa und deinem Onkel einen Auftritt auf einer Weihnachtsfeier.«

»Hab ich auch, aber das ist erst später. Sie holen mich nachher von der Probe ab.«

Nun hatte ich Gewissheit. Die drei Engelchen wollten zum Krippenspiel, aber meine Chance war vertan. Oder nicht? Waren nicht aller guten Dinge drei?

Hinter den Mädchen betrat ich die Kirche.

Ab da sind meine Erinnerungen verschwommen. Ich sehe das lang gezogene Kirchenschiff vor mir. Zwei Reihen mit harten Holzbänken. Und überall waren Engel. Sie hatten ein Dutzend davon und außerdem drei Jungen mit Kronen von Burger King. Da wusste ich, dass ich mir keine Sorgen wegen meines Namens zu machen brauchte, denn wenn sie mich nicht den Engelmacher nennen würden, dann sicherlich den Königsmörder.

Vorn in der ersten Reihe saß ein alter Mann. Er drehte sich zu mir um, und es war mein Opa. »Na, das will ich sehen«, sagte er. Ich zeigte ihm den Stinkefinger.

Ein Junge mit Filzumhang und Schlapphut deutete mit einem Hirtenstab auf mich. »Frau Küster, Frau Küster, was macht der da? Will er den Jesus reparieren?«

Eine Frau, die wohl die Chorleiterin war, fuhr herum. »Wieso, was meinst du?«

»Na, er hat doch einen Hammer!«

Die Frau, eine miesepetrige Matrone, machte ein paar Schritte auf mich zu. »Wer sind Sie, und was wollen Sie hier?«

Mein Opa ließ sein hämisches Kichern hören. »An der musst du erst mal vorbei, Kleiner!«

Kleiner! Ich dachte nur daran, dass ich mich weder von ihm

noch von der Hexe aufhalten lassen würde. Ich hob den Hammer, und die Engel fingen zu kreischen an.

Dann Schwärze.

Als Nächstes sind da zwei Männer, die mich hochreißen und mir die Arme auf den Rücken drehen. Beide stinken nach Glühwein. Der eine ist ein Weihnachtsmann, der andere trägt eine braune Kutte. Was ist das denn für einer?

»Papa«, ruft der blonde Engel. »Er hat Frau Küster wehgetan!«

Die Matrone liegt vor dem Altar, das Gesicht rot vor Wut, ihre Beine ruckeln wie ein Kolbenmotor, dem der Sprit ausgeht. Keine Wut, erkenne ich, sondern Blut. Dann rast die Faust des Kuttenträgers auf mein Gesicht zu, und ich begreife, dass er der Knecht Ruprecht ist, ein übler Gesell.

Mein Opa hatte sich natürlich längst davongemacht.

Wie eine überreife Apfelsine, der es am Baum zu mühselig wird, sank die Sonne hinter die Dächer des Krankenhauses. In einem Behandlungszimmer der Klinik für Forensische Psychiatrie sackte Rüdiger Borst ausgelaugt in sich zusammen. Die Psychiaterin kritzelte auf ihren Schreibblock.

»Glauben Sie, der Weihnachtsmann hat Sie zu diesen Morden angestiftet?«

Der Kopf des Patienten ruckte hoch. »Natürlich nicht! Mein Opa war's. Das hab ich begriffen.«

Die Ärztin sah ihn lange an, ihr neutraler Blick wurde weich. »Ich denke, Sie sollten eine Weile bei uns bleiben.«

Borst nickte. »Danke, Doc.«

Zwei stämmige Pfleger führten ihn aus dem Zimmer. Ernste Mienen, bereit, zuzupacken. Aber besser als die Justizwachtmeister in der Untersuchungshaft, dachte Borst. Auch das waren Kerle gewesen, die sich von Kraftfutter ernährten, doch diese beiden hier waren dafür da, ihn aufzufangen, falls er taumelte, nicht ihn zu stoßen, falls er es nicht tat.

Die Pfleger brachten ihn in den Park, damit er nach einem langen Tag noch einmal an die frische Luft kam. Es war Schichtwechsel, er sah eine Gruppe Schwestern dem Ausgang zueilen. Sie trugen Alltagskleidung. Im Kittel gefielen sie ihm besser. Er vermisste seinen Hammer.

»Schon gelesen? In der Zeitung nennen sie dich den Weihnachtsmannmörder«, sagte einer der Pfleger. »Da steht auch, dass sie dich in die Klapsmühle eingewiesen haben.«

Borst studierte die Schlagzeilen. »Ich hab ihn geschlagen, nicht wahr?«

»Wen, den Weihnachtsmann?«

Borst schüttelte den Kopf.

»Nur Kinder glauben an den Weihnachtsmann.«

15

Jürgen Seibold

Die letzte Weihnachtsfeier

Schwäbischer Wald, Rems-Murr-Kreis

🌿 Über den Autor

Jürgen Seibold, gelernter Journalist, veröffentlichte in den Neunzigern mehrere Musikerbiografien, darunter einen *Spiegel*-Bestseller über die Kelly Family. 2007 erschien sein erster Schwabenkrimi *Endlich ist er tot*. Neben Theaterstücken und Liebeskomödien, einem Psychothriller und einem historischen Roman schreibt er auch heute noch vorwiegend Krimis, gern mit schwarzem Humor versetzt. Jürgen Seibold lebt mit seiner Familie in der Nähe von Stuttgart.
Mehr zum Autor unter www.juergen.seibold.de.

Als die Soko Weihnachtsfeier an diesem Sonntag zum zweiten Mal zusammentrat, war es draußen längst dunkel. Einige Mitglieder der Ermittlungsgruppe hatten ihre heutigen Befragungen noch nicht abgeschlossen, doch die meisten Beamten waren wieder in die Kripodirektion Waiblingen zurückgekehrt. Entsprechend dicht besetzt waren die Plätze in dem Besprechungsraum, in dem sich die Sonderkommission eingerichtet hatte.

Kriminalhauptkommissar Klaus Schneider hatte gerade die wichtigsten Informationen zusammengefasst, die bisher zu dem Mordopfer vorlagen: Dietmar Foglsang, siebenundvierzig Jahre alt, Personalchef und Mitgesellschafter des aufstrebenden Rudersberger Autozulieferers HKF – das »F« im Namen des Unternehmens war Foglsangs Nachnamen zu verdanken, die beiden übrigen Buchstaben steuerten die anderen Firmengründer Robert Hull und Hartmut Krehler bei.

»Zwischen Hull und Krehler hat es zuletzt wohl Unstimmigkeiten gegeben«, berichtete Schneider. »Mit Foglsang dagegen schien sich jeder vertragen zu haben. HKF boomte, die haben jede Menge Leute gesucht. Ohnehin gab es seit ein paar Monaten offenbar einen regelrechten Hype um die Firma, entsprechend prominent besucht war die Weihnachtsfeier dann auch.«

Für die Weihnachtsfeier zum zehnjährigen Bestehen des Unternehmens hatte HKF Burg Waldenstein für das gesamte Wochenende gebucht, den Rittersaal und das Burgstüble des Restaurants ebenso wie alle Zimmer des Hotels. Die imposante Anlage mit Blick auf Rudersberg und das Wieslauftal war schon seit dem frühen Freitagnachmittag gut besucht. Das Programm bot mit Whisky-Tasting, Krimidinner, Weinkabarett und dem Konzert eines weithin bekannten Liveduos für jeden etwas -- kein Wunder, dass sich dort nicht nur die aktuellen Mitarbeiter blicken ließen, sondern auch Vertreter der Geschäftspartner, verschiedener Organisationen, der Banken, des Landratsamts und der umliegenden Gemeinden.

Es soll hoch hergegangen sein auf der Burg, und noch spät in der Nacht erhellten unzählige Strahler ihre Mauern. Doch am Sonntagvormittag gegen halb elf hatte es ein Ende mit der ausgelassenen Stimmung. Einige Gäste machten sich zu einer kleinen Wanderung auf, und als die etwa zehnköpfige Gruppe den Weiler auf der Straße in Richtung Zumhof verließ, war ein dumpfes Geräusch zu hören – und Dietmar Foglsang brach tödlich getroffen auf dem Asphalt zusammen.

»Kopfschuss aus etwa hundertdreißig Metern Entfernung«, nannte nun Frieder Rau, der Chef der Kriminaltechnik, einige Details. »Eine Patrone im Kaliber 7,62 × 54 mm, abgefeuert aus einem Präzisionsgewehr der Marke Zastava, produziert in Serbien. Der Schütze hat einen Schalldämpfer benutzt und Unterschallmunition – deshalb war das erste Geräusch, das den Begleitern Foglsangs auffiel, der Einschlag des Projektils in den Kopf des Opfers.«

»Ein Schuss, ein Treffer«, merkte Schneider an. »Also haben wir es mit einem Profi zu tun?«

»Die Waffe passt, der Treffer auch, aber hundertdreißig Meter sind keine besonders große Distanz für einen Profi. Die Stelle, von der aus geschossen wurde, befindet sich auf einem Parkplatz unterhalb der Burg. Der Schütze stützte das Gewehr auf das Dach eines der dort abgestellten Autos.«

»Hat jemand den Schützen oder die Schützin gesehen?«, wandte sich Schneider an seinen Stellvertreter Rainer Ernst. Er hatte mit einigen Kollegen die anderen Gäste der Betriebsfeier und die wenigen Bewohner des Weilers Waldenstein befragt.

»Nein, leider nicht. Nach dem Treffer sind alle anderen aus Foglsangs Gruppe in Deckung gegangen, und die Nachbarschaft war entweder nicht da oder hat bei geschlossenen Fenstern nichts mitbekommen. Zwei Gäste der Betriebsfeier gaben an, dass sie etwa zur Tatzeit – vermutlich kurz danach – ein Motorrad gehört hätten. Und ein weiterer will eine gelbe Enduro gesehen haben, die gerade auf dem steilen Feldweg nach Oberndorf verschwand.«

»Das passt zu den Spuren, die wir auf dem Parkplatz sichern konnten«, merkte Kriminaltechniker Rau an. »Vielleicht haben wir Glück, und das Motorrad wurde bemerkt, als es durch Oberndorf fuhr.«

Die Tür des Besprechungsraums wurde aufgestoßen, und die Miene der Kollegin, die nun vor ihnen stand, verhieß nichts Gutes.

Jutta Kerzlinger hatte einige Fotos auf einem USB-Stick mitgebracht und fasste, während sie die Bilder über den Beamer präsentierte, zusammen, was bisher über den neuen Fall bekannt war.

»Auch dieses Opfer wurde von einem Scharfschützen getötet, ein einziger Schuss ins Herz, das Opfer verstarb noch am Tatort. Dasselbe Kaliber wie auf Burg Waldenstein. Niemand bemerkte ein Schussgeräusch, kein Täter wurde gesehen, ein paar Gäste wollen ein davonfahrendes Motorrad gehört haben.«

Ron-Luis Reuters, Anfang dreißig, hatte seit der Mittagszeit an der Weihnachtsfeier seiner Firma teilgenommen. Er leitete den Außendienst der kleinen, aber schnell wachsenden Verlagsgesellschaft Wieslauftal, die seit ein paar Jahren mit Krimis und anderen regionalen Romanen sehr erfolgreich war. Die Feier hatte in einem veganen Restaurant in Ebni stattgefunden, und der tödliche Schuss war auf Reuters abgegeben worden, als er sich gegen halb vier in einer Gruppe von gut einem Dutzend Festgästen die Beine auf einem kleinen Sträßchen namens Voggenfeld vertrat.

Kommissar Schneider sah zu seinem Kollegen Ernst hin. Der war ganz still geworden und weiß wie eine Wand, und als Jutta Kerzlinger weitersprach, wurden seine ärgsten Befürchtungen bestätigt.

»Im Moment gehen wir davon aus, dass der Schuss aus etwa neunzig Metern Entfernung abgegeben wurde, die Kollegen haben in einer kleinen Baumgruppe am hinteren Ende der dortigen Hausgärten erste Spuren gefunden.«

Sie sah nun ebenfalls Rainer Ernst an.

»Wenn sich diese Annahme als richtig erweist, Rainer, hätte der Schütze zwischen dem Haus deiner Eltern und dem ihrer Nachbarn hindurch auf die Straße gezielt. Wir befragen derzeit die Nachbarn, ob jemand eine unbekannte Person in der Nähe des Restaurants beobachtet hat – ich könnte mir vorstellen, dass das Opfer beim Verlassen des Lokals beobachtet und das dann dem Schützen gemeldet wurde, per Funk oder übers Handy.«

»Das würde auch zu dem Mord auf Burg Waldenstein passen«, sagte Schneider. »Ein Schütze lauert unterhalb der Burg und erfährt es von einem Helfer, sobald seine Zielperson in seine Richtung unterwegs ist.«

»Und woher wusste der Täter so sicher, dass sein Opfer überhaupt dort entlangkommen würde?«, fragte Ernst.

»Vielleicht hat der Schütze mehrere mögliche Stellen ausbaldowert und hat sich erst in Stellung gebracht, als er wusste, wohin die Zielperson unterwegs war.«

»Möglich.«

»Und in beiden Fällen wurde das Opfer genau getroffen, obwohl es in einer Gruppe unterwegs war.«

Niemand in der Runde schien sonderlich von der Vorstellung erbaut, dass sich in der Adventszeit im Schwäbischen Wald ein Profikiller herumtrieb. Ein Scharfschütze, der womöglich noch nicht fertig war mit seiner Arbeit.

»Sind denn jetzt schon Gemeinsamkeiten der beiden Opfer bekannt?«, fragte Schneider in die nachdenkliche Stille hinein.

»Beide hatten Führungspositionen in jungen, florierenden Firmen inne«, antwortete Jutta Kerzlinger. »Beide lebten allein, und zumindest im Fall von Reuters wissen wir, dass er seit ein paar Monaten einen festen Freund hatte, den Einkaufsleiter einer Buchhandelskette. Wenn auch Foglsang eher an Männern interessiert war, dann …«

Sie verstummte und zuckte mit den Schultern. Schneider mochte sich nicht vorstellen, dass die sexuelle Orientierung der beiden Opfer eine Rolle spielte, aber natürlich mussten sie dieser Möglichkeit nachgehen.

»Ich mach das«, schlug Kerzlinger vor.

Schneider nickte ihr dankbar zu. Die Kollegin, die gerade die Hochzeit mit ihrer Freundin plante, würde das Thema zu handhaben wissen.

Doch die Theorie war schon am nächsten Abend widerlegt. Zwar hatte auch Dietmar Foglsang nichts für Frauen übrig gehabt, aber es gab nun ein drittes Opfer: Hanno Schnubben, Anfang fünfzig, geschieden, zwei Kinder – und ein stadtbekannter Schürzenjäger aus Welzheim. Er hatte an einem Weihnachtsempfang des städtischen Wirtschaftsförderers teilgenommen, und in einer Programmpause war er mit fünf anderen Rauchern vor das Zelt getreten, das für diesen Abend im Biergarten

Tannwald aufgebaut worden war. Die sechs hatten ihre Zigaretten fast zu Ende geraucht, als Schnubben von einer Gewehrkugel in den Kopf getroffen wurde und schon tot war, noch bevor er auf dem Boden aufschlug. Geschossen worden war am Bahnübergang, das Gewehr war auf einem Holzgeländer abgestützt worden. Die Entfernung hatte diesmal nur etwa sechzig Meter betragen.

Die Soko Weihnachtsfeier kümmerte sich um alle drei Morde, und in allen drei Fällen waren Geschäftsmänner einer Kugel zum Opfer gefallen, die zweifelsfrei aus derselben Waffe abgefeuert worden war. Mehr Gemeinsamkeiten hatten sich bisher nicht ergeben – außer der Tatsache, dass alle drei Männer zur Adventszeit an Feiern teilgenommen hatten.

Zwar hatte auch Schnubben gewissermaßen eine Führungsposition inne – aber er führte nur sich selbst: Er betrieb eine Ein-Mann-Agentur, die überall in der Region Business-Events veranstaltete und damit ordentlich Umsatz machte. Seit seiner Scheidung schrammte Schnubben trotzdem immer wieder knapp an der Insolvenz vorbei.

Inzwischen hatte sich die Annahme bestätigt, dass der Todesschütze nicht allein gewesen war: In Ebni hatte sich eine Zeugin gefunden, die einen Unbekannten in der Nähe des veganen Restaurants hatte herumlungern sehen – die Beschreibung war aber so ungenau, dass sie fast auf jeden passen konnte und noch nicht einmal sicher war, ob es sich um einen Mann oder eine Frau handelte. Ein Spaziergänger, der kurz nach dem Mord in Welzheim ein Motorrad wegfahren hörte, hatte eine eher schmächtige Person mit Mütze und Mantel gesehen, die sich zwischen Festzelt und Schorndorfer Straße auf dem dortigen Spielplatz aufhielt und dabei aufmerksam zum Zelt hinüberschaute. Und an der Straße zum Edelmannshof, die ein Stück oberhalb des Parkplatzes verlief, von dem aus bei der Burg Waldenstein geschossen worden war, fand sich eine Stelle, an der offenbar ein Auto geparkt und direkt daneben jemand mit grobem Schuhwerk auf der Erde gesessen hatte – eventuell ein zweiter Schütze oder jemand, der den Schützen beobachtete.

»Gut«, fasste Schneider zusammen, »dann haben wir also mindestens zwei Leute am Tatort. Oder drei, wenn sich auf Burg Waldenstein ein Beobachter und ein zweiter Schütze befanden.«

»Und als sich ›unser‹ Schütze dort als treffsicher erwies, war der zweite Sniper nicht mehr nötig. Das würde darauf hindeuten, dass sich der Täter erst noch beweisen musste, also neu im Metier ist – oder doch zumindest neu für seine Auftraggeber.«

Schneider seufzte.

»Dann wollen wir mal hoffen, dass diese Auftraggeber mit ihrer Liste durch sind ...«

Zwei Tage später – die Ermittlungen hatten immer noch keine heiße Spur ergeben – wurde der vierte Anschlag nach demselben Muster verübt, doch diesmal überlebte das Opfer. Die Kugel hatte das Herz verfehlt und auch sonst keine lebenswichtigen Organe verletzt. Eine Arterie war allerdings zerfetzt worden, und es stand eine Zeit lang Spitz auf Knopf, ob die starke Blutung rechtzeitig gestoppt werden konnte und der Getroffene überleben würde. Doch alles lief optimal für den Patienten. Und am nächsten Tag lag Stephan Coerdt zwar noch auf der Intensivstation des Klinikums in Winnenden, aber nun war es absehbar, dass er bald auf eine normale Station verlegt werden konnte.

Coerdt passte nicht besonders gut in die Reihe der bisherigen Opfer. Der Siebenunddreißigjährige arbeitete für die Industrie- und Handelskammer Region Stuttgart im Geschäftsbereich »Innovation und Umwelt«. Er hatte dort nur eine befristete Anstellung und war weder ein Entscheidungsträger, noch hatte er mit den drei vorherigen Opfern oder ihren Firmen zu tun gehabt. Überhaupt trat er beruflich nach außen kaum in Erscheinung, und an der Weihnachtsfeier der Abfallwirtschaft Rems-Murr hatte er nur teilgenommen, weil sein direkter Vorgesetzter, dem die Einladung eigentlich gegolten hatte, verhindert war. Eine Verwechslung der beiden war eher unwahrscheinlich: Coerdt war hochgewachsen und schlank, sein Chef klein und dick – und Coerdts Vorgesetzter wusste im Gespräch mit Kommissar Ernst obendrein von niemandem zu berichten, der ihm Böses wünschen oder ihm gar einen Killer auf den Hals hetzen würde.

Die Müllwerker hatten in Waldenweiler gefeiert, einem kleinen Dorf mit zwei beliebten Ausflugslokalen, und Coerdt war verletzt worden, als er am frühen Nachmittag nach Rehbraten mit Spätzle im Gasthaus Lamm als Teil einer achtköpfigen Gruppe in das benachbarte Tal des Zehentbachs hinunterspaziert war. Der Schütze hatte sich auf eine Astgabel in einem Baum am Waldrand gehockt, ganz in der Nähe der jüngst erweiterten Kläranlage, und wieder war ein einziger Schuss abgegeben worden. Einer von Coerdts Begleitern bekam kurz danach ein knallgelb lackiertes Geländemotorrad zu Gesicht, auf dem ein Mann in schwarzer Lederkluft in den Wald hineinraste. Helm, Handschuhe und ein schmaler, langer Rucksack, der vermutlich die Tatwaffe enthielt – mehr war dem Zeugen nicht aufgefallen.

Mit Coerdt war einstweilen kein Gespräch möglich, und keiner der drei tödlich Getroffenen bot der Kripo in seinem privaten oder beruflichen Umfeld einen vielversprechenden Ansatz für weitere Ermittlungen. Alle drei Männer waren unbescholten und eher friedliche Naturen. Bis auf Frauenheld Schnubben, der im Herbst vom Ehemann einer seiner Geliebten auf dem Heimweg vom Tennis verdroschen worden war, hatte keiner von ihnen in den vergangenen Jahren Streit gehabt. Finanziell war auch nur Schnubben unter Druck gewesen, die anderen beiden waren gut situiert, und keine ihrer Kontobewegungen wirkte irgendwie verdächtig.

Inzwischen waren die Befragungen der anderen Gäste abgeschlossen, die an den Weihnachtsfeiern in Waldenweiler, Ebni und auf Burg Waldenstein sowie an dem Weihnachtsempfang in Welzheim teilgenommen hatten. Auf der Gästeliste gab es zahlreiche Überschneidungen. So hatten der Landrat und einige Bürgermeister jedes der Feste besucht, die IHK, einige Netzwerker und Vertreter wichtiger Unternehmen aus der Region waren ebenfalls bei allen Terminen vertreten. Wieder andere hatten zwei oder drei der Feiern besucht.

Der eine oder andere Festgast – darunter einige Frauen, in der Mehrzahl aber Männer mittleren Alters – hatte dementsprechend schon eine gewisse Routine entwickelt, als die Polizei erneut zum Gespräch anrückte. Sie alle nahmen die wiederholte Befragung größtenteils gleichmütig und geduldig hin, nur drei Männer wirkten allmählich ein bisschen nervöser. Sie waren jedes Mal in derselben Gruppe unterwegs gewesen, in der sich auch das jeweilige Opfer bewegt hatte.

»Ich mag mir gar nicht vorstellen, dass dieser Blödmann einmal danebenschießen und aus Versehen mich treffen könnte«, stöhnte Hermann Wiefler. Er hatte sich, wie sich in den Befragungen herausstellte, jedes Mal nur einen oder zwei Meter neben dem jeweiligen Opfer befunden. Und als der zweite Tote, Ron-Luis Reuters, getroffen zu Boden stürzte, rempelte er Wiefler so unerwartet und heftig an, dass der ebenfalls zu Boden ging und sich dabei den linken Ellbogen, mit dem er sich im Reflex abstützte, blutig schlug.

Mimi war heilfroh, als die beiden sie endlich wieder gehen ließen. Das Gespräch hatte ihr sehr zugesetzt, aber wenigstens hatte ihr Sean am Ende ein Tütchen zugesteckt, dessen Inhalt ihr über die Nacht helfen würde. Mit weichen Knien stakste sie davon, und weil sie die bohrenden Blicke der beiden förmlich in ihrem Rücken spürte, schlang sie ihre Winterjacke noch etwas fester um den Oberkörper und hielt sich leidlich gerade, bis sie es um die nächste Ecke geschafft hatte und so aus dem Blickfeld der Männer verschwunden war. Dort lehnte sie sich schwer atmend an eine Hauswand und nestelte eine Zigarette aus der Brusttasche ihrer Jacke. Sie presste ihre bleichen Lippen fest um den Filter zusammen, kramte ein Feuerzeug hervor, schaffte es aber mit ihren zitternden Fingern nicht, die Zigarette anzuzünden. Also steckte sie Feuerzeug und Zigarette wieder weg und stieß sich von der Hauswand ab.

»Und was machen wir jetzt?«, fragte Michal.

Sean deutete auf den Wagen.

»Wir fahren. Erst bereiten wir alles für morgen vor, und dann statten wir unserem Überflieger einen Besuch ab. Dieser Mist muss ein Ende haben.«

»Okay ... und was für ein Ende?«

Sean grinste, schob sich ein Kräuterbonbon in den Mund und klatschte seinem Gegenüber die Hand auf die Schulter.

»Das wird dir gefallen, Michal, glaub mir!«

Was Sean dagegen weniger gefiel, war das Telefonat, das er während der Fahrt führen musste. Ihr Auftraggeber rief an und zeigte wenig Verständnis für die bisherige Abwicklung des aktuellen Jobs.

»Machen Sie sich keine Sorgen«, beschwichtigte Sean, nachdem er sich die ziemlich wütende Zurechtweisung ruhig angehört hatte. »Wir haben das unter Kontrolle, und wir bringen das wie gewünscht zu Ende. Letztlich wird alles, was Sie jetzt noch ärgert, in Ihrem Sinne wirken. Wir hinterlassen ja ohnehin keine Spuren, die zu Ihnen deuten könnten – aber diesmal wird die Polizei völlig im Dunkeln tappen.«

Der Mann am anderen Ende der Leitung war noch immer wütend und trennte die Verbindung ohne ein weiteres Wort.

»Alles klar?«, fragte Michal und bog in eine kleine Seitenstraße ab.

»Passt schon. Aber wir sollten uns lieber keinen Fehler mehr erlauben.«

Mimi war so wacklig auf den Beinen, dass sie für den Weg, der sie sonst keine Viertelstunde kostete, fast fünfundzwanzig Minuten brauchte. Ken hatte sie schon erwartet, denn noch bevor sie den Klingelknopf drücken konnte, schwang die Wohnungstür auf, und er stand vor ihr.

»Wo warst du denn so lange?«, fragte er sie.

In seiner dünnen Stimme schwang Angst mit und Sorge, aber Mimi winkte nur müde ab und drängte sich an ihm vorbei in den Flur. Als sie in seinem Schlafzimmer angekommen waren, ließ sie sich von ihm Feuer geben. Und als er sie zu streicheln begann, noch bevor sie halb zu Ende geraucht hatte, schloss sie die Augen und ließ alles geschehen. Es war noch nie toll gewesen, aber diesmal hielt Ken noch weniger lang durch als sonst. Mit einer lahm gemurmelten Entschuldigung rollte er sich von ihr herunter, doch Mimi hörte kaum hin und war kurz darauf eingeschlafen. Als sie nach eineinhalb Stunden erwachte, lag er neben ihr und starrte an die Decke. Er war nervös, die Sache setzte ihm offensichtlich sehr zu.

Hoffentlich macht er keinen Scheiß, dachte Mimi und schleppte sich ins Bad. Das Tütchen hatte sie bei sich, und als sie alles genommen hatte und nun etwas ruhiger zurück ins Bett kroch, war auch Ken eingeschlafen. Er wälzte sich in dieser Nacht hin und her, sprach Unverständliches im Schlaf und wachte am nächsten Morgen völlig gerädert auf.

Hermann Wiefler schlief in dieser Nacht auch nicht besonders gut. Er hatte noch fünf Weihnachtsfeiern in seinem Kalender stehen, und mehr als einmal dachte er darüber nach, seinen Besuch für vier der Veranstaltungen abzusagen. Ein Termin dagegen stand für ihn auf keinen Fall zur Diskussion: Mariana Wahlenmeyers Fest am Fornsbacher Waldsee, das am heutigen Abend anstand und dem er schon seit Wochen entgegenfieberte. Mariana war eine sehr attraktive Frau Anfang vierzig, bei der sich Wiefler durchaus Chancen ausrechnete. Sie betrieb eine gut gehende Kette von Schmuckläden mit Niederlassungen in mehreren europäischen Metropolen. Außerdem unterhielt sie eine Goldschmiede-Manufaktur, für die sie ein altes Bahnwärterhäuschen nahe Fichtenberg-Mittelrot umgebaut und deutlich erweitert hatte. Das alles warf genug Geld ab, damit sie auch bei ihren Weihnachtsfeiern nicht zu knausern brauchte: An die fünfzig Gäste hatte sie für diesen Abend in Pfizenmaiers Kulinarium am Waldsee geladen, und wer sich zu Kängururücken mit Wacholdersoße oder zur Sinfonie von Edelfischen und Garnele mehr als ein Glas Wein schmecken lassen wollte, konnte für die Heimfahrt den Limousinen-Service in Anspruch nehmen.

Wiefler traf als einer der Ersten ein und wurde, weil es zu diesem Zeitpunkt noch ruhig war im Lokal, wie erhofft mit einem längeren Gespräch mit Mariana belohnt. Er ließ sich alle Gänge des noblen Menüs schmecken, sparte auch nicht am Wein, und nach Edelbrand und Espresso trat er bestens gestimmt und etwas beschwingt mit einigen anderen Gästen an die frische Luft. Sie schlenderten auf dem Weg zwischen See und Minigolfanlage entlang, lehnten sich schließlich im Licht zahlreicher Lampions ans Geländer des Uferwegs und erzählten sich ein paar deftige Witze. Der eine oder andere hatte mit schwerer Zunge Mühe, die Pointe angemessen aufzusagen, aber das störte keinen.

Auch Hermann Wiefler hatte den Mund zu einem Lachen verzogen, aber er schwieg und würde auch nie wieder etwas von sich geben. Irgendetwas hatte seinen Kopf mit Wucht in den Nacken geschleudert, und aus einem Loch in der Mitte seiner Stirn sickerte Blut. Gebannt sahen die anderen zu, wie seine Finger vom Geländer glitten, wie er nach hinten kippte und reglos auf dem Weg liegen blieb. Erst dann kam in einen der Männer Bewegung, und um Hilfe schreiend rannte er ins Lokal.

Kommissar Schneider stand auf dem Uferweg, die Hände tief in den Manteltaschen vergraben, und schaute über einige mit Planen abgedeckte Boote hinweg auf den See hinaus.

»Wie weit ist das? Hundertfünfzig Meter?«, fragte er und deutete auf den Baum am gegenüberliegenden Ufer, hinter dem der Schütze den Spuren zufolge gestanden hatte. Die Kriminaltechniker hatten die Stelle mit einigen Scheinwerfern hell ausgeleuchtet.

»Müsste hinkommen«, brummte sein Kollege Ernst.

»Und wieder dieselbe Waffe …«

»Ja, und wieder wurde kurz nach dem Schuss ein gelbes Geländemotorrad beobachtet. Fahrer in schwarzer Lederkluft, Helm, Handschuhe, schmaler, langer Rucksack. Alles wie gehabt.«

Schneider wirkte nachdenklich.

»Der ist also kurz nach dem Schuss losgefahren«, fasste er zusammen. »Das Motorrad hatte er neben sich abgestellt. Und dann fährt er nicht etwa auf dem Feldweg direkt hinter sich in den Wald hinein, wo er ungesehen über Forstwege oder über die Landstraße hätte abhauen können – sondern knattert einmal halb um den See herum und dann keine fünfzig Meter von seinem Opfer entfernt am Kulinarium vorbei zur Hauptstraße?«

Ernst zuckte mit den Schultern.

»Und vom See her rennt unterwegs auch noch eine Frau zu ihm hin, springt hinten aufs Motorrad und rast mit ihm davon?«

»Sehr schlank, lange schwarze Haare, das Gesicht von Sonnenbrille und Schal fast ganz verdeckt – so wurde die Frau von den Festgästen beschrieben.«

»Eigenartig«, knurrte Schneider. »Fast so, als hätten die beiden gewollt, dass man sie erkennt. Sogar Teile des Kennzeichens hat sich einer merken können.«

Er hörte hinter sich eilige Schritte und drehte sich um. Jutta Kerzlinger kam etwas atemlos auf sie zu.

»Dieser Wiefler«, sagte sie nur, »war wohl ihr letztes Opfer.«

Schneider und Ernst warteten gern, bis die Kriminaltechniker mit ihrer Arbeit fertig waren. Die Sauerei in dem unordentlichen Wohnzimmer würden sie noch früh genug in Augenschein nehmen können. Einstweilen reichte ihnen die Information, dass sich dort allem Anschein nach die Leichen des Pärchens befanden, das die Mordserie der vergangenen Tage verübt hatte. Der 26-jährige Ken Haisl und die 23-jährige Mimi Michler hatten sich unmittelbar nach dem tödlichen Schuss am Fornsbacher Waldsee in Haisls Wohnung betrunken. Ken Haisl hatte dazu einen Joint geraucht, und Mimi Michler hatte sich eine Spritze in die Armbeuge gesetzt, sich dabei aber in der Dosierung vertan. Ob sie schon tot war, als Haisl ihr den Gewehrlauf auf die Stirn setzte und abdrückte, würde die Obduktion ergeben. Danach hatte er sich auf einen Stuhl gesetzt, hatte sich über das Gewehr gebeugt, den Lauf in den Mund gesteckt und abgedrückt. Was immer er sich dabei gedacht haben mochte: Aus den Resten seines überall verspritzten Gehirns würde sich das nicht mehr rekonstruieren lassen.

Haisls knallgelbes Geländemotorrad stand vor dem Haus, die Stollenreifen waren ebenso verdreckt wie die beiden Lederkombis der Toten, die in der Küche auf dem Boden lagen. Die Tatwaffe, überzählige Unterschallmunition, handschriftliche Notizen zu den Tatorten – bis auf den erweiterten Selbstmord passte alles wunderbar.

Die Staatsanwaltschaft dagegen fand auch das stimmig und war vor allem über eines froh: Die Mordserie schien beendet. Und die Soko Weihnachtsfeier würde die letzten offenen Fragen zu klären versuchen, bevor die Akten geschlossen wurden.

Michal saß wieder am Steuer, aschte ab und zu mit seiner Selbstgedrehten zum halb geöffneten Seitenfenster hinaus. Es war ungewöhnlich mild für Mitte Dezember, und auch in Südtirol, wo sie sich für einige Wochen unauffällig verhalten würden, erwartete sie kein strenger Winter. Sean hörte sich auf der Fahrt eine letzte Strafpredigt ihres Auftraggebers an, aber als er das Handy wegsteckte, wirkte er nicht besonders beunruhigt.

»Er hat sich wieder eingekriegt«, sagte Sean nach einer Weile und schaute entspannt zum Fenster hinaus. »Aber für die nächsten Jobs müssen wir wohl wieder selber ran.«

»Schade«, brummte Michal und setzte zum Überholen an. »War eigentlich keine schlechte Idee mit der Tussi und dem Schützenkönig.«

Er lachte, zog noch einmal an seiner Zigarette und schnippte die Kippe zum Fenster hinaus.

»Aber umständlich ist es halt auch«, gab Sean zu bedenken. »Noch mal setzen wir eine junge Fixerin, die von unserem Stoff abhängig ist, nicht auf einen Typen an, der auf dem Volksfest an der Schießbude abräumt. Mann, wie der geprahlt hat, dass er alles trifft, was er will. Und noch bevor er richtig weiß, wie ihm geschieht, hat er eine echte Waffe in der Hand und soll einen Mann erschießen. Wenn ich nicht sichergestellt hätte, dass er meine Lasermarkierung über seinen Körper zum Kopf hinauf wandern sehen kann, dann hätte der doch nie geschossen!«

»Und dann schießt dieser Trottel auch noch daneben und trifft den Falschen!« Michal schüttelte den Kopf und lachte. »Viermal hintereinander – das muss man sich mal vorstellen!«

»Pech für die anderen, gut für uns. Jetzt ist Wiefler eines von mehreren Opfern, die nicht zusammenpassen – so wird die Kripo die Männer vielleicht als Zufallsopfer einstufen.«

»Warum musste dieser Wiefler eigentlich dran glauben?«

»Keine Ahnung, das hat uns auch nicht zu interessieren.«

»Hm«, machte Michal und schwieg eine Zeit lang. Dann maulte er: »Aber wenn wir wieder so etwas machen, schieße ich über den See und fahre mit dem Motorrad – und du springst mit der albernen Perücke hintendrauf, das sag ich dir!«

Sean deutete auf sein breites Kreuz und sagte: »Du hast eine Mädchenfigur, nicht ich. Und immerhin habe ich dir die Sauerei in der Wohnung unseres Schützenkönigs abgenommen, während du draußen Schmiere stehen durftest.«

»Stimmt auch wieder«, brummte Michal und nestelte eine neue Selbstgedrehte aus der Hemdtasche.

16

Bodo Manstein

Der krumme Baum

Preetz

Treffen wir uns dann um elf? Bei Edeka? Ich würde vorher noch gerne die Gans bestellen.« Simone warf Sven einen vorsichtigen Seitenblick zu, den er mit einem genervten Gesichtsausdruck erwiderte. So, wie sie es erwartet hatte. So, wie er es immer tat, wenn sie ihn um etwas bat.

»Dann können wir den Baum auch gleich dort holen«, knurrte er, leerte seinen Kaffeebecher und erhob sich schwerfällig von seinem Stuhl.

»Früher haben wir unseren Weihnachtsbaum immer aus dem Klosterforst geholt«, sagte sie.

»Früher.« Sven lachte verächtlich. »Bitte nicht schon wieder die Leier.« Er nahm einen Flachmann aus dem Kühlschrank und ließ ihn in seiner Jackentasche verschwinden. »Früher sind wir auch immer zusammen ausgegangen«, äffte er sie nach. »Früher, früher, früher … Ich kann's nicht mehr hören.«

Simone zog den Kopf zwischen die Schultern.

»Bitte, Sven«, sagte sie zaghaft. »Nur noch dieses eine Mal.«

Ihr Mann schenkte ihr einen grimmigen Blick. Er steckte demonstrativ eine weitere Schnapsflasche ein und warf die Kühlschranktür zu.

»Aber dann lässt du mich auch mit dem ganzen Weihnachtskram in Ruhe. Verstanden?«

Simone nickte.

»Ich bin dann bei Marlon und helf ihm bei seiner Küche«, sagte er. »Wie kann man nur auf die Schwachsinnsidee kommen, vor Weihnachten die Küche zu renovieren?«

Simone kannte Marlon, seit sie mit Sven zusammen war. Die beiden hatten gemeinsam die Schulbank in der Wilhelminenschule gedrückt. Seitdem waren sie befreundet, auch wenn sich die Beziehung nach Svens Absturz merklich abgekühlt hatte. Dennoch hatte ihr Mann sich heute extra einen Tag freigenommen, um Marlon zu helfen.

Simone folgte Sven durch den schmalen Flur in die große, mit Specksteinen ausgelegte Eingangshalle des jahrhundertealten Hauses. Wie die anderen Konventualinnen-Häuser lag es unweit des Preetzer Ortskerns und in unmittelbarer Nähe zu der mächtigen, über sechshundertfünfzig Jahre alten Klosterkirche.

Ohne sie zu beachten, nahm Sven seine Winterjacke von der Garderobe und verließ wortlos das Haus, nicht ohne die schwere Haustür krachend hinter sich ins Schloss fallen zu lassen.

Simone trat an eins der hohen Kastenfenster, die zu beiden Seiten die doppelflügelige Tür säumten, und wartete, bis die Rücklichter seines Wagens nicht mehr zu sehen waren. Erst jetzt atmete sie erleichtert aus. Wie jedes Mal, wenn er das Haus verließ und sie zumindest für ein paar Stunden vor seinen unkontrollierten Ausbrüchen sicher war.

Nun war es wieder still, bis auf das monotone Ticken der antiken holländischen Pendeluhr, die sie vor Jahren mit Sven zusammen auf einem Flohmarkt für fünfzehn Euro erstanden hatte. Damals hatten sie viel gemeinsam unternommen. Geändert hatte sich das erst, nachdem er von heute auf morgen seine Arbeit verloren hatte und in ein tiefes Loch gefallen war. Dass sie danach als Krankenschwester den Familienunterhalt allein bestritt, hatte schwer an Svens Selbstwertgefühl genagt. Immer häufiger hatte er sich in den Alkohol geflüchtet.

Die Uhr schlug sieben und holte sie aus ihren Gedanken.

Knapp vier Stunden blieben ihr, und in der Zeit hatte sie noch einiges zu erledigen.

Simone holte ihren Reisekoffer aus dem Keller und begann zu packen, während es draußen heller wurde. Das Schwarz der

Nacht wich langsam einem Grau, das sie vermutlich wieder den ganzen Tag begleiten würde. Bereits seit Wochen hing dieses Schmuddelwetter nun schon über der Ostküste Schleswig-Holsteins. Unterbrochen nur von ein paar Tagen, an denen es zumindest etwas geschneit hatte.

Seitdem herrschte wieder bestes Novemberwetter. Und das neun Tage vor Heiligabend. Wenigstens sollte es heute trocken bleiben. Simone mochte gar nicht daran denken, was für ein Theater Sven bei Regen erst gemacht hätte.

Sie nahm einen dicken Pullover aus dem Schrank. Kalt würde es am Wochenende bleiben, auch dort, wo sie hinfuhr. Dafür hatte der Wetterdienst Sonne angekündigt.

Simone blickte versonnen zur Decke. Ein Lächeln umspielte ihre Mundwinkel. Sonne. Dabei dachte sie an Wärme und Licht. Etwas, was in ihrem Leben zuletzt gefehlt hatte. Doch das würde sich ab heute ändern. Schon viel zu viel Zeit hatte sie verstreichen lassen.

Marlon hatte nie verstanden, warum sie sich nicht gleich von Sven getrennt hatte, nach jenem 20. Juni 2014, an dem sie sogar ins Krankenhaus eingeliefert werden musste. Selbst da hatte sie noch zu ihrem Mann gehalten. Den Ärzten hatte sie erzählt, sie sei beim Fensterputzen von der Leiter gestürzt. Nur Marlon, der auch Trauzeuge bei ihrer Hochzeit gewesen war und bei ihnen ein und aus ging, hatte ihr das nicht abgenommen. Schon vorher hatte sie nicht immer die blauen Flecken an ihren Armen rechtzeitig verdecken können, wenn er mal überraschend bei ihnen auf der Matte gestanden hatte. Marlon hatte sie im Krankenhaus besucht und war danach immer häufiger bei ihnen aufgetaucht, unter dem Vorwand, der Besuch gelte Sven.

Letztlich hatte sie sich ihm offenbart. Hatte ihm erzählt, wie sie hinter den dicken Mauern des Hauses litt, wenn Sven betrunken über sie herfiel und sie windelweich prügelte. Nur mit

Mühe hatte sie Marlon davon abhalten können, Sven zur Rede zu stellen. Zu der Zeit hatte Simone noch gehofft, dass alles wie früher werden würde, wenn er nur erst wieder eine Arbeit hatte. Doch nichts hatte sich geändert. Ganz im Gegenteil. Einen Job hatte Sven zwar bekommen, aber trotzdem weiterhin gesoffen. Zweimal hatte er einen Entzug abgebrochen, und im Grunde war es ein Wunder, dass man ihn nicht längst wieder gefeuert hatte. In guten wie in schlechten Zeiten zu ihm zu stehen, hatte sie versprochen, doch ihre Kraft war nicht unerschöpflich, und irgendwann war der Punkt erreicht, von dem an sich ihr Mitleid nach und nach in Verachtung und Wut verwandelt hatte. Und als vor drei Wochen ihre Angst das erste Mal in hilflose Wut umgeschlagen war und sie schon das Küchenmesser in der Hand gehabt hatte, bereit, zuzustechen, war ihr klar geworden, wie sehr sie Sven inzwischen hasste.

Simone klappte den Koffer zu und stellte ihn neben die Haustür. Noch einmal sah sie sich in der Wohnung um. Nie wieder würde sie hier sitzen, voller Angst, Sven könne nach Hause kommen und seinen Frust an ihr ablassen. Auch seine Drohung, sie totzuschlagen, sollte sie ihn verlassen, schreckte sie nicht mehr. Nein, nie wieder würde Sven die Hand gegen sie erheben.

»Guten Morgen, Simone. Willst du verreisen?«

Claudia, der neugierigen Nachbarin aus dem Haus gegenüber, war natürlich nicht entgangen, wie Simone den Koffer zu ihrem Wagen brachte. Mit eiligen Schritten kam sie zu ihr herüber.

»Morgen, Claudia«, sagte Simone und verstaute den Koffer auf der Rückbank ihres Wagens. »Nur übers Wochenende. Kleine Kreuzfahrt nach Oslo. Hat mir Sven geschenkt, quasi als vorweihnachtliche Überraschung.«

»Wie süß.« Claudia verzog verzückt das Gesicht. »So einen Mann hätte ich auch gerne.«

Hättest du nicht, dachte Simone und schlug die Tür zu.

»Ich werd mich wohl an Heiligabend wieder über Kochtöpfe freuen dürfen«, sagte Claudia und warf einen verächtlichen Blick zu ihrem Haus zurück. Sie zeichnete mit den Fingern Anführungszeichen in die Luft. »Die sind ja sooo praktisch.«

Simone schenkte Claudia ein gequältes Lächeln. Mit Begeisterung hätte sie ein lebenslanges Abo auf Kochtöpfe abgeschlossen, wenn dafür alles andere wieder wie früher geworden wäre. Sie zuckte die Achseln.

»Männer.«

»Na, du kannst dich ja wirklich nicht beklagen. Wann geht denn das Schiff?«

»Um zwei«, sagte Simone und öffnete die Fahrertür. »Vorher will ich noch ein bisschen ungestört in Kiel shoppen.«

»Und ich weiß auch schon, was«, sagte Claudia mit einem vielsagenden Augenzwinkern. »Na dann, viel Spaß.«

Auf dem Parkplatz vor dem Edeka herrschte geschäftiges Treiben. Wie jeden Freitag, wenn es darum ging, sich fürs Wochenende mit Lebensmitteln einzudecken. Von der Kieler Straße tönte das Rauschen der vorbeifahrenden Autos herüber, die in die Stadt wollten oder Preetz in Richtung Kiel verließen. Auch nach dem Bau der Ortsumgehung herrschte auf der ehemaligen Bundesstraße, die quer durch den Ort geführt hatte, noch reger Verkehr.

Wo Sven nur blieb? Simone knetete nervös ihre Finger. Inzwischen war es schon nach elf und von ihm nichts zu sehen. Ungeduldig trat sie von einem Fuß auf den anderen und korrigierte immer wieder den Sitz ihres Rucksacks, den sie über die rechte Schulter gehängt hatte. Dann sah sie endlich Svens blauen Golf, der auf den Parkplatz bog. Erleichtert ließ sie die Schultern sinken und öffnete die Beifahrertür.

»Wo steht denn dein Wagen?«, fragte er und sah sich suchend um, während sie einstieg.

»Drüben in der Werkstatt«, log Simone und nickte mit dem Kopf in Richtung des Mercedes-Autohauses, das auf dem Nachbargrundstück stand. »Brauche vorne rechts ein neues Birnchen.«

»Hm«, grummelte Sven und fuhr los, reduzierte aber an dem umzäunten Verkaufsstand eines Weihnachtsbaumhändlers sofort wieder die Geschwindigkeit. »Wollen wir nicht doch lieber hier einen Baum holen?«, fragte er. »Die sehen doch ganz ordentlich aus.«

»Du hast es mir versprochen«, sagte Simone. »Außerdem, wer weiß, wie alt die schon sind. Bis Weihnachten sind es schließlich noch ein paar Tage.«

»Dann eben nicht«, brummte Sven und drückte wütend aufs Gaspedal.

Wortlos saßen sie nebeneinander, bis Simone auf Höhe der Weinbergsiedlung die Stille durchbrach.

»Hier rechts und dann immer geradeaus«, sagte sie und bemerkte, wie Sven ihrer Anweisung widerwillig folgte. Nicht nur, dass er mit ihr einen Weihnachtsbaum schlagen musste, jetzt wies sie ihm auch noch den Weg.

»Ich glaube, am Ende der Straße müssen wir dann links«, sagte sie mit gesenkter Stimme und versuchte, nicht so bestimmend zu klingen. So wie es im Wagen roch, musste inzwischen mindestens ein Flachmann leer sein. Auf keinen Fall durfte sie ihn jetzt reizen, so kurz vor ihrem Ziel.

Sven starrte stumm durch die Windschutzscheibe, bis sie kurz darauf die Kreuzung erreichten, an der er links abbog. Im Vorbeifahren fiel Simones Blick auf das windschiefe Straßenschild. *Totenredder* stand dort in verwitterten Buchstaben und ließ sie das erste Mal richtig realisieren, was gleich passieren sollte.

»Ist es noch weit?«, fragte Sven mürrisch und riss sie aus ihren Gedanken.

»Nein, nein«, sagte sie hastig und wies zum rechten Straßenrand, wo die schmale Straße eine kleine, geschotterte Ausbuchtung hatte. »Da vorne können wir halten.«

Sven stoppte den Wagen, zog mit einem kräftigen Ruck die Handbremse an und stieg aus. Simone schnallte sich ab und griff nach ihrem Rucksack, den sie auf die Rückbank gelegt hatte. Sie schwang die Beine aus dem Wagen und zuckte erschrocken zusammen, als ihr Mann plötzlich mit einem Beil in der Hand vor ihr stand.

»Können wir dann mal langsam?«, fragte er ungeduldig. »Es ist schweinekalt.«

»Willst du nicht lieber eine Säge nehmen?«, fragte sie vorsichtig. Der Gedanke, mit ihm allein im Wald zu sein, er mit einem Beil bewaffnet, machte ihr Angst.

»Wie ich den dämlichen Baum umlege, musst du schon mir überlassen«, sagte er verärgert. »Ich kann Madame aber auch gerne die Säge geben, dann kannst du selbst gehen. Ich warte dann hier im Warmen.« Er grinste sie schief an. »Vielleicht.«

»Schon gut«, sagte sie leise und stieg eilig aus, um ihn nicht noch weiter zu reizen. Sie schloss die Beifahrertür und zog eine Signalweste aus ihrem Rucksack, die sie für gewöhnlich zum Joggen trug.

»Was soll das denn?«, fragte Sven abfällig. »Gibt's den Baum billiger, wenn du als Vogelscheuche im Wald rumläufst?«

»So werde ich besser gesehen«, sagte sie. »Bei dem diesigen Wetter fühle ich mich so sicherer, gerade jetzt zum Ende der Jagdsaison.«

»Du hast echt 'nen Knall.« Sven schüttelte verständnislos den Kopf.

Seine Beleidigungen nahm sie schon lange nicht mehr wahr. Genau wie seine Versuche, sie zu provozieren. Das alles kannte sie zur Genüge. Wenn sie darauf einging, rastete er innerhalb kürzester Zeit aus.

Simone ging voraus. Sie folgten einem unbefestigten Wirtschaftsweg, der rechts vom Totenredder weg und nach einigen Hundert Metern in einen Wald hineinführte. Durch diesen gelangte man zum Gut Rastdorf, das auf der anderen Seite der Schwentine lag. Noch bevor sie den Wald erreichten, hielt Simone an und zeigte auf eine kleine Tannenschonung unterhalb des Weges.

»Da unten ist es schon«, sagte sie.

»Wenigstens muss ich den Mistbaum nicht so weit schleppen.« Sven zog den Flachmann aus der Jackentasche und nahm einen kräftigen Schluck.

»Die Kälte kriecht einem wirklich in jeden Knochen«, erklärte er, da er Simones kritischen Blick offenbar bemerkt hatte.

Sie verließen den Weg und überquerten die kleine Wiese, hinter der die Schonung lag.

»Wie wäre es mit dem hier?«, fragte Simone und zeigte auf eine krumme Tanne, die am linken Rand des niedrigen Wäldchens stand.

Sven sah sie ungläubig an. »Der? Das ist ja wohl 'n Scherz.«

»Nein, genau den möchte ich haben.«

»Du bist echt nicht ganz dicht«, sagte Sven. »Du willst mir nicht im Ernst weismachen, dass ich wegen diesem Krüppelding hier rausgefahren bin?«

»Wenn ich einen von der Stange gewollt hätte, hätten wir auch in der Stadt einen kaufen können. Warte erst mal ab, bis der richtig aufgestellt und geschmückt ist.«

Sven winkte verächtlich ab und zog erneut die Schnapsflasche hervor.

»Auf den Schreck brauche ich erst mal einen.«

Simone warf einen kurzen Blick zu dem Hochsitz, der keine
hundert Meter entfernt am Rand einer Lichtung stand. Sie
meinte, dort aus dem Augenwinkel eine Bewegung gesehen zu
haben.

»So, welchen Baum soll ich nun nehmen?«, fragte Sven und
wischte sich mit dem Ärmel seiner Jacke über den Mund.

»Den hier. Es ist doch nur noch dieses eine Mal. Bitte, Sven,
tu mir den Gefallen.«

»Vergiss es«, sagte er. »Da kannst du dich auf den Kopf stellen, aber dieses Ding kommt mir ganz sicher nicht ins Haus.«
Er wies mit einem verächtlichen Blick auf den krummen Baum.
»Entweder suchst du dir jetzt einen anderen aus, oder wir fahren ohne zurück.«

Simone sah traurig zu ihm auf.

»Also gut«, sagte sie leise. »Aber dann stell dich bitte noch
kurz neben ihn, als Anhaltspunkt. Er hat so 'ne schöne Größe.«

Sie griff nach seinem Arm und bugsierte Sven, der sich nur
widerstrebend führen ließ, neben den krummen Baum.

»Du hast echt 'nen Schaden«, sagte er und wischte mit der
Hand vor seinem Gesicht hin und her. Simone trat eilig einen
Schritt zurück und neigte den Kopf zur Seite.

»So ist es gut«, sagte sie und blickte abwechselnd auf ihren
Mann und den Baum, als würde sie seine Körpergröße mit der
Baumhöhe vergleichen.

In diesem Moment wurde Sven, wie von einer unsichtbaren
Faust getroffen, nach hinten geschleudert und landete mit dem
Rücken hart auf dem feuchten Waldboden.

Simone, die sich vor Schreck geduckt hatte, richtete sich
langsam wieder auf.

»Sven?«

Vorsichtig näherte sie sich dem regungslosen Körper zu ihren Füßen. »Sven, hörst du mich?«

Keine Antwort.

Simone sah unsicher auf ihn hinab. Mit weit aufgerissenen Augen lag er dort, sein Blick ins Leere gerichtet.

Langsam hockte sie sich neben ihn, rüttelte zunächst zaghaft, dann heftiger an seinem Arm.

»Sven, nun sag doch was.«

Erst jetzt bemerkte sie das kleine Loch in der linken Brusttasche seiner Jacke, um das sich ein dunkler Fleck bildete.

Simone tastete nach seinem Puls, erst am Handgelenk, wie sie es täglich im Krankenhaus bei ihren Patienten tat, danach an Svens Hals.

Nichts.

Ohne den Blick von ihrem Mann zu nehmen, erhob Simone sich wieder. Sie zog die Weste aus und schwenkte sie ein paarmal über dem Kopf, bevor sie sie geistesabwesend in ihren Rucksack stopfte.

Gedankenverloren blickte Simone aus dem Fenster ihrer Kabine, als sich die *Color Fantasy* langsam von ihrem Liegeplatz entfernte.

Sven war tot. Der Plan war aufgegangen, ihr Martyrium hatte nun tatsächlich ein Ende. Doch trotz aller Erleichterung musste sie auch an die schöne Zeit denken, die sie mit ihm verbracht hatte. Auf einmal tauchten längst vergessene Bilder vor ihrem geistigen Auge auf und verdrängten für einen Moment die Fratze des brutalen Säufers, der er zuletzt gewesen war.

Ob er immer noch im Wald lag? Oder hatte man ihn bereits gefunden?

Vor Sonntag würde sie weder erfahren, ob man Sven entdeckt hatte, noch wann. Wollte sie auch nicht. Seit sie das Haus verlassen hatte, war ihr Smartphone ausgeschaltet. Nicht nur, um kein verräterisches Bewegungsprofil zu hinterlassen, sie brauchte jetzt erst einmal Zeit für sich, musste alles sacken lassen und nachdenken. Nachdenken über die Fragen, die kommen würden. Fragen zu Sven. Wann sie ihn das letzte Mal gesehen hatte, was er im Wald gewollt hatte … Auf all das musste sie vorbereitet sein, um sich nicht zu verplappern und den ganzen schönen Plan zunichtezumachen. Schließlich hatte sie genug gelitten. Noch lange würde sie die tiefen Narben tragen, die Sven auf ihrer Seele hinterlassen hatte.

Am Sonntag musste eine ahnungslose Ehefrau von ihrer Wochenendreise zurückkehren. Eine, die das erste Mal vom überraschenden Tod ihres Mannes erfuhr. Und falls Sven bis dahin nicht gefunden worden war, musste sie mit glaubhafter Besorgnis am Montag die Vermisstenanzeige aufgeben.

Das Schiff passierte den Landtag von Schleswig-Holstein, der im Stadtteil Düsternbrook nur einen Steinwurf von der Kieler Förde entfernt lag. Auf der Kiellinie, der Uferpromenade, joggten und flanierten einige Hartgesottene durch das nasse Grau.

Simone ließ den Blick über das dicht bewaldete Stadtviertel schweifen, in dem alte Villen zwischen hohen Bäumen hervorlugten.

Hier würde sie auch gerne wohnen, in einer kleinen, gemütlichen Altbauwohnung. Vielleicht Beselerallee oder Moltkestraße? Von dort könnte sie sogar zu Fuß zur Arbeit gehen. In Preetz konnte sie jedenfalls nicht bleiben und wollte es auch gar nicht. Ihr graute schon jetzt vor dem Gedanken, in zwei Tagen wieder in den Klosterhof zurückkehren zu müssen. In das Haus, in dem Sven sie so lange gequält hatte. Nein, so schnell wie möglich musste sie von dort weg. Hier in Kiel, wo sie kaum jemand kannte, hätte sie die Chance auf einen Neuanfang. Ein Ort, an dem sie nichts mehr an Sven erinnerte.

Eigentlich hatte Sven ja einen schönen Tod gehabt, kam es ihr auf einmal in den Sinn. Schnell und schmerzlos. Der Alkohol hätte es ihm sicher nicht so leicht gemacht.

Simone schüttelte den Kopf.

Was dachte sie da? Ein Mensch war gestorben. Und der blieb Sven, auch nach allem, was er ihr angetan hatte. Versuchte sie so, seinen Tod zu entschuldigen?

Die große Skandinavienfähre schob sich am Marinestützpunkt vorbei, wo sich die Silhouetten der grauen Kriegsschiffe kaum von ihrer Umgebung abhoben. Jetzt kam auch noch Nebel auf und senkte sich auf die Förde.

Simone ließ erneut die letzten Stunden Revue passieren, seit sie Sven verlassen hatte. Suchte nach Fehlern in ihrem Plan, nach Dingen, die sie übersehen hatte und die sie in einer Befragung unangenehm überraschen könnten.

Vermummt mit einem Schal und einer alten Pudelmütze, die sie sonst nur zur Gartenarbeit trug, war sie nicht zu Svens Auto zurückgekehrt, sondern hatte in entgegengesetzter Richtung den Weg durch den Wald genommen. An der kleinen Brücke am Gut Rastdorf hatte sie die Schwentine überquert und war anschließend der Langen Reihe gefolgt, einem geschotterten Weg, der zum Parkplatz am Rastdorfer Kreuz führte. Dort hatte sie ihren Wagen, an dem alle Scheinwerfer einwandfrei funktionierten, in Wirklichkeit abgestellt. Zurück nach Preetz hatte sie den Bus genommen.

Das Rastdorfer Kreuz war im Sommer ein beliebter Biker-Treffpunkt, vor allem an den Wochenenden. Jedoch nicht an einem grauen Dezembertag. So hatte sie hinter ihrem Auto, das sie in der äußersten Ecke des Parkplatzes abgestellt hatte, unbeobachtet ihre Kleidung wechseln können. Die alte Kleidung, einschließlich des Rucksacks und der Warnweste, hatte sie in einen großen Müllsack gestopft, den sie später in Kiel in einem Altkleidercontainer entsorgt hatte. So weit war alles planmäßig verlaufen. Und davor? Claudia konnte bestätigen, dass sie bereits gegen zehn nach Kiel aufgebrochen war. Auf dem Kundenparkplatz vor Edeka hatte sie sich bewusst abseits gehalten, um nicht noch einem Bekannten bei seinen Wochenendeinkäufen in die Arme zu laufen.

Erleichtert ließ Simone die Schultern sinken und setzte sich auf den Sessel, der direkt neben dem Kabinenfenster vor einem kleinen Tisch stand.

Draußen war es inzwischen dunkel geworden. Simone kniff die Augen zusammen, versuchte angestrengt, die schwarzen Konturen der vorbeiziehenden Schiffe vor dem dunklen Hintergrund auszumachen. Doch ohne die Positionslichter war das kaum mehr möglich.

Ihre Augenlider wurden zunehmend schwerer, je länger sie aus dem Fenster starrte. Sie spürte, wie eine bleierne Müdigkeit sie überkam, jetzt, wo alles nach und nach von ihr abfiel. Zumal sie in der letzten Nacht vor Aufregung auch nicht gerade viel geschlafen hatte. Sie sah blinzelnd auf ihre Uhr. Bis fünf hatte sie noch genug Zeit, um ein wenig die Augen zu schließen.

Langeland, eine Insel in der dänischen Südsee, lag backbord querab, als Simone um kurz vor fünf auf das große Deck am Heck der *Color Fantasy* trat. Sofort schlug ihr ein frischer Wind entgegen und zerrte an der mit Kunstfell besetzten Kapuze ihres Winterparkas.

Sie atmete tief ein. Die frische Luft tat gut, hatte etwas Reinigendes. Sie blickte zurück. Viele Seemeilen waren sie nun bereits von Kiel entfernt, und jede weitere brachte sie ein gutes

Stück weg von dem, was geschehen war. Nachdem sie vor wenigen Minuten in ihrer Kabine aufgewacht war, hatte sie sogar für einen Moment geglaubt, nur schlecht geträumt zu haben.

Eine Böe schlug ihr ins Gesicht und ließ sie frösteln. Sie zog den Reißverschluss ein Stückchen höher und war froh, den dicken Pullover eingepackt zu haben. Die Hände tief in den Taschen vergraben, trat sie an die Reling und blickte zu der nicht enden wollenden Insel hinüber.

»Hallo, Simone.«

Trotz des Wasserrauschens und des pfeifenden Windes hatte sie seine Stimme sofort erkannt. Für einen winzigen Augenblick schloss sie glücklich die Augen, ehe sie sich langsam umdrehte.

»Da bist du ja endlich«, sagte sie. »Ich hatte schon Angst, du hättest das Schiff verpasst.«

»Es ist genau fünf«, sagte Marlon und tippte mit dem Finger auf seine Armbanduhr.

»Wirklich?«, fragte sie und legte sanft ihre Arme um seinen Hals. »Dann habe ich dich wahrscheinlich nur schrecklich vermisst.«

Sie zog ihn zu sich herunter und gab ihm einen langen Kuss.

»Ist bei dir alles glattgelaufen?«, fragte er, nachdem sich ihre Lippen wieder voneinander gelöst hatten.

»Ja, und bei dir?«

Marlon nickte.

»Eine Kleinigkeit muss allerdings noch erledigt werden.«

Simone sah ihn fragend an.

»Was für eine Kleinigkeit?«

Marlon lächelte sie an. Er öffnete seinen knielangen Lodenmantel, unter dem zwei Jutebeutel zum Vorschein kamen, die er sich rechts und links über die Schultern gehängt hatte. In ihnen steckten zwei schwere, längliche Gegenstände. Erst auf den zweiten Blick erkannte Simone, dass es sich bei dem einen um den Lauf eines Gewehrs handelte.

»Bist du verrückt geworden?« Sie sah sich besorgt um. »Ich dachte, du hättest das Ding längst verschwinden lassen.«

»Keine Angst«, sagte Marlon. »Ich hatte es gut im Auto versteckt. Es auf Nimmerwiedersehen in der Ostsee verschwinden zu lassen, erschien mir sicherer.«

»Du hast vielleicht Nerven.«

Marlon lächelte sie an und trat dicht an die Reling. Unauffällig sah er sich um, bevor er zunächst den Lauf hervorzog und mit einem weiten Schwung über Bord warf. Als Nächstes folgte der hölzerne Schaft.

»Das ist der Rest«, sagte er zu Simone, die die ganze Zeit das Deck beobachtet hatte, und hielt den Schalldämpfer in die Höhe.

In diesem Moment öffnete sich hinter ihnen eine Tür, und ein älteres Paar trat heraus. Hastig zog Marlon Simone an sich heran und gab ihr einen Kuss, während er hinter ihrem Rücken den Schalldämpfer über die Reling schleuderte.

Eng umschlungen warteten sie, bis sich das Paar weit genug entfernt hatte, um sie nicht mehr erkennen zu können.

»Das wäre fast schiefgegangen«, sagte Simone leicht verstimmt. Nicht nur, dass man sie beinahe dabei beobachtet hätte, wie sie etwas über Bord warfen, fast hätte man sie auch zusammen gesehen. Aber genau das wollten sie tunlichst vermeiden, schließlich wussten sie nicht, wie intensiv die Polizei ermitteln würde.

»Ist doch alles gut gegangen«, sagte Marlon, während Simone ihn in den Schatten der Aufbauten zog. Erst dort schmiegte sie sich wieder in seine Arme.

»Hattest du keine Angst, dass ich dich treffen könnte?«

Simone zuckte die Achseln.

»Hatte ich denn noch was zu verlieren?«

»Du hättest auch keine Angst haben brauchen«, sagte er. »Die Idee mit dem krummen Baum war richtig gut. So konnte ich gestern das Ziel ganz genau einstellen.« Seine Miene verfinsterte sich. »Ich hätte schon viel früher was gegen dieses Monster unternehmen müssen«, sagte er.

Simone legte ihren Finger über seine Lippen und schüttelte sanft den Kopf. »Es ist vorbei, Marlon. Vergangenheit. Lass uns lieber an das denken, was vor uns liegt.«

»Du hast recht«, sagte er und streichelte zärtlich ihre Wange.

Simone ließ ihren Blick über das große Hubschrauberlandedeck schweifen. Sie dachte an Weihnachten. Das erste Mal seit vielen Jahren konnte sie sich wieder darauf freuen, ohne Angst, jeden Moment verprügelt zu werden. Sie blickte glücklich zu Marlon auf. Heiligabend würden sie sich heimlich in Hamburg treffen, und Claudia würde im Klosterhof allen erzählen, Simone sei nach ihrem tragischen Verlust zu ihrer Familie gereist.

Im nächsten Jahr sollten auch diese Heimlichkeiten ein Ende nehmen. Sie wollten nach Kiel ziehen, und in Preetz würde jeder Verständnis dafür haben, dass sie sich irgendwann in Svens alten Freund verliebt hatte, der ihr in der schweren Zeit so selbstlos zur Seite gestanden hatte.

17

Nicola Förg

Explosive Geschenke

Peißenberg

 *Über die Autorin*

Nicola Förg hat neunzehn Kriminalromane verfasst, einen Islandroman und an zahlreichen Anthologien mitgewirkt. Die gebürtige Oberallgäuerin hat in München studiert und lebt mit Familie sowie jeder Menge Getier auf einem Hof in Prem am Lech, dem südwestlichsten Eck Oberbayerns, dort, wo man schon mit dem Ostallgäu flirtet. Sie stand vielfach auf der *Spiegel*-Bestsellerliste, widmet sich in ihren Büchern häufig Tier- und Naturschutzthemen und wurde mehrfach für ihr Engagement ausgezeichnet.
Mehr zur Autorin unter www.ponyhof-prem.de.

De Zimmermann Mari is explodiert«, sagte der Mann ganz unvermittelt.

»Was?«

»Ex-plo-diert!«

»Ja, das hab ich verstanden, aber wie explodiert ein Mensch? Zu viele Weihnachtsplätzchen gegessen? Oder was?«

»Na, in d' Luft gflogen. Mitsamt dem Packerl.«

»Welches Packerl?«

»De Mari wollt, glaub i, a Packerl reinholen, und is mit dem in die Luft gflogen. Also glaub i.«

Gerhard Weinzirl war an sich nicht so schwer von Begriff, aber der Mann, der eine Ohrenklappenmütze im Russki Style trug, hatte ihn aus einer völlig anderen Dimension gerissen. Er hatte nämlich gerade im Netz nach einem Hotel gesucht. Er wollte seit gefühlten Jahrhunderten mit den alten Kumpels ein Skiwochenende verbringen. Im schweizerischen Andermatt.

»Und die Dame, die ist wer?«, fragte er nach.

»Mei Nachbarin. De oide Mari. Und jetzt is se dod!«

Jetzt musste er doch endgültig den Blick vom Screen nehmen. »Ihre Nachbarin ist tot?«

»Ja, weil se doch mit dem Packerl in die Luft gflogen is.«

Einige Nachfragen mit deutlich höherem Aufmerksamkeitsgrad ergaben, dass der Herr ein gewisser Jakob Ihle war, einer, der »beim Hoerbiger schichtete«, nach seiner Nachtschicht ausschlafen wollte und von einem Rumms geweckt worden war. Es war circa elf gewesen, da kam immer die Post. Er war rausgegangen, hatte gerufen und schließlich die Mari gefunden, die vor ihrem Häuschen lag.

»Und die Dame liegt da noch?« Weinzirl wurde zunehmend fassungsloser.

»Also i hob se ned weg!«

»Und warum haben Sie nicht umgehend die Polizei alarmiert? Den Notarzt? Per Telefon?«

»Ich hob koa Festnetz, und des Handy is hii. Do hob i denkt, i komm direkt zu eana rüber nach Weilheim.«

Das war von bestechender Logik und absolut indiskutabel dazu. Aber was sollte man da nachtarocken? Fragen, warum er nicht zu Nachbarn gelaufen war oder ähnlich Logisches getan hatte. Und vielleicht war der Mann einfach irre? Die Kollegin Evi Straßgütl war bei einem Arzttermin, die anderen fuhren Streife, bevor er hier nun alle Pferde scheu machte, wollte sich Weinzirl erst mal ein Bild verschaffen. Und so folgte er dem Mann, der einen alten röhrenden Audi fuhr, und sie endeten in Peißenberg eben dort, wo kleine Sträßchen wie Perlenschnüre zwischen Bach- und Ebertstraße lagen. Kleine Häuschen mit großen Gärten, Tribut an die Bergbauvergangenheit. Zwei davon kauerten hinter hohen Hecken. Uneinsehbar von der Straße aus.

»Wo ist das Haus von Frau Zimmermann?«

Jakob Ihle deutete auf das rechte der beiden Häuser. Weinzirl eilte durch ein Tor, über ein gepflastertes Wegerl. Im noch schneelosen Garten stand ein viel zu großer Weihnachtsbaum, also proportional zu dem Häuschen. Er war behängt mit fetten roten Kugeln. Neuerdings sah man diese Monsterkugeln häufiger. Eine Lichterkette dazu. Der Baum lenkte kurzzeitig den Blick ab vom Windfang. Dort bot sich ein Bild wie im Kriegsgeschehen. Pappfetzen, Metallteile, Ruß – nur eine Mari gab es hier nicht.

»So, und wo ist nun die Tote?«, fragte Weinzirl den Mann, der hinterhergekommen war.

»I, i … die war do!«

Na toll! Als hätte er es geahnt, ein Irrer! Weinzirl sah sich um, schließlich drückte er die Klingel. Wenig später öffnete eine Dame, deren Gesicht rabenschwarz war, als ob sie sich für Fasching als Kaminkehrer oder als Zulu-Neger – aber das durfte man ja nicht mehr sagen – verkleidet hatte. Bisschen früh dran für die Narretei, es war gerade mal fünf Tage vor Weihnachten.

Die Dame brüllte ihn an. »San Sie die Polizei? Das ging aber schnell. Hab grad angerufen!« Man hörte sie sicher noch am Rigi Center.

»Ja, Frau Zimmermann, geht's Ihnen gut?«

»Häh?«

Weinzirl alarmierte einen RTW, die Frau hatte sicher ein Knalltrauma oder dergleichen, tot war sie jedenfalls nicht.

»Geht's Ihnen gut?«, schrie Weinzirl.

»Bisserl benommen. Das Paket ist explodiert. Einfach so. Ich bin so erschrocken. Du lieber Schieber. Ich glaub, ich war kurz weg!« Ihre Stimmgewalt hörte man nun bestimmt schon im über vier Kilometer entfernten Oderding.

Weinzirl sprach der Kollegin auf die Mailbox, dann informierte er die Spurensicherung. Der RTW kam schnell, der Notarzt schaute besorgt.

»Knalltrauma?«, fragte Weinzirl.

»Das ist sicher, aber die Dame war wohl bewusstlos. Die Jüngste ist sie auch nicht mehr. Wir fahren sie in jedem Fall ins Krankenhaus.«

Gerhard nickte und sah dem RTW hinterher. Die Spurensicherer waren inzwischen eingetroffen.

»Nicht schon wieder!«, sagte einer.

»Wie?«

»Das hatten wir die letzten zwei Wochen mehrfach. Explodierte Pakete. Allerdings ist nie jemand zu Schaden gekommen, die explodierten einfach so vor sich hin.«

So vor sich hin? »Das heißt, das ist mehrfach vorgekommen?«, fragte Weinzirl nach.

»Herr Weinzirl, das sag ich doch! Es sind mehrfach Pakete in die Luft geflogen. Zwei in Eberfing, zwei in Peißenberg, eines in Oderding. Das scheint Ihnen entgangen zu sein.« Der Mann lächelte.

»Dem Weinzirl entgeht so manches.« Das kam von Evi, die von irgendwoher lautlos herangeschwebt war. Seine anmutige Kollegin war jetzt schon eingepackt, als wolle sie zum Nordpol.

»Evilein, was ziehst du an, wenn es wirklich kalt wird?«

»Mehr!«

Weinzirl grinste und brachte Evi, die im Gegensatz zu ihm schon von einer Serie explodierter Pakete gehört hatte, auf den neuesten Stand.

»Und, und …« Weinzirl war kurzzeitig etwas sprachgelähmt und sah den Spurensicherer an. »Und womit wurde, also …?«

»Ja, das ist etwas merkwürdig. Wir sind da noch dran. Ich gehe davon aus, dass man ein Gas eingeleitet und mit einer Handlunte gezündet hat. War bisher wenig übrig, vielleicht finden wir hier jetzt mehr.«

Gasgesprengte Pakete?

»Evi, gibt es ein Bekennerschreiben oder so was? Drohbriefe? Wer Pakete sprengt, der will doch was.«

»Nichts dergleichen.«

Weinzirls Hirn war auch kurz vor dem Explodieren vor lauter Nachdenken. »Und die Betroffenen? Gibt es einen Zusammenhang zwischen denen?«

»Keine Ahnung, aber wir sind die Mordkommission! Da werden wir die Kollegen fragen müssen.«

Gut, das war ein Argument. Für Paketmord waren sie nicht zuständig. Und die Mari hatte ja auch überlebt.

»Wieso standen die Pakete denn überhaupt vor der Tür?«

»Weinzirl! Pakete stehen im Windfang wie bei der Frau Zimmermann. Oder im Gartenhaus. Oder in der Garage. Oder sonst wo. Wenn du deinem Postboten einen sogenannten Garagenvertrag unterschreibst, dann darf er das am vereinbarten Ort abstellen. Wenn da was wegkommt, ist das dein Problem. Ohne den Vertrag hat der Postbote das Problem.«

»Ich hab so was nicht, und die Scheidengraberin stellt es dennoch ab.«

»So heißt deine Postbotin?«

»Ja, und bei uns da im Wald kommt nix weg.«

»Das mag wohl stimmen, du wohnst ja auch am Arsch der Welt.«

»Evilein, das liegt im Auge des Betrachters. Wir fahren jetzt jedenfalls ins Büro. Hören mal nach, was wir da über die Serie der explodierten Packerl so haben.« Er lachte auf. »Weihnachten macht die Leute irre. Ich sag das immer. Feiertage sind ganz ungesund fürs Gemüt!«

»Manche haben wenigstens eins!«, trat Evi nach.

Im Büro erfuhren sie vom Kollegen Felix Steigenberger, der die Causa Paket bearbeitet hatte, dass sie bisher eher von einem Jugendstreich ausgegangen waren.

»Na ja, Jugendstreich, ich weiß ja nicht!«, echauffierte sich Evi. »Da kann ja sonst was passieren.«

»Gibt es denn einen Zusammenhang zwischen den Betroffenen?«, fragte Weinzirl.

Felix schaute drein wie ein grenzdebiler Weihnachtsgnom. Solche hatte Gerhard kürzlich in einem Kaufhaus gesehen. Fette Bäuche, dicke Backen, schwarze Zottelhaare und ein

Weihnachtsmützchen auf. Wer dekorierte seine Wohnung denn mit so was?

»Felix, ich will die Namen der Leute. Wer, wo, wann? Fakten, Fakten, Fakten!«

Felix schob sich aus dem Raum, Evi sah ihm kopfschüttelnd nach. »Herr, lass Hirn regnen!« Sie selbst begab sich an den Computer, und nach einer Weile stutzte sie. »Weinzirl, schau mal, das ist komisch!«

Was Evi da im Computer zutage förderte, war in der Tat skurril. Im Sommer hatte jemand wohl mehrfach auf Rasenroboter geschossen. Fast ein Massaker unter den Rasenrobotern angerichtet. Neun von ihnen mussten daraufhin das Zeitliche segnen.

»Erschossene Rasenroboter? Diese Dinger, die da so gespenstisch rumfahren und fitzelkurzen Parkrasen säbeln?«

»Ja, genau.«

Weinzirl starrte auf den Bildschirm. »Ja, aber Evi, das war in Marktoberdorf! Das ist im Ostallgäu. Was soll das denn mit den Paketen zu tun haben?«

»Ich weiß nicht, das war nur so ein Gefühl.«

Weinzirl verkniff sich einen Kommentar über weibliche Gefühle und gab sich versöhnlich. »Okay, wenn du meinst. Ruf doch mal die Kollegen an. Was da genau los war. Ich geh mal schnell für große Königstiger.«

Als er zurück war, hatte Evi schon Infos parat. »Also, es war wirklich so, dass einer mit einer Kleinkaliberwaffe auf Rasenroboter geschossen hat. Die danach unbrauchbar waren.«

»Einer?«

»Einmal hat jemand den Täter gehört und weglaufen sehen. Nur von hinten, der trug ein Käppi, und als die Polizei kam, war keiner mehr zu sehen.«

»Und haben die einen bestimmten Verdacht gehegt?«

»Na ja, es gibt natürlich viele Gegner dieser Geräte. Weil sie Igel verstümmeln und Insekten töten. Die Allgäuer haben sich wohl mal beim NABU umgehört, beim LBV, aber da war nun auch keiner auszumachen, der so radikal wäre, gegen Rasenroboter Amok zu laufen. Und Anfang Oktober war dann auch Schluss.«

»Klar, weil keiner mehr mäht«, meinte Weinzirl spöttisch.

Wobei das so ja nicht ganz stimmte. Einer seiner Nachbarbauern mähte zum ersten Mal Silo kurz nach der Schneeschmelze und noch kläglichere Grasreste im hohen Oktober. Danach haute er die Gülle drauf. Dass Insekten, Vögel und Rehe litten, war klar. Und dass Umweltaktivisten solchen Frevel anklagen, war auch verständlich. Er verstand den Roboterhasser irgendwie. Diese Dinge waren ein ähnlicher Furunkel der modernen Welt wie der Thermomix oder Alexa. Er stutzte. Dann brüllte er nach Felix, fast so laut wie die knalltraumatisierte Mari Zimmermann.

»Felix, was war in den Paketen?«

»Weihnachtsgeschenke?«

»Ja, sicher keine Osterhasen. Was genau?«

»Keine Ahnung, ähm …«

»Ruf die betroffenen Leute an. Ich will wissen, was da in die Luft gefahren ist. Aachener Printen? Dresdner Christstollen? Ein Snowboard? Auf geht's, Felix!« Er wandte sich an Evi. »Und du, ruf im Krankenhaus die Mari an. Frag nach, was in ihrem Paket war!«

»Brüll doch nicht so.«

»Evi, das ist pure Emotion.«

Nach wenigen Minuten war Evi zurück. »Es war ein Thermomix.«

»Yes! Tschakka!«

»Häh?«

Felix kam zurück. »Bis auf einen hab ich sie erreicht. Es war zweimal die Alexa, zwei Rasenroboter und ein Thermomix.«

Weinzirl blickte in die Runde. »Freunde der gepflegten Abendunterhaltung, genau das habe ich angenommen.«

Felix sah ihn an wie ein Wesen von einem anderen Stern, Evi schaltete schneller. »Du bist ein Seher, Weinzirl. Du meinst, einer mag keine modernen Geräte?«

»Ja, ein ganz analoger Typ. Ein ewig Gestriger. So wie ich. Der uns zeigen will, wie schwachsinnig wir werden, wie unselbstständig, weil wir jede Eigenverantwortung abgeben. Ich will keinen Kühlschrank, der meldet, wenn der Joghurt alle ist und das Bier fehlt. Ich will keinen Kühlschrank, der schlauer ist als ich selbst. Ich will nicht, dass er oder Alexa am Ende selbstständig in den Supermarkt fahren und nur noch ernährungsphysiologisch Wertvolles einkaufen. Was, wenn die vom Doppelrahmquark wissen und womöglich sogar vom Speck? Was, wenn die dann die Tür des Kühlschranks versperren und diese Verfehlungen dem Arzt und der Krankenkasse petzen? Leute, das ist keine schöne neue Welt! Und ein Rasen ohne Löwenzahn und Gänseblümchen ist ebenso schrecklich.«

Es war mucksmäuschenstill, bis Evi nach einer langen Weile flüsterte. »Du meinst also, der Rasenroboter-Schütze vom Sommer sprengt nun im Winter Pakete?«

»Genau!«

Wieder Schweigen. Dann Evi: »Nehmen wir mal an, das würde stimmen. Woher weiß er, was in den Paketen ist? Einen Rasenroboter sieht man, gut, da kann man dann am Zaun auftauchen und das Ding erschießen. Aber geschlossene Pakete? Und das waren völlig unterschiedliche Leute in drei Gemeinden, Weinzirl, bei aller Rücksichtnahme auf deine rückwärtsgewandte Weltsicht: Keiner hat Röntgenaugen!«

»Nein, ihr Lieben, das hat keiner, und doch gibt es die Kenner des Paketinhalts!«

»Ja, der, wo sie halt packt. Bei Amazon vielleicht. Ein Amazon-Packer?«

»Ja, gar nicht so blöd, Felix.«

»Aber zeitlich, ich meine, also ...«

»Richtig Felix, aber da ist ja noch der, wo sie verteilt.« Weinzirl genoss seinen Triumph.

»Der Weihnachtsmann?«

»Felix!«, kam es von Weinzirl und Evi unisono.

»Übrigens auch so ein Schwachsinn. Wir hier in Bayern haben das Christkind. Und puschlige Schafe. Keinen Weihnachtsmann, der blöd Fassaden hochklettert und Rentiere hat.« Da keiner etwas sagte, fuhr Weinzirl fort: »Evilein, ruf doch mal im Ostallgäu an. Ob bei den Rasenroboter-Attacken öfter mal gerade die Post unterwegs war?«

»Wieso das denn?«

»Ach, nur so ein Gefühl!« Weinzirl zwinkerte Evi zu.

Sie griff zum Telefon, plauderte ein wenig mit den Kollegen. »Na, die haben ja echt einen Dialekt!«

»Sagt die Fränkin! Was sagen sie?«

»Der Kollege, der das bearbeitet, ist nach Hause. Der wäre morgen wieder da. Ab neun.«

»Gut«, Weinzirl sah auf die Uhr. Es war nach fünf geworden. »Dann rücken wir der Sache morgen weiter aufs Paket. Oder so.«

Am nächsten Morgen war der Kollege da. Und in der Tat hatten sie zwei- oder dreimal den Postboten befragt, der ganz in der Nähe gewesen war. Der nie etwas gesehen, aber einmal den Knall gehört hatte.

»Klar, weil er es selbst war!«, rief Weinzirl triumphierend.

»Na, ich weiß nicht«, sagte Evi. »Und wenn ich deiner Annahme folge, dann sprengt er jetzt Pakete? Aber warum nicht mehr in Marktoberdorf?«

»Das werden wir ihn fragen! Es dürfte ja ein Leichtes sein, den zu finden, der bei der Mari austrägt.«

Ein Anruf bei der Disponentin in Weilheim ergab einen Namen. Max Eirenschmalz, ein Springer, also einer, der unterschiedliche Bezirke kannte, was erklärte, dass die Pakete in Peißenberg, Eberfing und Oderding explodiert waren. Weitere Nachfragen ergaben, dass der Maxe sich zum 1. November zum ZSPL, dem Zustellstützpunkt mit Leitungsfunktion, in Weilheim hatte versetzen lassen. Das passte doch alles wie der Brief in den Kasten – wobei das ja auch aussterbend war. Wer schrieb heute noch Briefe?

Weinzirl sah auf die Uhr. Es war kurz nach zehn. Laut der Disponentin war der Max schon »draußen«. Sie ließen sich seine Route geben, und schon auf dem Weg sahen sie einige der emsigen gelben Bienchen fahren. Nach einer kleinen Rundfahrt hatten sie den Max in Peißenberg eingeholt.

Er entlud vor einem Mehrfamilienhaus gerade ein Paket.

»Wollten Sie das nicht sprengen?«, fragte Weinzirl ohne weitere Vorreden. »Oder ist was Harmloses drin? Nette Printen oder eine Puppenküche?«

Der Max zwinkerte.

»Herr Eirenschmalz, wir können jetzt Ihren Wagen durchsuchen, und da werden wir wohl Gas finden und irgendwelche Zündschnüre. Wir können uns das aber auch sparen, und Sie erklären uns, warum Sie Pakete sprengen und wie.«

Der Max zwinkerte.

»Soll ich?«, fragte Weinzirl und machte einen Schritt auf den Wagen zu.

»Propangas. Und eine Hanfzündschnur«, sagte er tonlos.

»Sie braucht eine gewisse Länge, damit man weit genug entfernt ist.«

»Die Frau Maria Zimmermann war das gestern nicht«, sagte Weinzirl.

»Wie?«

»Nachdem Sie weg waren, ist die Frau Zimmermann wohl sofort raus und mit dem Paket in die Luft.«

»Ist sie, ist sie …« Max Eirenschmalz hatte jede Farbe verloren.

»Sie ist im Krankenhaus, ein Knalltrauma, das wird wieder, aber das hätte böse ausgehen können!«

»Ich hab das doch extra immer nur so gemacht, dass sicher keiner daheim war. Nur bei den Garagenverträgen, wo die Leute eh arbeiten!«, stieß er aus.

»Die Frau Zimmermann ist wohl eher im Rentenalter!«

»Aber mittwochs immer beim Massieren«, sagte Eirenschmalz kläglich.

»Gestern dann wohl nicht. Wunderheilung? Vielleicht war die Praxis zu. Mensch, Herr Eirenschmalz, sind Sie noch ganz bei Trost?«

»Einer muss den Menschen doch vor Augen führen, wohin das geht! Der Thermomix – ein Fanal einer Welt, wo keine Frau mehr kochen kann. Und wenn schon eine wie die alte Mari so was bestellt, dann ist die Welt doch aus den Fugen! Oder diese Rasenmonster, von Geisterhand bewegt. Sie gleiten lautlos dahin, schwerelos, geruchlos – gedankenlos. Oder anders gesagt: Weil der Mensch ein fauler Sack ist, sterben Kreaturen. Kleine Igel, Blindschleichen, Feuersalamander, Kröten, Insekten werden zerhäckselt. Das ist Mord!« Er atmete tief durch. »Früher gab es Benzinrasenmäher oder Akkumäher und Jugendliche, die null Bock hatten, Rasen zu mähen. Es gab innerfamiliäre Krisen, es gab durchgesäbelte Kabel, viel Lärm um nichts, Motorengeheul und den Nachbarn, der immer mittags mähte, wo Vati eigentlich das Nickerchen machen wollte. Das war auch nicht nett, aber weniger schädlich für kleine Lebewesen. Unsere Faulheit und unser blinder Technikglaube werden uns am Ende allen zum Verhängnis.«

»Herr Eirenschmalz, da stimme ich Ihnen ja eventuell zu, aber Sie können nicht einfach Pakete sprengen, bloß weil Ihnen der Inhalt nicht gefällt! Wie wussten Sie eigentlich, was drin ist?«

»Meistens sieht man das schon an der Verpackung. Und dann fragen die Leute ja auch nach: Ist mein Paket dabei? Ich warte so sehnsüchtig auf Alexa. Die Verdummung galoppiert voran. Wie kann man auf einen Spion warten? Auf den bestellten Lauschangriff? Alexa zeichnet Gespräche in der Familie auf, alles liegt dann bei Amazon. Der gläserne Mensch? Ich muss das verhindern!«

Was sagte man dazu?

»Kunden von mir bauen gerade ein extrem niederenergetisches Haus. Das kann man mit Alexa und dem Smartphone bedienen. Wärme regeln, Badewanne einlassen, auch Pizza von der Ferne aufbacken. Ich frage mich nur, was passiert, wenn sich da ein Hacker betätigt? Vielleicht fackelt Alexa das Haus dann samt der Pizza ab. Aber selbst dann blieben die Menschen unbelehrbar.«

»Sie sagen es, Herr Eirenschmalz. Ich befürchte, Ihre erzieherische Maßnahme fruchtet nicht. Und ich müsste Sie nun bitten, mit uns zu kommen.«

Eirenschmalz gab auf der Weilheimer Polizeiwache die Sprengungen zu, auch die Erschießung von neun Rasenrobotern im Raum Marktoberdorf. Er war zweiter Vorsitzender der Liga gegen Entmündigung, unter www.l-g-e.eu konnte man deren Ziele nachlesen. Gegen die freiwillige Transparenz in sozialen Netzwerken. Gegen Smarthomes. Gegen Rasenroboter. Gegen Thermomix und alle seine Kopien. Gegen die Spionage von Amazon.

Und insgeheim gab Weinzirl dem Mann ja recht. Er hatte kürzlich eine Dokumentation gesehen, in der vier deutsche Durchschnittsfamilien einen Monat auf Alexa zu verzichten hatten. Süchtigen gleich waren sie auf kaltem Entzug gewesen, mussten gar in analoge Geschäfte in einer realen Stadt gehen. Woher kamen nun das Hundefutter und das Schuppenshampoo? Es war erschütternd gewesen, fand Weinzirl.

Im Zuge der Gespräche mit Eirenschmalz kam auch ans Licht, dass die Mitglieder der Liga auch in anderen Bundesländern Rasenroboter erschossen hatten und ein Postkollege in Berlin sogar siebzehn Alexas gesprengt hatte. In Berlin war das nicht so sehr aufgefallen, und die überforderte Polizei hatte dort auch Wichtigeres zu tun.

Eirenschmalz konnte gehen, Weinzirl empfahl ihm noch einen Anwalt, den er für befähigt hielt, einen dermaßen kruden Fall zu vertreten.

Sie besuchten Mari Zimmermann im Krankenhaus, die tief betroffen war. »Mei, der nette Herr Max! Der Thermomix ist doch für meine Enkelin. Ja, so einen Schwachsinn würd ich doch nie verwenden. Muss der Herr Max in den Knast?«

»Das vielleicht nicht«, sagte Weinzirl.

»Ich back dem einen Kuchen mit Feile«, sagte Mari Zimmermann todernst. »Ganz ohne Thermomix.«

Weinzirl musste auf dem Gang noch lachen.

»Komm Weinzirl, so lustig ist das nicht, was wird denn wirklich aus ihm?«, fragte Evi.

»Die Kernfrage wird sein: Was gibt es für Rasenrobotermord? Ist das Sachbeschädigung oder doch nur Notwehr?«

»Ach, Weinzirl!«

Weinzirl wollte am Abend seine Buchung für das Männerwochenende abschließen. Kaum war das Internet offen, ploppten jede Menge Reiseanbieter auf, Check24, Expedia, Urlaubspiraten, weg.de und wie die alle hießen. Dabei hatte Weinzirl nur einmal eine Hotelsuchmaschine bemüht. Und dann nahm ihm plötzlich ein gewaltiges Dekolleté die Sicht. Da wurden ihm nun jede Menge Russinnen mit Niveau und Polinnen mit Abitur angeboten – und dabei hatte er sich nur ganz, ganz kurz und nur aus Gag mal eine Dame aus Russland angesehen …

18

Petra Busch

Wer googelt, stirbt

Freiburg im Breisgau

Über die Autorin

Petra Busch, geboren 1967, ist freie Schriftstellerin sowie Texterin für internationale Kunden aus Wissenschaft, Technik und Kultur. Sie studierte Mathematik, Informatik, Literaturgeschichte und Musikwissenschaften und promovierte in Mediävistik. Für ihren Kriminalroman *Schweig still, mein Kind* erhielt sie den renommierten Friedrich-Glauser-Preis. Nach siebzehn Jahren Ärzteodyssee wurde 2017 bei ihr das Ehlers-Danlos-Syndrom diagnostiziert.

Mehr zur Autorin unter www.petra-busch.de und www.wackelzebra.de.

Beim dritten *Halleluja* kam der Schmerz. Jäh. Heiß. Ich schrie auf, und gleichzeitig fraßen sich die tausend kleinen Explosionen weiter bis in meinen hinteren Schädel. Ich wusste es sofort.

Das war mein Ende.

Heute, an Heiligabend, würde ich sterben.

In wenigen Stunden wäre ich bei Franziska.

Mit leisem Wimmern stemmte ich mich aus dem Freischwinger, bevor ich vom Esstisch Richtung Diele schwankte. Schon beim Anblick des Telefons wurde mir übel.

Sie würden mich sofort wiedererkennen.

Meine Stimme.

Meine Geschichte.

Saures stieg meine Speiseröhre hinauf. Ins Bad schaffte ich es nicht mehr. Ich schaffte schon lang überhaupt nichts mehr, nicht einmal den Weg zur Kloschüssel, um zu erbrechen. Kartoffelbrei und Rotwein landeten auf dem Läufer. Nicht schade um den Billigfraß. Auch hier reichte es zu nichts anderem mehr. Keine Kraft. Kein Geld. Nur noch Schmerzen.

Ich richtete mich auf. Schwankte. Griff nach dem Mobilteil.

Das Leben ist ein Fluss ohne Wiederkehr, nuschelte Peter Maffay im Hintergrund. *Halleluja.* Es war eines von Franziskas Lieblingsliedern gewesen, und an Weihnachten hatte sie es immer in Endlosschleife gehört. Ich hatte es gehasst. Jetzt liebte ich es. Es waren Erinnerungen. Franziskas helles Haar, das immer ein wenig nach Zimt und Glühwein duftete. Ihre blauen Augen, die heller als jede Kerze leuchteten. Ihre warme Hand in meiner. Die Schwielen an meinen Fingern. Die blauen Flecken.

Die Axt.

Der Spaten.

Und der kleine Apfelbaum im Garten.

Ich tippte die 1 ins Telefon ein. Der Schmerz wütete weiter, als wolle er meinen Schädel spalten. Mit einer Wucht wie die der Axt, die seit zwölf Monaten im Schuppen verschlossen war. Die nächste 1. Ich musste doch kämpfen. Aufgeben war keine Option. Auch wenn ich so oft schon davorgestanden hatte. Jetzt die 2. Geschafft.

»Na, was haben wir denn heute, Herr Engel? Mal wieder 'n Zwerchfellriss? Costochondritis? Lungenembolie?«

Ich wusste es, bevor ich die Augen öffnete. Das leichte Lispeln, das herablassende »wir«. Der Atem, der immer nach abgestandenem Kaffee und Schokolade roch. Ich hob langsam die Augenlider. Bingo. Schwartingers rundes Gesicht mit den blauen Äderchen schwebte direkt über meinem. Das wirre graue Haar hing dem Neurochirurgen in die Stirn. Er kaute irgendetwas.

Ich wandte den Blick ab und orientierte mich. Freiburg. Interdisziplinäre Notaufnahme. Nische eins. Über mir ein Monitor, Kabelgewirr, dahinter ein zugeschneites Dachfenster. Die hellblauen Vorhänge, die die Betten voneinander trennen, waren geöffnet. Ebenso die Schiebetüren zu den Behandlungszimmern, die auf der rechten Flurseite gegenüber jeder Bettnische lagen. Ich war der einzige Patient. Schwartinger der einzige Arzt. Immer im Dienst, wenn andere bei ihren Familien waren.

»Also, was ist es diesmal?« Schwartinger schmatzte leise.

»Intrakranielles Aneurysma«, flüsterte ich und hörte schon sein höhnisches Schnaufen. Dabei hatte ich wirklich Glück, dass ausgerechnet er als Neurochirurg Notdienst hatte. »Und wahrscheinlich«, fuhr ich also voller Hoffnung fort, »noch eine Karotis- und Vertebralis-Dissektion.«

»Haben wir wieder gegoogelt?«

»Nein, ich …«

»Facebook-Gruppe?«

»Bitte, glauben Sie mir. Ich weiß es!«

»Herr Engel!« Er faltete die Hände mit den sauber gefeilten Fingernägeln vor seinem Bauch. Kein Ring. »Wie oft waren Sie dieses Jahr bei uns?«

Ich rechnete nach. »Acht Mal?«

»Neun.« Er klemmte mir das kleine Kästchen an den Mittelfinger. »Sauerstoffsättigung hervorragend. Achtundneunzig Prozent.« Lächelnd nahm er das Oxymeter ab. »Herzfrequenz etwas drüber. Wir müssen uns abregen.« Er setzte ein Stethoskop auf meinen Brustkorb, »nur zur Sicherheit«, und hörte mich durch den Pullover hindurch ab. Franziska hatte ihn gestrickt. Ich trug ihn seit fast einem Jahr, sommers wie winters. Denn ich fror immer, auch wenn andere in der Badehose im Garten grillten.

»Pumpe wie ein junger Gott.« Er zwinkerte. »Das sind Sie ja auch. Zweiunddreißig. Ach, wäre ich doch noch mal so taufrisch und gesund.« Damit ging er ins Behandlungszimmer und setzte sich auf einen Drehhocker. Der ächzte. Neben ihm der Untersuchungstisch mit der grünen Auflage, darüber wie von fetten Spinnenfüßen gehalten die OP-Lampe, die Schwartingers lichtes Haar und seine ohnehin blassen Hände in ein grellweißes Licht tauchte. Er tippte auf seinem Handy herum. Es roch nach Eisen und Zitrone.

War das vor einem Jahr auch so gewesen? Diese weihnachtliche Ruhe und Schwartingers Gleichgültigkeit? An dem Heiligabend, als ich, die angstnassen Hände um das Lenkrad geklammert, hinter dem Rettungswagen hergefahren war, der meine blutüberströmte Frau transportiert hatte? Und meinen Sohn?

Grüne Kittel. Geschrei. Eine Kakofonie aus fremden Stimmen, die über Franziska gebeugt stehen. Ein junger Pfleger, der mich auf den Flur zurückdrängt, in dem ich auch jetzt liege. Ich höre mein eigenes Heulen wie die Rufe eines Wolfes in einer einsamen Nacht. Auch Franziska muss es hören, denn sie richtet sich kurz auf, der weiße Schlauch in ihrem Mund rutscht etwas zur Seite. Sie sieht mich durch die fremden Männer hindurch an. Sackt zurück. Ein hohes eintöniges Pfeifen ertönt. Schwartinger kommt heraus und schüttelt den Kopf.

»Herr Doktor, bitte«, flehte ich jetzt laut. »Ich muss ins MRT, mein Schädel platzt, und mir ist übel, und alles verschwimmt vor meinen Augen und …«

»Jetzt beruhigen wir uns erst einmal«, rief er hinaus, ohne vom Handydisplay aufzusehen. »Ich bin gleich bei Ihnen.« Seine Hand verschwand mit einem Rascheln in einer blauen Tüte, gleich darauf kaute er wieder. Tippte. Grinste vor sich hin.

Lebkuchen! Wieder schob sich etwas Saures vom Magen bis in meinen Mund hinauf. Der frisst hier in aller Seelenruhe Lebkuchen und chattet vermutlich mit irgendeiner heißen Krankenschwester, während ich hier liege und sterbe! Ein unerträglicher Schmerzschub überfiel mich. Stirn und Schläfe barsten, Tränen schossen mir in die Augen. »Hilfe! So helfen Sie mir doch! Was machen Sie denn so lang da drin?«

»Ich esse kirschgefüllte Schokoladenherzen und google nach Ihren Symptomen samt einer Diagnose.« Der Neurochirurg kicherte über seinen eigenen miesen Scherz.

»Ich sterbe.« Erneut übergab ich mich. Viel war es nicht mehr. Danach sah ich alles doppelt: Schwartinger, der endlich herausschlenderte, seinen kauenden Mund, sein ironisches Lächeln.

»Es ist alles genau so«, platzte es aus mir heraus, »wie es auf dieser Seite mit den seltenen Krankheiten steht, wo dieser Amerikaner schreibt, dass ...«

Er seufzte.

»Scheiße«, flüsterte ich frustriert.

»Nein, Erbrochenes.« Er griff ins scheinbar Leere, wischte neben mir auf dem Laken herum und legte ein Tuch über die notdürftig beseitigte Misere.

»Warum glauben Sie mir nicht?«

»Die Frage müsste *ich* stellen.« Seine Stimme wurde jetzt weicher. »Herr Engel, ich kenne Sie. Ich kenne Ihre Befunde. Sie haben nichts Lebensbedrohliches. Warum glauben *Sie* mir nicht?«

»Ich sehe alles doppelt«, wisperte ich. »Bitte! Sie müssen mich untersuchen. Ich muss in die Röhre ...«

»Sie trauern um Ihre Frau. Ich verstehe das. So ein ... Unfall, der ist tragisch. Und Trauer braucht ihre Zeit. Aber nicht nur« – er tippte auf meine Brust – »im Herzen. Bei Ihnen manifestiert sie sich auch körperlich. Ihre Beschwerden sind psychosomatisch.«

»Aber eine Bindegewebserkrankung betrifft auch die Gefäße und ...«

»Sie haben doch selbst erzählt, dass kurz nach dem Tod Ihrer Frau die Muskelkrämpfe begannen. Die Gelenkschmerzen schlimmer wurden. Die« – er grinste mit vier wulstigen Lippen – »blockierten Wirbel und die hüpfende Patella auftraten.«

Ich schwieg. Was sollte ich noch sagen? Dass ich überbeweglich war wie ein Schlangenmensch und seit meinem zwölften Lebensjahr Gelenkschmerzen hatte? Dass ich gegen entzündete Sehnen und Schleimbeutel kämpfte? Unter Herzrasen litt?

Dehnbare Haut hatte, riesige blaue Flecken aus dem Nichts bekam? Kein Arzt hatte mich damit je ernst genommen. Aber dank Google wusste ich ja, was Sache war.

»Jetzt hat es uns mal wieder die Sprache verschlagen, nicht wahr?«

Ich schwieg weiter. Schwartinger würde es nicht glauben und erst recht nicht verstehen. Aber alles war wahr. Und nahm einen dramatischen Verlauf. Erst im Frühjahr dieses Jahres, wenige Wochen nach Franzis Tod, war mir zum ersten Mal die Kniescheibe luxiert.

Ich knie vor dem rötlichen Grabstein, *Franziska Engel, 3. Mai 1988–24. Dezember 2017*, und setze den kleinen Apfelbaum in das Erdloch. Dieselbe Sorte, die ich damals in der Südecke unseres Gartens für unseren Sohn gepflanzt habe.

»Jetzt habt ihr beide einen Apfelbaum, der verbindet euch auf ewig«, sage ich, drücke die Erde auf dem Grab fest und stehe aus der Hocke auf. Der Schmerz wirft mich zu Boden. Der Orthopäde renkt die Patella wieder ein.

Drei Tage später verräume ich die Gartengeräte im Schuppen. Will die Axt aufhängen. Die Bewegung fühlt sich an, als bisse ein Monster mir die Schulter aus dem Leib. Das Röntgenbild zeigt: Der Oberarmkopf ist aus der Gelenkpfanne gesprungen. Der Radiologe lächelt und deutet auf meine blauen Flecken: »Ein Sturz? Das wird wieder. Gebrochen ist nichts. Einrenken und Krankengymnastik.«

»Ich bin Landschaftsgärtner«, sage ich wie zur Bestätigung seiner falschen Annahme. Versuche erst gar nicht, meine Krankheit zu erklären. Den seltenen Gendefekt, den ich sogar Franziska verschwiegen habe. Er schwächt mein Bindegewebe. Dieses wichtige Zeug, das überall im Körper ist. Deswegen geht alles kaputt. Ich habe alles darüber gelesen. Bin in vielen Facebook-Gruppen. Die Leute da nennen sich Zebras, weil Ärzte im Studium lernen, bei Hufgetrappel zuerst an Pferde zu denken also an bekannte Krankheiten. Nicht an seltene Zebras. Und sie haben alle ganz schlimme Symptome: Herzrasen wegen Mitralklappenprolaps samt Insuffizienz, Magenschmerzen, reißende Gedärme, Zwerchfelle und Gefäße, überbewegliche Gelenke, weil alle Sehnen und Bänder lax sind. Höllische Gelenkschmerzen, Kieferprobleme, Migräne und diese verfluchten Blockaden der Wirbelsäule, die mir buchstäblich die Luft zum Atmen nehmen. Entzündungen. Chronische bleierne Erschöpfung, weil unsere Muskeln die Arbeit der Sehnen und Bänder übernehmen und daher ständig überlastet sind und krampfen. Die Patienten tragen Bandagen und Orthosen, Halskrausen. Viele sitzen schon im Rollstuhl. Weil das alles immer schlimmer wird und nicht heilbar ist. Man kann überhaupt nichts dagegen machen. Nur die Symptome bekämpfen.

Ich habe Angst!

Als meine Ohr- und Nasenknorpel sich entzünden und meine Haut aufplatzt, gehe ich zum Rheumatologen. Privatpraxis auf dem Lorettoberg. »Rote Ohren hat doch jeder«, winkt er ab und hebt einen Mundwinkel. Im Bericht steht »posttraumatische Belastungsstörung«.

Kurz danach stolpert mein Herz vermehrt. Der Kardiologe schaut durchs Fenster zum Münster hinaus, als er mir das Ultraschallergebnis mitteilt: »Mitralklappenprolaps und Insuffizienz zweiten Grades. Weitverbreitet. Kein Grund zur Beunruhigung.«

»Aber ich bin ein Zebra, ich …«

Er wiehert wie ein Pferd. Was sonst.

Für wenige Sekunden bin ich versucht, ihm eines der Herz-Modelle auf seinem Schreibtisch auf den Kopf zu schlagen. Ich lasse es und gehe wortlos hinaus auf die gepflasterte kleine Gasse.

Letzter Versuch: ein Schmerztherapeut. Das mit dem Zebra sage ich nicht mehr. Er beugt sich über den ausladenden Tisch. »Sie wollen also das Ehlers-Danlos-Syndrom haben? Ist das nicht irgendwas mit Kollagen?«

Ich nicke. »Ja, die Kollagensynthese ist gestört, sodass man quasi keinen Kleber im Körper mehr hat und …«

»Sind wir Kollegen?«

»Nein, ich arbeite im Landschafts- und Gartenbau, aber …«

Er winkt ab. »Was Sie beschreiben, ist doch alles subjektiv.«

»Aha.« Ich schlucke. »Ich habe also subjektive Luxationen? Und die Arthrose in meinen Knien ist sicherlich psychisch?«

Wortlos schiebt er mir den gelben Zettel über den Tisch. *Überweisung an: Psychiatrie. Verdachtsdiagnose: Depression, Panikstörung, Hypochondrie.*

Jetzt hörte ich es erneut. Immer dasselbe Spiel. »Ich sage es Ihnen zum letzten Mal. Körperlich fehlt Ihnen nichts. Wirklich nicht. Ich werde … Kollegen hinzuziehen. In Ordnung?« Schwartinger entblößte die kleine Zahnlücke zwischen den oberen Schneidezähnen, die ihn lispeln ließ.

»Herr Engel, ist das in Ordnung?«

»Was?« Mein Gehirn streikte, ich erinnerte mich nicht an Schwartingers ursprüngliche Frage. Der Schmerz hämmerte und pulsierte unerträglich in der linken Kopfhälfte. Die Umgebung schien mir dämmrig, und alles schwankte, das Bett, die Wände und der Neurochirurg, als läge ich im Maschinenraum eines schaukelnden Dampfers und hörte Schwartingers Stimme nur noch wie durch ein Rauschen und Stampfen. Redete da überhaupt Schwartinger? Oder nuschelte Maffay sein *Halleluja?*

Ich habe bis auf einigen Ärzten nie jemandem von meiner Erkrankung erzählt. Sogar Franziska habe ich erst am Grab gestanden, was mich quält. Nämlich dieser winzige DNA-Abschnitt, der mutiert war und die Bildung meines Bindegewebes störte. Ein Kerl und kaputtes Bindegewebe! Welche Blamage! Die Kollegen haben ja sowieso schon hinter meinem

Rücken gemunkelt. »Schau dir den Engel an, der knickt beim Heben der Motorsäge weg wie ein dürrer Ast.« Oder: »Unser Mädel ist sich seit Neuestem zu fein zum Pflastersteineschleppen.«

Weil mein Hausarzt wie alle anderen Mediziner meinte, man sehe mir doch gar nichts an, weil er das Ehlers-Danlos-Syndrom nicht kannte und mich daher nicht krankschreiben wollte, blieb ich einfach der Arbeit fern. Bis mein Chef mir kurz vor Franziskas Tod kündigte. Auch das habe ich Franzi erst am Grab erzählt. Ihr und meinem ungeborenen Sohn, der das Ehlers-Danlos-Syndrom vermutlich geerbt hätte.

Ich bin immer gegen eine Schwangerschaft gewesen. Doch wie hätte ich das Franzi erklären sollen? Der Frau, die ich über alles geliebt habe und die sich nichts sehnlicher gewünscht hatte als ein Kind? War es ihre Stimme, die ich jetzt schon hörte? Ihr Lachen? Leons? Hatte Franzi mir verziehen?

»Wo bist du?«, sagte ich.

»Neben deinem Bett.«

Ich riss die Augen auf. Schwartinger.

»Ich bin tot«, hauchte ich.

»Den Teufel sind Sie, Engel.« Er lachte laut und sah auf seine Armbanduhr, die ich mittlerweile dreifach zu sehen glaubte. »Wir bekommen sicher gleich Gesellschaft. Herzinfarkte sind ab neunzehn Uhr sehr beliebt an Heiligabend. Die liebe Familie, wissen Sie.«

Es ist ein warmer Maiabend, sieben Monate vor Franzis Tod. Ich sitze auf der Terrasse und beobachte die Amsel, die seit Minuten nach einem Wurm im hohen Gras pickt. Ich hätte den Rasen längst mähen sollen. Doch ich habe zu starke Schmerzen und zu wenig Kraft. Bin unendlich erschöpft. Ich denke an den morgigen Termin. Vasektomie. Damit ich nie wieder an Verhütung denken muss. Ich will kein Kind. Nicht um den Preis, dass es solche Qualen erdulden muss wie ich, eines Tages ein Pflegefall sein und noch belächelt werden wird. Plötzlich sitzt Franzi auf meinem Schoß. Ich habe sie nicht kommen gehört. Vermutete sie noch im Supermarkt bei der Spätschicht. Sie strahlt noch mehr als sonst.

»Ich hab dich vermisst«, sagt sie, küsst mich, und sofort fühle ich mich wie ein Verräter. Rede mit ihr!, denke ich. Sie liebt dich! Sie wird es verstehen.

»Hey, Schatz«, sage ich und hoffe, dass sie heute keinen Sex will. Ich stehe seit Monaten Ängste dabei aus. Achte penibel darauf, wann ihre fruchtbaren Tage sind, und erfinde immer neue Ausflüchte. Franzi umarmt mich fest, zieht meinen Kopf zu sich, und ich stöhne auf, als meine Halswirbel sich schmerzhaft verdrehen und es laut knirscht.

»Du musst auf dich aufpassen«, sagt sie, »wir brauchen dich noch.«

»Wir?«

»Wir bekommen ein Baby.«

Ich will aufspringen. Schreien. Weglaufen. Doch ich sitze unter Franzis Gewicht und erstarre.

Die Amsel hat den Wurm endlich aus dem Gras gezogen und fliegt davon.

»Na bitte!« Schwartingers Händeklatschen riss mich in die Gegenwart zurück, und schon schoben zwei Männer in grellgelben Signalwesten eine Trage an mir vorbei, direkt in das Behandlungszimmer, der eine rief »akute Hypotonie, Patient nicht mehr ansprechbar«, der andere »möglicher Myokardinfarkt«, und wie aus dem Nichts standen Leute in grüner OP-Kleidung da, und ich schrie »Hilfe, Hilfe« gegen den Trubel an. Niemand beachtete mich.

»Hallo, hallo?« Meine Stimme wurde leiser, und mein Mut

schwand. »Ich brauche auch Hilfe«, flüsterte ich schließlich, während Schwartinger nebenan Befehle brüllte, und ich wusste: Der da drin würde leben. Ich dagegen würde diese Erde am selben Ort und exakt ein Jahr nach Franziska und Leon verlassen. Dem Kind, das ich nie gewollt, nie gekannt und doch schon so sehr geliebt habe.

Mein Plan reift noch am selben Abend, an dem Franzi mir ihre Schwangerschaft offenbart. Dieses Kind darf nicht sein! Um nichts in der Welt. Kein weiteres Leid. Kein kleines Zebra! Das Baby darf nicht zur Welt kommen.

Während Franziska in den nächsten Monaten Strampler strickt, die Wände des Gästezimmers pfirsichfarben tüncht und ein Gitterbettchen aufstellt, tüftle ich an einer Methode, das Ungeborene zu töten. Doch so viel ich auch im Internet surfe, sogar das Darknet aufsuche und zum Experten für bestialische Kindsmorde werde: Ich finde nichts, was eine Fehlgeburt einleitet, ohne dabei auch Franzis Leben zu gefährden.

Ich muss das Kind nach der Geburt töten. Es ersticken vielleicht. Doch die Obduktion wäre mein Verhängnis. Ich könnte das Baby entführen, im Wald erschlagen und vergraben. Aber die Ungewissheit um das Kind würde Franzi das Herz brechen und unsere Ehe zerstören. Ich könnte dem Baby ein Spielzeug in den Rachen schieben, damit es erstickt und wie ein Unfall aussieht. Doch dafür würde Franzi sich die Schuld geben und womöglich bis ans Ende unserer Tage depressiv sein.

Ich steigere mich zusehends in meine Tötungsideen hinein, liege Nacht für Nacht wach und grüble, schwitze das Laken nass, drehe mich hin und her, neben mir meine schwangere, glückliche Frau. Keine Mordtat funktioniert so, dass Franzi und ich danach gut weiterleben können. Am Ende bleibt nur ein Weg: Auch Franzi muss sterben. Samt dem ungeborenen Baby.

Im Hochsommer schleiche ich mich im Morgengrauen aus dem Schlafzimmer, die Treppe hinab ins Erdgeschoss und von dort in den Garten. Die Silhouette des Schuppens zeichnet sich dunkel vor dem Hof des Mondes ab. Es riecht nach feuchtem Gras und Erde, und die ersten Vögel zwitschern schon. Meine Augen gewöhnen sich rasch an das fahle Licht im Innern des Schuppens. Die Spaltaxt lehnt in der Ecke. Meine Schmerzen sind schrecklich, als ich sie hochhebe. Schultern, Halswirbelsäule, Ellbogen wollen brechen. Doch meine Kraft reicht aus. Noch kann ich die Axt einsetzen. Alles wird gut gehen.

»Geschafft!«, frohlockte Schwartinger laut, und ich drehte den Kopf zu dem Geschehen. Der Neurochirurg deutete auf einen Monitor. Ich sah nur ein pulsierendes blaues Etwas auf den doppelten Bildschirmen. Wusste aber aus hunderten YouTube-Filmen genau, was vor sich gegangen war. Stent über die Leiste, Ballondilatation der Engstelle. Schließlich hatte auch ich oft Atemprobleme und Brustschmerzen. Und man wusste ja nie, was noch so alles passierte beim Ehlers-Danlos-Syndrom. Die Begleiterkrankungen waren zahllos und manchmal tödlich.

Als ich am Ostersonntag wegen des Verdachts auf Zwerchfellriss hier in der Notaufnahme gelandet war und Schwartinger erklärt hatte, dass mein Magen sich in den Brustraum geschoben hatte, hatte er gesagt: »Wollen Sie Arzt werden? Das Internet genügt leider nicht für ein Medizinstudium.« Der Besserwisser! Dabei hatte ich unter Sodbrennen, Aufstoßen und brennenden Schmerzen im Oberbauch gelitten. Es konnte nichts anderes als eine Zwerchfellhernie sein! Und Google hatte mir ganz klar gesagt, dass dabei Teile des Magens in die Brusthöhle rutschen! Ganz typisch für eine Bindegewebsschwäche! Ich wollte eine Operation. Sofort. Doch Schwartinger hatte mich mit ein paar Säurehemmern für den Magen abgefertigt. Ohne Untersuchung. Ohne Ultraschall. Ohne MRT. Andere Patienten waren versorgt worden. Ich war hier im Flur quasi verrottet. Wie ein Sack Müll. Genau wie jetzt.

Warum durfte *ich* nicht da drin liegen? Wieso ließ mich ausgerechnet ein Neurochirurg an einem Aneurysma verrecken? Ich hatte garantiert schon Subarachnoidalblutungen. Ja, ganz sicher hatte ich die schon!

Kurz wurde es still nebenan, nur das leise Piepsen und Zischen der Maschinen drang zu mir heraus. Es roch nach Blut, aber das bildete ich mir vermutlich nur ein.

»Hervorragend! Bringt ihn auf Intensiv.« Schwartinger streifte sich mit einem *Plop, Plop* die blauen Latex-Handschuhe und den Mundschutz ab, winkte kurz zu mir heraus, und ich dachte, er hat so viele Arme wie ein Krake.

Mir wurde noch schwindeliger.

Schwartinger griff in die blaue Tüte, und schon stand er neben mir. Hielt mir ein Lebkuchenherz direkt vors Gesicht.

Ich übergab mich.

»Ein einfaches ›Nein, danke‹ hätte genügt«, knurrte er und wischte wie beim ersten Mal meine Hinterlassenschaft mit einem Tuch grob weg. Er leckte sich über die Lippen, an denen noch Lebkuchenreste hingen.

Zweizüngig, schoss es mir durch den Kopf, während meine Augen fast aus den Höhlen gepresst wurden. Ich versuchte, an Franzis Lachen zu denken. Und an Leon.

»Ich war heute beim Ultraschall. Wir bekommen einen Jungen.« Wir sitzen über Eck auf den Freischwingern im Wohnzimmer, ich trinke Wein, Franzi Apfelsaft. Sie streichelt meine Wange. »Er soll Leon heißen. Einverstanden?« Ihre Finger gleiten über meinen Hals und hinab auf meine Brust, und dann sind ihre Hände plötzlich überall, und wir lieben uns auf dem Boden, bis die ersten Strahlen der Dezembersonne durch den Vorhang kriechen und blassgelbe Streifen auf den Teppich malen.

»Leon«, flüstere ich dem Morgen entgegen. »Leon ist ein guter Name.«

Wie habe ich Leon nur töten wollen? Dieses kleine Wesen, das in Franziskas Bauch zu einem winzigen Menschen heranwächst und einen Namen trägt? Das ein Teil von mir ist? Ich würde kein Mörder werden.

Der neue Plan ist noch vor dem Aufstehen gefasst: kämpfen! Für Leon. Für mich. Dafür, dass wir ernst genommen werden und eine adäquate Behandlung erhalten. Dafür, dass Ärzte bei Hufgetrappel auch an Zebras denken. Dafür, dass sie ihr Nichtwissen einfach offen zugeben und Kollegen zurate ziehen – statt ihren Patienten psychische Probleme, Faulheit und Hypochondrie zu unterstellen. Und damit wertvolle Zeit zur Therapie der Symptome zu vergeuden.

Als Zeichen meines Sinneswandels und zu Ehren des Lebens pflanze ich einen Apfelbaum für Leon. Er soll gemeinsam mit ihm groß werden. Der Boden ist gefroren. Mit der Axt hacke ich ein Loch in der Südecke des Gartens. Baue aus Stangen und Planen einen Schutz um das Bäumchen und setze zwei Frostwächter in die Erde.

»Ich hab Franziska und Leon so geliebt.« Ich versuchte, Schwartingers Gesicht zu fixieren, sah aber nur eine bleiche Scheibe mit dunklen Flecken. »Und jetzt soll auch ich sterben. Nur weil Sie mich nicht behandeln! Aber ich will leben! Das bin ich den beiden schuldig! Sie müssen das Aneurysma beseitigen! Auf dieser neuen Medizinseite habe ich gelesen …«

»Herr Engel«, Schwartinger legte seine Hand schwer auf meine Schulter. »Wenn wir alles glauben würden, was im Internet steht, dann wären achtzig Prozent der Menschheit tot.« Er tätschelte meinen Arm. »Wer googelt, stirbt.«

Quietschende Schritte, gleich darauf Schwartingers Stimme aus dem Untersuchungsraum: »Daniel, bist du es? Auch im Notdienst? Frohe Weihnachten!« Pause. »Hör mal, hier ist schon wieder dieser Typ mit den eingebildeten Schmerzen. Herr Engel. Passend zu Heiligabend.« Er kicherte.

Wut stieg in mir auf.

»Ja, genau«, hörte ich den Neurochirurgen. »Heute hat er ein intrakranielles Aneurysma und obendrauf noch eine ausgewachsene Karotis- und Vertebralis-Dissektion.« Schwartingers Kichern wurde zum Lachen. Meine Wut zum heißen Zorn.

Mit letzter Kraft richtete ich mich auf. Der Arzt saß mit dem Rücken zu mir auf dem Drehhocker.

»Ne, ich kann den nicht nach Hause schicken. Der steht doch in einer Stunde wieder auf der Matte.«

Leon und Franziska, gebt mir Kraft. Langsam brachte ich die Beine über den Bettrand. Fand Halt auf dem Boden. Schritt für Schritt schleppte ich mich in den Behandlungsraum.

»Ja, danke. Und beeilt euch. Ich bin schon völlig entnervt.«

Meine Muskeln wollten reißen. Die Knie brannten. *Nicht stöhnen, nicht schreien. Halte es aus!* Wie ich diese Krankheit hasste. Und die Ärzte, die darüber lachten.

Wie durch Nebelschleier erkannte ich das verrutschte Laken auf dem Behandlungstisch – und sah das blutige Laken in Leons Gitterbettchen vor mir. Ich verscheuchte das innere Bild des Sternen-Mobiles, das halb auf Franziskas leblosem Körper, halb auf dem zerbrochenen Gestänge des Bettchens lag. Ich schluckte bei dem Gedanken an die Leiter, mithilfe derer Franziska das Mobile über Leons Bettchen hatte aufhängen wollen.

»Wunderbar, bis gleich dann! Und vergesst das Jäckchen nicht.« Schwartinger, noch immer mit dem Rücken zu mir, legte das Mobilteil auf den Tisch – ich griff nach dem Defibrillator, riss die Arme hoch und ließ das handliche, schwere Kästchen so fest ich konnte auf Schwartingers Schädel krachen. Ein dumpfes Knacken, *Halleluja,* er kippte nach hinten, fast auf meine Füße. Kein Laut, kein Schrei. *Das Leben ist ein Fluss ohne Wiederkehr.*

Da lag er vor mir, zwischen aufgerissenen Verpackungen von Spritzen und Kanülen. Aus seinem Mund sickerte etwas Rotes, ich konnte nicht sagen, ob es Blut war oder die versabberte Kirschfüllung der Lebkuchenherzen. Aber eines war sicher: Ich sah auf einmal wieder klar. Jedes Bläschen der roten Soße, die jetzt unter Schwartingers Wange über die Fliesen und in sein graues Haar lief. Jede Farbnuance. Alles war so deutlich wie das Blut, das zwischen Franziskas Beinen herausgeflossen war.

Auf dem Laken und dem Laminat des Kinderzimmers breitet sich das Blut aus. »Franzi!« Ich sehe mich um. »Franzi!« Ich gehe auf die Knie. Die nächsten Nachbarn wohnen fast einen Kilometer entfernt. Wir lieben das Land. Niemand stört uns, und wir stören niemanden. Der Blutfluss reißt nicht ab, so viel Blut kann doch gar nicht in einem einzigen Menschen stecken, es rinnt aus Franzis Unterleib und aus ihrem aufgeplatzten Kopf, ich fasse sie unter den Armen, achte nicht auf das Knacken und Reißen in meinem Rücken, ziehe sie zur Tür, die Treppe hinunter, das Blut hinterlässt eine Schleifspur, und auf der letzten Stufe knickt mein rechtes Knie weg, ich falle, Franzi liegt neben mir, ihr helles Haar klebt blutverschmiert in ihrem Gesicht, ich robbe in die Diele zum Telefon. Tippe die 1 ein. Spüre nichts außer rasender Angst um meine Frau und meinen Sohn, die mir die Luft abschnürt. Ich tippe die nächste 1. Franzi muss es schaffen! Leon muss es schaffen! Jetzt die 2. *Das Leben ist ein Fluss ohne Wiederkehr,* dringt aus dem Wohnzimmer. *Halleluja.*

Die Erkenntnis traf mich wie Franzis Schrei, den ich damals vom Wohnzimmer aus gehört hatte: Ich sah nichts mehr doppelt! Die Übelkeit war weg. Alle Schmerzen verflogen. Es war doch alles nur psychosomatisch gewesen! Schwartinger hatte recht gehabt. Und mit ihm alle anderen Ärzte auch. Ich hätte nicht googeln dürfen!

Hätte ich Zeit, würde mich jetzt vermutlich ein schlechtes Gewissen beschleichen. Doch ich musste hier weg. Ich hatte jemanden umgelegt, und jede Sekunde konnte ein neuer Herzinfarkt, eine Brandverletzung oder ein Schwiegermutter-Mordversuch hier aufkreuzen.

Ich rannte durch den Flur, vorbei an den leeren Betten, schwarzen Monitoren und träge baumelnden Gerätekabeln. Da, endlich! Der riesige Wartesaal kam in Sicht. Ich hastete hinaus, passierte eine Frau mit einem weinenden Kind an der Hand – und da kamen sie direkt auf mich zu. Wie im Film. Zwei Bären von Männern. Weiße Kittel. Die Kerle aus der Psychiatrie. Daniel und ein Kumpel. *Verdammt!* Ich drehte um, nahm die Treppe, immer drei Stufen auf einmal, als mein Herz stolperte, meine Knie in einer absurden Überstreckung nach hinten knickten und ich zusammenbrach. Meine rechte Wange lag auf dem kalten Stein, direkt vor mir tanzten in irren Bewegungen Fußabdrücke, Matsch und Salzkrümel.

Einer der Bären beugte sich über mich. »Sind Sie das Aneurysma? Der Engel? Können Sie mich hören?« Die Stimme klang wie von weit her.

Der andere kniete sich neben mich. »Das ist der Simulant. Garantiert.«

»Der simuliert nicht. Der schwitzt eiskalt und ist blass. Und die Augen! Die gehen hin und her wie … Scheiße, Daniel, ich glaub, der hat echt ein Aneurysma. Los, Trage, schnell zum Schwartinger. Wenn das einer noch hinkriegt, dann er.«

Kriegt er nicht hin, dachte ich noch, als Bär zwei losrannte und Bär eins mich auf die Seite drehte, meine Arme irgendwie verbog und sagte: »Scheiße, haben Sie denn keine Gelenke, das ist ja alles wie Gummi.«

Ich lächelte und dachte an Lebkuchenherzen, Kirschfüllung, an Franziska, Leon und Schwartinger, die da oben auf mich warteten, und daran, dass ich endlich keine Schmerzen mehr haben würde. Mein letzter Gedanke aber war, dass Google manchmal doch recht hatte.

19

Stefan Haenni

Der feldgrüne Nikolaus

Berner Oberland

🎴 *Über den Autor*

Stefan Haenni lebt in Bern und Thun, wo er 1958 geboren wurde. Er studierte Pädagogik, Psychologie und Kunstgeschichte in Bern und Fribourg. Er hat mehrere Kurzgeschichten und drei Romane um den Thuner Privatdetektiv Hanspeter Feller im Gmeiner Verlag veröffentlicht. Neben dem Schreiben findet Stefan Haenni auch als bildnerischer Künstler mit Schwerpunkt auf zeitgenössischer Orientalistik Anerkennung. Er ist mit Werken in namhaften Museen und Privatsammlungen vertreten.

Anfang Dezember lag in tieferen Lagen des Berner Oberlandes noch immer kein Schnee. Eine weiße Weihnacht schien zum fünften Mal in Folge mehr als fraglich. Skipisten konnten nur dank künstlicher Beschneiung geöffnet werden. Wie weißer Fließ belegten diese hart gewalzten Schneebahnen die braunen Abhänge der Voralpen. Einerseits missfielen die ungewöhnlich milden Temperaturen den Schneesportlern. Andererseits erfreuten sie unter anderem Bauarbeiter, Gärtner und Verkehrspolizisten.

Auch die zwanzig Milizsoldaten, die am sechsten Dezember ausnahmsweise noch Dienst taten, wussten das milde Klima zu schätzen. Sie waren vor zwei Wochen zu einem obligatorischen Wiederholungskurs in die Kaserne Thun eingerückt. Am Nikolausabend standen die Angehörigen der Armee, kurz als AdAs bezeichnet, in ihren Ausgangsuniformen zur Zimmerkontrolle bereit. Nach einer kurzen Inspektion durch den zuständigen Adjutanten sollte es in den wohlverdienten Ausgang mit der obligaten Beizentour durch die Lokale der Altstadt gehen. Der Schlafsaal der Soldaten bestand aus einem länglichen Raum mit zwei sich gegenüberstehenden Reihen zu je zehn Betten. An den Wänden dahinter waren in Schulterhöhe orangefarbene Schränke montiert. Am Fußende jedes Bettes stand jetzt je ein Wehrmann zur Inspektion bereit, geduscht und gestriegelt. Ein paar AdAs knüpften sich in letzter Minute die hellgrauen Krawatten um, montierten fehlende Gradabzeichen in die Schulterschlaufen von Hemd und Kittel oder polierten die schwarzen Halbschuhe auf Hochglanz.

Punkt 19.00 Uhr wurde die Zimmerinspektion durch ihren Ausbildner, den Instruktionsunteroffizier Adjutant Zumbrunn erwartet, bei seinen Untergebenen besser unter dem Spottnamen »Elefant« bekannt. Adjutant Zumbrunn war ein bulliger Kerl mit großen, abstehenden Ohren und länglicher Nase. Der Grauhäuter galt bei seinen Untergebenen als gutmütig. Dass sie sich in ihm täuschten, sollte sich erst später zeigen. Die Soldaten ahnten offensichtlich nicht, dass ihr Chef nicht nur hundertzwanzig Kilogramm Lebendgewicht auf die Waage brachte, sondern mindestens ebenso viel aufgestaute Frustration. Verständlich, wenn man bedachte, dass dem neunundvierzigjährigen Berufsinstruktor bisher weitere Karriereschritte verwehrt geblieben waren.

Zwanzig »Grüne« im Tenue Ausgang erwarteten also ihren grauen Anführer, den Elefanten. Bloß Tarzan fehlte. Oder etwa doch nicht? Einer der Soldaten stand nämlich halbnackt vor seiner Bettstatt. Sein Gemächt verdeckte notdürftig eine knallrote Nikolausmütze. Ein falscher Rauschebart zierte das jugendliche Gesicht. Das war alles. Der Wehrmann im minimalistischen Nikolauskostüm war bei den Kameraden für seine derben Späße bekannt. Außerhalb des geschützten Arbeitsplatzes der Armee wären sie undenkbar gewesen. Dabei trug der Spaßvogel im Gegensatz zu seinen Kameraden sogar das Abzeichen eines Gefreiten. Die damit verbundene Vorbildfunktion schlug ganz offensichtlich in die falsche Richtung. Der Gefreite Bärtschi war fünfundzwanzig, verheiratet und Vater einer vierjährigen Tochter. Was er mit seinem infantilen Verhalten während der Militärzeit zu kompensieren suchte, blieb bis anhin sein Geheimnis.

Die mittelgroße, magere Gestalt mit der auffallend hellen Haut und der rötlichen Stoppelfrisur wirkte im bizarren Aufzug des frivolen Nikolaus jedenfalls eher lächerlich als belustigend. Dennoch bedeutete Bärtschis provokative Showeinlage für seine Zimmerkameraden eine willkommene Abwechslung.

Wie würde Adjutant Zumbrunn darauf wohl reagieren? In welchen Hammer würde Bärtschi hineinlaufen? Welche Art von Strafe mochte ihm dafür blühen? Die sofortige Ausgangssperre? Ein schriftlicher Verweis? Sogar scharfer Arrest?

Die erwachsenen Männer kicherten und schwatzten wie ein Haufen pubertierender Mädchen, als pünktlich um 19.00 Uhr die schweren Schritte des Elefanten aus dem Korridor zu vernehmen waren. Im Schlafsaal verstummten die AdAs augenblicklich und nahmen eine stramme Haltung ein. Dem Gefreiten Bärtschi wurde es nun doch etwas mulmig zumute. Zweifel kamen auf. Ob er nicht doch zu viel riskierte? Seine pralle Männlichkeit verlor ob derartiger Bedenken zusehends an Standfestigkeit. Die Nikolausmütze drohte wie ein überdimensionales, pelziges Präservativ vom Penis zu rutschen. Um dieses Malheur zu verhindern, quetschte Bärtschi einen Zipfel der flauschigen Mützenbordüre behelfsmäßig zwischen die strammen Oberschenkel. Gerade noch rechtzeitig, denn kurz darauf stand der Vorgesetzte bereits auf der Schwelle.

Der amtierende Zimmerchef salutierte und meldete ordonnanzgemäß: »Adjutant. Zimmer zum Ausgang bereit!« Diese sonderbare Redewendung erweckte zwar den fälschlichen Eindruck, dass auf unerklärliche Art und Weise ein Zimmer aus sich selbst heraus in den Ausgang zu gehen beabsichtigte. Aber darüber machten sich die Soldaten jetzt keine Gedanken. Sie waren viel zu gespannt, was gleich passieren würde.

Routiniert nahm Adjutant Zumbrunn den Gruß ab: »Danke. Ruhn!« Schwerfällig und würdevoll durchschritt er anschließend den Schlafsaal, ohne sich auch nur das Geringste anmerken zu lassen. Konnte er Bärtschis Aufzug tatsächlich übersehen haben? Vor dem Fenster am Ende des Raumes wandte sich der Inspizient ruckartig um. In wenigen Schritten stand er vor dem weihnachtlichen Witzbold. Die Wehrmänner hielten den Atem an. Es herrschte Totenstille. Dann endlich trompetete der Elefant los: »Gefreiter Bärtschi, Tenue erstellen!«

»Hier, verstanden!«, gab der Angesprochene keck zurück. Statt jedoch Uniformhemd, Hose und Ordonnanzmütze anzuziehen, packte er kurzerhand die Nikolausmütze und zog sich diese jetzt über den geschorenen Schädel. Darauf meldete er splitternackt: »Adjutant, Tenue erstellt!«

Die Kameraden konnten sich nicht länger beherrschen. Schallendes Gelächter erfüllte den Raum.

Adjutant Zumbrunn wurde hochrot im Gesicht. »Gefreiter Bärtschi, schämen Sie sich eigentlich gar nicht?«

Der Angesprochene senkte theatralisch den Blick. Danach griff er sich kurz entschlossen an den Hinterkopf, löste den Druckknopf am Gummizug des weißen Rauschebartes und knüpfte ihn sich wie wolliges Schamhaar vor die blanke Männlichkeit. Als Gipfel der Unverschämtheit fragte er lächelnd: »Besser so?«

Jetzt gab es für seine Kameraden kein Halten mehr. Die einen wälzten sich auf ihren Betten, die anderen klopften sich mit beiden Händen auf die Knie oder wischten sich die Tränen aus den lachenden Augen.

Die Geduld des Elefanten wurde wahrlich auf eine harte Probe gestellt. Er blieb jedoch weiterhin erstaunlich gefasst. Abgesehen vom erröteten Haupt war kein Anzeichen von Zorn oder Ärger zu erkennen. Seine Stimme klang wie gewohnt bestimmt und sachlich. »Meine Herren, offensichtlich ist das Detachement noch nicht zum Ausgang bereit. Ich gebe daher nochmals Zeit, damit auch der Hinterste und der Letzte noch ihre Tenues korrekt herrichten können.«

Umgehend erstarb das Gelächter der Soldaten. Reihum zeigten sich lange Gesichter.

Ungerührt fuhr der Adjutant fort: »Nächste Zimmerkontrolle in einer Stunde: 20 Uhr.« Nach dieser Ansage verließ er zügig die Unterkunft. Allerdings hatte er bei seinem kurz gefassten Abgang den Soldaten übersehen, der das unrühmliche Spektakel von Beginn an mit dem Handy gefilmt hatte.

Die angeordnete Maßnahme verfehlte ihre Wirkung nicht.

»Shit, Mann!«, ärgerte sich einer der Soldaten. »Jetzt verlieren wir eine ganze Stunde.«

»Einzig wegen dir, Bärtschi«, klagte ein anderer. Plötzlich schien die verlorene Freizeit mehr zu gelten als der gewonnene Spaß.

Daher räumte ein Dritter ein: »Immerhin war's lustig. Diesen Scheiß werden wir uns noch im Altersheim erzählen.«

Und Soldat Emenegger verkündete triumphierend: »He, Männer. Habt ihr's gecheckt? Ich hab alles gefilmt. Ab morgen könnt ihr euch den ›feldgrünen Nikolaus‹ auf YouTube reinziehen!«

Allgemeines Gegröle. Das Stimmungsbarometer schnellte sogleich wieder hoch.

Gefreiter Bärtschi konterte entspannt: »Okay, Alter. Mach nur. So werde ich vielleicht noch berühmt.«

Ein weiterer Kamerad prophezeite ihm: »Lieber Nikolaus, wenn die Girls auf YouTube erst mal deine stramme Rute entdeckt haben, wirst du dich vor Heiratsanträgen nicht mehr wehren können.«

Bärtschi höhnte: »Offenbar bist du hier der Einzige, dem entgangen ist, dass ich bereits verheiratet bin.«

»Oh, nein!«, jammerte der Kritisierte in hellstem Sopran. »Damit zerstörst du ja auch meine geheimsten Wünsche.«

Wieder rohes Gelächter der Umstehenden.

Emenegger spottete weiter: »Bärtschi, endlich hast du Gelegenheit, ein Held zu werden.«

Der konterte gelassen: »Klar, Mann. Dafür sind wir doch im Krieg.«

Anschließend begann der Gefreite umständlich sein korrektes Ausgangstenue zu erstellen. Währenddessen lümmelten sich die Kameraden auf ihre Betten, um die Zeit bis zur verschobenen Zimmerinspektion totzuschlagen.

Pünktlich um 20 Uhr erschien Adjutant Zumbrunn. Er mimte wieder den souveränen Vorgesetzten, durchschritt zügig den Schlafsaal und verzichtete auf weitere Kritik oder Maßnahmen. »So, Männer. Alles in Ordnung jetzt. Einrücken um 23 Uhr 30. Zimmerverlesen um 24 Uhr. Schönen Ausgang. Abtreten!«

Erstaunlicherweise sollte die Nikolausgeschichte keine unmittelbaren negativen Konsequenzen haben. Jedenfalls nicht für den Gefreiten Bärtschi. Für den Soldaten, der die unrühmliche Szene gefilmt und unerlaubterweise auf YouTube gestellt hatte, hingegen schon.

Im rund dreiminütigen Filmchen, das aus idealer Aufnahmeposition schräg gegenüber dem unzüchtigen Nikolaus gedreht worden war, war Adjutant Zumbrunn mehrmals deutlich zu erkennen. Bereits bei seinem ersten Erscheinen in der Tür des Schlafsaals war nach einem Schwenker vom halbnackten Nikolaus direkt auf sein Gesicht gezoomt worden.

Die schlagfertigen Antworten und Reaktionen des gefreiten Provokateurs fanden bei den Usern erwartungsgemäß riesige Beachtung. In kürzester Zeit wurde das Video mehrere Tausend Mal angeklickt.

Der Wiederholungskurs hatte inzwischen ein Ende genommen. Den Wehrmännern war der Dienst besoldet und im Dienstbüchlein verzeichnet worden. Darauf waren alle AdAs nach Hause in die mehr oder weniger friedliche Adventszeit entlassen worden.

Als der Adjutant Tage danach zufälligerweise das filmische Machwerk zu Gesicht bekam, stand der Zähler von YouTube bereits bei 87 665 Klicks. Adjutant Zumbrunn erschrak. Dass er gefilmt worden war, war ihm damals schlicht entgangen. Dass sich seitdem bereits Tausende auf seine Kosten lustig gemacht hatten, konnte er keinesfalls gutheißen. Er schrieb eine Mail an die Betreiber der Plattform, mit der unmissverständlichen Aufforderung, das Filmchen umgehend zu löschen. Vergeblich. Der Beitrag blieb hartnäckig online. Täglich kontrollierte er die entsprechende Internetseite. Inzwischen lag die Anzahl der Klicks weit über der Zehntausendergrenze.

Ein befreundeter Anwalt riet ihm, die Sache auf sich beruhen zu lassen. »Selbst mit einem kostspieligen Gerichtsverfahren hättest du wenig Aussicht auf Erfolg.«

Damit wollte sich Adjutant Zumbrunn aber nicht abfinden. Je länger er sich die Sache überlegte, desto mehr verletzte ihn die öffentliche Bloßstellung. Er musste dem Schrecken ein Ende setzen. Wenn schon von YouTube keine Hilfe zu erwarten war, so konnte er zumindest auf jene Person zurückgreifen, die das ganze Theater gefilmt und veröffentlicht hatte. Er wollte den schuldigen Wehrmann zur Rechenschaft ziehen. Diesen bestimmten AdA wollte er kriegen und bekriegen. Von diesem Scheißkerl erwartete er eine angemessene Wiedergutmachung. Bloß, wer war es eigentlich gewesen? Wer hatte damals gefilmt? Der Nutzername auf YouTube lieferte keinen Aufschluss darüber.

Der Adjutant durchforschte die Mannschaftsliste des entsprechenden Wiederholungskurses. Auf einem großen Bogen Papier skizzierte er den Grundriss des Schlafsaals mit allen Betten. Also: Wo genau hatte damals der Nikolaus gestanden? Welche Soldaten standen ihm in der Reihe gegenüber? Aus welcher Perspektive war gefilmt worden? Eine schwierige Erinnerungsarbeit. Adjutant Zumbrunn kam nicht allzu weit. Zum Glück fiel ihm noch der Name des damaligen Feldweibels ein. Möglicherweise konnte der ihm weiterhelfen. Ansonsten lag ihm ja auch noch die private Anschrift des Gefreiten Bärtschi vor. Dieser war ihm seit dem großherzigen Strafverzicht ohnehin noch etwas schuldig geblieben. Bärtschi würde ihm den Namen des Filmers zweifellos nennen können. Allerdings war ungewiss, ob er seinen Kameraden tatsächlich verraten würde.

Der Adjutant hatte einen konkreten Plan gefasst und notierte:

1. Den Feldweibel kontaktieren. Falls danach der Übeltäter bereits entlarvt ist: Zu Punkt fünf springen. Ansonsten mit Punkt zwei fortschreiten.
2. Bärtschi befragen. Falls der Täter danach bekannt ist: Zu Punkt fünf springen. Ansonsten mit Punkt drei fortfahren.
3. Die Kameraposition rekonstruieren.
4. Täter ermitteln.
5. Täter mit Vorwurf konfrontieren.
6. Täter zur Rechenschaft ziehen.

Das schriftliche Festhalten eines planmäßigen Vorgehens schaffte erste Befriedigung. Sogleich wurde es Adjutant Zumbrunn etwas leichter ums Herz. Seine militärische Ausbildung ließ ihn eben auch in heiklen Situationen überlegt und zielführend agieren. Die Armee galt für ihn unangefochten als beste Lebensschule.

Punkt eins war einfach zu erfüllen. Der Truppenfeldweibel konnte ihm namentlich angeben, welche Wehrmänner im besagten Schlafsaal untergebracht waren. Allerdings wusste er nur von den wenigsten, in welchen Betten sie genächtigt hatten. So sah sich Adjutant Zumbrunn gezwungen, doch noch den Gefreiten zu kontaktieren.

Dieser wunderte sich nicht schlecht, als der Elefant aus dem Telefon trompetete. »Guten Tag Herr Bärtschi. Entschuldigen Sie die Störung. Es geht um den letzten Wiederholungskurs in Thun. Genauer gesagt, um den Nikolausscherz, den Sie inszeniert haben.«

»Die Sache tut mir leid«, gestand der Angerufene. »Sie lag unter der Gürtellinie, das muss ich heute zugeben. Ich möchte mich dafür nochmals entschuldigen.«

Der Adjutant beschwichtigte: »Ja, geht schon in Ordnung. Solche Streiche gehören wohl ab und zu zum Militärbetrieb. In Kriegszeiten könnten sie möglicherweise zur Hebung von Truppenmoral und Kampfwillen dienlich sein. Nein. Ich rufe nicht an, damit Sie sich dafür erneut entschuldigen. Es geht mir vielmehr um das, was danach folgte.«

»Was meinen Sie genau?«

»Ich rede vom Video, das auf YouTube hochgeladen worden ist.«

Bärtschi klang erleichtert. »Ach so. Ja, hab's auch gesehen. Allerdings, es stört mich nicht, dass man mich darin halbnackt zu Gesicht bekommt. Ist doch alles ziemlich verwackelt und der Ton miserabel, oder?«

»Schön für Sie, Herr Bärtschi, dass Sie sich am Video nicht stören. Mir hingegen läuft es total gegen den Strich. Ich bin darin gut erkennbar. Damit bin ich nicht einverstanden. Es untergräbt meine berufliche Autorität, behindert womöglich meine weitere Karriere und verletzt meine Würde als Privatperson.«

»Tja, tut mir leid für Sie, Herr Zumbrunn«, erklärte Bärtschi. »Aber mit der Filmerei und dem Hochladen habe ich nichts zu tun.«

»Das weiß ich schon. Ich rufe Sie nicht an, um Sie zu beschuldigen. Was ich von Ihnen hören möchte, ist lediglich der Name des Soldaten, der mich damals gefilmt hat. Er muss Ihnen mehr oder weniger schräg gegenübergestanden haben. Sie erinnern sich bestimmt. Welcher AdA war das?«

»Hm.« Bärtschi überlegte. Einerseits, weil er sich die Situation zu vergegenwärtigen suchte. Andererseits, weil er sich im Unklaren darüber war, ob er den Namen des Kameraden preisgeben sollte.

Zumbrunn drängte: »Also, wie siehst's aus? Können Sie sich erinnern? Wer spielte damals den Kameramann?«

»Ich bin mir nicht mehr sicher …«, versuchte sich Bärtschi aus der Schlinge zu ziehen.

Aber der Adjutant drängte: »Nun? Wer war's?«

»Möglicherweise war es Soldat Reber. Hm … Oder, nein. Warten Sie. War es Soldat Steck? Allerdings … Ich erinnere mich nicht mehr. Tut mir echt leid.«

Zumbrunn unterbrach das Gestotter. Und um seinen Worten mehr Gewicht zu verleihen, sprach er Bärtschi jetzt militärisch an. »Gefreiter Bärtschi, Sie wissen ganz genau, dass ich Sie damals hätte bestrafen können. Stattdessen habe ich beide Augen zugedrückt. Ich denke, dafür kann ich jetzt erwarten, dass Sie mir klipp und klar den Namen des Schuldigen nennen.«

Nach weiteren Ausflüchten und Ausweichmanövern gab Bärtschi schließlich doch noch den Namen des Kameramannes preis. »Emenegger war's. Tobias Emenegger. Von mir haben Sie seinen Namen aber nicht. Kann ich mich darauf verlassen?«, schob er feige nach. »Ich will im kommenden Wiederholungskurs nicht als Kameradenschwein dastehen.«

»Das ist doch selbstverständlich«, beschwichtigte Zumbrunn ohne große Überzeugungskraft und beendete das Gespräch kurzum.

Bärtschis Auskunftsbereitschaft verkürzte das Prozedere wesentlich. Die Punkte drei und vier der Checkliste konnten nun glatt übersprungen werden. Adjutant Zumbrunn wollte gemäß Punkt fünf den Schuldigen direkt mit dem Vorwurf der Verletzung der Persönlichkeitsrechte konfrontieren. Der würde was hören, dieser Emenegger!

Der Adjutant eruierte Privatadresse und Telefonnummer von Tobias Emenegger. Am nächsten Abend rief er ihn um 19.00 Uhr an. Es war einen Tag vor Heiligabend.

»Guten Abend, Herr Emenegger. Adjutant Zumbrunn am Apparat.«

Tobias Emenegger verschlug es beinahe die Sprache. Er brabbelte etwas von »... ich jetzt schon etwas überrascht, dass Sie ... das heißt, eigentlich auch wieder nicht. Ich habe schon länger befürchtet, dass Sie mich ...«

Zumbrunn unterbrach ihn. »Entschuldigen Sie, dass ich so kurz vor den Festtagen noch störe. Es geht um eine Angelegenheit, die mir wichtig ist und die wir beide noch im alten Jahr erledigen sollten. Herr Emenegger, ich habe feststellen müssen, dass Sie meine Persönlichkeitsrechte gröblich verletzt haben.«

»Ja, ... also ich denke, Sie sprechen von meinem Beitrag auf YouTube ...«

»Haargenau. Von nichts anderem. Ich muss Sie in dieser Angelegenheit persönlich sprechen. Wann kann ich bei Ihnen vorbeikommen?«

Bevor Tobias Emenegger antwortete, drängte Zumbrunn: »Würde es Ihnen allenfalls bereits heute passen?«

Emenegger fühlte sich völlig überrumpelt. Er flüchtete sich in Ausreden und Vertröstungen. Offenbar unterschätzte er den Ernst der Lage. Das verletzte und verärgerte Zumbrunn zusätzlich.

»Hören Sie. Ich lasse mich von Ihnen nicht einfach so billig abspeisen. Sie haben Ihre eklatante Verfehlung mir gegenüber zu verantworten!« Erbost beendete er das Gespräch, schlüpfte kurzerhand in seine gefütterte Tarnjacke, schnallte sich die Dienstwaffe um die Hüfte und stieg in seinen mattblauen Dienstwagen.

Familie Emenegger lebte in Ittigen bei Bern, rund dreißig Minuten von Thun entfernt. Das frei stehende Einfamilienhaus fand der Adjutant dank Navigationsgerät auf Anhieb. Er parkte verbotenerweise auf dem Trottoir einer einspurigen Quartierstraße und marschierte schnurstracks durch den Vorgarten, in dem ein elektrifiziertes Rentiergespann blinkte. Die Eingangstür erreichte Zumbrunn über ein paar schmale Treppenstufen. Lange und kräftig drückte er auf die Türklingel.

Ein vorschulpflichtiges Mädchen mit großen braunen Augen und Wuschelkopf öffnete die Tür. Es knabberte an einem Zimtstern. Eine warme Duftwolke von Orange, Zimt und Butter schlug Zumbrunn entgegen. Aus dem Hintergrund ertönte die Stimme einer Frau. »Claudine, wer ist es?«

»Ein Mann«, gab die Kleine piepsend zurück.

Frau Emenegger erschien an der Haustür. »Sie wünschen?«

»Wohnt hier Tobias Emenegger?«, erkundigte sich Zumbrunn sicherheitshalber.

Misstrauisch bestätigte sie seine Frage: »Ja, das ist mein Mann.«

»Wir haben vor rund einer halben Stunde miteinander telefoniert. Kann ich ihn bitte kurz sprechen?«

Die Frau wirkte unentschlossen. Offenbar hatte sie am Rande mitbekommen, dass ihr Gatte einen unangenehmen Anruf erhalten hatte. »Schatz, kannst du bitte mal herkommen?« Unbeholfen ergänzte sie: »Hier steht ein Militär.«

Der Hausherr eilte sichtlich erbost hinzu. »Herr Zumbrunn, was zum Teufel tun Sie hier? Ich hab Ihnen am Telefon gesagt, dass wir so kurz vor Heiligabend keine Zeit für Sie haben.«

»Guten Abend, Herr Emenegger«, grüßte Zumbrunn mit gepresster Stimme. »Ich bin der Meinung, dass es für alle Beteiligten besser ist, wenn wir die Angelegenheit hier und jetzt bereinigen.«

»Ja, aber doch nicht …«

»Sie wissen, worum es geht. Können wir unter vier Augen reden?«

Der Familienvater schob Frau und Kind in den Hausflur zurück. »Geht schon rein. Ich muss was regeln.«

»Soll ich dir eine Jacke bringen?«, sorgte sich seine Gattin.

»Nicht nötig. Es dauert nicht lange.« Dann schloss er die Tür hinter sich. Beinahe Brust an Brust standen sich die beiden Kontrahenten jetzt auf dem obersten Treppenabsatz gegenüber.

»Wollen Sie hier draußen reden?«, wunderte sich Zumbrunn.

»Warum nicht?«, fragte Emenegger. Dabei verließ eine Wolke weißer Atemluft seinen Mund.

»Wie Sie wünschen. Also. Sie haben mich mit Ihrem peinlichen Filmchen arg in Verlegenheit gebracht. Leider sind meine bisherigen Bemühungen fehlgeschlagen, den Beitrag löschen zu lassen. Inzwischen haben sich weltweit über hunderttausend wildfremde Menschen auf meine Kosten amüsiert.«

»Herr Zumbrunn. Sie stehen im Film doch gar nicht im Mittelpunkt. Wenn schon, könnte sich der Gefreite Bärtschi bei mir beschweren.«

»Warum sollte er? Ihr Kamerad kommt doch gut weg. Er spielt den coolen Witzbold. Er veräppelt seinen Vorgesetzten als dummen Militärkopf. Die Menschen lachen über *mich*. Ihre Schadenfreude gilt mir, nicht ihm.«

»Wenn Sie es so sehen … Was erwarten Sie von mir?«, wollte Emenegger wissen, in der Hoffnung, das Gespräch damit abzukürzen.

Der Wagen des Adjutanten versperrte noch immer den Gehsteig. Eine genervte Nachbarin quetschte sich soeben zwischen Dienstfahrzeug und Gartenzaun hindurch. Das verlangsamte einerseits ihr Fortkommen. Andererseits machte es sie auf die beiden Männer vor dem Haus aufmerksam.

Dort formulierte Adjutant Zumbrunn eben seine Bedingungen: »Ich erwarte, dass Sie dafür sorgen, dass das Filmchen von der Plattform verschwindet. Und ich verlange eine angemessene Genugtuung.«

»Ha!«, höhnte Emenegger. »Das können Sie gleich vergessen. Ich denke nicht daran, mich in dieser Posse finanziell zu engagieren. Wenn Sie eine Entschuldigung hören wollen? Kein Problem. Aber damit wäre die Sache für mich dann auch schon erledigt. Ich kann Ihre Entrüstung ehrlich gesagt nicht ganz nachvollziehen.«

Adjutant Zumbrunn schwoll allmählich der Hals. Sein Gesicht rötete sich trotz winterlicher Kälte, und die Innenseiten der Hände wurden feucht. »Was meinen Sie eigentlich, Sie …? Muss ich Ihnen erst Beine machen? Nicht nachvollziehen? Ist das Ihr Ernst? Sie können die öffentliche Bloßstellung und Demütigung nicht nachvollziehen?« Er griff demonstrativ nach dem Pistolenholster. Klack! Mit dem Fingernagel des rechten Daumens öffnete er den Druckknopf der Lasche, die die Dienstwaffe bisher fixiert hatte.

»Sie wollen mich bedrohen?«, wunderte sich Emenegger.

Zumbrunn umfasste jetzt wortlos den Pistolengriff.

Tobias Emenegger schüttelte ungläubig den Kopf. »Sie tun mir leid, Sie … armselige Kreatur!«

»Wiederholen Sie das, und ich …!«

Als die Auseinandersetzung der Männer laut wurde, blieb die Nachbarin auf dem Gehsteig stehen, zückte spontan ihr Mobiltelefon und filmte die Szene. Nachbar Emenegger in Schwierigkeiten. Köstlich!

»Sie haben mich schon richtig verstanden«, meinte Tobias Emenegger, der allmählich Geduld und Beherrschung zu verlieren drohte. »Herr Zumbrunn. Die Show, die Sie hier abziehen, ist unter aller Sau!« Dazu holte er mit dem rechten Arm aus, um den Widersacher von sich wegzustoßen. Dieser wandte seinen massigen Oberkörper reaktionsschnell zur Seite und duckte sich unter dem Arm des Angreifers hinweg. Emeneggers Stoß lief ins Leere.

Ins Leere stürzte jedoch auch der massige Adjutant. Sein schwungvolles Ausweichmanöver kostete ihn das Gleichgewicht. In filmreifer Theatralik polterte der Elefant die Stufen der Steintreppe hinunter. Dabei wurde die ungeladene Pistole aus dem Holster geschleudert.

Die ganze Zeit über hielt die Nachbarin ihre Handykamera auf das Geschehen. Als sie realisierte, dass der Gestürzte regungslos liegen blieb, während seiner Nase ein blutiges Rinnsal entwich und der Nachbar oben auf der Treppe noch immer wie versteinert verharrte, alarmierte sie kurz entschlossen die Ambulanz.

Fünfzehn Minuten später konnte der Notarzt bloß noch den Tod von Adjutant Zumbrunn durch Genickbruch feststellen.

Der Arzt verständigte umgehend die Kantonspolizei. Anschließend überspielte die Augenzeugin den Beamten die Aufnahme des Tatherganges von ihrem iPhone. Diese schien Tobias Emeneggers Verschulden unzweifelhaft zu dokumentieren. Unter dem Verdacht des Totschlags wurde der Tatverdächtige vorläufig festgenommen.

20

Thomas Fuchs

Geisterfahrer

Berlin

🌿 *Über den Autor*

Thomas Fuchs hat mehr als ein Dutzend Bücher veröffentlicht, darunter Biografien, Sachbücher und Romane. Während er für diverse TV-Produktionen arbeitete, lebte er viele Jahre in der Rheinmetropole Köln. Ein Ergebnis dieser Zeit ist der Kriminalroman *Rosenmontagstod*, der vor und hinter den Kulissen des Kölner Karnevals spielt.

Adrian Herstall stürmte die letzten Stufen der Treppe am Bahnsteig des Berliner Hauptbahnhofs hinauf und sprang mit einem großen Satz in die offene Tür des ICE. Kaum waren seine Füße auf dem obersten Absatz gelandet, ertönte auch schon das wohlbekannte Piepen, und die Tür schloss sich. Adrian wandte sich nach links und fand zu seiner freudigen Überraschung, dass er ein ganzes Abteil für sich allein hatte. Er warf seinen Rucksack auf die gegenüberliegende Sitzbank, zog die Jacke aus und fläzte sich auf den Sitz am Fenster.

Adrian atmete tief durch. Um ein Haar hätte er seinen Zug verpasst. Denn der war an einem anderen Bahnsteig als üblich bereitgestellt worden. Zum Glück hatte ihn seine neue Lieblings-App – sie hieß »WayToGo« und tummelte sich mit zwei Dutzend anderen auf dem Display seines Handys – rechtzeitig gewarnt und den geänderten Bahnsteig angezeigt. Sogar der Bahnhofsabschnitt war ihm von der App mit einer Kurznachricht mitgeteilt worden. So hatte Adrian – wie eigentlich immer – am Ende alles im Griff. Tja, dachte er, auch ich kenne den Vorsprung durch Technik.

Der Zug setzte sich in Bewegung. Draußen glitten Reklametafeln und Kanzleramt vorbei. Alles war hell erleuchtet. Als der Zug über eine Brücke rollte, sah Adrian Weihnachtsschmuck in den Fenstern der Häuser, auf den Mittelstreifen der Straßen und in den Bäumen. Wie es sich für die Vorweihnachtszeit gehörte, war es am frühen Nachmittag schon nahezu dunkel. Wenn Adrian in ein paar Stunden – und nach zweimaligem Umsteigen – endlich im heimatlichen Burgendorf ankäme, würde es stockfinster sein. Doch zu Hause, wenn sich dann die ganze Familie wie jedes Jahr am Heiligen Abend versammelte, dann sollte allen ein Licht aufgehen. Dieses Weihnachtsfest würde festlicher werden als alle anderen zuvor.

Das letzte Weihnachten war die Hölle gewesen. Familie Herstall hatte um den Gänsebraten versammelt gesessen – in diesem Punkt waren seine Eltern immer noch ganz *oldschool* –, und Leon hatte das große Wort geführt. Leon, der bei einer Düsseldorfer Werbeagentur binnen Kurzem zum Creative Director aufgestiegen war. Der in der ganzen Welt rumgondelte. An irgendeinem Strand im Pazifik tagelang – und bezahlt! – auf den richtigen Sonnenaufgang warten konnte. Der nach dem Essen, als die Eltern im Bett waren, von Koksereien mit Robbie Williams erzählt hatte und sonstigen Exzessen in der Branche. Adrian und Leon waren Zwillingsbrüder, und wie so manche Zwillinge hatten sie sich schon in unzähligen Profilierungskämpfen wiedergefunden, aber Adrian hatte seinen Bruder Leon noch nie so gehasst wie zu diesem Familienfest.

Am Ende hatte er nicht gewusst, was ihn mehr kränkte: die herablassende Prahlerei des Bruders oder die grenzenlose Bewunderung, mit der die Eltern an den Lippen des Bruders hingen. Nein, das war nicht die ganze Wahrheit. Adrian hatte genau gewusst, was ihn am meisten kränkte. Die Bewunderung der kleinen Schwester Anna, dem Nesthäkchen, für die früher Adrian der absolute Star gewesen war. Nun musste er mitansehen, wie er neben dem aufsteigenden Kometen des Zwillingsbruders Leon verblasste.

Doch diesmal würde alles anders sein. Kurz nach dem letzten Weihnachten war Adrian nach Berlin gegangen und hatte die Daheimgebliebenen mit Erfolgsmeldungen bombardiert. Er war in die Hauptstadt gezogen, um irgendwas mit Medien zu machen, und prompt konnte er sich vor Angeboten nicht mehr retten. Obwohl der Wohnungsmarkt angespannt war, konnte sich Adrian eine traumhafte Dachgeschosswohnung in »Kreuz-kölln«, an der angesagten Grenze zwischen Kreuzberg und Neukölln, sichern.

»Aber ist es dort nicht gefährlich?«, sorgte sich seine Mutter via Skype.

»Hm«, hatte Adrian nur cool geantwortet. »Wenn man nicht die nötige ›Street-Smartness‹ mitbringt, vielleicht.« Aber Adrian war schon nach den ersten Monaten tough geworden, clever. Er wusste, wie man sich unter den Araber-Clans zu bewegen hatte, damit man von ihnen respektiert wurde. Er ließ sich auch von einem Schusswechsel …

»Ein Schusswechsel«, hatte Vater Herstall überrascht unter-brochen.

»Ja, das kommt bei uns schon vor. Ist aber meist blinder Alarm. Rapper, die ein Video drehen, oder so.« Jedenfalls, das sei eine Sache, die einen Adrian Herstall nicht aus der Bahn werfen könne.

Aber dann kam – es war gerade mal ein paar Wochen her – die absolute Krönung. Adrian hatte den Entwicklungsauftrag für eine TV-Serie bekommen. Und das bedeutete: Geld, Ruhm und ganz nebenbei, dass sich Bruder Leon neidgrün in den Or-bit verkrümeln konnte. Seit Tagen hatte Adrian seine Anspra-che vor der Familie geprobt.

»Es gab mehrere Bewerber für den Sendeplatz«, würde er betont sachlich seinen Bericht beginnen. »Aber dann habe ich mit meinem Pitch die ganze Konkurrenz ausgeknockt.« Und während ihn Eltern und Schwestern mit glänzenden Augen an-sahen, würde sich Adrian an Leon wenden und ihn rhetorisch fragen: »Du weißt doch, was ein Pitch ist, oder?« Einen Werber das zu fragen, war so gemein wie die Frage, ob der Papst katho-lisch ist. Das würde Leon den Rest geben und ihn endgültig in die zweite Reihe verbannen.

Adrian zückte sein Smartphone und benutzte die Kamera als Spiegel. Er war sehr zufrieden mit sich. Seine Tolle und seinen Hipster-Bart hatte er sorgfältig gestriegelt, sodass er schwarz und finster aussah, wie Jason Momoa in *Game of Thrones*. Den Look hatte Adrian schon im letzten Jahr gerockt, aber damals hatte Leon noch gespottet: »Ah, machst du jetzt auf Käpt'n Haddock aus Tim & Struppi?« Anna hatte darüber gelacht, aber diesmal würde ihnen allen das Lachen vergehen.

Adrian bemerkte, dass sein Handy auf einmal kein Netz mehr hatte, aber das überraschte ihn bei der Bahn nicht wirklich. Außerdem wollte er auf der Fahrt vor allem seine Ruhe haben. Die Zeit allein würde ihm guttun, zudem würde auch die kürzlich eingeworfene Dosis Marschierpulver noch eine Weile brauchen, um abzuklingen. Das war ihm recht. Diesmal brauchte er keine künstliche Euphorie.

Adrian versuchte zu schlafen, aber irgendetwas erregte seine Aufmerksamkeit. Es war ruhig im Abteil. An sich schön. Aber es war auch ruhig im ganzen Waggon. Merkwürdig. Außerdem hatte es noch überhaupt keine der typischen Durchsagen gegeben, auch keine Begrüßung der in Berlin zugestiegenen Fahrgäste. Adrian trat aus dem Abteil und lief den Gang zum nächsten Waggon entlang. Nirgendwo eine Menschenseele.

Soweit Adrian wusste, war die nächste Station Berlin-Spandau. Es war zwar unwahrscheinlich, aber nicht völlig unmöglich, dass so kurz vor den Feiertagen alle Fahrgäste aus Berlin erst in Spandau einsteigen würden. Und *last, but not least* konnte man ebenfalls nicht ausschließen, dass Adrian der einzige clevere Nutzer von WayToGo war.

Der Zug rollte in den Bahnhof Spandau ein. Langsam, wegen der Passagiere auf den Bahnsteigen, aber ohne anzuhalten. Adrian versuchte, einen Blick auf die Anzeigetafeln auf dem

Bahnsteig zu erhaschen, aber da konnte er nichts erkennen. Und im Waggon leuchtete kein Display. Sowie der ICE den Bahnhof Spandau passiert hatte, beschleunigte er wieder und fuhr zielstrebig aus dem Weichbild Berlins heraus in die dunkle vorweihnachtliche Nacht.

Komisch.

Adrian ließ seinen Rucksack im Abteil liegen und lief zum hinteren Ende des Zuges, den kleinen blauen Schildern hinterher, die zum Speisewagen führten. Spätestens dort musste doch jemand sein.

Negativ. Alles hell erleuchtet. Alles menschenleer.

Aber gab es nicht so etwas wie Zugbegleiterabteile? Adrian lief wieder durch den Zug, bis er im vorletzten Waggon ein Abteil mit der Aufschrift »Bahnbegleitpersonal« fand. Die Tür hatte keine Klinke, nur ein Vierkantschloss.

»Hallo?«, rief Adrian. Der Zug donnerte über die Schienen, aber dennoch konnte Adrian hinter der Tür leise Geräusche hören. Kratzen. Schaben. Füßescharren?

»Hallo!« rief er noch mal. Und lauter.

Die Geräusche verstummten. Adrian wartete. Wer immer hinter der Tür war, schien auch zu warten. Hinter der Tür Stille, im Zug Stille. Draußen nur das Donnern der Räder über die Schienen.

Schließlich verlor Adrian die Geduld. Er zuckte mit den Schultern und lief noch mal ganz nach vorne. Vielleicht war der Zugbegleiter auch beim Lokführer, weil er ihm einen Kaffee gebracht hatte, und jetzt plauderten die beiden noch ein bisschen, während sich der Zug mit geschätzten zweihundert Stundenkilometern durch die Nacht fräste.

Doch seine Expedition an die Spitze des Zuges wurde durch die letzte Trenntür gestoppt. Silbern glänzende, überkreuzte Latten, umwickelt mit rot-weißem Band, versperrten den Weg.

Daneben ein Zettel. »Technische Störung. Bitte wenden Sie sich an das Zugbegleitpersonal.«

Haha.

Plötzlich wurde der Zug langsamer, aus dem Fenster sah Adrian den Anfang eines Bahnsteigs. Er hetzte zu seinem Abteil, griff nach Jacke und Rucksack und war gerade an der Tür angekommen, als der Zug mit quietschenden Rädern hielt. Der Bahnsteig war viel zu klein für einen ICE-Halt, und es war auch keine Menschenseele zu sehen. Aber gut beleuchtet war er, der kleine Bahnhof im Niemandsland.

Adrian wartete darauf, dass die runden Türöffnerknöpfe grün beleuchtet wurden, die Druckluft aus den Kabinen zischend entwich und er die Tür öffnen konnte. Egal, wo er war, er wollte aussteigen, und dann würde sich alles aufklären. Vermutlich war er aus Versehen in einen falschen Zug gesprungen, aber von hier aus würde es schon was geben, Regionalbahn, InterCity, *whatever*, das ihn in die nächste größere Stadt brachte, und von dort würde er weitersehen. Burgendorf lag nicht so weit ab vom Schuss, dass er nicht an diesem Abend noch ankommen könnte.

Doch die Türen öffneten sich nicht. Die Tasten blieben dunkel, und Adrian presste das Gesicht gegen die Scheibe der Tür. Das Türfenster war zu klein. Er konnte nicht nach rechts oder links sehen. Aber auf dem Bahnsteig kam ein Mann mit einem Hund vorbei. Der Mann blieb stehen, nach einem Moment auch der Hund. Beide sahen ihn an. Der Hund mit heraushängender Zunge, und auch der Mund des Mannes war leicht geöffnet.

Adrian schlug mit der flachen Hand gegen die Scheibe. Das Geräusch war viel zu dumpf. Er rief: »Aufmachen!« Nach einem Moment fügte er hinzu: »Die Tür geht nicht auf, bitte helfen Sie mir.«

Herr und Hund blickten ihn unverwandt an. Adrian trommelte wieder gegen die Scheibe. Ihm war klar, dass man sein Rufen höchstens sehr leise hören konnte; aber dass die beiden Kreaturen da draußen keinerlei Reaktion zeigten, machte ihn wahnsinnig. Er spürte einen Anflug von Hysterie. Ihm stiegen Tränen in die Augen. Der Wut, aber auch ein bisschen der Angst. Und als der Zug sich stockend wieder in Bewegung setzte, rief Adrian mit viel zu hoher Stimme: »Hilfe! Warum helfen Sie mir nicht?!«

Aber da waren die beiden auf dem Bahnsteig längst aus seinem Blickfeld verschwunden. Adrian kehrte mit Jacke und Rucksack in sein Abteil zurück und zwang sich zum Nachdenken.

»Die Notbremse«, sagte er laut. Wie dumm von ihm, nicht früher daran zu denken! Vor fünf Minuten hätte er wohl noch Skrupel gehabt, schließlich handelte es sich streng genommen um keine Notsituation, aber der stumme Mann mit dem stummen Hund hatten seine Nerven strapaziert. Ich zieh die Notbremse, sagte er sich. Sollen sie Zoff machen und mir eine Rechnung schicken.

Trotzdem musste Adrian eine Weile mit sich ringen, bevor er den roten Hebel nach unten zog. Machte er sich vielleicht vollkommen umsonst verrückt? Womöglich gab es eine simple Erklärung für alles. Schließlich drückte er den Hebel gänzlich herunter, die Plombe riss, und dann passierte – nichts. Der Zug rollte unbeeindruckt weiter durch die Nacht.

Das kann doch nicht sein, dachte Adrian. Hier stimmte definitiv etwas ganz und gar nicht. Adrian rannte in den nächsten Waggon. Zog diese Notbremse. Nichts. Nun, ohne zu zögern, in den übernächsten. Wieder nichts.

Keine der Notbremsen funktionierte. Auf seinem Handy hatte Adrian noch immer keine Verbindung. Hinter der Tür des Zugbegleiterabteils wieder Stille.

Hm.

Adrian kehrte in »sein« Abteil zurück. Er legte die Füße auf die gegenüberliegenden Sitze. Ohne die Schuhe auszuziehen. Wer wollte, konnte sich ja beschweren. Adrian hätte nichts gegen ein bisschen Gesellschaft einzuwenden gehabt. Egal welcher Art.

Er wusste nicht, was er machen sollte. Er wusste auch nicht, wie real das alles war, was er gerade erlebte, es waren sicherlich noch jede Menge Kokskristalle in seinem Körper unterwegs. Vielleicht war es wirklich am besten, einfach abzuwarten.

Sein Atem wurde wieder ruhiger, die Zuggeräusche wurden eintöniger und dadurch weniger wahrnehmbar. Und dann zerriss das Doppel-Piepsen, das eine SMS ankündigt, die Stille. Adrian stutzte. Das Handy hatte doch kein Netz! Er griff dennoch zu dem Gerät und sah neben der weißen Sprechblase auf grünem Grund eine rot umrandete weiße Eins. Obwohl er immer noch kein Netz hatte, nicht den kleinsten Balken. Er öffnete die Nachrichten-App.

Gute Fahrt bis jetzt?

Absender unbekannt. Adrian wusste, dass Experten Telefone so manipulieren konnten, dass sie SMS verschickten, ohne dass der Absender seine Identität preisgab. Aber er hatte keine Ahnung, wie das funktionierte.

Also schickte er erst mal eine Antwort, so kurz angebunden wie möglich: *?*

Keine Reaktion. Nach einer gefühlten Ewigkeit, die vermutlich nur wenige Sekunden dauerte, schickte Adrian also eine weitere Botschaft: *Wer ist da?*

Diesmal kam die Antwort prompt: *Dein Schicksal.*

Adrian wollte schon zurückfragen, aber da erschien die nächste Nachricht: *Der Zug ist in meiner Gewalt. Tu, was ich dir sage. Oder du musst sterben.*

Adrian lachte höhnisch auf. Dann wurde ihm klar, dass das der andere ja nicht hören konnte. Also antwortete er: *Kann ja jeder sagen.* 😆

Das Lachtränen-Emoji. Gab es je einen besseren Beweis menschlicher Souveränität? Doch das Lachen verging Adrian mit der nächsten Nachricht des Unbekannten: *Na, dann pass mal auf.*

Zong! Plötzlich wurde es im ganzen Zug dunkel. Auf einen Schlag. Zwar gab es draußen noch einige Lichtquellen, aber die verschwanden, als der Zug krachend in einen Tunnel fuhr. Im Tunnel bockte er wie ein durchgegangenes Pferd. Der Zug wurde schneller, langsamer, beschleunigte wieder, bremste abrupt. Adrian wurde von seinem Sitz geschleudert. Im Dunkeln sah er nicht, wohin er fiel, und stieß mit der Wange gegen die Tischkante. Es war ein lächerlicher Unfall, aber sein Gesicht tat höllisch weh, und sein Kopf brummte.

Endlich kam der Zug aus dem Tunnel heraus, und vor dem Fenster blitzten wieder vereinzelte Lichter auf. Auch die Zugbeleuchtung sprang mit einem Zong! wieder an. Gleich darauf meldete sich das Handy: *Überzeugt?*

Adrian schrieb verunsichert zurück: *Was willst du?*

Die Antwort lautete: *Spielen. Du bist mein Sklave. Tu, was ich dir sage.*

Ach du lieber Gott, dachte Adrian. Was war hier eigentlich los? Er wollte doch einfach nur nach Hause fahren. So langsam wusste Adrian überhaupt nicht mehr, was er denken sollte.

Geh auf die Toilette in Wagen 27.

An die Milchglasscheibe des Klos waren zwei Porzellanvasen gemalt. Eine große weiße und eine kleinere mit grünen Streifen. Daneben stand ein Glas mit zwei abgeschnittenen Blumen.

Hast du deinen Rucksack dabei?

Die Frage deutete schon mal darauf hin, dass, wer immer sich hier einen bösen Scherz erlaubte, keine Kameras installiert hatte. Das war ein gutes Zeichen. Adrian nahm seinen Rucksack ab.

Nimm deinen Pitch …

Den Pitch?

… und verbrenne ihn im Klo.

Bevor Adrian das Manuskript mit seinem megageilen TV-Projekt aus dem Rucksack nahm, stellte er sich doof.

Meinen Pitch?

DEN Pitch. Den du gerne für deinen eigenen ausgeben würdest.

Es lief Adrian eiskalt den Rücken hinunter. Wer war ihm auf die Schliche gekommen? Niemand wusste, dass er die Idee für den Pitch nicht selbst gehabt hatte.

So ganz verstand er nicht, warum er das Papier anzünden sollte. Er hatte die Datei schließlich auch noch auf seiner Festplatte. Und auf einem USB-Stick.

Als die Flammen aus dem Papier züngelten, ging in der Toilette die Sprinkleranlage an, und schnell war Adrian bis auf Bart und Tolle durchnässt. Prompt kam eine SMS.

Lustig, oder?

Nein, dachte Adrian. Aber genau der Humor seines Bruders Leon. Konnte es sein, dass er herausgefunden hatte, dass Adrians ganzes Leben in Berlin nur schöne Fassade war?

Als Nächstes sollte Adrian mit einem der Nothämmer, die neben den Abteilfenstern hingen, die Festplatte seines Laptops zertrümmern.

Er weigerte sich.

Sofort stoppte der Zug wie nach einer Notbremsung, und Adrian wurde gegen die Tür geschleudert, die zum nächsten Wagen führte. Das tat richtig weh.

Ich kann auch anders, warnte eine SMS. Mittlerweile traute Adrian dem Unbekannten alles zu. Also folgte er der Anweisung. Auf dem Gang musste eine Kamera installiert sein, denn er gab sich erst zufrieden, als Adrian die Festplatte gewissermaßen mit dem Hammer atomisiert hatte.

Jetzt den USB-Stick, kam der nächste Befehl.

Aber das wollte Adrian nicht mitmachen. Er sprang auf und rannte nach vorne. Während er lief, nahm der Zug seine bockigen Manöver wieder auf. Beschleunigen, bremsen, Licht an, Licht aus. Adrian stürzte, rollte über den Gang, rappelte sich wieder auf. Er ließ sich nicht aufhalten. »Pitch« war ein kleines Wort, aber bei Adrian hieß das: Serienidee, Charakterskizzen, Pilotfolge als Treatment, Synopsen für die ersten Staffeln. Insgesamt fast sechzig Seiten. Da er, misstrauisch wie er war, der Produktionsfirma nur einen Ausdruck überlassen hatte, würde nach dem zerstörten USB-Stick nichts mehr von der Idee übrig sein. Denn die urprünglichen Texte, auf denen der Pitch zu neunzig Prozent beruhte, hatte er aus Vorsicht gelöscht. Und Sachen wie Clouds traute Adrian einfach nicht. Würde er den Befehl befolgen, wäre der Stoff unwiederbringlich verloren.

Auf seinem wilden Ritt war Adrian nun endlich am Triebkopf angekommen, die gekreuzten Aluminiumlatten mit den rot-weißen Bändern versperrten immer noch seinen Weg. Aber Adrian glaubte sich zu erinnern, auf dem Weg einen Verschlag gesehen zu haben, mit einem Aufkleber, der auf einen Feuerwehrschlauch hinwies. Zur Not würde er mit der Feuerwehrspritze die Latten aufhebeln; er musste zum Fahrer, egal wie.

Sich mit den Armen im Türrahmen abstützend, traktierte er die Sperrholztür des Verschlags. Dahinter fand er wie gehofft einen Feuerwehrschlauch. Aber es kam noch besser. Er fand darin auch einen Spaten – und eine Axt.

Die Axt war für seine Zwecke wie geschaffen. Auf der Rückseite der Klinge hatte sie einen Dorn, mit dem man mühelos die Latten aufhebeln konnte, und auch das Türglas gab unter Adrians wuchtigen Schlägen nach. Er zwängte sich durch das Loch im Glas und ignorierte die feinen Glassplitter an seinen Hosenbeinen. Doch als er die Fahrerkabine erreicht hatte, erlebte er eine böse Überraschung.

Sie war leer. Der Zug fuhr offenbar führerlos durch die Nacht. Adrian ging in die Knie, um über die Lehne des Fahrersitzes durch die Frontscheibe zu blicken. Der Zug raste tatsächlich wie von Geisterhand gesteuert durch die Dunkelheit. Signale wechselten und klickten, Weichen sprangen um, und der Zug reiste immer weiter mit unbekanntem Ziel. Wieder signalisierte Adrians Handy den Eingang einer SMS.

Ich hatte gesagt, den USB-Stick.

Doch Adrian wollte so leicht nicht aufgeben. Er war sicher. Der Unbekannte musste im Zugbegleiterabteil sitzen. Er konnte zwar das Licht im Zug an- und ausschalten, wusste der Teufel wie. Aber wenn Adrian mit der Axt alle Lampen zerstörte, konnte er zumindest ihn nicht mehr sehen. Adrian selbst konnte dann zwar auch nichts mehr sehen, aber mittlerweile fühlte er sich mit der Topografie des Zuges einigermaßen vertraut. Also machte er sich schwankend auf den Weg an das andere Ende des Zuges, dabei gründlich jede Lichtquelle ausschaltend, die ihm in den Weg kam.

Als er endlich, in fast völliger Dunkelheit, wieder vor dem Abteil der Zugbegleitung stand, hörte er dahinter abermals das Rascheln und Scharren. Mit einem tierischen Schrei hob er die Axt und schmetterte sie gegen die Tür. Dann spürte er einen dumpfen Schlag auf seinen Hinterkopf, und es wurde auch in seinem Schädel dunkel.

Adrian fiel in eine Art dämmrigen Traumzustand. Er war zu Hause, es war Heiligabend, und er erzählte gerade seine Geschichte. Doch alles, was er sich so schön zurechtgelegt hatte, war plötzlich wie aus seinem Kopf gelöscht. Zu seinem Grauen erzählte er die Wahrheit: Er wohnte in Neukölln. Soviel stimmte an seiner Weihnachtsgeschichte. Allerdings nicht in einem Penthouse, sondern in einer schimmeligen WG, wo er sich das Zimmer mit zwei osteuropäischen Schwarzarbeitern teilte, die ihn abwechselnd verprügeln oder beschlafen wollten. Als Adrian in Berlin angekommen war, hatte er sich geschworen, nur den besten Job anzunehmen, doch bald zeigte sich, dass er nicht einmal einen unterbezahlten Assistenzjob bekommen konnte. Keine der TV-Produktionen, bei denen er sich vorstellte, war an seinen Geschichten interessiert. Schließlich jobbte er in einer Shisha-Bar, was er vor sich selbst immer noch als Milieustudie vertreten konnte, aber das ging nur ein paar Wochen gut.

Als er sich beim Chef über die vielen unbezahlten Überstunden beschwerte, holte der seinen Rausschmeißer, der ihm ohne Vorwarnung auf den Mund boxte. Mit geschwollener Lippe unterschrieb Adrian seine Kündigung, die ihm der Shisha-Boss diktierte. Laut Text kündigte Adrian aus eigenem Antrieb, weshalb ihm keinerlei Ansprüche entstanden.

Mit seinen Stoffen und Ideen hatte Adrian nirgendwo Erfolg. Also ging er den Weg vieler erfolgloser Autoren. Er gab Unterricht im Kreativen Schreiben. Adrian hatte seinen Austin Kleon gelesen, seinen Robert McKee und seinen Syd Field sowieso. Er konnte lange genug über »Plot Points« und »Character Arcs« und »Set-up« schwadronieren, aber nach ein paar Stunden merkte auch der geduldigste Schüler, dass bei Adrian nur heiße Luft herauskam. Adrian merkte es ja selbst. Er wollte in Wirklichkeit gar nicht schreiben. Nur den Nimbus, die Aura von Leuten, die schrieben, *die* hätte er schon gerne gehabt.

Seinen Unterricht gab Adrian in Szene-Kneipen in Mitte, wo man sich an einem Latte stundenlang festhalten konnte, und als es dafür nicht mehr reichte, brachte er einen Teebeutel mit und ließ sich heißes Wasser geben. Die Servicekräfte schmollten, aber sie schmissen ihn nicht raus. Das ist Berlin, dachte er: arm, aber sexy. So wie ich.

Und dann meldete sich eines Tages Bettina. Sie kam sogar aus derselben Gegend wie er. Ein immer leicht müdes Mädchen, immer ein bisschen verpeilt wirkend, aber sie hatte Ideen. Ideen, wie sie Adrian gerne gehabt hätte. Und in einer, das erkannte er, weil er sich mit den Äußerlichkeiten des Mediums befasst hatte wie kein Zweiter, steckte der Keim für eine große TV-Serie.

Dann kam Bettina nicht mehr. Nach langer Zeit erhielt er eine E-Mail. Sie hatte Krebs. Der war zu spät entdeckt worden. Bettina würde nur noch ein paar Monate leben, aber sie hatte erkannt, dass es wichtigere Dinge im Leben gab als das Schreiben. Sie dankte Adrian für alles und bat ihn, die Textproben, die er auf seiner Festplatte hatte, zu löschen.

Was Adrian versprach, aber nicht tat.

Es war aber auch nicht so, dass er postwendend mit der Idee zu den TV-Produktionsfirmen rannte. Er wartete monatelang. Er rang mit sich. Er ertrug so manche Erniedrigung und Belästigung seiner Mitbewohner. Aber dann rückte das Fest der Liebe unbarmherzig näher. Der Moment, an dem er die Hosen runterlassen musste, sinnbildlich gesprochen, er musste Farbe bekennen.

Da nahm Adrian Bettinas Stoff, verpackte ihn in einen schillernden Pitch und wurde prompt unter Vertrag genommen. Es ging sogar eine kleine Meldung durch die Fachpresse und über die einschlägigen Webseiten.

Als er wieder zu sich kam, lag Adrian auf dem Boden des Zuges. Er betastete seinen Kopf, spürte ein wenig verkrustetes Blut. Um ihn herum lagen die von ihm zertrümmerten Lampen- und Leuchtensplitter. Neben ihm pinnte ein gelber Post-it-Zettel mit zwei Worten: *Game over.*

Adrian rappelte sich auf, der Kopf brummte leicht, aber nicht genug, um wirklich als Gehirnerschütterung durchzugehen. Draußen war es taghell und totenstill. Keine Menschenseele zu sehen, kein Ton zu hören. Und da begriff Adrian. Das Ganze war nur ein böser Traum. Ein schlechter Trip. Er war mit den Quellen seines Rauschgiftes in letzter Zeit zunehmend leichtsinniger geworden, es war klar, dass sich das irgendwann einmal rächen würde.

Noch nie im Leben hatte sich Adrian so auf das Erwachen gefreut. Erst jetzt fiel ihm auf, dass alle Türen des Zuges offen standen. Ein kühler Wind, den Adrian in seiner Benommenheit als recht angenehm empfand, wehte herein. Er stieg die Stufen nach draußen hinunter, sprang auf den Schotter des Gleisbetts. Der Zug stand auf offener Strecke, kein Bahnhof in Sicht.

Adrian breitete die Arme aus und blickte in Richtung des Lichts. Es war ein klarer, kalter Wintertag. Die Sonne war gerade hoch genug gestiegen, um ihn zu blenden. Alles, was da am Horizont lag, war nichts weiter als eine gleißende, goldschimmernde Linie. Aber Adrian musste nichts sehen. Ob einfach seine Vorstellungskraft überhitzt war, oder ob es sein Marschierpulver-Lieferant etwas zu gut mit ihm gemeint hatte, war am Ende einerlei. Wichtig war nur, dass das hier – die Zugfahrt, diese ganzen verrückten Herausforderungen – nur eine von vielen Illusionen war.

Geschichten waren Quatsch, das wusste Adrian im tiefsten Grunde seines Herzens. Aber solange es Leute gab, die bereit waren, dafür Geld auszugeben, war es gut, dass auch Leute wie er existierten. Denen zwar ums Verrecken keine gute Geschichte einfiel, die es aber perfekt verstanden, Geschichten gut zu verkaufen. Denn allein darauf kam es an. Das Drumherum war am Ende wichtiger als der Kern. Das hatte Werbe-Fuzzi Leon auch immer gesagt.

Adrian schloss die Augen und spürte weiter das Kitzeln des Sonnenlichts auf seinen Lidern. Das war ein Zeichen dafür, dass er bald aufwachen würde. Vermutlich war er schon längst zu Hause. In seinem alten Zimmer. Am Ende, das wusste er, wachte man immer auf. Immer. Selbst kurz vor Schluss. Man würde aufwachen, die Augen öffnen und alles wäre … vorbei.

Zwischen den Jahren war nicht viel los, aber drei kleine Meldungen im Lokalteil der *Burgendorfer Zeitung* stachen dann doch ins Auge.

Aktuelles
Leider kam es während der Feiertage auf einer Bahnstrecke in unserer Nachbarschaft zu einem tragischen Unfall mit Todesfolge. Das Opfer war ein junger Mann aus unserer Heimatgemeinde, der offenbar auf dem Weg zu seiner Familie war. Die genauen Umstände des Todes sind noch nicht geklärt, aber wir möchten alle Menschen, die gerade um die Weihnachtszeit von psychischen Problemen gequält werden, ermutigen, sich rechtzeitig an die einschlägigen Hilfsorganisationen zu wenden.

Aus der Redaktion
Dass es Weihnachten auch unverhofft Geschenke geben kann, beweist der Fall der jungen Bettina S. Vor einigen Monaten war bei ihr bereits weit fortgeschrittener Haut-

krebs diagnostiziert worden, Ärzte gaben ihr nur noch
einige Monate zu leben. Doch inzwischen wurde die
Gewebeprobe ein zweites Mal analysiert, und dabei
stellte sich heraus, dass die Proben im Labor verwechselt
worden waren. Als die junge Dame die Nachricht erfuhr,
brach sie in der Praxis zusammen und musste stabilisiert
werden. Inzwischen besteht jedoch keine Lebensgefahr
mehr. Bettina gehörte zu den ersten Mädchen bei uns, die
sich ernsthaft für Computer interessierten. Zwischenzeit-
lich hatte sie auch literarische Ambitionen. Wir wissen
aber nicht, was daraus geworden ist.

Ein Blick in die Zukunft des Fernverkehrs
Abseits des erhöhten Verkehrsaufkommens um die Weih-
nachtsfeiertage testete die Bahn einen neuen software-
gesteuerten ICE, der gänzlich ohne Lokführer auskommt.
Nach ersten Berichten der Bahn verlief der Test erfolg-
reich. Behauptungen in einschlägigen Foren im Internet,
die Software der Bahn sei noch störanfällig und könne
von Hackern manipuliert werden, wies der Bahnvorstand
als Spekulation zurück.

21

Gisa Pauly

Wer braucht schon einen Schrittzähler?

Münster

Über die Autorin

Gisa Pauly lebt als freie Schriftstellerin in Münster und hat mittlerweile dreißig Bücher und diverse Drehbücher veröffentlicht. In ihren turbulenten Sylt-Krimis prallt das Temperament von Mamma Carlotta auf die Mentalität der Inselbewohner. 2018 erscheint bereits der zwölfte Band dieser erfolgreichen Reihe. Neben den Sylt-Krimis waren auch Gisa Paulys Italienromane *Der Mann ist das Problem* und *Venezianische Liebe* auf der *Spiegel*-Bestsellerliste.

Mehr zur Autorin unter www.gisapauly.de.

Ein Weihnachtsgeschenk für den, der schon alles hat?«
Diese dünkelhafte Frage habe ich mehr als einmal gehört, wenn ich in den Geschäften auf Schnäppchenjagd war.

»Ach Gott, meine Kinder …« – wahlweise Freunde, Eltern, Geschwister – »… haben einfach alles! Was soll man denen noch schenken?«

Und ausgerechnet ich habe es bekommen, dieses Geschenk. Nur … ich gehöre weiß Gott nicht zu denen, die schon alles haben. Eher im Gegenteil. Ich gehöre vor allem zu denen, die vieles nötig haben. Nur deswegen habe ich das Paket schon einen Monat vor Weihnachten aufgemacht. Ich hoffte auf ein nützliches Geschenk von hohem Gebrauchswert und für die Kinder auf etwas, was sich eine Mutter nicht leisten kann, die gerade von ihrem Mann verlassen wurde, der keine Adresse hinterlassen hat und keinen Unterhalt zahlt.

»Geldgeschenke sind ja so unpersönlich!«

Auch das ist mir gelegentlich zu Ohren gekommen. Aber ganz ehrlich … ein vollkommen unpersönlicher Geldschein wäre mir erheblich lieber gewesen als das, was ich aus dem Paket geholt habe, das meine Mutter geschickt hat. Für die Kinder hätte ich dann etwas kaufen können, was sie sich schon lange wünschen, und müsste mir nicht ihre langen Gesichter angucken, wenn sie ein weiteres Kuscheltier unter dem Weihnachtsbaum vorfinden, von denen schon an die vierzig ihre Betten bevölkern. Wenn dieses hässliche lila Einhorn und der noch hässlichere Darth Vader mit Wackelkopf auch aus Las Vegas stammen, das macht die Sache nicht besser. Mir fehlt komplett der Sinn für dieses Besondere, das meine Mutter auf der beigelegten Weihnachtskarte betont. Meinen Kindern garantiert auch. Die Oma haut in Las Vegas das Geld auf den Kopf, während ich nicht weiß, wie ich für meine Kinder die Weihnachtsgeschenke kaufen soll, die sie sich wünschen. Und mein Ehemann turtelt mit einer Tussi rum, für die er vermutlich sein letztes Geld zusammenkratzt, damit er ihr was Schönes zu Weihnachten schenken kann. Und ich? Und Max und Rieke? Wir gucken in die Röhre. Ungerecht ist das! Total ungerecht!

Meine Mutter scheint überhaupt nicht zu kapieren, wie schlecht es mir geht. Hätte sie mir sonst eins dieser Geschenke für Leute zukommen lassen, die schon alles haben? Wozu, bitte schön, brauche ich einen Schrittzähler? Ob ich am Tag hundert oder tausend oder zehntausend Schritte mache, interessiert niemanden. Mich selbst am allerwenigsten.

Erster Dezember, der Countdown läuft, Heiligabend rückt näher. Was soll ich nur tun? Wenn ich an die enttäuschten Gesichter meiner Kinder denke, wird mir ganz anders. Rieke wünscht sich nichts sehnlicher als ein Nintendo, und Max redet schon seit Wochen von einer elektronischen Dartscheibe. Wie soll ich das bewerkstelligen, wenn mein Geld gerade für einen Goldfisch oder eine Packung Knetgummi reicht?

Den Anruf bei meinem Ex hätte ich mir sparen können, aber versuchen will ich es trotzdem. Ich muss ja schon froh sein, dass er seine Handynummer nicht gewechselt hat. Seine Stimme klingt wieder so, als hätte ich ihn auf den Bahamas erreicht. Da das ausgeschlossen ist, wird es wohl eine schlechte Verbindung sein oder die Nähe der blonden Tussi. Vermutlich billigt sie keine Telefonate mit Toms Noch-Ehefrau, und er muss sich in die Besenkammer verdrücken, wenn ich anrufe.

»Nintendo und elektronische Dartscheibe? Wovon träumst du? Ich bin arbeitslos! Schon vergessen?«

»Du hast immer noch zwei Kinder! Schon vergessen?«

Hätte ich ihn im Sommer bloß nicht allein gelassen, als er sich unbedingt einen Überblick über die Skulpturenausstellung in Münster verschaffen wollte. Tom war noch nie kunstbeflissen, das hätte mir gleich zu denken geben sollen. Angeblich hat er die blonde Tussi vor der einzigen Skulptur kennengelernt, die die Münsteraner und alle auswärtigen Besucher, die so wenig von Kunst verstehen wie Tom, überzeugt hat: den unsichtbaren Steg, den eine türkische Künstlerin im Münsteraner Binnenhafen verlegt hat. Von da an konnten sich alle Münsteraner wie Jesus fühlen und übers Wasser gehen. Das hatte Tom wohl auch getan und sich von der blonden Tussi dabei bewundern lassen. Und prompt war er zur Stelle gewesen, als sie bei ihrer albernen Hopserei den Steg verfehlte und im Hafenwasser landete. Als Tom nach Hause zurückkam, schien er sich einzubilden, er sei James Bond und könne jede Frau haben.

Ein paar Tage später war er verschwunden, mit dem letzten Geld, dem tragbaren Fernsehgerät und dem Espressoautomaten, für den die Raten noch nicht bezahlt waren. Wohin? Seinen Aufenthaltsort wollte er auf keinen Fall preisgeben. Angeblich traute er mir zu, vor der Haustür der Tussi zu erscheinen und ihr die blonden Haare einzeln auszureißen.

Ganz abwegig war der Gedanke tatsächlich nicht, trotzdem frage ich ihn auch diesmal: »Wo bist du? Die Kinder möchten dich besuchen.«

Aber darauf fällt Tom nicht rein. Und auf sein Versprechen, sich noch vor Weihnachten einen Job zu besorgen und direkt nach dem Unterschreiben des Arbeitsvertrages um einen Vorschuss zu bitten, falle ich nicht rein.

Am nächsten Morgen fahre ich mit dem Bus in die Stadt – das Auto hat mein untreuer Ehemann natürlich mitgenommen – und bemühe mich redlich, mir die Idee, die mir am Vorabend gekommen ist, wieder aus dem Kopf zu schlagen. Das Wetter, das in Münster als typisch gilt, ist für so was bestens geeignet. Regen und dazu Glockengeläut. Aber ein Wind, der Neues heranwehen könnte, fehlt, und der fieselige Dauerregen bringt mir keine Erleuchtung. Um ein Haar wäre ich das Opfer eines Fahrradfahrers geworden, die sich in Münster Rechte herausnehmen, für die es im Bußgeldkatalog nicht mal einen Namen gibt. Und da begreife ich, dass ich handeln muss. Die Idee vom Vorabend ist meine einzige, etwas Besseres fällt mir nicht ein. Und wenn ich noch lange warte, wird dieser Einfall definitiv mein letzter sein. Also los!

Ich schlendere wie eine Touristin über den Prinzipalmarkt, bleibe vor dem Rathaus stehen, als hätte ich es noch nie gesehen, und betrachte die drei Käfige am Turm der Lambertikirche, in denen im Jahre 1536 die Leichen der Wiedertäufer den Vögeln zum Fraß überlassen worden waren. Der Gedanke, dass diese Strafe auch für Tom genau richtig wäre, gibt mir die Kraft, in den Alten Fischmarkt einzubiegen und das riesige Kinderkaufhaus MuKK anzusteuern.

Am Eingang werde ich gebremst. Ein großes Plakat ist an der Tür angebracht. »Vorsicht vor Sextäter!« Du lieber Himmel! Was es nicht alles gibt! Da schleicht sich in Münsters Innenstadt ein Mann mit finsteren Absichten in das Vertrauen von Müttern, die ja immer froh sind, wenn sie Unterstützung bekommen. Wenn es jemanden gibt, der einem mit dem Kinderwagen hilft, den Maxi-Cosi mitsamt dem Baby zum Auto trägt oder sperrige Weihnachtsgeschenke im Kofferraum verstaut, vergisst man als gestresste Mutter schon mal die nötige Vorsicht. Aber an die sperrigen Weihnachtsgeschenke muss ich erst mal kommen, bevor ich mir Gedanken darüber mache, ob ein Mann, der mir beim Transport hilft, ehrliche oder finstere Absichten hat.

Ich schlendere durchs Erdgeschoss, von Regal zu Regal, wie eine Mutter, deren Kinder schon alles haben und die genug Geld mit sich führt, um sich auf etwas zu stürzen, das zwar schweineteuer ist, aber zu den obercoolen und total angesagten Weihnachtsgeschenken gehört. So eine Mutter ist dankbar, wenn sie was gefunden hat, das ihren verwöhnten Kindern gefallen könnte und das sie überdies noch nicht besitzen.

Im Erdgeschoss ist es trubelig, ein ewiges Rein und Raus. Das ist einerseits gut für mein Vorhaben, denn hier kann keine Verkäuferin den Überblick behalten, aber andererseits auch anstrengend, weil ich selbst natürlich genauso wenig den Überblick behalte. Außerdem scheint es hier nicht das zu geben, was ich brauche. Elektronisches Spielzeug wird im Untergeschoss angeboten. Dort ist es nicht wesentlich ruhiger, aber zumindest übersichtlicher, da die Beratungen zeitintensiver sind als oben bei den Hello-Kitty-Stiften und dem Badewannenspielzeug.

Dass ich eine große Einkaufstasche mitgebracht habe, fällt niemandem auf. Das hoffe ich jedenfalls. Und dass ich gelegentlich einen Kosmetikspiegel benutze und so tue, als kontrolliere ich mein Make-up, erweckt sicherlich bei niemandem einen Verdacht. Wie soll ich sonst wissen, was hinter mir geschieht? Zwischen mein Unwohlsein und meine Angst fällt nun sogar ein Klumpen Stolz. War doch eine tolle Idee von mir, diesen Spiegel anzuschaffen! Eine Investition von knapp drei Euro, die sich jetzt auszahlt.

Ich bin zum ersten Mal froh, dass ich nicht zu den Frauen mit den knabenhaften Figuren gehöre. Meine Hüften sind breit, und mein Hintern ist dick. Tom hat mich früher oft genug damit aufgezogen, aber zum Glück immer angefügt, dass meine schönen Augen alles wettmachen. Zumindest in guten Zeiten hat er diese Ergänzung niemals vergessen. Im Schatten meines Allerwertesten ist jedenfalls genug Platz, etwas unbemerkt verschwinden zu lassen. Wenn ich nicht solche Angst vor Entdeckung hätte, wäre ich beinahe stolz auf mich, als ich mit gut gefüllter Tasche zum Aufzug gehe, um ins Erdgeschoss zu fahren. Ich bin sicher, dass niemand etwas mitbekommen hat. Nun geht es nur noch darum, ungehindert den Ausgang zu passieren. Wenn der Nintendo und die elektronische Dartscheibe mit Sicherungen versehen sind, werde ich losrennen müssen, sobald das große Piepen einsetzt. Unhörbar schärfe ich mir ein, dass ich dann nicht zögern darf. Beim ersten Piep los und nichts wie weg! Am besten Richtung Stadtbücherei. Wenn ich dort angekommen bin, ohne gefasst zu werden, bin ich gerettet. Im Keller der Stadtbücherei gibt es einen Wickelraum, den ich früher oft mit den Kindern aufgesucht habe. Dort wird mich keiner finden.

Aber ich komme nicht so weit. Womit ich niemals gerechnet habe, ereilt mich ein paar Schritte vor dem Ausgang, aber leider ein paar Schritte hinter der Kasse, sodass jedes Leugnen zwecklos und jede faule Ausrede Kraftvergeudung ist. Eine melodiöse Stimme, tief und äußerst wohlklingend, so sanft, dass sie sich anhört, als wäre sie nur einen Zentimeter von meinem Ohr entfernt. »Besser, Sie verlassen das Geschäft nicht.«

Ich wage es nicht, mich umzudrehen. Die Behauptung, dass ich die Kasse übersehen habe und keineswegs die Absicht hatte, ohne Bezahlung den Laden zu verlassen, bleibt mir im Halse stecken. Komischerweise fällt mir stattdessen die Warnung ein, die ich nun wieder am Eingang sehe. Der Sextäter! Bevor mir klar wird, dass ein Sextäter vermutlich anders vorgeht, spricht er schon weiter: »Ich bin der Hausdetektiv. Wenn Sie möchten, dass diese Angelegenheit diskret abläuft, dann folgen Sie mir bitte.«

Was bleibt mir anderes übrig? Mit einem Mal geht es nicht mehr darum, die richtigen Weihnachtsgeschenke für meine Kinder zu bekommen, sondern nur noch darum, heile aus dieser Geschichte herauszukommen. Oder wenigstens nur mit ein paar Schrammen, die schnell verheilen. Also ohne Strafanzeige und möglichst auch ohne Wiedergutmachungszahlung.

Mit zitternden Knien folge ich dem Hausdetektiv zurück ins Untergeschoss, diesmal über die Treppe, und dort hinter ein Regal mit Zubehör für elektrische Eisenbahnen. Ich bin ihm dankbar. Dort sind wir weder von anderen Kunden noch von den Verkäufern zu sehen, die übrigens überhaupt nicht auf uns achten. Sie alle haben gut zu tun.

Wir setzen uns auf kleine Hocker, und er nickt zu meiner großen Tasche. »Was haben Sie sich dabei gedacht?«

Was für eine Frage! Glaubt der etwa, ich gehöre zu denen, die stehlen wegen des Nervenkitzels? »Können Sie sich vorstellen, wie das ist, wenn die Kinder sich etwas sehnlichst wünschen und eine Mutter nicht in der Lage ist, ihnen den Wunsch zu erfüllen?«

Er scheint es sich vorstellen zu können. Erstaunlich, dass so jemand, der sich von Berufs wegen ständig belügen und betrügen lassen muss, einer Mutter glaubt, deren Kinder nach den Weihnachtsferien genauso mit ihren Geschenken protzen wollen wie alle anderen.

Er zieht einen Notizblock hervor. »Ihr Name, bitte.«

Wird er jetzt etwa amtlich? Also doch Strafanzeige, Gerichtsverhandlung, Bußgeld und so weiter?

Ich wage nicht zu fragen, um nicht hören zu müssen, dass er nur seine Pflicht tut, das, wofür ihn der Geschäftsführer von MuKK bezahlt, und ich mir hoffentlich nicht einbilde, dass ich billiger davonkomme, nur weil ich noch einigermaßen jung und leidlich hübsch bin. Besser, ich versuche, keine Zicken zu machen und mir stattdessen durch Kooperation Vorteile zu verschaffen. Also diktiere ich ihm meinen Namen.

»Adresse?«

Meinetwegen auch das. Während er meine Angaben notiert, beruhige ich mich allmählich wieder und kann ihn genauer betrachten. Ende vierzig etwa, ziemlich attraktiv, mittelgroß und schlank, blond, kurz geschnittene Haare, graue Augen, ein nordischer Typ. Gepflegt, mit manikürten Nägeln, alles in allem ein Sahneschnittchen. Wenn er nicht diesen unsympathischen Beruf hätte … Trotzdem kann es nicht schaden, einen kleinen Augenflirt zu beginnen, als er endlich wieder aufsieht. Vielleicht fällt er darauf rein und lässt mich laufen?

Tatsächlich wird sein Blick interessiert, als ich es mit dem Augenaufschlag versuche, den ich erstaunlicherweise noch immer beherrsche. Wer hätte das gedacht! In über zehn Jahren Ehe geht einem ja so manches verloren, aber damit habe ich offenbar nach wie vor Erfolg. Augenscheinlich ist es ihm unangenehm, mir zu verpassen, was ich verdiene. Eine Anzeige!

Als er mir erklärt, wie sehr der Einzelhandel unter den vielen Ladendiebstählen leidet, nicke ich so schuldbewusst, wie es von mir erwartet wird, und als er ergänzt, dass eine Mutter eigentlich ein Vorbild für ihre Kinder sein sollte, höre ich nur dieses »eigentlich« und bin bereit, alles dafür zu tun, damit darauf die Ergänzung folgt, die mit diesem Wort üblicherweise eingeleitet wird. Tatsächlich schiebt er meine große Einkaufstasche mit dem Fuß hinter ein Regal, als solle sie verschwinden.

»Also gut, dann werde ich mal darüber hinwegsehen, da Sie ja einsichtig zu sein scheinen. Aber beim nächsten Mal …«

Ich höre mir nicht mehr an, was beim nächsten Mal geschehen wird. Mich interessiert nur, dass er darauf verzichten will, mich anzuzeigen. Halleluja! Tom würde jetzt vermutlich behaupten, ich sei sogar zu doof zum Klauen und hätte diese Großzügigkeit gar nicht verdient. Ich wäre in diesem Fall sogar geneigt, ihm recht zu geben. Vermutlich bin ich die unfähigste

Mutter aller Zeiten, weil ich meinen Kindern ihre Weihnachtswünsche nicht erfüllen kann. Dass ich als dümmste Ehefrau in die Annalen eingehen werde, steht ja schon länger fest, sonst hätte ich Tom nicht immer wieder seine diversen Seitensprünge verziehen. Wenn er mit der blonden Tussi nicht das Weite gesucht hätte, wäre ich vermutlich schon vor dem Ende der Skulpturenausstellung bereit gewesen, ihm auch diesen Fehltritt nachzusehen.

Ich werfe einen langen Blick auf meine große Shoppingtasche, aber der Hausdetektiv macht keine Anstalten, sie mir zurückzugeben. Nun gut, das war ein Schnäppchen von Aldi, 3,95 €, das kann ich verschmerzen. Portemonnaie, Handy und Hausschlüssel habe ich in meiner Handtasche.

Ich bedanke mich herzlich bei dem Hausdetektiv, aber nicht herzlicher als unter diesen Umständen angebracht, das heißt, ich vergesse nicht, mir Demut und unterwürfige Dankbarkeit aufs Gesicht zu malen, als ich ihm die Hand reiche. Dem Plakat mit dem Sextäter strecke ich die Zunge heraus, als ich den Laden verlasse. Mittelgroß, blond, kurz geschnittene Haare und helle Augen! Wie kann man mit so einer Beschreibung vor einem Sextäter warnen. Mit diesem Äußeren laufen Dutzende von deutschen Männern herum! Sogar auf Tom würde diese Beschreibung passen.

Meine Erleichterung hält nicht lange an. Dass ich meinen Kindern ihre Weihnachtswünsche nicht erfüllen kann, hat sich wie eine dunkle Decke auf die zunächst geradezu ambrosische Entspannung geworfen. Nur gelegentlich blitzt die Erinnerung darunter hervor, die mich damit aufbauen will, dass ich für einen Mann noch attraktiv genug bin, seine Prinzipien vergessen zu lassen. Ein angenehmes Gefühl! Aber eine Woche vor Weihnachten ist es auch damit vorbei. Ich beginne, meine Kinder mit dem Gedanken vertraut zu machen, dass das Fest in diesem Jahr anders aussehen wird als sonst. Es ist schon schwer genug für sie, einzusehen, dass ihr Vater nicht mit ihnen feiern will.

»Warum kommt er nicht zu uns?«, fragt Rieke mich immer wieder.

Ich gebe mir Mühe, die blonde Tussi nicht zu erwähnen, und fasele etwas von Toms Bemühungen, im Ausland einen Job zu finden, zu weit weg, um seinen Kindern zu Weihnachten einen Besuch abzustatten.

Einsehen können sie es nicht. Klar! Und als wäre das nicht schon schlimm genug, werden sie in diesem Jahr zu Weihnachten nur ein paar Kleinigkeiten unter den Baum gelegt bekommen, die ich mir vom Munde abgespart habe. Und dazu das Paket von Oma, das zu keinen Begeisterungsstürmen führen wird. Vielleicht tröstet es die beiden, dass auch mein Geschenk nicht der Knaller ist. Ein Schrittzähler! Dagegen sind ein Einhorn und Darth Vader ja direkt Hauptgewinne.

Während die Kinder beim Sport sind, kratze ich meine Vorräte zusammen und stelle fest, dass sie zum Backen von Spritzgebäck reichen werden. Wenigstens etwas! Wenn schon keine Weihnachtsgeschenke, dann wenigstens heimelige Vorweihnachtsatmosphäre. Ich habe gerade ein paar vergessene Haselnüsse im Küchenschrank gefunden, als es an der Tür klingelt. Vielleicht die nette alte Dame, die in der Vorweihnachtszeit immer selbst gemachte Marzipankartoffeln in der Nachbarschaft verteilt?

Ich bin derart versessen auf alles, was umsonst zu haben ist, dass ich die Tür aufreiße, ohne vorher durch den Spion zu schauen. Das bedaure ich sofort. Es wäre mir lieber gewesen, wenn ich Zeit und Gelegenheit gehabt hätte, mein Spiegelbild zu kontrollieren und meine Haare zurückzustreichen, die mir wirr ins Gesicht hängen.

Der Hausdetektiv von MuKK steht vor meiner Tür, neben seinen Füßen meine große Einkaufstasche. Sein Lächeln ist verlegen, was ihn noch attraktiver macht, als er sowieso schon ist. »Verzeihung, aber …« Er hebt die Tasche an, die noch immer so schwer zu sein scheint, wie ich sie in Erinnerung habe. »Ich konnte den Gedanken nicht ertragen, dass Sie und Ihre Kinder ein trauriges Weihnachtsfest verleben.«

Einladend öffne ich die Tür weiter, lasse ihn eintreten und weise ihm den Weg ins Wohnzimmer. Als ich am Spiegel vorbeikomme, wische ich mir verstohlen das Mehl von der Nase und zupfe mir den Pony zurecht. Mehr ist auf die Schnelle nicht zu machen. Verdammt, auf diesen Besuch wäre ich wirklich gerne vorbereitet gewesen.

Ich biete ihm einen Platz und dann etwas von dem ekligen Eierlikör an, den eine alte Tante von mir jedes Jahr zu Nikolaus schickt und der so lange ungeöffnet im Regal stehen bleibt, bis die Sendung der nächsten Flasche zu befürchten ist und die aus dem Vorjahr weggeworfen werden kann. »Champagner ist leider gerade nicht im Haus.«

Dann setze ich mich ihm gegenüber und starre begehrlich auf die Tasche. Ist da wirklich das drin, was ich vermute?

Er nickt, ohne dass ich die Frage ausspreche. »Ich bin schon seit Jahren Hausdetektiv bei MuKK. Noch nie habe ich einen Dieb laufen lassen, und erst recht habe ich ihm nicht seine Beute hinterhergetragen. Aber Sie …« Er schaut mich an, als hätte er nie eine schönere Frau als mich erblickt. »Sie haben etwas in mir berührt … eine Saite, die schon lange nicht mehr zum Klingen gebracht worden ist.«

Wunderbar, wie er das sagt! Ich könnte ihm stundenlang zuhören. Aber leider, wie in einer schlechten Komödie, klingelt es genau in diesem Augenblick erneut. Die Nachbarin mit den Marzipankartoffeln?

Ich murmele eine Entschuldigung, flitze zur Tür, reiße sie auf … und sehe mich Tom gegenüber. Auch zu seinen Füßen steht eine Tasche, eine Plastiktüte mit der Aufschrift »MuKK«. Ausgerechnet jetzt! Ausgerechnet in diesem Moment, der so aussieht, als könnte er mich für die vielen Enttäuschungen der letzten Monate entschädigen.

Tom fragt nicht, ob er hereinkommen darf, er tut es einfach. So, als wäre er hier noch zu Hause. Ich lausche Richtung Wohnzimmertür und frage mich, ob es mir gelingen könnte, Tom zügig abzufertigen, ohne dass der attraktive Kaufhausdetektiv es merkt. Und ohne dass Tom Verdacht schöpft.

Er zeigt auf die riesige Plastiktüte. »Ich habe seit Nikolaus einen Job. Die Kinder sollen an Heiligabend nicht ohne Geschenke sein.«

»Etwa …?« Mir verschlägt es die Sprache.

»Klar. Nintendo und elektronische Dartscheibe.« Tom lächelt »Bis Weihnachten bin ich Kaufhausdetektiv. Bei MuKK! Da habe ich beides mit Personalrabatt bekommen.« Seine frohe Miene fällt in sich zusammen, als er in mein entgeistertes Gesicht blickt. »Kein super Job, das weiß ich selbst. Aber immerhin …«

Ich greife nach seinem Arm und ziehe ihn zur Küchentür. Er ist derart überrumpelt, dass er sich ohne Gegenwehr in die Küche schieben lässt. »Der Detektiv von MuKK sitzt bei mir im Wohnzimmer«, zische ich ihm ins verdutzte Gesicht und drücke die Tür fest ins Schloss. »Ebenfalls mit Weihnachtsgeschenken für unsere Kinder.«

Ich glaube, mir wird schlecht. Mein Gott, wer ist dieser Kerl wirklich?

Tom starrt mich an. So hat er vermutlich ausgesehen, als die blonde Tussi ihn vor die Wahl gestellt hat: deine Frau oder ich!

»Bist du bei MuKK der einzige Detektiv?«

Tom kann nur nicken, was ich mir früher oft gewünscht habe, wenn ich mit ihm Sonderausgaben diskutieren wollte. Das Plakat an der Eingangstür steht mir nun ganz klar vor Augen. Mittelgroß, schlank, blonde, kurz geschnittene Haare, helle Augen ... Er schleicht sich in das Vertrauen von Müttern ein.

»Wir müssen die Polizei holen.«

Wie konnte ich nur so vertrauensselig sein und ihn einfach reinlassen! Wie gut, dass Tom gekommen ist. Ohne ihn sähe ich jetzt meinem letzten Stündlein entgegen.

»Mein Handy liegt im Wohnzimmer.«

Tom greift in seine Jackentasche. »Ich habe meins vergessen.«

»Wir müssen ...«

Weiter komme ich nicht. Die Küchentür öffnet sich, und wir sehen in den Lauf einer Pistole ...

Der Mann, den ich für einen Kaufhausdetektiv hielt, dirigiert uns in den Flur Richtung Badezimmertür.

»Aufmachen!«, herrscht er Tom an und stößt ihn dann in das fensterlose, lichtlose Bad. Er umklammert meinen Oberarm wie ein Schraubstock, während er den Schlüssel innen abzieht, die Tür zustößt und von außen zusperrt. Dann sieht er mich aus seinen hellen Augen an und verzieht sein Gesicht zu einem kleinen, gemeinen Grinsen. »Und nun zu uns beiden.«

Ich rechne damit, dass er mich ins Schlafzimmer zerrt, frage mich, was geschehen wird, wenn die Kinder vom Sport zurückkommen, wie lange es dauern mag, bis ihnen die verschlossene Wohnungstür merkwürdig vorkommt und sie Hilfe holen ... Aber dann bin ich vermutlich längst tot, zum Opfer eines Sexualtäters geworden, vor dem öffentlich gewarnt wird. Öffentlich! Ich habe es selbst gelesen! Und trotzdem ... scheinbar wird aus einer Frau, die verlassen wurde, schnell ein billiges Opfer, sobald es einen Mann gibt, der erkennen lässt, dass sie nach wie vor begehrenswert ist. Ich dämliches Schaf!

Warum er mich in die Küche dirigiert, ist mir schleierhaft. Ein Perverser, der für die Befriedigung seiner krankhaften Lust Schälmesser oder Pürierstab braucht? Ich zittere am ganzen Leib, als sich die Küchentür hinter uns schließt.

Er scheint zu den besonders Blutgierigen zu gehören, die Lust daran haben, das Quälen hinauszuzögern, damit sie sich lange an der Angst ihres Opfers ergötzen können. Denn er möchte zunächst … einen Kaffee. Er verlangt ihn nicht, er bittet mich darum.

»Kaffee?« Ich stottere das Wort heraus und hätte beinahe gefragt, ob er nicht eigentlich Wodka für sich und den Schierlingsbecher für mich meint. Aber ich bringe es nicht über die Lippen.

»Kein Kaffee im Haus?«, fragt er. »Sie müssen ja finanziell wirklich am Ende sein.«

Warum interessiert ihn das? Und warum tut er nicht endlich, wozu er gekommen ist? Ich will es hinter mir haben. Mein letzter Wunsch ist nur noch ein schnelles, möglichst schmerzfreies Ende.

Er greift in die Innentasche seiner Jacke, und ich weiche entsetzt zurück. Was wird er mir jetzt unter die Nase halten? Ein besonders perfides Mordwerkzeug? Ein Folterinstrument?

Nein, es ist ein Ausweis. Ein Dienstausweis. Ein … Polizeiausweis?

»Hauptkommissar Juhnke. Wir sind Ihrem Mann schon lange auf der Spur. Dass wir ihn mit seiner Familie ködern können, war eine gute Idee des Polizeipräsidenten.« Er lehnt sich zurück und lächelt zufrieden. »Und dass Sie es mir so leicht gemacht haben, war ein echter Glücksfall.«

Dass ich ihn anglotze wie ein Kind einen Magier, der vor seinen Augen ein Kaninchen aus dem Ärmel zaubert, scheint ihm nicht aufzufallen.

»Schade! Bevor die Kollegen mit dem Streifenwagen kommen, hätte ich wirklich gern einen Kaffee mit Ihnen getrunken.« Dabei sieht er mich an wie ein Staubsaugervertreter auf Kundenfang. »Und dann sollten Sie unbedingt die Geschenke verstecken. Wir wollen Ihren Kindern die Weihnachtsüberraschung doch nicht verderben.«

22

Tom Zai

Selfie

St.Galler Oberland

Über den Autor

Tom Zai, Jahrgang 1965, arbeitet seit einer Ewigkeit als Lehrer. Daneben schreibt er Romane, krasse Kurzgeschichten, Musicals, Theater und frisch-freche Texte für seinen satirischen Blog. Als Verleger gibt er einfach zu lesende Bücher für Jugendliche heraus. Tom Zai behauptet: »Das Leben selber ist oft noch wahnwitziger, als ich es in meinen Texten erfinde, auch wenn das schwer zu glauben ist.« Besonders wichtig ist ihm: Die Gedanken sind frei!

Zwischen all den SUVs sieht der dunkelgrüne Passat einfach scheiße aus, denkt Max. Ob er ihn umparkieren soll? Doch da stehen schon die Gastgeber in der Tür ihres Ferienhauses und grinsen. Dann Küsschen links, Küsschen rechts, Küsschen links. Neunmal im Ganzen. Weil Frauen Frauen küssen, Frauen Männer küssen, Männer Frauen küssen, aber Männer auf gar keinen Fall Männer küssen, sondern diesen festen Händedruck praktizieren und sich beim Reingehen gegenseitig auf die Schultern klopfen.

Was für eine protzige Treppe!, denkt Max. Und wie affig federnd dieser Benedikt die Stufen nimmt! Max regt das alles auf hier. Nicht seine Liga. Er ist nur mit, weil Karin ihn, wie bereits die letzten Jahre, dazu gezwungen hat. Sie und Manuela besuchten vor über dreißig Jahren zusammen das Lehrerseminar in Sargans.

Die eine hat später einen kantonalen Verwaltungsangestellten geheiratet, mit dem sie zwei erwachsene Kinder hat, arbeitet immer noch Teilzeit als Primarlehrerin und bewohnt ein Reihenhäuschen in einem Schattenloch am Walensee. Die andere hat eine Koryphäe von einem Zahnarzt abbekommen, stellt sich als Helikoptermutter in den Dienst ihrer siebzehnjährigen Tochter Joseline, residiert unter der Woche in einem 400-Quadratmeter-Haus auf der Sonnenseite des unteren Zürichsees, der »Goldküste«, und verbringt die Wochenenden im »Häuschen« in den Flumserbergen mit Blick über das Sarganserland, den Walensee und auf die Churfirstenkette.

Trotz der Standesunterschiede haben die beiden Frauen nie aufgehört, ihre Freundschaft zu pflegen. Dazu gehört unnötigerweise das vorgezogene Weihnachtsfest im Ferienhause

Dr. med. dent. gros. koz. Ziltener. Die eigentlichen Festtage verbringen die Gastgeber abwechslungsweise in St. Moritz, Zermatt oder Gstaad. Auch Max und Karin wollen Weihnachten zum ersten Mal nicht daheim, sondern im Piemont verbringen: tagsüber Beziehungsarbeit, abends Schlemmen. In zwei Tagen soll es losgehen.

Der Wohnraum mit den Dimensionen eines Tennisplatzes ist voll mit Leuten, an die sich Max auch nächstes Jahr nicht erinnern wird. Sie stehen in Grüppchen, Sektgläser in der Hand, lächerliche Zipfelmützen auf dem Kopf, und unterhalten sich zu angeregt für Max' Geschmack und diesen Raum: aufgeblasener Alpenchic für Städter, die im Bergchalet zwar Alp-Öhi-Romantik suchen, dabei aber ihr Bedürfnis nach Platz und Komfort keinesfalls einschränken wollen. Als ob sie sich dafür schämen, verstecken sie dann den 75-Zoll-Fernseher in einem Möbel aus Arvenholz, das sich gleich neben dem Schwedenofen befindet, der trotz Bodenheizung und der viel zu vielen Leute volles Rohr befeuert wird.

»Auch ein Cüpli?«, fragt Manuela.

»Gern. Aber ich muss dann wohl noch fahren«, sagt Karin mit einem Seitenblick zu Max.

»Für mich ein Bier bitte«, sagt Max und setzt dabei ein gleichmütiges Gesicht auf.

»Ah, das trifft sich gut«, sagt Benedikt. »Mitkommen!«

Und schon sind sie alle wieder auf der Treppe. Max hat Schwierigkeiten, den Anschluss nicht zu verlieren. So wuselt dieser Benedikt wohl zwischen Behandlungszimmern hin und her, denkt Max, vier Leute gleichzeitig behandelnd, Taxpunkte sammelnd. Taxpunkte! Um nicht zuzugeben, dass allein das Händeschütteln zweihundert Franken kostet. Max hasst sich für seine kleinkrämerische Denkweise. Er ist und bleibt eben ein Bünzli. Zumindest sagt das Karin, und dann wird es wohl stimmen.

»Voilà!«, meint Benedikt stolz und zeigt auf die neue Bar mit eingebautem Zapfhahn. Max bekommt ein fast schwarzes Bier, das einen merkwürdigen Schaum macht.

»Irish Stout«, sagt Benedikt und zieht die Augenbrauen hoch. »Du kannst die Svetlana dort fragen, ob sie dir ein Kleeblatt obendrauf macht.«

Max hat die junge Dame bislang übersehen. Sie sitzt gelangweilt hinter einem DJ-Pult. Kleeblatt! Der ist gut! Max denkt bei ihrem Anblick eher an Feigenblätter und retuschiert im Geiste die störenden Textilien weg.

»Und das ist unser Selfiemat«, sagt Benedikt und zeigt auf ein Gerät, das sich als Selbstbedienungs-Sofortbildkamera mit allem Pipapo entpuppt.

»Manuelas Idee, das Ding zu mieten«, erklärt Benedikt. »Einfach vor der grünen Wand posieren, Hintergrund auswählen, Knopf drücken und warten, bis es blitzt! Das fertige Bild entnehmt ihr dem Schlitz an der Seite und klebt es ins Album. Die Verkleidungssachen sind dort drüben. Ich lass euch mal allein.«

Eine unangenehme Spannung füllt den Raum zwischen Max und Karin. Die Feigenblattfantasie und seine Aversion gegen Selbstbildnisse stehen zwischen ihnen. Und noch ein paar andere Dinge, über die Max gerade nicht nachdenken möchte.

»Vergiss es!«, sagt Max, um keine Missverständnisse aufkommen zu lassen.

Karin schnaubt, pustet sich eine Haarsträhne aus dem Gesicht, schiebt ihn beiseite, schnappt sich ein Stirnband vom Tisch und einen Tennisschläger. Dann drückt sie den Auslöser am Selfiemat und gibt vor der grünen Wand eine Martina Navrátilová, die kurz davorsteht, jemanden zu erschlagen. Das

Foto klebt sie ins Album. Dabei lässt sie demonstrativ Platz für ein zweites. Ihr Blick ist unmissverständlich. Max wird nicht darum herumkommen, auch so ein beknacktes Selfie zu schießen.

Sie gehen wieder hoch. Das heißt, Karin lässt ihn stehen, und Max zottelt hinterher. Bis er oben ist, hat sie sich ein weiteres Cüpli geschnappt – es geht also im Taxi nach Hause – und sich einem Hipsterpärchen angenommen, das sich in der Nähe der Snack-Bar positioniert hat und etwas verloren wirkt. Max hört die biologische Uhr der Spätdreißigerin (oder eher Frühvierzigerin, Fragen geht ja nicht!) förmlich ticken, als sie Karin in ein Frauengespräch verwickelt. Ihr Lebensabschnittsgefährte hält Max derweilen einen Vortrag über abstrakte Kunst, Zahnfleischbluten und eine Verschwörungstheorie im Zusammenhang mit der Jodierung von Schweizer Kochsalz. Dabei blickt er immer an Max' Kopf vorbei, als ob weiter hinten das eigentliche Publikum säße. Die Schwangere in spe holt gerade Luft, als sozusagen aus dem Nichts ein Mann um die fünfzig reingrätscht. Er scheint direkt dem Online-Katalog paarungswilliger Akademiker und Manager entsprungen zu sein.

Und er kennt Karin. Von früher. Stichwort: »Schulschatz. Aber nichts Ernstes … kicher-kicher …«

Mit Karins Körper geschieht Erstaunliches. So ein Bauch-Beine-Po-Brust-Gesicht-Ding. Das Hipsterpärchen verdünnisiert sich auf die andere Seite der Snack-Bar.

Hubert Schoch, der Reingrätscher, von Freunden Hubi genannt, wird Max vorgestellt. Handshake ohne Schulterklopfen mit sofortigem Blickabwenden vor dem Loslassen. Ein Kronenhirsch hat die Lichtung betreten.

»Ich muss dann noch das Selfie machen«, sagt Max, hebt dabei stümperhaft das leere Bierglas und räumt das Feld.

»Diesmal mit Kleeblatt«, sagt Max, als er Svetlana das Glas reicht. Er ist versucht, mit ihr zu flirten, als er Musikwünsche äußert: ACDC, Led Zeppelin, Deep Purple oder wenigstens was von der Neuen Deutschen Welle. Sie zaubert eine alte Falco-CD hervor, erklärt ihm die Bedienung der Musikanlage und ergreift die Flucht. Falco ist ein Kompromiss, findet Max, wenngleich Falco und Kompromisse eigentlich inkompatibel sind.

Max ist ganz allein. Er streift sich das Stirnband über und krallt sich den Tennisschläger. Er hält ihn defensiv unten, Backhand, als ob er Karins Hammeraufschlag abwehren wollte. Er kennt sich aus mit Tennis, denn er schaut immer, wenn Federer, also ihr »Rotscher«, am Gewinnen ist. Max drückt den Knopf am Selfiemat und versucht beim Countdown krampfhaft, entspannt zu wirken.

Da nimmt er aus dem Augenwinkel eine Bewegung wahr. Jemand stolpert seitlich nicht nur ins Bild, sondern direkt in ihn hinein. Reflexartig lässt er das Racket fallen und fängt die Person auf. Genau in dem Augenblick, da er die splitterfasernackte, patschnasse und entsprechend glitschige Joseline, die siebzehnjährige Tochter des Hauses, umklammert, die eine Hand auf ihrer rechten Brust und die andere um ihre Taille, blitzt es.

»Öhm«, sagt Max, als er die gefallene Tochter stabilisiert, seine Hände wegnimmt und am Hosenboden trocknet. Feigenblätter wären nun mehr denn je vonnöten.

»Ups«, sagt Joseline und kichert wie blöd. »Haha-Hallenba-ad!« Sie legt ihre Hand an Max' Oberkörper, öffnet den Mund, kommt noch näher und stellt sich auf die Zehenspitzen.

Max schüttelt wie in Trance den Kopf. Um sie aufzuhalten, müsste er sie anfassen. Natürlich weiß die das, die Joseline. Sie lacht auf, gibt Max einen Schubs, dreht sich von ihm weg und geht zielstrebig, wenn auch ein wenig wackelig, zum Selfiemat. Mannomann!

»Wozu ist denn dieser Kno-opf?«, fragt Joseline etwas übertrieben laut. Da blitzt es schon. »Geil! Ich habe voll den Fla-ash!«

Joseline will gleich noch mal flashen. Schon steht sie an Max' Seite und wirft sich in Pose, was ihn im Monitor dieses Mistdings irgendwie an die unselige Tutti-Frutti-Show aus den frühen 90ern erinnert. Mit dem Unterschied, dass Joseline noch nicht mal irgendwelche Beeren oder Früchte trägt, was ihn wieder auf das Thema Feigenblätter bringt. Bevor er reagieren kann, flasht es schon wieder. Als er wieder sehen kann, huscht dieses Früchtchen aus der Tür und winkt neckisch mit dem Zeigefinger.

Max verharrt ein, zwei Momente in Schockstarre, gibt sich endlich einen Ruck und blickt an sich hinunter. Grundgütiger! Das schaut aus, als ob er sich gleichzeitig vollgepisst und vollgekotzt hätte. Bevor er sich darum kümmern kann, sieht er etwas noch viel Schlimmeres: den blinkenden Auswurf des Selfiematen. Mit zitternden Händen entnimmt Max die Fotos.

»Wow!«, entfährt es ihm, was irgendwie perfekt zu Falcos Song passt und darin verschwindet, zusammen mit Max' Hoffnung, je wieder aus dieser Scheiße rauszukommen. Wenn diese Bilder in die falschen Hände kommen … Er erwägt, den Selfiemat komplett zu zerstören, mit dem Tennisracket in Kleinteile zu zerhacken, als es ihm wie Schuppen von den Augen fällt. Er ist die einzige Person, die sich im Besitz des kompromittierenden Materials befindet. Er zerreißt die Fotos in Kleinteile und spült sie das Klo hinunter.

Nun muss ein neues Bild her. Max dreht den Selfiemat in Richtung Bar, drückt den Auslöser und stellt sich, einen Shaker vors nasse Hemd haltend, dahinter. Das Ergebnis stellt ihn außerordentlich zufrieden. Er klebt das unverfängliche Bild neben das seiner Angetrauten ins Album und gibt sich erschöpft dem einsamen Trunk, Falcos Songs und dem Trocknungsvorgang seiner Kleider hin.

An die Zeit bis zum Nachtessen mit Karin kann sich Max nur undeutlich erinnern. Sein Schädel brummt nicht mehr. Dafür kreisen über Karins Kopf dunkle Wolken. Sie schweigt. Die Ruhe vor dem Sturm, denkt Max und fragt sich, wann das Gewitter niedergehen wird. Da klingelt es an der Tür. Er hört gedämpfte Stimmen und dann laut und deutlich:

»Scha-atz, kommst du mal?«

Vor der Tür stehen Benedikt und Manuela.

»Ah, ihr habt das Auto gebracht. Das ist aber nett. Wollt ihr noch …«

Irgendetwas ist falsch hier, denkt Max. Körpersprache. Nie die Körpersprache außer Acht lassen! Das kann ganz schön ins Auge gehen. Was es genau genommen tut. Manuela hält ein Tablet hoch. Es zeigt ein Foto. Max braucht einen Moment, um zu fokussieren. Dann aber …

»Ah! Das gibt es also auch digital«, sagt er, bevor Benedikts Faust auf ihn zurast. Dann ist es für eine Weile dunkel.

Als er wieder zu sich kommt, sitzt Karin auf einem Hocker neben ihm und raucht. Wann hat die zuletzt geraucht?

»Und, wie war's?«, fragt sie mit einer Stimme, die Max nicht gefällt.

»Sagt dir der Begriff multiple Orgasmen was?«, fragt Max zurück. »Und nun im Ernst: Hilf mir bitte hoch, damit ich dir alles erklären kann! Das ist ja noch ein Kind und überh−«

Karin fummelt den Hausschlüssel aus seinem Schlüsselbund und legt den Rest in seine ausgestreckte Hand.

»Du hast zehn Minuten, um zu packen.«

»Du schmeißt mich raus? Echt jetzt?«

»Wonach sieht's denn aus?« Karin steht auf, schnippt die Kippe durch die offene Tür in den Garten und lässt Max liegen. Er rappelt sich hoch und blickt auf die Straße. Frau Mosimann, die Nachbarin, steht dort und gafft.

Ziellos fährt Max herum, bis er beschließt, Joseline zur Rede zu stellen. Er fährt nach Flums und dann die Bergstraße hoch. Ganze Wagenkolonnen kommen ihm entgegen. Die Skilifte schließen. Die Zürcher, die Aargauer und die Deutschen fahren zurück in ihre Nebellöcher, wo sie seiner Meinung nach verdammt noch mal auch hingehören. Sollen sie dort die Straßen verstopfen! Aber er hat nun andere Probleme als des Schweizers liebste Form der Heimatverehrung, den Lokalpatriotismus, zu pflegen.

Bei Zilteners läutet er Sturm und tritt ein paar Schritte zurück. Benedikt öffnet und stemmt die Hände in die Hüften.

»Ich will mit Joseline sprechen!«, sagt Max.

»Die schläft. Und wenn du nicht gleich verschwindest, garantiere ich für nichts!«

»Ach, was! Schlafen!« Max hat wirklich nichts mehr zu verlieren. »Die pudert sich doch wieder die Nase, bevor sie gestandene Ehemänner anspringt, um nicht zu sagen *be*springt!«

Benedikt verschwindet im Haus. Als er zurückkommt, schwingt er einen Golfschläger. Max kennt sich mit Golf nicht so aus wie mit Tennis, kann aber ein Holz von einem Eisen unterscheiden. Max sprintet zum Auto und schafft es, den Motor anzulassen, als schon die ersten Schläge aufs Dach krachen. Der gute, alte Passat macht einen Satz nach vorn. Die Heckscheibe entgeht um Haaresbreite ihrer Terminierung. Max, beziehungsweise sein Auto, schlittert durch die Ausfahrt auf die Straße, wo sich wie durch ein Wunder eine Lücke im talwärtsfahrenden Strom der Unterländer aufgetan hat.

In Sargans stellt Max das Auto in einer möglichst dunklen Seitenstraße ab. Er fährt mit der Hand übers Dach. Ob er bei der Versicherung Hagelschaden geltend machen könnte?, fragt er sich auf dem Weg zum Haus seiner Mutter, welche gerade in Süddeutschland und im Elsass unterwegs ist. Christkindlmarkttour!

Max öffnet mit seinem Zweitschlüssel. Macht Licht. Es ist kalt im Haus. Na klar. Heizung runtergedreht. Typisch! Max geht in den Keller und stellt den Regler hoch, schnappt sich bei der Gelegenheit zwei Flaschen Rotwein, geht wieder rauf und setzt sich damit an den Küchentisch.

Irgendwann wird Max unsanft geweckt.

»Jetzt keine Dummheiten machen!«, sagt eine Männerstimme. Vier Polizeibeamte stehen um den Küchentisch – einer beziehungsweise eine davon eine Beamtin – und richten ihre Waffen auf ihn. Ruedi erkennt er sofort. Schließlich sind sie zusammen zur Schule gegangen. Aber nun tut der Armleuchter so, als ob er ihn nicht kennen würde. Überhaupt, die behandeln ihn wie einen Einbrecher. Abtasten, Handschellen, das ganze Programm. Dann abführen. Vor dem Haus steht die Nachbarin, wegen der Max sein Auto nicht vor dem Haus abgestellt hat.

»Aber das ist doch der Bub«, sagt sie mit dieser nervtötenden Stimme, die er nur zu gut von früher kennt.

»Grüezi, Frau Neuenschwander«, sagt Max. »Gell, Sie schauen schon, dass nachher wieder abgeschlossen ist.«

»Ja, ja«, antwortet die Alte, »aber du hast doch auch einen Schlüssel.«

»Eben«, sagt Max.

»Schlüssel!«, befiehlt der Ruedi, der genau weiß, was hier gespielt wird.

»Der liegt drinnen auf dem Stubenbüfett, wo ich ihn immer hinlege«, sagt Max.

Ruedi holt den Schlüssel und schließt ab. Nicht, dass noch jemand einbreche beziehungsweise sich einschleiche, meint dieser Vollpfosten.

Auf der Polizeiwache werden Max' Identität und sein Verwandtschaftsgrad zum Opfer, also seiner Mutter, infrage gestellt. Als Ruedi nach über einer Stunde immer noch so dämlich lacht wie damals – Max am Marterpfahl, Max im Mädchenklo eingesperrt, Max mit Juckpulver im Hemd, Max mit Pferdeäpfeln im Schulsack und so weiter –, platzt Max endlich der Kragen.

»Ist es eigentlich strafbar, einen Polizisten als verficktes Arschloch zu bezeichnen?«, fragt er.

Der Postenchef bejaht und verschränkt die Arme.

»Okay, dann lasse ich ›verfickt‹ weg«, sagt Max, »denn dieses Arschloch dort«, er zeigt mit seinem Kinn Richtung Ruedi, »kann sehr wohl meine Identität und auch den Verwandtschaftsgrad bestätigen.«

Dieser Satz kostet ihn dann noch mal ein paar Stunden Warterei. Endlich wird er auf freien Fuß gesetzt. Vor dem Posten schießt er ein Selfie. Ab sofort will er ganz viele Selfies machen, die er in alle ihm bekannten Netze stellt. Das Bild betitelt er, mit schwarzen Fingerkuppen tippend: »Bei der Polizei die Finger schmutzig gemacht«.

Nun braucht er ein Taxi. Doch da wartet schon ein Auto. Es ist Hubi, der Kronenhirsch, zudem Rechtsanwalt, der für Karin »die Sache in die Hand genommen hat«. Der hat bei Karin noch ganz andere Sachen in die Hand genommen, denkt Max. Hubi hält ihm einen Stapel Papiere unter die Nase.

»Es ist für alle die beste Lösung, wenn du die Trennungsvereinbarung unterschreibst.«

»Da kann ich mich ja gleich erschießen«, spricht Max mehr mit sich selber, als er die Dokumente überfliegt.

»Das wäre dann für alle die zweitbeste Lösung«, sagt der Wichser und reicht Max den Stift.

»Du kannst mich mal«, sagt Max und steigt aus.

»Ich komme morgen wieder«, ruft Hubi durch die offene Autotür.

Max geht zu Fuß zu seinem Auto und fährt auf direktem Weg zur Bank, wo er alles Geld aller gemeinsamer Konten abhebt. Karin und er haben eine Menge gemeinsamer Konten. Jedes für sich betrachtet mit relativ bescheidenem Saldo, alle zusammen immerhin über 100 000 Franken wert. In Zeiten, da sich die Banken mit Bezugslimiten und Kündigungsfristen vor den eigenen Kunden schützen, muss man kreativ sein. Mit einer Papiertasche voller Scheine verlässt Max die Bank und schießt noch ein Selfie mit dem sinnigen Titel »Bankgeheimnis«.

Jetzt, da er Geld hat und sich außerdem auf dem Selfie-Trip befindet, beschließt er spontan, einen Kontrapunkt zu setzen. Vor der Kirche im Städtchen stellt er sein Auto im Parkverbot ab, packt eine Handvoll Scheine und geht die Treppe hoch. Ein paar Punks und ein schäbiges Trüppchen von Rastatypen halten da gerade ein Treffen ab.

Max betritt die Kirche und kann sich nicht entscheiden: St. Antonius, Muttergottes oder doch St. Oswald, den Kirchenpatron? Also verteilt er die Scheine zu gleichen Teilen auf die Opferstöcke. Es geht um zwei Hunderter nicht auf. Um Missgunst unter den Heiligen zu vermeiden, steckt er sie wieder ein und verlässt die Kirche. Draußen setzt er sich einem Impuls folgend zu den jungen Leuten und zieht die beiden Scheine aus der Tasche.

»Hey, Alter, was willst du?«, fragt einer.

»Ich will bloß hier sitzen, quatschen und vor Weihnachten noch eine gute Tat vollbringen. Ihr habt doch sicher Durst oder Hunger oder beides, und ich spendier euch was.«

Die Stimmung ist kurz vor dem Kippen. Eine junge Frau mit endlos langen kastanienroten Dreads klärt die Situation, indem sie sich neben Max setzt, die Scheine nimmt und ihm eine Büchse Bier reicht.

»Rauchst du?«, fragt sie.

»Ich will sicher keine von euren Haschzigaretten«, antwortet Max und nimmt einen Schluck.

Sie stellt sich als Salome vor, und Max sagt, dass er Max heißt, was ihm immer irgendwie peinlich ist.

»Wir rauchen hier kein Cannabis«, stellt Salome klar. »Das ist CBD.«

»CB-Was?«

»D.«

»Aha. Und?«

»Cannabidiol, vollkommen harmlos und vollkommen legal. Wird sogar im Coop verkauft.«

»Echt jetzt?«

»Es entspannt total, aber ist voll therapeutisch.«

»Dann darf ich nachher sogar noch Auto fahren?«, fragt Max.

»Ja, voll.«

Salome zündet das Ding an, das für Max verdächtig nach einem Joint ausschaut und auch genauso stinkt.

»Kannst du ein Selfie von mir schießen, wie ich rauche?«, fragt Max und hält ihr sein Smartphone hin, was für allgemeines Gelächter sorgt.

»Ein Selfie muss man selber schießen, du Hirni! Drum heißt es ja Selfie.«

Salome macht trotzdem ein Bild von Max. Dieser postet es gleich und schreibt dazu: »Mit einem blauen Auge davongekommen. Nun Rauchen zu Therapiezwecken.«

Zwei angebliche CBD-Zigaretten und ein paar Bier später hat Max seine ganze Lebensgeschichte inklusive der Selfiemat-Scheiße vor Salome und ihren Kumpels in allen Details ausgebreitet. Ein paar scheinen Joseline und auch Hubi von irgendwelchen Partys zu kennen. Sie könnten wegen dieser Joseline vielleicht was machen, meint Salome, vielleicht sogar noch diesen Abend im Dampfkessel. Das koste aber noch mal ein paar Scheine.

»Kein Problem«, lallt Max, wankt zum Auto, setzt sich hinters Steuer und reicht ihr ein ganzes Bündel durch die Tür. »Bist du sicher, dass das so ein CB-Dings-Bums war?«, fragt er noch, zieht die Tür zu und schließt die Augen.

Es will nicht aufhören zu klopfen. Durch die angelaufenen Scheiben nimmt Max schemenhafte Gestalten war. Mühsam klettert er aus dem Auto. Das ganze Idioten-Trüppchen von der Polizei ist wieder da. Ruedi tut sich besonders hervor und will Max auf der Stelle wegen seiner »Fahne« verhaften. Doch zuerst werden Tests gemacht, Alkohol und Cannabis, die allesamt positiv ausfallen. Genüsslich nimmt Ruedi die Handschellen hervor. Weshalb er denn verhaftet werde, will Max wissen.

»Trunkenheit und Drogenkonsum am Steuer«, ist die Antwort.

»Aber ich bin doch gar nicht gefahren!«, schreit Max.

»Ich kann das bezeugen«, hört er Salome aus sicherer Distanz rufen.

Nach einem giftigen Wortwechsel muss Ruedi klein beigeben und reduziert die Anklage auf Parkieren im Parkverbot.

»Und nun, hau ab!«, befiehlt Ruedi. »Mit dir haben wir schon genug Scherereien gehabt. Fahr nach Hause und schlaf deinen Rausch aus!«

»Das ist Anstiftung zu einer Straftat!«, ruft Salome aus noch sicherer Distanz.

Am Ende wird Max im eigenen Auto von Ruedi höchstpersönlich chauffiert und im Haus der Mutter ins Bett verfrachtet.

»Du weißt ja, wohin die Schlüssel …«, murmelt Max noch. Dann ist er weg.

Einmal mehr wird Max am nächsten Morgen unsanft geweckt. Es ist seine Frau Karin, die schäumt vor Wut.

»Wo ist das verdammte Geld?«

Als Max nicht antwortet, fuhrwerkt sie durchs Haus. Auf die Idee, im Auto nachzusehen, in der Papiertasche von der Migros, kommt sie nicht. Max rappelt sich hoch, geht in die Küche und macht Kaffee. Irgendwann steht Hubi im Raum und markiert den Obermacker. Doch mit dieser Nummer ist er bei Max an der falschen Adresse. Karins Abgang ist spektakulär: tränenreich und gefühlsarm zugleich. Sie fahre nun »grad zleid!« mit Hubi über Weihnachten ins Piemont, »jawoll!«. Dass er es nur wisse.

»Du hast es nicht anders gewollt!«, sagt Hubi beim Verlassen des Hauses und tippt eine dreistellige Nummer in sein Handy.

Kaum sind die beiden weg, trampeln die vier Polizisten, inklusive der einen Polizistin, ins Haus und nehmen Max ein weiteres Mal fest und mit auf den Posten. Diesmal lautet die Anklage: sexueller Übergriff, Nötigung und Ausnützung einer Notlage. Die erkennungsdienstlichen Sachen entfallen, was Max' Hoffnung bestärkt, dass zusammenhängendes Denken zumindest in Teilen des Polizeikorps noch vorkommt. Dennoch sieht er schon die *Blick*-Schlagzeile vor sich: »Glüstler (53) vergeht sich an Zahnarzttochter (17) im Ferienhaus von Freunden (50 / 49)!«

Irgendwann rauschen die furiosen Eltern, Manuela und Benedikt, mitsamt der wörtlich bis obenhin zugeknöpften Joseline ins Vernehmungszimmer. Nun ist es kein Kreuzverhör mehr, sondern ein Gemetzel. Max wehrt sich nicht. Das ist ein Albtraum. Er wird es verdient haben.

Seine Erlöserin läutet just in dem Moment am verwaisten Empfang Sturm, als Ruedi sich über Max' Kopf hinweg darauf geeinigt hat, dass nur »die härteste Härte des Gesetzes und eine möglichst lange Untersuchungshaft ansatzweise der Gerechtigkeit Genüge zu tun imstande sein könnten.« Ja, so geschwollen redet dieser Prolet daher. Die Polizistin verlässt widerwillig den Verhörraum, um zu schauen, wer so penetrant klingelt. Sie kommt mit einer Schar Punks und Rastatypen zurück, die von Salome angeführt werden.

»Sorry, Chef, ich war da vorne unterbesetzt«, entschuldigt sich die Polizistin.

Die Typen werden wieder rausgeschickt. Salome darf bleiben, zumal sie sich zu Max' Überraschung als Ruedis Tochter entpuppt. Sie hält einen USB-Stick hoch, auf dem »zu hundert Prozent entlastendes beziehungsweise belastendes Material« zu finden sei. Ruedi stöpselt den Stick in einen Laptop und startet eine Videodatei mit dem Namen dampfkessel.mp4. Gebannt blicken alle auf den kleinen Bildschirm.

Von schräg oben aufgenommen sieht man Hubi und Joseline, die eng beisammen in einer WC-Box stehen. Hubi reicht Joseline ein Tütchen mit einem weißen Pulver. Joseline sagt, sie würde nun jedes Wochenende eine Gratis-Lieferung benötigen, sonst würde sie ihrem Vater ein Nacktfoto von sich zeigen und behaupten, sie müsse es Hubi senden, weil er als Rechtsanwalt der Familie wisse, dass ihr Vater vor drei Jahren das Au-Pair-Mädchen geschwängert habe. Was offensichtlich stimmt, da Hubi sich die Haare rauft. Außerdem brauche sie dringend Bargeld. Die Nacktnummer, die sie für ihn mit diesem bescheuerten Max machen musste, habe sie doch ziemlich mitgenommen. Es könne durchaus sein, dass sie mit jemandem darüber sprechen müsse. Die 500 Franken, die Hubi dafür bezahlt habe, seien längst aufgebraucht. Hubi zückt sein Portemonnaie, Joseline bedient sich gleich selber. Damit endet die Aufnahme.

Nach einer kurzen Stille, in der alle wie festgefroren verharren, ist es Max, der das Eis bricht: »Ich glaube, Benedikt, du brauchst einen neuen Anwalt.«

»Und eine neue Ehefrau«, fügt Manuela an.

In der darauffolgenden Chaosphase werden Joseline und Benedikt in getrennte Zellen gesperrt. Die Polizei fahndet nun nach Hubert Schoch. Max berichtet von den Reiseplänen ins Piemont. Könne gut sein, dass die beiden schon weg seien, meint er und klingt dabei so traurig, dass ihm Salome kumpelhaft einen Arm um die Schulter legt.

Nun werden Befehle erteilt, Funksprüche getätigt, Fahrzeuge bestiegen, Blaulicht und Sirene eingeschaltet. Max drückt Salome einen Schmatzer auf die Wange – für einen kurzen Augenblick hofft er, dabei nicht fotografiert worden zu sein – und nimmt die Verfolgung der Streifenwagen auf.

Vor seinem Haus im Schattenloch am Walensee holt er sie ein. Der Chef-Polizist spricht mit der Nachbarin, die sich abwechslungsweise ans Herz und an den Mund greift. Dann nimmt er per Funk Kontakt mit dem Autobahnstützpunkt in Mels auf. Max versteht, dass der Porsche des Rechtsanwalts noch auf St. Galler Boden abgefangen werden soll, um einen Administrations-Tsunami zu vermeiden.

»Eben bei Bad Ragaz durch!«, ruft der Chef. »Nun fangen ihn halt doch die Bündner ab und halten ihn auf dem Rastplatz nach Landquart fest. Auf geht's!«

Alle steigen in ihre Fahrzeuge und brausen los. Max nimmt wieder die Verfolgung auf.

In etwas mehr als zwanzig Minuten schafft er es zu besagtem Rastplatz und fährt von der Autobahn. Hubi und Karin zu finden ist nicht schwierig. Ihr Auto ist von Streifenwagen umstellt, sie selbst stehen abseits. Karin wirkt verloren, Hubi wie ein Gockel, der überzeugt ist, Eier legen zu können. Ein Polizeihund beschnüffelt Hubis und Karins Gepäck, das auf der Straße steht. Im Auto scheint der Hund fündig zu werden. Das Gockelhafte verschwindet ganz und gar aus Hubis Gesicht. Plötzlich rennt er los. Eine Polizistin, welche die Gaffer in Schach hält, stellt sich ihm in den Weg.

»Stehen bleiben, Polizei!«, ruft sie, was Max etwas unbedarft findet.

Auch Hubi scheint das nicht zu beeindrucken, denn er rennt einfach weiter und fährt den Ellbogen aus. Schnell wie der Blitz zieht die Polizistin ein Gerät, das Max als Taser erkennt. Im nächsten Augenblick liegt Hubi zuckend am Boden. Dann wird er in einen Kastenwagen verfrachtet und weggebracht. Nach und nach verschwinden die Einsatzfahrzeuge und die Gaffer.

Übrig bleibt Karin, die einsam und verlassen auf ihrem Koffer sitzt und ihr Handy anstarrt. Max steigt in sein Auto, fährt zu ihr und lässt die Scheibe runter.

»Brauchen Signora ein Taxi nach Italia?«, fragt er und klimpert mit den Augendeckeln.

Sie schaut ihn lange an. Tränen wollen ihre Augen füllen, doch sie kämpft sie zurück, versucht sogar ein Lächeln. Auf den

zweiten Anlauf gelingt es. Sie legt ihre Sachen in den Kofferraum und setzt sich neben Max. Eine Weile halten sie schweigend Händchen wie früher. Dann schiebt Max eine CD ein, be-
schleunigt und fährt auf die Autobahn Richtung Süden.

23

Judith Merchant

Goldrausch ohne Rauschgold

Bonn

⚜ Über die Autorin

Judith Merchant studierte Literaturwissenschaft und unterrichtet heute an der Bonner Universität Creative Writing. Für ihre Kurzgeschichten wurde sie zweimal mit dem Friedrich-Glauser-Preis ausgezeichnet. Mit *Nibelungenmord* und *Loreley singt nicht mehr* startete sehr erfolgreich ihre Krimireihe um Jan Seidel, die mit *Rapunzelgrab* fortgesetzt wurde. Außerdem schrieb sie *Die Lügen jener Nacht,* einen psychologischen Spannungsroman.

Gold und Glitzer. Das ist es, was Menschen sich zu Weihnachten wünschen, ganz gleich, ob am Baum oder im Fenster, um den Hals oder am Ringfinger. Gold und Glitzer.

Wir brauchen das einfach. Das ist nichts Schlimmes. Es ist ein Grundrecht.

Wobei, ich persönlich finde nicht, dass deswegen Menschen zu Schaden kommen müssen, oder gar sterben. Es sah auch lange absolut nicht so aus, als ob jemand sterben würde.

Der Dr. Söhl natürlich, der hatte es als Erster ausgesprochen. »Wenn Sie so weitermachen, dann sind Sie in einem Jahr tot«, hat er zu meinem Mann gesagt. Ich möchte betonen, dass Dr. Söhl dabei nicht an Mord gedacht hat, sondern an den Job vom Klaus. Der Klaus ist mein Mann. Und der Dr. Söhl ist sein Kardiologe.

Aber vielleicht fange ich besser von vorne an.

Ich hab diesen Mann, den Klaus. Seit dreißig Jahren schon, im Grunde. Ich liebe den Klaus wirklich, im Grunde.

Der Klaus ist ein Karrieretyp. Das fand ich immer gut, im Grunde. Also, im Grunde dann nicht mehr, weil das konkret im Alltag für mich als Ehefrau bedeutet, dass der Klaus gar keine Zeit für mich hat. Ich hab manchmal gedacht, dass ich erst was vom Klaus habe, wenn der in Rente geht. Da können wir dann in die Stadt gehen, vielleicht kauft er mir dann was Schönes – Gold steht mir persönlich sehr gut, ich bin Frühlingstyp, aber so was weiß der Klaus gar nicht, weil er gar keine Zeit hat, mich anzugucken, darum hat mir das Weihnachtsgeschenk immer seine Sekretärin ausgesucht.

Deswegen hab ich mich eben auf die Rente gefreut. Da hing

irgendwie schon auch der Gedanke dran, dass der Klaus dann endlich Zeit hat, auch für mich. Ich hatte so den Traum von einem Stadtbummel, er und ich, und dann gucken wir die Schaufenster an, und hinter einem Schaufenster glitzert es golden, eine schöne Kette vielleicht, meine Augen glitzern auch, und dann sagt der Klaus: »Deine Augen glitzern ja so, mein Schatz«, und dann gehen wir da rein. Ja. Und er sieht mich so richtig an. Das hat er lange nicht gemacht. Und »mein Schatz« hat er auch lange nicht gesagt. Aber wie gesagt, mit der Rente kommt auch die Zeit für so was, hab ich gedacht. Und als der Dr. Söhl dann das gesagt hat, da war mir klar, dass der Klaus es womöglich gar nicht mehr bis zur Rente schafft.

»Hier und hier und hier. Sehen Sie? Ein Jahr noch, maximal«, hat er gesagt und auf seinem Bildschirm viele Bilder von Klaus' Innenleben gezeigt.

Wenn man so was hört, ist man ja erst mal geschockt als Ehefrau. Denn dass der Klaus stirbt, das wollte ich damals nicht.

Der Dr. Söhl hat gesagt: »Sie sind schlank, Sie ernähren sich gesund, das ist alles nicht das Problem. Aber der Stress. Da müssen Sie was machen.«

Der Klaus und ich haben uns angeguckt, und uns war gleich klar: Da kann man nichts machen. Wer eine leitende Funktion in einem Bonner Telekommunikationsunternehmen hat, der kann nicht einfach so runterfahren.

Der Dr. Söhl hat einfach weitergeredet. »Sie sind jetzt achtundfünfzig, vielleicht überlegen Sie sich einfach mal, wie Ihr Leben so aussehen könnte, wenn Sie aufhören, auf einen Herzinfarkt zuzusteuern. Reden Sie doch mal mit Ihrem Chef.«

Der Klaus und ich haben uns angeguckt, weil, der Klaus *ist* der Chef. Quasi. Das ist ja das Problem.

Was ja dann fast schon Schicksal war, dass in der Woche darauf diese Sache mit der Abfindung durch die Abteilungen ging.

Ich hab zum Klaus gesagt: »Wenn du das jetzt annimmst, dann bekommst du die Abfindung und überlebst das Jahr, und wir haben endlich Zeit für all die schönen Dinge. Wir können bummeln gehen. Oder verreisen.«

Das hat den Klaus nicht direkt überzeugt. »Und was mache ich den ganzen Tag, wenn ich nicht mehr arbeite?«, hat er gesagt. »Man kann ja nicht die ganze Zeit verreisen.«

»Du machst das, was andere Menschen auch machen«, hab ich geantwortet.

Er hat mich angeguckt, als hätte ich was sehr Schlimmes gesagt. »Meinst du etwa das, was die Ernestine macht?«, hat er gefragt. Die Ernestine ist unsere Nachbarin. Sie war früher Lehrerin und immer im Stress, und als sie in Rente war, hat sie sich eine Katze gekauft, und dann hat sie sich mit der Katze vor den Fernseher gesetzt und ist praktisch nicht mehr aufgestanden, und da sitzen sie jetzt vierundzwanzig Stunden am Stück, die Ernestine und ihr Garfield. Die beiden sind ein abschreckendes Beispiel fürs Rentnersein.

»So muss man nicht werden«, hab ich gesagt. »Vielleicht auch keine Katze, sondern ein anderes Tier, einen Hund, damit man an der frischen Luft ist. Und ein Hobby. Etwas, was dich wirklich interessiert. Ist doch besser als Herzinfarkt. Du musst es nur machen mit der frühen Rente. Kriegst du das hin?«

Der Klaus hat sehr tief geseufzt. Und geschwiegen. Und dann hat er gesagt: »Krieg ich hin.«

Ich sag mal so: Er *hat* das auch hinbekommen, in dem Sinne schon. Mit Stadtbummel und »mein Schatz« war erst mal trotzdem nichts. Er hat sich statt für den Hund für Fische entschieden, und er hat das auch wirklich sehr ernst genommen, was ja grundsätzlich erst mal gut ist.

Zuallererst wollte der Klaus renovieren. Ich dachte an das

Haus, er an den Garten, wegen dem Teich für die Fische, das war mir auch recht. Er hat sich informiert. Wenn so ein Mensch immer alles perfekt und mit schön viel Stress gemacht hat, dann renoviert der auch in Rente sehr perfekt und mit schön viel Stress. Mit Gold und »mein Schatz« war also immer noch nichts, aber zumindest war er an der frischen Luft.

Es kamen dann also erst ein Architekt und dann noch einer und dann ein Bagger und dann die Garten- und Landschaftsbauer und dann viel Gedöns und dann die Fische. Selbst die Fische hat er mit derselben Energie ausgesucht, mit der er vorher seine Mitarbeiter eingestellt hat. Nur einmal ist mir die Frage rausgerutscht, warum das eigentlich so kompliziert sein muss, sein Hobby.

»Ich arbeite nur mit den besten Leuten zusammen, immer«, hat er gesagt.

»Du arbeitest mit den Fischen gar nicht zusammen«, hab ich gesagt.

»Nein, ich meinte die Architekten«, hat er gesagt und blöd geguckt.

Na ja. Er hat das mit den Fischen dann trotzdem sehr kompliziert gemacht. Für mich waren das Goldfische, aber nein, es waren Koi, artenreine Japaner. Aber wir hatten schon mehr Zeit als vorher zusammen, auf jeden Fall. Viel mehr.

Anfang Dezember ist mir das erste Mal aufgefallen, dass irgendwas komisch ist. Da hab ich mich mit der Susanne auf dem Weihnachtsmarkt auf dem Friedensplatz getroffen. Auf einen Eierpunsch. Also, auf zwei.

»Und, was macht das Dolce Vita als Rentnersgattin?«, hat die Susanne gefragt.

»Gut«, hab ich gesagt.

»Und wie geht's dem Klaus damit?«, hat sie gefragt. Und da

hab ich gemerkt, dass ich das gar nicht so beantworten konnte. Weil ich ihn gar nicht mehr kannte. Ich hab gesagt: »Er ist ganz anders.«

»Er ist eben nicht mehr so gestresst«, hat die Susanne gesagt. »Du hast dich dreißig Jahre beschwert, dass der Klaus zu viel arbeitet und so gestresst ist«, hat sie gesagt.

»Stimmt.«

»Und immer gesagt, dass er sich nie ändern wird.«

»Stimmt.«

»Und jetzt hat er sich geändert, und das passt dir auch nicht«, hat sie gesagt, »stimmt's?«

»Im Grunde, ja«, hab ich gesagt, und dann hab ich den Rest von meinem Eierpunsch ausgetrunken und neuen bestellt. Das mache ich sonst nie. Das weiß die Susanne genau. Und sie hat sofort gefragt: »Oder hast du Angst, dass er 'ne andere hat?«

»Ausgerechnet jetzt?«, hab ich gesagt. »Wie soll er das denn machen? So ein Blödsinn.«

Dann hat die Susanne noch gesagt: »Was macht er denn so den ganzen Tag?«

Und ich hab gesagt: »Er ist draußen. Beim Teich. Die ganze Zeit, eigentlich.«

»Klingt fantastisch. Er ist an der frischen Luft und beschäftigt, und das vor deiner Nase. Nee, da musst du dir keine Sorgen machen«, hat die Susanne gesagt. »Was stört dich denn daran?«

Und da ist es mir aufgefallen, was anders ist. Dass der Klaus mich gar nicht anguckt.

»Das hat er vorher auch nicht«, hat die Susanne gesagt.

Da musste ich ihr recht geben. »Aber vorher konnte der Klaus mich ja auch gar nicht sehen, weil er immer auf der Arbeit war oder auf sein Blackberry geguckt hat. Jetzt könnte er theoretisch. Aber er tut es nicht. Selbst wenn wir uns beim

Essen gegenübersitzen, dann guckt er so seitlich an mir vorbei. In den Garten.«

Susanne hat den Kopf geschüttelt. »Und was ist da im Garten?«

»Nichts. Der Teich.«

»Und dahinter?«

»Das Nachbarhaus.«

»Und da wohnt wer genau?«

»Unsere Nachbarin. Die Ernestine. Aber die geht nicht mehr raus, die sitzt die ganze Zeit mit ihrem fetten Kater auf dem Sofa.«

Susanne hat die Stirn gekraust. »Sieht die gut aus?«

»So ist der Klaus nicht, Susanne«, hab ich gesagt.

Susanne hat mich angeguckt, als wäre ich blöd. »Du weißt doch gar nicht, wie der ist. Der war doch nie da. Ach, Schätzchen, das tut mir leid.«

Ich hab den Kopf geschüttelt, denn für die körperliche Treue vom Klaus leg ich meine Hand ins Feuer, im Grunde.

Das war jetzt nicht direkt schlimmes Misstrauen, dass ich an dem Abend früher nach Hause gekommen bin. Echt nicht. Eher so ein gesundes, ja, schon Misstrauen. Ich hab sehr leise die Tür aufgeschlossen und schon beim Reinkommen gemerkt, dass der Klaus nicht im Wohnzimmer war. Aber auf der Terrasse war Licht. Ich hab ganz vorsichtig die Terrassentür geöffnet.

Was, wenn ich den Klaus mit der Ernestine in iniger Umarmung erwische?, hab ich gedacht. Wobei das Quatsch wär bei der Kälte. Als der Klaus neben dem Teich hockte, war ich so froh, dass ich ganz laut »Gott sei Dank!« gerufen hab.

»Was ist los?«, hat der Klaus gefragt.

»Nichts«, hab ich gesagt, ich hätte ihn vor Erleichterung gern umarmt, aber er hockte so weit unten am Boden, das macht mein Rücken nicht mehr mit mit dem Bücken. Irgendwas war komisch an seiner Haltung, ich konnte nicht sagen, was, er hockte da einfach nur wie ein Reispflücker, ohne Jacke. »Ist dir nicht kalt?«, hab ich gefragt.

Der Klaus hat den Kopf geschüttelt. »Ich muss hier noch ein bisschen die Anlage kontrollieren, es friert bestimmt bald«, hat er gesagt.

Ich bin ins Bett gegangen. Unser Schlafzimmer geht ja nach hinten raus. Und da hatte ich so die Idee, noch mal durchzulüften. Soll man ja eh machen. Ich hab also das Licht gelöscht und ganz leise das Fenster geöffnet. Und gelauscht.

Und da hab ich gehört, wie der Klaus auf der Terrasse geflüstert hat: »Meeeein Schatzzz!«

Über dieses »Mein Schatz« hab ich sehr lange nachgedacht in der Nacht. Dazu hatte ich auch alle Zeit, denn es hat sehr lange gedauert, bis der Klaus ins Bett gekommen ist. Ich hab mich dann natürlich schlafend gestellt.

Jedenfalls hab ich mich entschlossen, dass ich um meine Ehe kämpfen muss. Eine kurze Recherche bei Susanne und den gängigen Frauenzeitschriften, und ich wusste, was ich zu tun hatte. Die Frauenzeitschriften informieren einen ja gottlob sehr konkret, da bleibt kein Raum für Missverständnisse.

Als Erstes bin ich zum Friseur gegangen.

»Sie sind Frühlingstyp!«, hat der gerufen. »Da machen wir goldene Strähnchen! Ein Rauschgoldengel zu Weihnachten, haha!«

Als Zweites hab ich neue Klamotten gekauft.

Als Drittes hab ich ein romantisches Wochenende für den Nürnberger Christkindlesmarkt gebucht.

Als Viertes wollte ich Unterwäsche kaufen, aber da hat plötzlich meine Karte gestreikt. Das hab ich darauf geschoben, dass ich Punkt eins und zwei sehr ernst genommen hatte.

Mit den neuen goldenen Strähnchen bin ich also nach Hause zum Klaus gefahren und hab gesagt: »Du, ich hab uns ein Wochenende in Nürnberg gebucht!«

Er hockte neben dem Teich und sah mich nicht an.

Ich glaube, da hab ich es das erste Mal bemerkt. Dass der Klaus sich auch körperlich irgendwie verändert hat. Er hockte da so auf seinen Füßen mit einem ganz runden Rücken, die Knie in die Luft, es sah aus, als ob sein Körper sich dieser Haltung angepasst hätte. Und da hab ich mich gefragt, wie er diese Position so lange halten konnte, ohne zu frieren.

Ich hab nach seinem Arm gegriffen, er war eiskalt. »Und ich war beim Friseur«, hab ich gesagt.

Er hat hochgeblickt, ohne hinzusehen, und gesagt: »So viel Geld für Äußerlichkeiten, muss das denn sein?«

Ich hab gesagt: »Unbedingt! Und außerdem fahren wir nach Nürnberg nächstes Wochenende, auf den Weihnachtsmarkt. Nur wir beide.«

Er hat mich angesehen mit einem Blick, den man nicht anders als erschrocken nennen kann. Und dann hat er gesagt: »Wir müssen sparen.«

Ich hab den Kopf geschüttelt. So einen Quatsch hatte ich noch nie gehört. Wir müssen nämlich nie sparen, und seit der Abfindung erst recht nicht.

»Es ist etwas passiert«, hat der Klaus gesagt. »Mit Wanda.«

»Wer«, fragte ich zu Recht, »wer ist Wanda?«

Er redete einfach weiter. »Ihre linke Flosse ist von Parasiten befallen. Ich muss das beobachten. Ich fürchte, das läuft auf eine Operation hinaus. Man muss die befallenen Stellen entfernen, ehe die Stelle wuchert und auf ihren wunderschönen rotgoldenen Punkt übergreift. Dann wäre sie entstellt! Das wäre …« Er hat vor Entsetzen die Augen geschlossen und schmerzerfüllt den Kopf geschüttelt.

Ich hab gar nichts gesagt, weil es mir nämlich die Sprache verschlagen hatte.

Dann hat er gesagt: »Und darum können wir nicht einfach so wegfahren. Zum Spaß. Für viel Geld. Wenn ein Koi sein Gold verliert, ist das etwas sehr Trauriges. Das verstehst du doch?«

Ich hab genickt. »Und wenn eine Frau Gold verliert, auch«, hab ich gesagt. »Aber Moment mal – dafür müsste sie erst mal welches geschenkt bekommen. Ich wär durchaus bereit, das Risiko einzugehen. Aber wenn ich höre, dass der Mann, der den Friseur zu teuer findet, einen Fisch operieren lassen will …«

Da hat der Klaus mich unterbrochen. »Wanda«, hat er gesagt. »Es ist eine Sie, und sie hat einen Namen! Und jetzt muss ihr erst einmal geholfen werden. Ich hab schon mit einem Spezialisten telefoniert, der auf solche OPs spezialisiert ist. Der wohnt allerdings in Norddeutschland. Da muss ich dann mit ihr hinfahren. Oder ich lasse den kommen. Darum müssen wir sparen.«

»Wir werden nicht sparen, um einen Fisch operieren zu lassen«, hab ich gesagt. »Damit der Fisch sein Gold behält, und ich bekomme keins. Das ist absurd!«

Der Klaus hat sein Kinn gereckt. »Das kann ich bestimmen! Sie gehört mir! Mir allein!« Und dann ist sein Blick von mir weggerutscht und hat das Wasser abgesucht, und erst, als es dort orangenfarben glitzerte, haben sich seine Augen geweitet, und er hat geflüstert: »Mein Schatz!«

Und da hab ich gemerkt, was hier abging. Dass der Klaus die Wanda liebte.

Wollen wir die Sache erst mal nüchtern beschreiben. In unserem Teich schwimmen fünf Fische, die mehr oder weniger weiß und golden sind. Hübsche Fische. Einer davon heißt Wanda und hat einen roten Punkt. So weit, so gut.

Ich bin nicht übermäßig romantisch. In Maßen, ja, doch. Aber realistisch. Ich liebe meinen Mann schon. Aber der liebt einen Fisch. Was will man machen?

Kurz denke ich an Mord am Fisch – aber diesen Gedanken verwerfe ich, zu sicher bin ich mir, dass an der nächsten Ecke schon die nächste Wanda wartet. Nein, das bringt nichts.

Die Antwort auf alle meine Probleme liegt klar auf der Hand: Klaus muss weg. Dann hab ich meinen Frieden und kann mir haufenweise selber Gold und Glitzer kaufen und muss nicht warten, dass mein Mann das tut.

Ich mache mir einen Kaffee und analysiere die Lage. Wenn ich schon zur goldenen Witwe werden muss, dann möchte ich das natürlich diskret und straffrei über die Bühne bringen. Und schnell. Ich denke an Auftragskiller und Gifte und durchtrennte Bremsen und eingeseifte Treppenabsätze, aber das ist alles kindisch und überflüssig, denn Dr. Söhl hat mir eine astreine Vorlage geliefert.

Das Herz.

Das Herz von Klaus schlägt nur für Wanda, und besonders zuverlässig schlägt es ja eh nicht. Also brauchen wir einen schönen Herzinfarkt, und das sollte leicht zu bewerkstelligen sein. Männer, die sich vor Stress hüten sollen, sind im Grunde ja die idealen Kandidaten für diskrete Herzinfarkte.

Heute ist der vierte Advent. Da gibt es bei uns immer etwas Besonderes, Reh oder Gans. Ich decke den Tisch besonders schön. Eine gestärkte Decke, eine Amaryllis mit golden angesprühtem Blatt und dazu das gute Geschirr. Und das schwere Silberbesteck.

Klaus ist offenbar sehr erleichtert, dass ich mich wieder eingekriegt habe. Zumindest denkt er, dass ich mich wieder eingekriegt hätte.

»Oh, was gibt es denn Feines?«, fragt er.

»Ein traditionelles schlesisches Familienrezept«, sage ich. »Mit Lebkuchensoße. Ich hab extra dafür das Silber geputzt. Siehst du?«

»Hmmm«, macht er.

»Wir haben dieses Besteck so lange nicht mehr benutzt«, sage ich und lächle noch mehr.

»Hm«, macht er. Er guckt auf den Tisch, aber er kapiert nicht so ganz, was Sache ist, das ist offensichtlich.

»Fühl mal, wie schwer dieses Silberbesteck in der Hand liegt«, fordere ich ihn auf.

»Warum?«, fragt er.

Ich strahle ihn an. »Weil es ein ganz besonderes Besteck ist.«

»Es ist das gute Besteck meiner Eltern«, sagt er.

»Und was noch? Na?«, ermuntere ich ihn.

Er richtet den Blick erst auf die Gabel, dann auf das Messer, und dann begreift er erst, was da liegt. Dass es das Fischbesteck ist. Mehr begreift er aber vorerst nicht.

»Ich hab gedacht, wir müssen sparen«, setze ich ihm auseinander. »Und darum hab ich darauf verzichtet, den teuren Karpfen vom Fischhändler zu kaufen. Wo wir doch so viel preisgünstigere Fische direkt vor Ort haben. Denk nur an die Tierarztrechnungen, die wir dadurch sparen!«

Er starrt mich an. Und starrt. Und öffnet den Mund und stammelt: »W-was ... hast d-du ... d-da g-g-ge-macht?«

Ich nehme die gute Porzellanplatte von der Durchreiche und stelle sie vor ihn hin. »Pochiert«, sage ich, »werden alle Karpfen blau. Ich hab Lebkuchensoße dazu gemacht.«

Sie können sich diesen Schrei gar nicht vorstellen. Es ist ein Schrei, wie ich ihn noch nie gehört hab. Nach Herzinfarkt klingt er jedenfalls nicht.

Und dann springt der Klaus auf, so schnell, dass der Tisch

wackelt. Und da denke ich, dass er mich jetzt umbringt, denn ganz genau so guckt er mich an, er rollt die Augen, Mordlust in seinem Blick, und dazu dieses Brüllen, und ich weiche instinktiv zurück, greife nach dem Fischmesser, dabei kann so ein Fischbesteck ganz sicher nicht ideal zur Verteidigung sein, aber ich brauche auch gar keine Verteidigung, denn der Klaus geht nicht auf mich zu, sondern er stürzt zur Terrassentür und reißt sie auf.

Und steht da. Und guckt. Und guckt. Und dann geht er in den Teich rein, wühlt so mit beiden Händen durch das klare Wasser und schreit. »Mein Schatz!«, schreit er, oder er heult eher.

Er bekommt keinen Herzinfarkt, und das ist die wirklich große Enttäuschung. Denn damit war die ganze Aktion umsonst. Stattdessen würde der Klaus jetzt eine schreckliche Männergrippe oder maximal eine Lungenentzündung bekommen, an so was stirbt man ja heutzutage leider selten. Und dieses Brüllen! Es kann nicht lange dauern, bis jemand …

Und da kommt auch schon jemand, nämlich die Ernestine. Normalerweise kann ja nichts und niemand die von ihrem Fernseher weglocken, aber der Schrei vom Klaus, der kann, und sie steht so am Zaun und glotzt und fragt: »Ist alles okay? Was ist denn los?«, und der Klaus zeigt mit dem Finger auf mich und brüllt: »Mörderin! MÖRDERIN!«, und ehe es da jetzt Ärger gibt, sage ich so laut, dass auch die Ernestine es hört: »Ach, wegen der Fische? Haha! Die sind in der Badewanne. Kleiner Scherz.«

Und der Klaus starrt mich an, die Augen blutrot, und schluchzt, und dann ist er raus aus dem Wasser, tropfend nass, und geht mir hinterher ins Bad. Und guckt in die Badewanne, erst ungläubig, dann selig, wo die verdammten Fische schwimmen, bisschen eng haben sie es. Und dann kniet er nieder, tropfend nass, und flüstert: »Mein Schatz!«

Da denke ich, dass der echt total verrückt ist und dass es höchste Zeit ist mit dem Herzinfarkt. Und während der sich was Trockenes anzieht und die Fische zurück in den Teich bringt, mache ich Kaffee. Kaffee ist ja auch nicht gut fürs Herz. Vielleicht kann man extra koffeinstarken kaufen? Aber erst mal muss er mir wieder vertrauen.

Und dann kommt der Klaus in die Küche, und ich sage schnell: »Ich hab sie nur in die Badewanne gebracht, weil es so kühl geworden ist. Der Wanda war doch sicher kalt.«

Er starrt mich an, als wüsste er nicht, ob er mir glauben soll. Dann sagt er: »Ich hab doch extra diese Teichheizung installieren lassen. Sonst hätten wir sie drinnen überwintern müssen, das wollte ich ihnen nicht zumuten.«

»Eine Teichheizung«, wiederhole ich. »Was hast du denn noch alles machen lassen? Nur für die Fische? Und für Weihnachtsgeschenke bleibt nichts?«

»Na, nur die Alarmanlage. Darum ist ja auch das ganze Geld von der Abfindung … Aber weißt du, das war nur vernünftig. Bei dem Wert der Fische wäre es idiotisch, wenn sie Frostschäden bekommen oder geklaut werden.«

»So wertvoll sind die?«, frage ich ungläubig.

Er nickt. »Und Wanda ist die allerwertvollste«, flüstert er und sieht verliebt ins Wasser.

Das muss ich erst mal sacken lassen. Immerhin habe ich jetzt mit erheblicher Verspätung begriffen, dass die Abfindung sich nicht mehr auf dem Konto, sondern im Teich befindet. Und darum bin ich wirklich erleichtert, dass ich in meiner Wut die Wanda nicht wirklich zu blauem Karpfen gemacht habe.

Plötzlich springt Klaus auf. Kreidebleich ist er geworden und schreit »Du!« und »Nein!« und »Hilfe!«. Dann stürzt er wieder zur Terrassentür.

Und dann sehe ich es.

Garfield.

Mit Wanda.

Muss passiert sein, als die Ernestine wegen dem Geschrei vom Klaus überraschenderweise die Tür geöffnet hat. Da ist der Garfield anscheinend raus. Und hat anscheinend die Wanda gesehen und sich gedacht: »Mach ich doch mal ausnahmsweise, was normale Katzen so machen!« Und was soll ich sagen, da war er gar nicht schlecht drin.

Wenn so ein Herz erst einmal stehenbleibt, dann möchte das Herz es auch dabei belassen. Es hat dann keinerlei Interesse daran, wieder zum Schlagen gebracht zu werden. Und darum ist es für den Menschen, der da Erste Hilfe leistet, eine ganz schöne Aktion, das dumme Herz doch noch vom Gegenteil zu überzeugen.

Zumal ich jetzt nicht gerade die geborene Sanitäterin bin. Man muss genau den richtigen Rhythmus finden bei der Herzmassage. An meinen letzten Erste-Hilfe-Kurs kann ich mich gar nicht erinnern, vermutlich war das der beim Führerschein, aber trotzdem, wie durch ein Wunder finden meine Finger erst die richtige Stelle und dann den richtigen Rhythmus, den Rhythmus des Lebens.

Ich tue das nicht aus Nächstenliebe. Auch nicht aus Tierliebe. Hier stirbt etwas, das ein paar Tausend Euro wert ist. Will ich das? Nein. Und zwar will ich das deswegen nicht, weil der Fisch, dessen Leben ich rette, praktisch schon mir gehört, denn mein Ehemann stirbt gerade an einem Herzinfarkt.

Und darum gebe ich alles. Klaus würgt und krampft nur noch ein bisschen, der merkt das gar nicht. Kurz überlege ich, ob als Ergänzung zur Herzmassage vielleicht eine Mund-zu-Mund-Beatmung hilfreich wäre – oder eine Mund-zu-Kiemen-Beatmung? Ich werfe einen zweifelnden Blick auf seine blassen Lippen, da geschieht es, er zuckt und schlägt die Augen auf.

Oder nein – sie.

Dann trifft mich ein Blick aus goldenen Augen, ein Blick voller Dankbarkeit, ein Blick, aus dem noch die Restangst der gerade überstandenen Nahtoderfahrung spricht, ein Blick, der mich – was soll ich sagen? – mitten ins Herz trifft. Sie guckt mich an! So hat der Klaus mich nie angesehen. Aber der Klaus ist auch nicht so goldig und wunderschön und kostbar wie die Wanda.

Neben uns tut Klaus seinen letzten Schnaufer, dann ist er erlöst.

Und sie lebt! Vorsichtig hebe ich Wanda hoch und lasse sie ins Wasser gleiten.

Schnell überprüfe ich Klausens Puls. Da ist nichts mehr. Das ist super, also kann ich jetzt gefahrlos den Krankenwagen rufen, damit das mit dem Totenschein nachher alles seine Richtigkeit hat. Bei der 112 geht sofort jemand dran, ich nenne Name und Adresse und sage, dass mein Mann gerade einen Herzinfarkt gehabt hat und offenbar tot ist.

»Bewahren Sie Ruhe, es kommt sofort jemand«, sagt man mir, dabei bin ich total ruhig, ich bin die Ruhe selbst.

Das geht echt fix mit dem Krankenwagen. Zehn Minuten, dann stehen sie neben dem Teich und fummeln am Klaus rum. Die Sanitäter machen eine Menge Gewese um ihn, dabei ist ziemlich offensichtlich, dass da nichts mehr zu machen ist.

»Wir tun, was wir können«, sagt der eine, und der andere »Mein Beileid«.

»Was hat er denn hier draußen gemacht, in der Kälte, ohne Jacke?«, fragt der Notarzt. Das hätte ich nicht erwartet. Er guckt mich an wie ein Detektiv im Fernsehen.

»Er wollte nach den Fischen gucken«, sage ich.

»Ohne Jacke?«, fragt der Columbo.

Ich zucke die Achseln. »Er hat die Nachbarskatze am Teich gesehen.«

»Verstehe, verstehe«, murmelt der Notarzt, und dann wirft er einen Blick in den Teich und guckt, und guckt dann richtig, und dann blitzen seine Augen auf, und dann sagt er: »Schöne Koi haben Sie da. Kann ich verstehen, dass man da die Katze von weghaben will.« Und ich nicke und sehe in den Teich, und sehe noch mal rein und sehe die Fische und sehe Wanda und sehe Gold und sehe Glitzer und dann verstehe ich.

Jetzt gehören sie mir. Mir! Mir ganz allein!

»Was haben Sie gesagt?«, fragt der Notarzt, und da merke ich, dass ich neben dem Teich in die Knie gegangen bin. Er zieht mich hoch und sagt: »Passen Sie auf, dass Sie sich nicht erkälten, Sie sind ganz nass.«

Ich beachte ihn gar nicht, ich sehe Wanda, sehe, wie sie eine glitzernde Flosse hebt und mir zuwinkt. Dann zieht sie eine anmutige Pirouette durch den Teich und lässt dabei lässig erst das Perlmutt ihres grazilen Rückens und dann das Rotgold ihres Punktes aufleuchten, ehe sie verschwindet.

Wanda hat die OP gut überstanden, sie ist schöner denn je. Heiligabend sitze ich am Teich und überprüfe die Temperatur.

Ich sitze jeden Tag hier. Ich sitze von morgens bis abends hier.

Anfangs tat es manchmal weh, aber inzwischen hat mein Körper sich angepasst, und ich sitze und gucke in den Teich mit all dem Gold, und manchmal wirft Wanda mir eine Kusshand zu, eine Kusshand voller Gold. Nur für mich.

Wanda, mein Schatz!

24

Wolfgang Burger & Hilde Artmeier

Der Stern von Bethlehem

Regensburg

Über die Autoren

Wolfgang Burger und Hilde Artmeier sind nicht nur im richtigen Leben ein (Ehe-)Paar, sondern arbeiten auch seit vielen Jahren beim Bücherschreiben eng zusammen. Bevor sie sich ganz dem Schreiben gewidmet haben, war Wolfgang Burger mehrere Jahrzehnte als Wissenschaftler am Karlsruher Institut für Technologie KIT tätig, Hilde Artmeier studierte Biologie und arbeitete u. a. in der Pharmaindustrie und als selbstständige Übersetzerin.

Sie haben eine Vielzahl von Kriminalromanen veröffentlicht, von denen nicht wenige auf der *Spiegel*-Bestsellerliste standen. In ihrer Kurzgeschichte *Der Stern von Bethlehem* lassen sie ihre Protagonisten Anna di Santosa und Alexander Gerlach erstmals aufeinandertreffen.

Burger und Artmeier leben und schreiben abwechselnd in Karlsruhe und Regensburg. 2019 erscheint bei Knaur mit *Gleißender Tod* ihr erster gemeinsamer Thriller.

Mehr zu den Autoren unter www.burger-artmeier.com.

Voller Unschuld lächelte die Madonna mir entgegen, das ebenholzfarbene Haar nur ansatzweise von einem zart goldenen Schleier verborgen, die Wangen so rosig wie die eines beschwipsten Barockengels.

»… Die Gnadenspendende, spätes 17. Jahrhundert«, hörte ich den Verkäufer schwärmen, als ich die Tür zu seinem versteckt gelegenen Laden hinter mir schloss. »Originalimport aus Südtirol, ein ganz wundervoll gearbeitetes Einzelstück.«

»Schön ist sie ja«, stimmte die weißhaarige Frau in Pelzmütze und Steppmantel zu, die mir den Rücken zuwandte. »Genau das richtige Weihnachtsgeschenk für meinen Heinrich. Aber so viel wollte ich eigentlich gar nicht ausgeben …«

Draußen fegte ein eisiger Ostwind Schneeflocken und Kälte durch die Silberne-Fisch-Gasse, hier drinnen aber war es gut geheizt. Rund um den Eingang des verwinkelten Verkaufsraums drängten sich teils farbenfrohe, teils düstere Madonnen aus Holz oder bemaltem Gips, Heiligenfiguren und Ikonenbilder. Vor der Kasse quoll es über vor Marias und Josefs, Christkindleins in hundert Größen, Ochsen und Eseln, zehnmal drei Weisen aus dem Morgenland, Schafen und Schäfern. Ganz hinten in dem bis unter die Decke vollgestopften, lieblos mit einigen wenigen Weihnachtssternen dekorierten Laden erspähte ich schließlich die Bibeln.

»Beachten Sie bitte allein schon die Größe der Figur, gnädige Frau, mindestens fünfzig Zentimeter!« Gönnerhaft lächelnd klebte sich der korpulente Inhaber des Ladens ›Lobet den Herrn – Sakralkunst und religiöse Schriften‹ eine seiner fettigen aschgrauen Strähnen hinters Ohr. Sein Tonfall war so salbungsvoll wie der eines schon ein wenig debilen Landpfarrers.

»Wo in unserem herrlichen und gottesfürchtigen Regensburg finden Sie sonst noch so etwas?«

Fast hätte ich ein pathetisches »Halleluja« gemurmelt, sah mich jedoch stattdessen weiter um. Der Ladeninhaber bedachte auch mich mit einem Lächeln, das mehr einem schmierigen Grinsen glich. Ich nickte und ging in den hinteren Teil des nach Myrrhe, Weihrauch und hier, in der Ecke mit den Büchern, auch nach Zigarettenrauch riechenden Raums. Aus unsichtbaren Lautsprechern sangen die Regensburger Domspatzen feierlich *Es ist ein Ros' entsprungen.*

Die Bibel, die Frau Sägebrecht mir beschrieben hatte, war in zimtbraunes Leder gebunden. Auf dem Deckel ein schlichtes goldenes Kreuz, die Buchseiten aus feinstem Pergament und reich verziert. Hergestellt im Jahre des Herrn 1756, ein Familienerbstück und vielleicht doch eine Spur zu günstig dem netten Herrn Qualtinger überlassen, der die alte Dame nach einem geselligen Seniorennachmittag im Kolpinghaus bis zu ihrer Haustür begleitet hatte. Natürlich hatte sie ihm als Dankeschön ein Gläschen Sherry angeboten. Und natürlich hatte sie verstanden, dass zweihundert Euro eine Menge Geld waren für ein so altes Buch, das bei ihr ohnehin nur verstaubte.

Ich ließ meinen Blick über die ausgestellten Heiligen Schriften in den muffigen Regalen aus dunklem Holz gleiten, die zu beiden Seiten einer schmalen Tür bis zur Decke reichten. Dahinter hörte ich leise Geräusche und gedämpfte Männerstimmen. Sie sprachen Rumänisch. Einzelne Worte konnte ich als gebürtige Italienerin sogar verstehen. Endlich fand ich auch das Exemplar, das ich suchte – satte zwölfhundert Euro sollte es kosten.

Schwungvoll packte ich das schwere Ding, wandte mich um und prallte gegen jemanden. Vor Schreck ließ ich es fallen, bückte mich, sah elegante, für die Jahreszeit viel zu dünne Lederschuhe, hob den Kopf, stieß schon wieder gegen etwas. Dieses Mal jedoch nicht gegen die Brust des hochgewachsenen Mannes vor mir, der wie aus dem Nichts aufgetaucht war, sondern gegen seine Stirn. Schmerzvoll verzog er das kantige Gesicht. Ein feiner Geruch nach Zedern stieg mir in die Nase.

»*Mi dispiace tantissimo, signore*«, entschuldigte ich mich und verfiel dabei wie so oft in meine erste Muttersprache. »Tut mir leid, ich habe Sie nicht gesehen.«

Ein Paar kluger dunkler Augen musterte mich aufmerksam. Der Mann mit den angegrauten Schläfen half mir hoch, bückte sich nach Frau Sägebrechts Bibel und überreichte sie mir lächelnd wie ein kostbares Geschenk. Während er seinen sandfarbenen Trenchcoat abklopfte, erklärte er mit angenehm sonorer Stimme, mit einer Dame wie mir ginge er zwar gerne auf Tuchfühlung, auf die Beule, die ich ihm verpasst hatte, hätte er jedoch verzichten können. Er sprach mit einem weichen, gemütlichen Akzent, vermutlich stammte er aus Baden.

»Ich gehe dann mal zur Kasse«, sagte ich eilig und klemmte mir den schweren Folianten unter den Arm.

Als ich mich noch einmal umwandte, war er nicht mehr zu sehen. War er wieder hinter der Tür verschwunden? Oder wo war er sonst so plötzlich hergekommen?

Die kleine Rothaarige war nicht unhübsch und hatte bis auf ihre Größe und ihre geschmackvolle Kleidung wenig Italienisches an sich. Ihre Haut war hell, die Augen leuchteten in einem intensiven Grün, und nun strebte sie fast fluchtartig auf halbhohen Stiefeln davon. Ihr dezentes, blumiges Parfüm hing noch in der Luft.

An der Kasse redete der Inhaber dieses wie die Sakristei einer uralten Kirche riechenden Kuriositätenkabinetts immer noch salbungsvoll auf die arme alte Dame mit der Pelzmütze ein. Es war abzusehen, dass sie ihm am Ende die Madonna für den geforderten

Preis von zweitausendachthundert Euro für ihren hoffentlich frommen Heinrich abkaufen würde. Wenigstens sah sie nicht aus, als würde sie sich durch diesen Luxus ruinieren, und wenn es um ihren Glauben geht, verlieren ja leider Gottes auch heute noch viele Menschen sofort den Verstand.

Die Rothaarige wollte offenbar die alte Bibel erwerben und wartete mit zunehmender Ungeduld auf das Ende des Verkaufsgesprächs. Das machte nun zum Missfallen des Ladeninhabers die Kundin nervös, und schließlich sagte sie das einzig Richtige: Sie werde es sich überlegen. Sekunden später war sie draußen, und der korpulente Mann im schwarzen Zweireiher wandte sich der Frau zu, der ich die schmerzende Stelle an der Stirn verdankte.

Mit mediterranem Temperament trat die Rothaarige vor. Sie sprach Deutsch, doch nicht mit italienischem, sondern mit leichtem bayerischem Akzent, und es stellte sich heraus, dass sie das heilige Buch keineswegs käuflich erwerben wollte.

»Ich glaube Ihnen kein Wort – Sie haben doch sofort gesehen, dass diese Bibel ein Vermögen wert ist.«

Mit blitzenden Augen knallte ich das dicke Buch vor Qualtinger hin, der sich unter meinen Anschuldigungen wand wie ein glitschiger Fisch. Ich rechnete ihm vor, dass seine Gewinnspanne bei fünfhundert Prozent lag.

»Ich habe niemanden übervorteilt«, behauptete er mit schiefem Grinsen. »Ein mündlicher Kaufvertrag ist ebenso gültig wie ein schriftlicher, und ...«

»Ich wette, Sie haben im Kolpinghaus nicht nur meiner Klientin aufgelauert«, fauchte ich ihn an. »Was wohl die Polizei dazu sagt, dass Sie vertrauensseligen alten Leutchen ihre Schätze abschwatzen und anschließend hier zu Wucherpreisen verkaufen?«

Nervös zupfte er seine leicht schief hängende Seidenfliege

zurecht, strich sich über den prallen Bauch und warf einen unruhigen Blick nach hinten. Der große Mann im Trenchcoat war nicht zu sehen.

»Morgen Vormittag Punkt zehn stehe ich wieder hier auf der Matte, Herr Qualtinger.« Wütend stemmte ich die Hände in die Hüfte. »Dann kriegen Sie von mir zweihundert Euro und ich von Ihnen die Bibel zurück. Andernfalls hole ich die Polizei, *capisce?*«

Erhobenen Hauptes zog sie ab, der Ladeninhaber war am Ende doch ziemlich ins Schwitzen gekommen. Nun war ich an der Reihe. Und auch an mir würde er keine Freude haben.

»Hartenstein?«, fragte er mit säuerlicher Miene. »Ich entsinne mich. Es war der Christoferus, richtig?«

»Ganz richtig. Der angeblich zweihundertfünfzig Jahre alte Christophorus, den Sie meinem Freund für dreieinhalbtausend Euro angedreht haben und der unter uns gesagt keine fünfzig wert ist. Er hat das auf alt gemachte Ding einem Bekannten gezeigt, der sich mit so was auskennt.«

»Was …« Er hüstelte, straffte seinen Rücken, starrte mich mit schlecht gespielter Empörung an. »Was veranlasst Sie zu dieser äh … ungeheuerlichen Behauptung, mein Herr? Und weshalb kommt Ihr Freund nicht selbst zu mir? Und wie kommen …«

»Schluss mit dem Theater!«, fuhr ich ihm in die Parade und starrte zurück. Schon nach wenigen Sekunden wich er meinem Blick aus. »Es geht ihm gesundheitlich nicht so gut, und deshalb hat er mich gebeten, für ihn zu sprechen.«

In Wahrheit ging es Bernd, den ich seit Jahrzehnten kannte, bestens. Er hatte nur gedacht, dass ich als Kripobeamter hier mehr Eindruck schinden würde als er. Bernd Hartenstein war eher klein gewachsen, in Sport schon als Schüler eine Niete gewesen und in praktischen Dingen seit jeher unbeholfen. Heute war er Professor für Theoretische Philosophie an der Universität Regensburg. Meinen Dienstausweis hatte ich bisher in seinem Gästezimmer gelassen, den Kripochef aus Heidelberg konnte ich immer noch heraushängen lassen, wenn der Typ vor mir sich weiterhin so uneinsichtig zeigen sollte.

»Ein Vorschlag zur Güte«, sagte ich ein wenig ruhiger. »Sie kriegen Ihren falschen Heiligen zurück, und mein Freund bekommt sein Geld, und wir vergessen die unerfreuliche Sache einfach.«

Die Tür an der Rückwand des Ladens schwang auf, ein klobiger, hünenhafter Kerl mit einer filterlosen Zigarette in der linken Pranke trat in den Raum, blieb abrupt stehen, musterte mich finster. Im Zimmer hinter ihm sah ich noch zwei weitere Burschen seines Kalibers, beide ebenfalls rauchend. Der Riese machte wortlos kehrt und verschwand so leise, wie er aufgetreten war. War das eben so etwas wie eine stumme Drohung gewesen? Oder hatte der Schlägertyp nur nicht bemerkt, dass Kundschaft im Laden war?

»Wir machen es folgendermaßen«, sagte ich betont entspannt zu dem immer erbärmlicher schwitzenden Schlitzohr hinter dem Tresen. »Sie überlegen sich die Sache in Ruhe, ich komme morgen Vormittag wieder, und wir werden sicher eine Einigung finden, okay?«

»Das … äh …«

Ich wandte mich zur Tür und ließ ihn einfach stehen. Als ich zwei, drei Schritte gegangen war, wurde mir auf einmal schwarz vor Augen.

Wo war er denn plötzlich hin?

Der große Mann im Trenchcoat schien nicht mehr im Laden zu sein. Ob er einen Hinterausgang benutzt hatte?

Ich blickte die dunkle Gasse hinauf und hinab, die nur am Ende von weihnachtlich funkelnden Lichterketten erhellt war. Sie war menschenleer.

Kopfschüttelnd schlug ich den Kragen meines Mantels hoch und zog mir den weichen Mohairschal ins Gesicht.

Scheinwerfer flammten auf, blendeten mich. Ein Motor wurde angelassen. Ich sprang zurück in den Schatten. Ein Lieferwagen mit rumänischem Kennzeichen kam aus der Einfahrt neben dem Devotionalienladen, rumpelte an mir vorbei über das Kopfsteinpflaster, bog um die nächste Ecke.

Vorsichtig trat ich aus dem Hauseingang hervor, blickte in die Einfahrt gegenüber. Nein, auch dort stand niemand. In Qualtingers Laden war das Licht immer noch an, ihn selbst sah ich jedoch auch nicht mehr. War der Große etwa in den Lieferwagen gestiegen? Steckte er mit diesem fiesen Betrüger unter einer Decke?

Ich überlegte, ob ich Paolo anrufen sollte, meinen Ex-Mann und Hauptkommissar bei der Kripo Regensburg. Irgendetwas war hier oberfaul. Doch was sollte ich ihm erzählen? Dass ich einem Fremden in einem Laden eine Beule verpasst hatte und dieser nun plötzlich nicht mehr da war? Vielleicht sollte ich doch noch einmal in den stickigen Laden gehen und dort nach dem Rechten sehen. Vielleicht saß der Badener zusammen mit Qualtinger im Hinterzimmer bei einem gemütlichen Tässchen Glühwein.

Nur sehr allmählich kam ich wieder in der Welt an. Das Erste, was ich fühlte, waren Schmerzen, das Zweite Fesseln, das Dritte die alles durchdringende Kälte. Ich lag am feuchten, harten Boden irgendeines finsteren, eiskalten Lochs, konnte nichts sehen, obwohl meine Augen nicht verbunden waren, konnte mich kaum bewegen, da meine Beine stramm zusammengeschnürt waren. Und meine Hände hinter dem Rücken sogar noch ein wenig strammer.

Ich versuchte, meinen geschundenen Körper in eine bequemere Lage zu bringen, was aber kaum gelang. Ich versuchte, mich zu erinnern. Dieser verfluchte Laden mit seinen tausend Heiligen, mein kurzes Gespräch mit dem Inhaber, diesem Schlitzohr, die drei zwielichtigen Burschen im Hinterzimmer, der Filmriss.

Was war passiert? Man schlug doch niemanden bewusstlos und sperrte ihn in einen Keller wegen einer solchen Summe. Für wen hielten die Schläger mich? Mit wem hatten sie mich verwechselt?

Meine Zehen in den gefütterten Lammfellstiefeln waren eiskalt. Aber die Mühe hatte sich gelohnt. Inzwischen war ich sicher, dass es bei Qualtinger nicht mit rechten Dingen zuging. Der Kerl vertickte offenbar auch Hehlerware, geklautes Kircheninventar aus dem Osten vielleicht. Außerdem waren hin und wieder abgerissene, scheue Gestalten im dunklen Hof verschwunden, kurz darauf wieder herausgekommen und hatten sich eilig verzogen.

Vor einer halben Stunde war der Lieferwagen zurückgekommen und wieder in die Hofeinfahrt gebogen. Drei grobschlächtige Typen hatten fünf große Holzkisten aus dem Haus geschafft und im Wagen verstaut. Der Große im Trenchcoat war nicht dabei gewesen. Kurze Zeit später waren die drei wieder im jetzt hell erleuchteten Hof erschienen, im leisen, aber aufgeregten Gespräch mit Qualtinger. Dann war der Wagen erneut verschwunden und seither nicht mehr aufgetaucht.

Nun gut. Für heute genug beobachtet, genug gefroren und gegrübelt. Ich verließ meinen Posten, überquerte zielstrebig die verlassene Gasse, betrat den Laden.

Die Tür zum Hinterzimmer stand offen, jemand rumorte dort herum. Ich trat näher. Im Raum dahinter türmten sich noch mehr Kisten, zwischen Madonnen- und Krippenfiguren hantierte Qualtinger, verpackte sie offenbar eilig.

»Was wird die Polizei wohl dazu sagen, dass Sie nicht nur

alte Damen ausnehmen, Herr Qualtinger, sondern auch noch Diebesgut aus dem Osten verticken?«

Erschrocken hob er den Kopf. Einen Moment zu spät sah ich das Flackern in seinen Augen, hörte leises Rascheln hinter mir. Ich wollte noch zur Seite springen, doch da traf mich schon mit aller Wucht ein Schlag.

Stunden mochten vergangen sein. Oder auch nur Minuten. Ich hatte jegliches Zeitgefühl verloren. Jeder einzelne Muskel, jeder Knochen, einfach alles tat mir weh. Und mir war entsetzlich kalt. Um mich herum nichts als Stille. Nur hin und wieder das leise Platschen eines Tropfens, der in eine Pfütze fiel. Vor einer gefühlten Ewigkeit hatte draußen ein Auto gehalten, und irgendwer hatte irgendetwas Schweres in den Raum über mir geschleppt. Seither war es wieder still.

Da – wieder ein Geräusch, endlich!

Schlurfende Schritte, eine knarrende Tür, dann wieder Stille. So lange ich auch den Atem anhielt – ich hörte nichts als das Rauschen meines Blutes in den Ohren und alle paar Sekunden, regelmäßig wie ein Uhrwerk, einen Tropfen fallen. Vor allem hörte ich nichts, woraus ich hätte schließen können, wo ich mich befand. Dann oben eine Klospülung, erneut knarrte die Tür. Und wieder diese tödliche Stille. Die wollten mich hier unten verrecken lassen. Und wahrscheinlich würde es Jahre dauern, bis man meine skelettierte Leiche fand.

Noch einmal versuchte ich, meine Liegeposition zu verbessern, rutschte herum, stieß gegen etwas Hartes, Blechernes, das prompt mit dezentem Scheppern auf mich fiel, um meine Lage noch ein wenig ungemütlicher zu machen. Das Ding war hart. Und schwer. Ich versuchte, es von mir herunterzuschieben, es abzuschütteln. Doch es gelang mir nicht. Ich hätte schreien können. Konnte ich aber nicht. Mein Mund war mit Klebeband verschlossen.

Schließlich hörte ich doch wieder etwas: das ferne Brummen eines Motors, das rasch näher kam. Dann wieder Schritte über mir, Rumpeln, die knarrende Tür, Schlüsselklimpern, noch eine Tür, und plötzlich blendete mich grelles Licht. So hell, dass ich nichts, aber auch gar nichts sehen konnte außer diesem blöden, harten Blechding, das immer noch zentnerschwer auf mir lag. Es schien teilweise vergoldet zu sein. Jemand polterte eine Treppe herab, die ich nicht sehen konnte, keuchend, herzhaft in einer fremden Sprache fluchend, Schleifgeräusche, etwas plumpste in meiner Nähe zu Boden, die Schritte entfernten sich, das Licht erlosch, die Tür knallte zu.

Mein Kopf dröhnte, mein Herz hämmerte, meine auf dem Rücken gefesselten Handgelenke schmerzten. Ich öffnete die Augen. Um mich nichts als Dunkelheit. Es war klamm und kalt. Unter mir spürte ich nackten Beton. Auch mein Mund und meine Fußgelenke waren verklebt.

Über mir hörte ich Stimmen, Rumänisch, dreckiges Männerlachen. Ein Schiff tutete in der Ferne, offenbar war der Hafen nicht weit.

Doch dann hörte ich noch etwas anderes.

Jemand atmete. Ganz nah. Stöhnte leise. Scharrte wohl mit den Füßen. Etwas Metallenes quietschte über den Boden.

Auch ich stöhnte nun so laut wie möglich, damit dem anderen, der Stimmlage nach einem Mann, klar wurde, dass er nicht alleine war. Er antwortete mit einem Brummen und noch mehr Füßescharren. Obwohl jedes meiner Glieder schmerzte, mein Kopf sich noch immer anfühlte, als hätte jemand damit gekegelt, robbte ich in seine Richtung. Vielleicht schafften wir es ja irgendwie gemeinsam, unsere Fesseln loszuwerden.

Es war unfassbar mühselig, aber ich kam ihm näher, Zentimeter für Zentimeter, bald schon konnte ich ihn riechen inmitten des feuchten Moders, der mich umgab. Ein leichter Geruch nach Zedern. Der Mann mit dem badischen Akzent.

Wir waren also nun zu zweit. Und auch die andere Person – ihr Stöhnen und Schnaufen klang, als wäre sie eine Frau –, schien gefesselt und geknebelt zu sein. Na prima. Manchmal ist geteiltes Leid doppeltes Leid.

Ich wendete den Kopf in die Richtung, aus der die Geräusche kamen, doch noch immer war es stockfinster hier. Absolut nichts zu sehen, nicht das leiseste Glimmen. Doch etwas anderes bemerkte ich: Als ich den Kopf drehte, rieb meine linke Wange an diesem dämlichen, rostigen Blechding, und der Klebestreifen löste sich ein winziges bisschen. Ein Zipfelchen nur, aber wenn ich das wiederholte und wiederholte und die Wange richtig fest gegen das vielleicht doch nicht so blöde Blech drückte …

Es dauerte, aber irgendwann war der Klebestreifen ab.

»Hallo?«, krächzte ich leise.

»Hm«, lautete die Antwort.

»Sie sind auch gefesselt?«

»Hm!«

»Wissen Sie, wo wir sind?«

»Hmhm!!«

»Warum wir hier sind?«

»Hmhm!!!«

»Wer diese Deppen sind, die uns hier eingesperrt haben?«

Auch das wusste sie nicht.

Wenn man mit dem Blechding Klebestreifen abrubbeln konnte, dann konnte man vielleicht auch …

Inzwischen war ich zwar halb erfroren, aber mein Verstand schien dafür wieder halbwegs zu funktionieren. Unter vielen Schmerzen und unterdrücktem Stöhnen drehte ich mich auf den Bauch, schaffte es, dass das zackige Blech auf den Fesseln an meinen Handgelenken zu liegen kam, und begann erneut zu rubbeln. Und das segensreiche Blechding war erfreulich scharfkantig.

Wieder dauerte es einige Minuten, aber dann waren meine Hände frei, Sekunden später die Füße, ich stellte das zackige Ding wieder an die Wand und machte mich daran, meine Leidensgenossin zu befreien. Als ich mich über sie beugte, roch ich Parfüm – es war die rothaarige Italienerin.

»Gerlach«, sagte ich Sekunden später. »Alexander Gerlach. Ich bin Polizist und komme aus Heidelberg.«

»Anna di Santosa«, erwiderte sie, »Privatermittlerin aus Regensburg.«

In absoluter Finsternis schüttelten wir eiskalte Hände, rückten zusammen, um uns gegenseitig ein wenig zu wärmen.

»Als Erstes brauchen wir Licht«, sagte ich, als meine Zähne nicht mehr allzu sehr klapperten.

Ich suchte meine Taschen ab, die des Mantels, der Hose. Manchmal fand sich dort ein vergessenes Streichholzbriefchen. Heute natürlich nicht. Der Badener tat dasselbe, ebenfalls erfolglos.

In einer Ecke, die ich bisher nicht hatte sehen können, ganz hinten in unserem muffigen Gefängnis, das offenbar ein Keller war, entdeckte ich jetzt einen feinen Schimmer. Mühsam stand ich auf, streckte meine Beine und Arme, die immer noch halb taub waren, tastete mich immer wieder stolpernd über allerhand Gerümpel auf den schwachen Lichtschein zu. Ein vergittertes Fenster, wie ich schließlich sah und fühlte, nachlässig mit Brettern vernagelt.

»Die Dinger hier sind morsch«, sagte ich. »Hilf mir, Alexander – zu zweit kriegen wir sie vielleicht ab.«

Mein Kompagnon schien keine Einwände gegen mein vertrauliches Du zu haben, schließlich verbindet die Angst um das eigene Leben mehr als alles andere. Es dauerte nicht lange, und wir hatten die meisten der morschen Bretter abgerissen. Kaltes Mondlicht fiel in unser Gefängnis.

Wir befanden uns tatsächlich in einem Keller, der als Lagerraum diente. Jede Menge ausrangierte Autoreifen und kaputte Matratzen lagen herum, in einer Ecke waren Holzkisten gestapelt. Den Aufklebern war zu entnehmen, dass sie aus Pakistan kamen.

Alexander machte sich an einer der Kisten zu schaffen, zerrte eine Weile daran herum, schaffte es schließlich, den Deckel abzureißen, schob ihn zur Seite.

Unschuldige und völlig identische Madonnengesichter lächelten uns entrückt an. Dazwischen reichlich Hobelspäne. Ein betäubender Duft nach Weihrauch und Myrrhe stieg mir in die Nase.

»Mindestens zwanzig Einzelstücke aus Südtirol.« Ich nahm eine der falschen Gottesmütter heraus. »Ganz schön schwer. Damit kann man prächtig zuschlagen.«

Ich hörte, wie Anna tief Luft holte. Dann begann sie zu schreien und mit dem Holzdeckel gegen alles zu schlagen, was sich in ihrer Reichweite befand. Es dauerte nur Sekunden, bis von oben Schritte zu hören waren. Sie schienen zu zweit zu kommen. Das Blechding in meiner Hand war schwer, vorne annähernd sternförmig, an einer Seite jedoch verlängert, so dass es insgesamt eine recht handliche und überaus gemeine Schlagwaffe abgab.

Ich duckte mich hinter den Reifenstapel, hielt den Atem an.

Der Schlüssel wurde gedreht, Licht flammte auf.

»Ich den Ersten, du den Zweiten«, hatte ich Anna im letzten Moment zugeflüstert, bevor sie sich unter der Treppe verschanzte. »Falls es noch einen Dritten gibt, dann nehmen wir ihn zusammen.«

Schritte polterten die Treppe herab, Fluchen war zu hören, das metallische Klicken eines Sicherungshebels. Die Schritte wurden plötzlich langsam, die zwei Burschen rochen, dass hier etwas nicht so war, wie es sein sollte.

Ich duckte mich noch tiefer, meine zackige Waffe hielt ich mit beiden Händen flach über den Kopf, um maximalen Schwung in den Schlag zu legen. Mehr als eine Chance würde ich nicht bekommen.

In meinem Blickfeld tauchte ein Fuß in einem klobigen Schnürschuh auf, ein Bein, eine Hand mit einer schweren automatischen Pistole, schließlich der Kopf des Riesen, der vor einer gefühlten Ewigkeit kurz aus dem Hinterzimmer getreten war.

Anna stieß einen wilden Schrei aus, war jetzt offenbar im Rücken des zweiten Ganoven. Ich hörte es krachen.

Ein Ruck, ein Schlag, ein »Klong«, die Pistole schepperte zu Boden, ihr Besitzer ging in die Knie. Ich ließ es noch zweimal klongen, dann regte er sich nicht mehr. Plötzlich war es wieder ganz still.

»Benissimo«, hörte ich Anna befriedigt sagen. »Der Typ ist hin. Und die Madonna auch.«

Ich umrundete den Reifenhaufen, sah sie mit den Resten der gefälschten Madonna in den Händen breitbeinig über ihrem Opfer stehen.

»Was sind das für Tütchen?«, fragte sie.

Sie waren aus Plastik, durchsichtig, und der Inhalt war blütenweiß. Es waren viele, verstreut über Annas Opfer und weit darum herum.

»Heroin«, beantwortete sie ihre Frage selbst. »Sie schmuggeln Drogen, und die ganzen Madonnen und Heiligen sind nur Transportmittel und ein netter Nebenverdienst.«

Triumphierend strahlte sie mich an, schmutzig, reichlich derangiert und sichtlich stolz auf sich und ihr Werk. »Was ist das für ein Ding?«

Endlich hatte ich Zeit und Gelegenheit, meine Waffe genauer zu betrachten. Massives Eisenblech, insgesamt etwa einen dreiviertel Meter lang. Teilweise immer noch vergoldet, der Rest rostig.

»Darf ich vorstellen?« Ich begann zu lachen, schwang das Ding über meinen Kopf. »Der Stern von Bethlehem.«

»Aber eindeutig nur die Volksausgabe«, meinte Anna.

Nun lachten wir beide und machten uns daran, die beiden Rumänen mit Klebeband zu fesseln, von dem zwei Rollen auf der Treppe lagen.

Als etwa eine halbe Stunde später endlich mein Ex-Mann Paolo vor uns stand, Kripobeamter wie Alexander, hatten wir uns schon alles Wesentliche zusammengereimt. Die Madonnen wurden in Pakistan im Akkord geschnitzt, das Heroin stammte vermutlich aus Afghanistan. Irgendwo auf der weiten Reise wurden die Figuren mit Drogen gefüllt, in die Kisten reichlich Weihrauch und Myrrhe gestreut, um Drogenspürhunde zu verwirren. Die Kisten gelangten per Donauschiff nach Regensburg und wurden in Qualtingers Laden geschafft, dem Umschlagplatz nicht nur für die Madonnen, sondern im Hinterzimmer auch für das Heroin.

»Wir haben sie schon länger auf dem Radar«, sagte Paolo, nachdem er das Schlachtfeld besichtigt hatte. »Sie müssen es gespürt haben und waren die letzten Tage eh schon ziemlich nervös. Dann seid ihr aufgetaucht und habt sie wohl in Panik versetzt.«

Mein Ex, der mit seinen schwarzen Haaren und dunklen Augen im Gegensatz zu mir aussah wie ein Italiener, runzelte die Stirn, schien aber dennoch zufrieden. Der dritte Rumäne war noch auf der Flucht, die Fahndung lief bereits.

»Den Qualtinger haben wir, der verkauft vorläufig nichts mehr.«

Und in einer Woche war Weihnachten.

Glossar

aufputzen – auffallend, übertrieben schmücken

Boßeln – Spiel mit bleigefüllten Kugeln aus Holz oder Gummi

Bûche – von Bûche de Noël (Weihnachtsbaumstamm), traditionelles Weihnachtsgebäck aus französischsprachigen Ländern

Bünzli – Spießbürger

Chalet – Landhaus

Cüpli – Glas Champagner

Detachement – kleinere Truppenabteilung eines Heeres

duhn – angetrunken

für umme – umsonst, kostenlos

Genever – Wacholderschnaps

grad zleid – erst recht, absichtlich

Joppe – einfache Jacke für Männer

nachtarocken – bereits erledigte Angelegenheit wieder aufgreifen, um weiterzustreiten

Ordonnanz – Anordnung, Befehl; Offiziersanwärter

Schabau – Schnaps

schiach – hier: hässlich

Schlickerkram – Süßigkeiten

Schrapnell – unattraktive ältere Frau

Tatta – Tante

Taxpunkte – Über die Taxpunkte errechnet sich, wie teuer ein Zahnarzt in der Schweiz ist.

Tenue – vorgeschriebene Art der Kleidung; Uniform

umparkieren – umparken

Utrooper – Ausrufer; jemand, der öffentliche Bekannt-
machungen ausruft

zufleiß – absichtlich

zum Düwel – zum Teufel

Weihnachtsmousse mit Mördergruß

Zutaten:
(für 2–4 Personen)
100 g Zartbitterschokolade
1 TL Butter
1 Messerspitze Kardamom
200 g Schlagsahne
1 Bio-Orange
150 g TK-Himbeeren
2 EL Puderzucker

Zubereitung:
1. Die Himbeeren auftauen lassen.
2. Die Schokolade in Stücke brechen und mit Butter im heißen Wasserbad schmelzen. Den Kardamom unterrühren und das Ganze etwas abkühlen lassen.
3. In der Zwischenzeit die Sahne steif schlagen. Dann die abgekühlte, noch flüssige Schokolade vorsichtig und langsam mit einem Teigschaber unter die Sahne heben.
4. Die Orange waschen und abtrocknen, dann die Schale dünn abreiben und vorsichtig unterheben.
5. Die aufgetauten Himbeeren pürieren, durch ein Sieb streichen und mit Puderzucker abschmecken.
6. Die Mousse wahlweise auf Gläser verteilen und mit etwas Himbeermark obendrauf servieren oder das Himbeermark

auf Kuchentellern verteilen und jeweils eine Nocke Weihnachtsmousse in die Mitte des Fruchtspiegels setzen.

Und für den mörderischen Weihnachtsdurst passt dazu wahlweise Cola mit einem Schuss Spekulatiussirup oder heiße Schokolade mit einem Schuss Kräuterschnaps (z. B. Jägermeister).

MARCO ⊕ POLO

Algarve

Diesen Führer schrieb Rolf Osang.
Seit 1990 lebt er in Portugal,
über das er zahlreiche Bücher verfasste.

marcopolo.de

Die aktuellsten Insider-Tipps finden Sie unter
www.marcopolo.de, siehe auch Seite 102

MAIRS GEOGRAPHISCHER VERLAG

SYMBOLE

MARCO POLO INSIDER-TIPPS:
Von unserem Autor für Sie entdeckt

 MARCO POLO HIGHLIGHTS:
Alles, was Sie an der Algarve kennen sollten

 HIER HABEN SIE EINE SCHÖNE AUSSICHT

WO SIE JUNGE LEUTE TREFFEN

PREISKATEGORIEN

Hotels		Restaurants	
€€€	über 100 Euro	€€€	über 20 Euro
€€	50–100 Euro	€€	12–20 Euro
€	unter 50 Euro	€	unter 12 Euro

Die Preise gelten für ein Doppelzimmer mit Frühstück. Nov.–Feb. ca. 25 Prozent weniger, Juli und Aug. ca. 25 Prozent mehr.

Die Preise gelten für ein Essen am Abend mit Suppe oder Vorspeise, Hauptgericht, Nachtisch und einem Glas Wein.

KARTEN

[112 A1] Seitenzahlen und Koordinaten für den Reiseatlas Algarve

Karten zu Albufeira, Faro, Lagos und Tavira finden Sie im hinteren Umschlag.

Zu Ihrer Orientierung sind auch die Orte mit Koordinaten versehen, die nicht im Reiseatlas eingetragen sind.

GUT ZU WISSEN

INHALT

Die wichtigsten
MARCO POLO Highlights

Sehenswürdigkeiten, Orte und Erlebnisse, die Sie nicht verpassen sollten

 Albufeira
Schönste Strände, Cafés, Kneipen und Restaurants ohne Ende, nachts ein Tummelplatz für die In-Crowd (Seite 27)

 Lagos
Prinz Heinrich der Seefahrer und seine Kapitäne schrieben hier Entdeckergeschichte. Kunstfreunde pilgern zur üppig dekorierten Igreja Santo António (Seite 33)

 Ponta da Piedade
Auf mehreren Kilometern Länge reiht sich eine riesige natürliche Felsskulptur an die andere (Seite 35)

 Ferragudo
Hübscher ist an der Algarve kein Fischerort. Und die Krönung ist die Burg São João an der Mündung des Rio Arade (Seite 43)

 Cidade Velha in Faro
Mitten in der City mutet die ummauerte Altstadt wie ein Museum an (Seite 50)

 Ria-Insel Armona
Mit der Fähre in eine autofreie Inselwelt gondeln, Muscheln sammeln, Ruhe genießen (Seite 52)

 Palácio de Estói
Ein Rokokoschlösschen und sein Park: Romantik pur (Seite 53)

Die Felsformationen der Ponta da Piedade kann man gut per Boot erkunden

Estói: Dichterbüste vor dem Palast

 Tavira
Malerisch wirken die Patrizierhäuser am Rio Gilão, den eine
römische Brücke überspannt
(Seite 54)

 São Lourenço dos Matos
Höhepunkt der portugiesi-
schen Kachelkunst sind
die Azulejo-Wände dieser
barocken Kapelle in
Almancil (Seite 60)

 Alcoutim
Das typische Algarvedorf liegt
am Rio Guadiana und an einer
alten Römerstraße (Seite 64)

 Loulé
Nirgendwo ist das maurische
Erbe so deutlich spürbar wie
in dieser Markt- und Handwerkerstadt (Seite 67)

 Monchique und die Serra
Herrliche Wanderwege und
Bergstraßen erschließen
den »Garten der Algarve«
(Seite 71)

 Silves
Das behagliche Städtchen
wird von einer spektakulären
maurischen Burganlage
überragt (Seite 75)

Am Strand von Albufeira

 Arrifana
Die Aussicht auf die steilen
Klippen der Costa Vicentina
lässt einem den Atem stocken
(Seite 80)

 Cabo São Vicente
Europas Südwesteck, ein von
Wind und Wellen bedrängtes
Kap, über dem sich ein
Leuchtturm erhebt (Seite 81)

 Die Highlights sind in der Karte auf dem hinteren Umschlag eingetragen

Entdecken Sie die Algarve!

Wunderbares Klima, herrliche Strände und gastfreundliche Algárvios sorgen für beste Urlaubslaune

Sauberes, klares Meerwasser, eine Luft zum tief Durchatmen, herrliche Strände, Buchten, Uferfelsen, Düneninseln, ein subtropisches Klima, das seinesgleichen sucht – die Liste der Algarve-Merkmale beinhaltet so ziemlich alles, was das Herz begehrt. Kein Wunder also, dass Europas südwestliche Nasenspitze zu einem wichtigen Urlaubsgebiet wurde. Ein großes Gebiet: 150 km von Ost bis West, vom Rio Guadiana bis zum Atlantik, und 50 km von Nord bis Süd, von den Küstengebirgen des Hinterlands bis zur Südküste. Diese Küste besteht aus zwei Teilen, Barlavento (wind-zugewandt) und Sotavento (wind-abgewandt), deren Landschaften sehr verschieden ausfallen. Das Barlavento hat eine dramatisch-felsige Küste (Felsalgarve), das Sotavento eine ruhige, von Sand und Dünen geprägte (Sandalgarve). Bilderbuchstrände reihen sich an beiden aneinander. Viele Gäste ziehen die schier endlosen Sandbänke im Osten vor, wie man sie z. B. auf der Ilha de Tavira antrifft, andere schätzen die romantischen kleinen Buch-

Innenhofidyll unter Bougainvilleen

ten der Felsalgarve, wieder andere tummeln sich lieber an langen Stränden vor honigfarbenen Felsgebilden und Klippenwänden, die Wasser und Wetter zu phantastischen Kulissen zurechtgemeißelt haben. Zwischen Albufeira und Sagres gibt es zahllose davon.

Von Mutter Natur derart privilegiert ausgestattet, ist die Algarve ein Tourismusgebiet par excellence – und das in nur zweieinhalb Flugstunden Entfernung von Deutschland. Dann landet man zwar in Europa, aber doch in einer Region ganz eigener Prägung. Die Einheimischen, die Algárvios, wirken mit ihren dunklen Augen mediterran,

Phantastisch geformte Felsen säumen die Küste der Algarve

Geschichtstabelle

Vorzeit, bis etwa 3000 v. Chr.
Spärliche Besiedlung durch die
iberischen Ureinwohner

2000–1600 v. Chr. Megalith-
kultur mit Gräber- und Kultbauten,
wie bei Alcalar

Ab 1100 v. Chr. Mit Erzen
handelnde Phönizier treffen ein,
später die Karthager, ab 1000
auch Kelten aus dem Norden

Ab 218 v. Chr. Die Römer nehmen die Iberische Halbinsel ein

Um 400 Die Westgoten entreißen
den Römern die Herrschaft

711 Mauren erobern die Iberische
Halbinsel im Handstreich

Ab 750 Die christliche Rückerobe-
rung (Reconquista) formiert sich

1147 Unter dem ersten König
Portugals, Afonso Henrique, erhält
das Land seine bis heute gültigen
Grenzen. Die Algarve aber kommt
erst 100 Jahre später dazu

1179 Der Papst erkennt Portugal
als eigene Nation an

1395–1460 Das Leben von Prinz
Heinrich dem Seefahrer ist der
Navigation gewidmet. Er wird zum
Ahnherrn der »Seefahrernation«

Ab 1419 Die großen Entdeckungen beginnen. 1487 wird das Kap
der Guten Hoffnung umrundet,

1498 der Seeweg nach Indien
geöffnet, 1500 wird Brasilien
entdeckt. Unter König Manuel I.
(1495–1521) wird Portugal zur
Weltmacht

1580 Portugal verliert seine
Selbstständigkeit an Spanien …

1640 … und holt sie sich nach
einer Revolte zurück. Aber das
Weltreich ist längst zerbröckelt

1807–11 Nach drei vergeblich
versuchten Invasionen ziehen die
Franzosen unter Napoleon ab

1910 Ausrufung einer Republik

1928 Finanzminister António
Salazar übernimmt das Ruder,
1932 wird er Regierungschef und
Diktator. Im Zweiten Weltkrieg
bleibt das Land neutral

1974 Die »Nelkenrevolution«
beendet ein halbes Jahrhundert
Salazar-Diktatur. Portugal tanzt
im Freudenrausch

1986 Beitritt zur EU

1998 Die Expo 98 rückt Lissabon
und Portugal ins Rampenlicht

2002 Der Euro löst die nationale
Währung Escudo ab. Die sozialisti-
sche Partei PS verliert die Macht
an die konservative PSD

2004 Fußball-Europameister-
schaft in Portugal, auch in Faro

Büste des Dichters Luís de Camões (1524–80) vor dem Palácio de Estói

man kann auch viel Maurisch-Arabisches in ihnen entdecken. Indes: Die Männer sind nicht machohaft wie in so manchen Mittelmeerländern. Vielleicht ist der Atlantik daran beteiligt. Kühlend wirkt er, besänftigend durch seine Urgewalt. Jeden weist der Ozean in die Schranken, aber er setzt auch weite Horizonte. Es verwundert nicht, dass ausgerechnet an der Algarve die revolutionäre Epoche der Expeditionen zur See begann, dass die Neuzeit, deren Beginn man mit der Entdeckung Amerikas gleichsetzt, hier eingeläutet wurde.

In der Ferne der Neuen Welt stieg in den Portugiesen eine immense Sehnsucht nach zu Hause auf. Der *fado* gab dieser Sehnsucht melodischen Ausdruck. Immer wieder hört man, die »wie ein Dolch das Herz durchbohrende« Fado-

> **Fado-Musik: wie ein Dolch im Herzen**

Musik und das Gefühl der Wehmut, *saudade,* könnten nur hier als landestypische Wesenszüge entstanden sein, weil die Portugiesen von einer so tiefen Melancholie ergriffen seien. Da ist viel dran. Fado-Musik zeigt einen Teil der Herkunft portugiesischen Gemüts auf, ist sie doch ein Erbe jener Epoche, als die Mauren die Iberische Halbinsel über ein halbes Jahrtausend lang beherrschten. Die arabisch-islamische Kultur und mit ihr viel Fatalistisches sitzen also tief verankert in der portugiesischen Seele und in der Musik Portugals, die aber auch Klänge aus Afrika, aus Brasilien, Indien, eben von überall dort, wo die Portugiesen einst das Sagen hatten, integriert. Die Portugiesen vereinnahmten das Fremde immer mit Offenheit und Freude. Das gilt für die gesamte Kultur, die kulinarische, auch die soziale und nicht zuletzt die religiöse: Die Tatsache, dass unter maurischer Herrschaft auch Christen und Juden in erstaunlicher Toleranz ihrer Religion und ihrem Lebensstil nachgehen konnten, wirkt bis heute nach.

Die Mauren nannten den sonnenreichsten Küstenstrich auf der Iberischen Halbinsel »al garb« (der Westen – von Córdoba aus betrachtet, dem Sitz des Kalifats), woraus das Wort Algarve entstand. Alle Wörter, die mit »Al« beginnen, sind arabischen Ursprungs, wie Albufeira oder Almancil, Algebra oder Alhambra. Die Hauptstadt des Garb hieß Xelb, das heutige Silves, eine schillernde Metropolis voller Paläste und Basare, die sich mit Sevilla und Granada messen konnte.

Von der arabischen Hochkultur ist fast nichts übrig geblieben, denn nahezu alle Gebäude in Südportugal wurden bei einem Erdbeben im Jahr 1755 vernichtet. Aber mit bewundernswerter Energie baute man neu, und so kommt es, dass sich heute die meisten Innenstädte in einem 18.-Jh.-Gewand präsentieren – wie Lagos, Faro, Tavira, Loulé oder Vila Real de Santo António. Alle diese Städte liegen wie aufgereiht am »Algarve-Highway« N 125 und der neuen Autobahn *Via Infante*. Südlich davon ist der Raum dicht besiedelt, der Großteil der 400 000 Einwohner der Algarve lebt hier in der Uferzone, die meisten vom Tourismus.

Nördlich beider Straßen wird es bergig. Nur noch wenige alte Leute leben in einem der einsamen Bergnester. Die Jugend will in den Städten an der Küste arbeiten und wohnen. In den *serras,* den Küstengebirgen, stößt man deshalb auf verlassene Dörfer, die man am liebsten wieder beleben möchte. Dort, wo Menschen sind, geht es wunderbar friedlich zu. Selbst das bunte Treiben am Markttag wirkt gelassen, mehr noch: Heiter wirkt es, etwa in Loulé, wo samstags enorme Menschenmengen die Markthalle und den Zigeunermarkt im Freien bevölkern. Angeboten wird nur, was die Bauern der Umgebung derzeit anbauen und ernten. Frischer und besser geht es nicht. Zwiebeln, Karotten und Kartoffeln, Kohl, Kürbisse und Knoblauch häufen sich auf wackeligen Ständen. Als Besucher gewinnt man unwillkürlich den Eindruck, dass man hier willkommen ist und dass sich die Einheimischen einem nicht aufdrängen wollen, um ein Geschäft zu machen. Leben und leben lassen, das ist die angenehme, lockere Lebensauffassung der Algárvios.

Die Bereiche nahe dem Ufer hat man in den letzten zwanzig Jahren wie wild bebaut mit Hotelanlagen und Bettenbunkern. Hier tobt das (touristische) Leben. Aber man besinnt sich doch allmählich darauf, dass man die Natur nicht endlos ausbeuten kann, dass sie keine unerschöpflichen Vorräte bietet, sondern ein zu schätzendes und zu schützendes Gut ist. Ein radikaler Baustopp verhindert nun planloses Bebauen.

Die Westküste, die *Costa Vicentina,* wurde zum Naturschutzgebiet erklärt. Hier finden Besucher unangetastete, wilde Landschaften vor, nicht nur in Parzellen, sondern in

» *Das Motto lautet: leben und leben lassen* **«**

einem ganzen Küstenstrich. Vom Wind und der Brandung gebürstete, senkrecht in das tosende Meer abfallende Klippen lassen die Gäste staunen über die Naturgewalten, die solche majestätischen Schönheiten zu Stande bringen.

An den meisten Tagen traut sich keine Wolke, das Azurblau des Himmels zu trüben, und die ganze Küste wird zur Postkartenidylle: Traumstrände und Sandburgen, lachende Gesichter, bunte Fischerboote dümpeln im sattblauen Wasser – es ist eine wahre Pracht. Das Licht kann dann an der West- wie auch an der Südküste diamanthart werden, scharf sind die Kontraste. Die Helligkeit ist von solcher Kraft, dass Felsen und Bäume, Wasser und Wiesen wie von innen her leuchten. Dieses intensive Licht fasziniert immer mehr Künstler, die hier neue Begegnungen in und mit der Natur erleben und diese in ihr Medium umsetzen. Solche Tage faszinierenden Lichts sind durchaus nicht selten – und selbst im Januar kann einem hier die Sonne den Rücken wärmen und bräunen.

Das milde Klima lockt auch die Golfer an, vor allem in den Übergangszeiten im Mai und Oktober. Auf 25 Plätzen (weitere 25 sind in Bau oder Planung), von denen einer attraktiver ist als der andere, putten sie die kleinen weißen Bälle ein und genießen die vorbildlich in die Landschaft integrierten Greens. Rund um Vilamoura, in Quinta do Lago und Vale de Lobo wurden in den letzten Jahren die wohl exklusivsten Ferien- und Golfanlagen Europas in Betrieb genommen.

> *Wie von innen her leuchtet die Landschaft*

Aber diese hochfeinen Resorts sind wie Inseln. Der normale Betrieb an der Algarve ist durchsetzt von sämtlichen Aspekten eines modernen, auf Tourismus ausgerichteten Alltags. Er unterscheidet sich von dem anderer Destinationen vor allem durch die Freundlichkeit der Einheimischen und die grandiose Schönheit der Landschaft, wobei immer mehr Besucher auch das bergige, stille Hinterland und die wilde Westküste wahrnehmen, Regionen, die sich einem beim Wandern und Radfahren erschließen. Belohnt wird man mit intensiven Eindrücken einer noch völlig intakten Natur. Begegnet man ihr in Ruhe, kann man sich sehr wohl wie ein Entdecker fühlen.

Gemüse, Mohn, Mandelbäume: das Hinterland der Algarve

11

Von Seefahrern und Sehnsüchten

Was Sie über Land und Meer, über Menschen und Besonderheiten der Algarve wissen sollten

Azulejos

Ausgesprochen: asuléschusch (von arabisch: al-zulij, »kleiner Stein«). Nachdem die Christen die Algarve im 13. Jh. zurückerobert hatten, importierten sie Azulejos, Fliesen mit geometrischen Mustern in verschiedenen Farben. Erst im 16. Jh. begann die heimische Produktion, meist in Blau-Weiß-Gelb und mit gegenständlichen Motiven. Ab dem 17. Jh. verkleidete man Kirchen, Brunnen, Küchen, ja ganze Häuserzeilen mit Azulejo-Bildern. Sehr schöne Beispiele finden sich in Almancil in der Kapelle São Lourenço, in der São-António-Kapelle in Lagos und im Palácio Estói bei Faro.

Fado

Gesang und die *guitarra portuguesa:* Das ist Fado. Nichts kann das wehmütige, nostalgische, *saudade* genannte Gefühl, die Sehnsucht nach dem Verlorenen, authentischer ausdrücken. Nach dem Tod der Star-Fadistin Amália Rodrigues im Jahr 1998 ist Fado wieder in. SängerInnen wie Camené oder Dulce Pontes wissen Fangemeinden in aller Welt hinter sich.

Eine Art Wahrzeichen der Algarve: Kamine in verschiedensten Formen

Fischfang

Er hat nicht mehr die Bedeutung wie früher, als Thunfisch- und Sardinen-Konservenfabriken in Betrieb waren. Der Thunfisch kommt in dieser Region nun nicht mehr vor. Sardinen gibt es nach wie vor in riesigen Schwärmen, der Fang ging jedoch von 1985 bis 2000 von 208 000 auf 95 000 t zurück. Eine Sardine sollte mindestens 11, höchstens 18 cm lang sein. Nirgendwo ist sie als frischer Fisch beliebter als an der Algarve, wo sie zum Urlaub einfach dazugehört. Im Sommer ist sie prall und fett. Gut gegrillt, entfaltet sich ihr Geschmack dann besonders intensiv.

Übrigens: Dass die Fischerboote so herrlich bunt sind, dient nicht nur der Dekoration, sondern in erster Linie der Sicherheit – es macht sie bei Nebel besser sichtbar.

Fußball

Die Europameisterschaft wird 2004 in Portugal ausgetragen, auch im neuen Stadion bei Faro, das in der ersten portugiesischen Liga spielt, Portimão in der zweiten. Überall und zu jeder Zeit sieht man die Männer in den Bars und Cafés über ihren allerliebsten Sport philosophieren und gestikulieren.

Neun Jahre dauert der Erntezyklus der Korkrinde

Kamine

Überall sieht man sie aufragen, die teils schnörkelhaft verzierten Hauskamine; manche sind rund, andere eckig, manche für den Brotbackofen, andere für den offenen Kamin. Ihre Hauben sind teils derart liebevoll geschmückt, dass man sie für Aushängeschilder der Hausbesitzer halten könnte. Kein Wunder, dass diese eigenwilligen Kamine zu einer Art Wahrzeichen der Algarve avancierten. Historiker erkennen in ihnen übrigens getarnte Minarette aus der Zeit, als die Region den Mauren entrissen und die christliche Religion mit Macht durchgesetzt wurde. Die Mauren, die nicht flohen, wurden zu so genannten »Neuchristen« getauft, viele blieben freilich insgeheim der islamischen Religion treu und gaben ihren Hauskaminen einen Anflug altvertrauter Minarett-Architektur.

Kolonien

Portugal war das erste Land Europas, das Kolonien gründete. Im 16. Jh. wurde daraus ein Imperium, das sich von Brasilien über Gebiete in Afrika und Indien bis in den Fernen Osten erstreckte. Heute noch wird die portugiesische Sprache in jenen Ländern gesprochen und zählt damit zu den meistgesprochenen der Welt; Lissabon gilt vielen Afrikanern als ihre geistige Metropole.

Kork

Im Hinterland wachsen Korkeichen. 2 Mio. Zellen in 1 cm^2 der Korkrinde machen das Material elastisch und wasserdicht. Ist diese etwa 3–5 cm dicke, rindenähnliche Schicht aus abgestorbenen Zellen vom Stamm geschält, malt man diesem die letzte Ziffer des Erntejahrs auf. In neun Jahren wächst die Schicht nach, und immer weiß man, wann sie wieder erntereif ist. Eine 4 bedeutet also: 1994 geschält, 2003 nächste Ernte. Portugal ist mit 60 Prozent Anteil der weltgrößte Exporteur. Die Rinde wird zu Korken ausgestanzt; Korkgranulat findet u. a. als Isolierstoff und bei Schuhsohlen Verwendung.

Literatur

Wer hatte außerhalb der Grenzen des Landes je von portugiesischen Autoren gehört? Das änderte sich radikal, als 1998 *José Saramago* mit dem Literatur-Nobelpreis gewürdigt wurde. »Das Memorial« heißt sein bekanntestes Werk, es spielt zu Beginn des 18. Jhs. im Klosterpalast zu Mafra, ist spannend und gespickt mit geistreichen Formulierungen. Faszinierender noch sind die Werke von *Fernando Pessoa* (1888–1935), die auch in Deutschland beliebt wurden. Sein »Buch der Unruhe« ist ein großartiges Dokument existenzieller Traurigkeit und in Teilen damit auch portugiesischen Lebensgefühls. *Luís Camões* (1524–80) gilt als »Portugals

Goethe«. Sein Epos »Os Lusíados« (Die Lusiaden) ist ein Loblied auf die seefahrenden Helden der Nation. Derzeit ist *António Lobo Antunes* der international meistbeachtete Autor. Sein Roman über Portugal, über seine Menschen und seine Geschichte, »Fado Alexandrino« (1984), der als Meisterwerk gilt, ist jetzt endlich auch auf Deutsch erschienen.

Mauren

711 überquerten arabische Stämme die Meerenge bei Gibraltar, eroberten den größten Teil der Iberischen Halbinsel und verwandelten sie in ein Kalifat. Eine maurische Hochkultur blühte auf, mit Akademien für Medizin, Mathematik und Astronomie. Auch die Landwirtschaft erlebte durch das Bewässern mit dem Schöpfrad einen Aufschwung, Zitrusfrüchte, Mandeln und Feigen wurden in Plantagen angebaut. Im 12. Jh. gelang es im Westen der Halbinsel dem Ritter Afonso Henriques, den Widerstand gegen die Mauren zu bündeln. Eine Sarazenenburg nach der anderen wurde genommen, die Mauren verjagt. Papst Alexander II. erkannte 1179 dieses zurückeroberte Gebiet als Königreich an – Portugal war entstanden. Die Algarve aber blieb bis Mitte des 13. Jhs. maurisches Territorium, bis Silves in die Hände der Kreuzritter fiel. Der Regent Afonso Henriques trug nun die Krone als »König von Portugal und Algarve«.

Musik

Die Gruppe *Madredeus* mit *Teresa Salgueiro* wurde mit einer strengen, fast klerikalen Musik weltberühmt, hat aber ihren Zenit überschritten und erhält von der ideenreichen *Dulce Pontes* Konkurrenz. Sie ist dem Fado mehr verhaftet. Mit wunderbaren Liedern hat sie sich in die Seele ihrer Fans gesungen. Unter den Rockgruppen ist *Xutos e Pontapés* seit Jahren beliebt, in sind auch *The Gift, Nuno Guerreiro, Belle Chase Hotel, Dawaesel, Silence 4* und *Mind da Gap. Paulo Gonzo* hat mit seinen Rockballaden viele Freunde gewonnen. Superstar ist nach wie vor *Pedro Abrunhosa,* der mit provokativen Texten immer wieder für Unruhe sorgt. Im ganzen Land, besonders in Lissabon, Porto und an der Algarve, gibt es eine überschäumende Musikszene. Überall hört man auch gerne brasilianische und kapverdische Musik. Und tanzt dazu – bei guter Laune auch schon mal auf den Tischen.

Nelkenrevolution

1928 wurde António de Oliveira Salazar mit Vollmachten ausgestattet, die er zur Einführung einer Diktatur nutzte. Die Staatsfinanzen brachte er durch gezielte Verarmung des Volkes auf Vordermann, wobei die Geheimpolizei Pide jeden Widerstand unterdrückte. Mit der Niederlage Hitlers wuchs die Opposition. In den 60er-Jahren, als andere Länder ihre Kolonien in die Unabhängigkeit entließen, setzte Salazar auf radikale Ausbeutung der portugiesischen. Über 10 Prozent der portugiesischen Bevölkerung emigrierten während dieser Zeit ins Ausland – meist nach Deutschland, Frankreich und in die Schweiz –, um dort die Existenz ihrer Familien zu sichern. Nun machten sich zwar immer mehr revolutionäre Gedanken breit, aber auch der Tod Salazars 1968 änderte nichts am Status quo. Eine Überraschung war es dann, als am 25. April 1974 links-gerichtete Militärs putschten, wo-bei das im Radio übertragene Lied »Grândola, vila morena« von José Afonso als Startsignal diente. Inspi-riert davon und von aktuellen Hip-pieliedern, steckten junge Leute den Soldaten Nelken in die Geweh-re – wie sollten sie da auf Landsleu-te schießen? So blieb der Putsch weitgehend friedlich, und ganz Por-tugal tanzte. 48 Jahre Diktatur ge-hörten der Vergangenheit an.

Seefahrer

Als 19-Jähriger bewährte sich Prinz Heinrich der Seefahrer *(Infante Henrique)* im Jahr 1415 bei der Er-oberung von Ceuta in Marokko und wurde mit zwei Posten be-lohnt: Chef des reichsten portugie-sischen Kreuzritterordens und Gou-verneur der Provinz Algarve. Lagos wurde Amtssitz des Prinzen, wo er ab 1420 Meister der Mathematik, Astronomie und Kartenherstellung mit dem Ziel um sich scharte, die Navigation zu entwickeln. In Lagos ließ er auch die ersten Karavellen bauen: Vorzüge von Schiffen der Nordsee und des Mittelmeers brachte man unter einen Hut – Steuerruder am Rumpf, Dreiecksse-gel, geringen Tiefgang.

Kühn stachen Heinrichs Kapitä-ne in See, doch trat eine neue Hür-de auf: Aberglaube verwandelte das Segeln auf dem grünen Dunkel des Atlantiks zu Fahrten in die Hölle. 1434 umsegelte Gil Eanes endlich das relativ nahe Kap Bojador bei den Kanaren. Nun war der Weg frei, die Westküste Afrikas mit jeder Fahrt weiter zu erkunden. Als Prinz Heinrich 1460 in Sagres starb, hat-te sich das Gesicht der Welt verän-dert. Und ständig wurden neue Er-

folge gemeldet: 1487 umsegelte Bartolomeu Dias das Kap der Guten Hoffnung. Vasco da Gama konnte den Seeweg nach Indien 1497/98 vollenden. Der Verkauf nur einer einzigen Schiffsladung Gewürze, die er zurückbrachte, machte die Indienexpedition zigfach rentabel. In der Folge löste Lissabon Venedig als Zentrum des Gewürzhandels ab, und Portugal wurde Europas erste und reichste Kolonialmacht.

Tierleben

Reich ist das Tierleben im Meer, weil die Mischung aus mildem Golfstrom und kühlerem Wasser ei-ne enorme Artenvielfalt erlaubt. Das gilt besonders für das Revier rund um Sagres. Vor Faro wurde 2001 der größte Schwertfisch der Welt gefangen. Er wog über 200 kg! Taucher freuen sich über Murä-nen, Wolfsbarsche, Seeteufel *(tam-boril)* oder Seebrassen.

In den Korkeichenwäldern gibt es viele Wildschweine; tagsüber sind sie kaum auszumachen, weil sie extrem scheu sind. Steinmarder und Mangusten sieht man häufiger. Leider wird die Ginsterkatze in ih-rer hier vorkommenden Unterart immer seltener.

Erstaunlich vielfältig ist das Le-ben in der Luft: Für Vögel ist die Algarve eine Zwischenstation beim jährlichen Zug, vor allem das nah-rungsreiche Haffland der Ria For-mosa wird von Millionen Gefieder-ten beim Hin- und Rückflug nach bzw. von Afrika aufgesucht. Auch Flamingos, Reiherarten wie den Sei-denreiher und Störche gibt es hier sehr viele. Schwarzstörche dagegen sind selten, sie kommen nur noch in der sehr abgelegenen Region na-he beim Rio Guadiana vor. Geier fliegen manchmal in Schwärmen aus Marokko zur Stippvisite ein. Verschiedene Adlerarten lassen sich im Hinterland beobachten.

Kinder freuen sich über die Chamäleons, über Seepferdchen im seichten Wasser und Schildkröten in Flüssen wie dem Ribeira de Odelouca. Aufpassen heißt es beim Spinnenfisch *peixe de aranha*. Er vergräbt sich im Sand. Tritt man barfuß auf ihn und seine giftigen Stacheln, schmerzt es übel und schwillt extrem an. Unbedingt einen Arzt aufsuchen oder die Stelle in einer Strandkneipe mit Bleiche *(lixívia)*, heißem Wasser und Salz behandeln! Skorpione und Sandvipern kommen im Sotavento vor, sind aber selten. Ihr Biss ist nicht sehr gefährlich – trotzdem vom Arzt behandeln lassen!

Vegetation

Im Uferbereich wachsen Pflanzen, die die stark salz- und jodhaltige Luft und den Wind gut vertragen, wie Schirmpinien und Feigen. Im Hinterland sind ganze Hügel von Zistrosenbüschen überzogen, an heißen Sommertagen hüllt ihr harziger Duft die Gegend ein. Zur Urvegetation der Algarve zählen Lorbeer, Stechginster, Baumheide und der Erdbeerbaum sowie Korkeichen. Subtropische Pflanzen gedeihen prächtig, an der Küste wie in den *serras,* den Küstengebirgen.

In Letzteren finden Sie übrigens viele gute Pilze. Wer Pfifferlinge sammeln will, wird im Winter im ganzen Hinterland fündig, vor allem dort, wo viele Korkeichen wachsen. Und überall an der Küste duftet es: Lavendel, Minze, Oregano, Salbei, Rosmarin und Thymian wachsen im Umfeld einer macchia-ähnlichen Vegetation, wie sie sonst nur auf den Azoren, den Kanaren, den Kapverden und Madeira vorkommt. Die vielen Orangen-, Zitronen- und Mandelhaine im Gürtel zwischen Uferzone und Küstengebirge sind maurisches Erbe.

Im Frühsommer blüht an der Atlantikküste der Stechginster

Die Lust an Fisch und Meeresfrüchten

Ob gegrillt, gebraten, gekocht oder am Spieß, ob mit Salat oder zur Pasta – Fisch ist die Nummer eins

Essen zu gehen ist eine der großen Freuden an der Algarve. Denn immer noch können Sie in unprätentiösen Lokalen ausgezeichnet speisen. Preiswert noch dazu! Hier bekommen Sie für 10 Euro Fischspezialitäten, für die Sie zu Hause ein Vielfaches bezahlen müssten, wenn es sie dort überhaupt gibt. Ständig kommen neue Restaurants hinzu. Die steigende Konkurrenz sorgt für ein gutes Preis-Leistungs-Verhältnis.

Es gibt eine Reihe von Lokalen – vor allem in der Gegend um Vilamoura und Albufeira –, die französische, italienische, indische oder chinesische Küche bieten. Aber der Großteil ist erfreulicherweise von landestypischer Natur.

Alle Lokale sind verpflichtet, ein preiswertes Touristenmenü *(menu de turista)* anzubieten, mit Vorspeise, Hauptgericht, Nachtisch, Getränk und Espresso. Viele Restaurants bieten einen ebenfalls günstigen *prato do dia* an. Mit diesem Tagesteller erhalten Sie garantiert Frischestes: Fisch oder Fleisch. Oft werden auch Preise *meia dose* ge-

Eine recht originelle »Tapete« im Fischrestaurant A Tasca in Sagres

sondert angegeben. Das heißt: halbe Portion, bedeutet eigentlich aber 70 Prozent der normalen Portion. Das trifft auch für den Preis zu.

Schwer haben es Vegetarier, denen oft nur Salate oder Omeletts als Ausweichessen übrig bleiben. Aber versuchen Sie auf alle Fälle, das zu beschreiben, was Sie wollen! Bohnen in Knoblauch, Kürbis mit Reis, Kartoffeln mit frischem Oregano – in einem freundlichen Lokal wird man versuchen, Sie zufrieden zu stellen. Neuerdings haben viele Küchenchefs den Trend der Zeit erkannt und bieten nun auch frisch zubereitete Vegetariergerichte an.

Fisch aber ist und bleibt der Renner. Über 70 kg Fisch isst ein Portugiese pro Jahr, mehr als jeder andere Europäer. Verständlich wird das beim Besuch eines Fischmarkts: Die Auswahl, die da auf triefenden Tischen ausgebreitet ist, versetzt jeden Betrachter in gehöriges Staunen. Und auch, wie kenntnisreich die Käufer die Fische auswählen. In den meisten Restaurants können Sie von dieser Fisch- und Meeresfrüchtevielfalt so richtig profitieren. Erst recht, wenn Sie sich an die typischen Spezialitäten der Algarve heranwagen.

Portugiesische Spezialitäten

Lassen Sie sich diese Köstlichkeiten gut schmecken!

amêijoas – Herzmuscheln, meist in Weißwein mit viel Knoblauch und Koriander gekocht. Bier dazu schmeckt am besten

arroz de marisco – Reisplatte mit Meeresfrüchten wie Krebsen, Muscheln, Scampi, Langusten

bacalhau – Stockfisch (getrockneter Kabeljau) in vielen Varianten – Portugals Nationalessen: beliebt *à bras* (mit Eiern), *com natas* (viel Sahne, Zwiebeln und Knoblauch) oder *cozido* (schlicht gekocht)

bife – Steak: *de atum* (Thunfisch), *de novilho* (Kalb) oder *de porco* (Schwein)

carne à alentejana – Gulasch aus eingelegtem Schweinefleisch, Muscheln und Koriander. Pommes frites oder Reis dazu

cataplana – ein Muss der Algarve: in einer kupfernen geschlossenen Pfanne Gedämpftes: Fisch, Fleisch, Gemüse in vielen Varianten

choco – Tintenfisch – bei kleinen lässt man oft die Tinte drin – gegrillt, gebraten oder als Eintopf mit Bohnen *(feijoada com chocos)*

cozido português – fettreiche, deftige Schlachtplatte mit viel Kohl

feijoada de búzios – brasilianisch angehauchter Eintopf aus Bohnen, mit Hornschnecken

frango – gegrilltes Hähnchen in vielen Varianten: Extra scharf heißt es *piri-piri*

lulas – Kalmar (Tintenfisch), wird in Tomatensoße serviert oder gefüllt mit Schinken *(recheados)*

peixe espada – Degenfisch, silber oder schwarz, feiner Tiefseefisch vom Madeira-Archipel, meist gegrillt

peixe espadarte – Schwertfisch oder Sägefisch, meist über Holzkohle gegrillt oder frittiert

pescada – Schellfisch. Gebraten oder gegrillt, Salat dazu, Reis oder Kartoffeln. Wunderbar leicht

polvo – Krake: als *salada de polvo* besonders gut

risol de camarão – in Teig frittierte Krabben

sapateira – Königskrabbe, auch Taschenkrebs. Preiswerter als Hummer oder Langusten

sardinhas grelhadas – gegrillte Sardinen. Dazu z. B. Maisbrot

sopa à alentejana – kräftige Suppe mit ganzen Knoblauchzehen, Ei, Brot und viel frischem Koriander

Speisen

Klassisch sind *Cataplana-Gerichte:* Da wird in einem geschlossenen Behälter, der einem außerirdischen Flugobjekt gleicht, zusammen gedämpft, was die Küche gerade hergibt, Gemüse, Fisch, Meeresfrüchte, dazu Wurststücke *(chouriço)* oder Fleisch. Fisch wird meist gegrillt, und wenn das richtig gemacht wird, entfaltet sich ein wunderbarer Geschmack. Das Grundgesetz der Nouvelle Cuisine – frische, hochwertige Zutaten – wird hier aufs Allerbeste erfüllt. Auch Fleisch wird gerne gegrillt, vor allem Schwein und Hähnchen. Gerichte aus dem Backofen heißen *estufado:* sehr gut für Zicklein, Lamm, aber auch Aal. *Feijoadas* sind Bohneneintöpfe, oft mit brasilianischem Einschlag und immer deftig, selbst wenn feine Zutaten wie *búzios* (Hornschnecken) oder *chocos* (Tintenfische) mitverwendet werden.

Die Algarve bringt fast die gesamte Muschelernte des Landes hervor, überall gibt es *amêijoas* oder *berbigões* (Herzmuscheln), *mexilhões* (Miesmuscheln) und wie Hühnerfüße aussehende Krebstierchen namens *percebes* (Entenmuscheln). Als Vorspeise oder Köstlichkeit zwischendrin – am besten mit einem Glas Bier dazu oder einem kühl-spritzigen *vinho verde* – sind sie ein wahrer Hochgenuss. Die Tatsache, dass sie aus einem völlig sauberen Wasser kommen, macht diesen Genuss noch wertvoller. Ebenfalls ein gutes Zwischengericht sind übrigens *bifanas,* dünne Schweinefleischscheiben, gut durchgebraten, viel Knoblauch dazu und in ein Brötchen eingelegt.

Auch bei den Nachspeisen kann man ins Schwärmen geraten. Ein *pudim flan* ist ja schon lecker, aber auch was da sonst als *doce da casa* (Dessert nach Art des Hauses) lockt, sind verführerische Kompositionen aus Eierschnee und Mandeln, Feigen, Zitrusfrüchten, Sahne und anderem.

Getränke

In Portugal gibt es Weine, die es mit jenen aus Italien, Frankreich oder Spanien unbedingt aufnehmen können. Überall können Sie getrost den Hauswein bestellen, der ist immer günstig und recht gut. Folgende Regionen sind beachtenswert – unter ihnen vor allem die Rotweine: Dão, Douro, Bairrada, Alentejo. In der Algarve gibt es neben Weingütern bei Tavira, Albufeira und Lagos nur eine Kooperative in Lagoa, und diese verarbeitet Weine nicht nur aus der Umgebung.

Eine Sonderrolle spielt der Portwein. Er wird aus mehreren guten Weinen gekonnt gemischt und erhält durch die Anreicherung mit Brandy seinen typischen Geschmack. Eine Besonderheit ist auch der berühmte *vinho verde* (grüner Wein). Er wird als junger, spritziger, alkoholarmer Wein getrunken und muss gut gekühlt sein.

Nicht nur nach dem Essen, sondern auch zwischendrin empfiehlt sich eine *bica.* Das ist ein kräftiger Espresso von feinem Geschmack. Nach dem Essen ist dazu ein *medronho,* der Schnaps vom Erdbeerbaum, angesagt oder ein Brandy – *macieira* ist besonders mild, *antiqua* nennen sich mehrere Jahre lang gereifte Sorten. Im Hinterland verlangen Sie am besten einmal eine *bica com cheirinho,* einen Espresso mit einem Schuss Brandy oder Medronho, der keinen Cent mehr kostet.

Keramik, Kork und Korb

Die Algarve bietet eine umfangreiche Auswahl an attraktiven Mitbringseln

Bei der Jagd nach originellen Souvenirs kann man sich darüber freuen, dass es überall so viele gute Läden, auch ausgezeichnete Fachgeschäfte für Kunstgewerbe *(artesanato)* gibt.

Königin Keramik

Die beliebteste Gebrauchskunst gibt es in zahllosen Varianten, ob nun als Vase, Teller (oft mit schönen Darstellungen) oder Schüssel, ob als *azulejos* oder als Souvenir wie der bunte »Hahn von Barcelos«, ein Symbol für Portugal, das aus einer Sage heraus entstand.

Konfekt und Süßigkeiten

Wenn Sie es schaffen, sie unterwegs nicht selbst zu essen, ist das ein feines Souvenir: *doces* aller Art. Die maurische Tradition regiert, entsprechend fallen die Zutaten aus: Feigen, Mandeln, Eier, Honig, frische oder kandierte Früchte. Reichhaltig ist die Auswahl in allen *pastelarias* (Konditoreien).

Kork und Korb, Holz und Leder

Aus der Rinde der Korkeichen werden auch ungewöhnliche Waren

Keramik und Töpferwaren kommen vorwiegend aus dem Hinterland

hergestellt, die als Souvenirs gut geeignet sind, z. B. Löffel, Schalen, Kellen und Pinnwände.

Aus Palmstroh und Weidenruten wird eine ganze Palette von Produkten gefertigt, nicht nur füllige Körbe, sondern auch kleine und mit Henkeln ausgestattete sowie sehr hübsche Flaschenhüllen.

Auch werden viele Tischlereierzeugnisse angeboten, allen voran der römische »Scherenstuhl« zum Zusammenklappen. Er wird in allen Größen und Variationen hergestellt.

Einige Schuhmacher fertigen auch heute noch auf traditionelle Weise und nach Maß Lederschuhe und -stiefel an. Eine große Auswahl an erstaunlich preiswerten Schuhen aus Nordportugal ist auf den Regionalmärkten anzutreffen.

Metallwaren und Schmuck

Aus Weißblech werden Lampen und Laternen gehämmert, aus Messing Cataplana-Pfannen, aus Zinn Vasen und Teller, aus Eisen Balustraden und Geschirr für Kamine.

Es gibt zahlreiche gute Juweliergeschäfte. Denn immer noch ist es Sitte an der Algarve: Kommt frau zu Geld, wird es in Schmuck angelegt. Das Gold ist rötlicher, dunkler als in Deutschland – und preiswerter.

Feste, Events und mehr

Die Feste der Algarve sind religiösen, heidnischen und weltlichen Ursprungs

Feiertage

1. Januar: Neujahr; **Februar/ März:** Karnevalsdienstag; **März/ April:** Karfreitag; **25. April:** *Dia de*

Loulé: Festa da Māe Soberana

Liberdade (Jahrestag der Revolution 1974); **1. Mai:** Tag der Arbeit; **Mai/Juni:** Fronleichnam; **10. Juni:** Portugaltag – *Dia de Camões;* **15. August:** Mariä Himmelfahrt; **5. Oktober:** Tag der Republik; **1. November:** Allerheiligen; **1. Dezember:** Tag der Restauration (Befreiung von Spanien 1640); **8. Dezember:** Mariä Unbefleckte Empfängnis; **25. Dezember:** Weihnachten

Feste und Veranstaltungen

Januar
Festa dos Chouriços in Querença bei Loulé: Prozession, anschließend Versteigerung gesegneter Würste.

Februar
Karneval mit Umzügen am Karnevalsdienstag in Loulé, Quarteira, Moncarapacho, Monte Gordo, Tavira: Samba wird getanzt, es wird gelacht, gebechert ...
Festa da Espiga (Ährenfest) in Salir: An der Haustür angebrachte Ähren und Olivenzweige symbolisieren Brot und Öl. Folkloregruppen, Kunstgewerbe und Medronho.

März/April
Festa da Māe Soberana in Loulé: größtes religiöses Fest der Algarve, beginnt an Ostern mit riesiger Prozession und endet zwei Wochen später mit einer weiteren.
Feira dos Enchidos Tradicionais da Serra in Monchique: Schinken, Würste, alles was vom Schwein kommt. Lokale Restaurants wetteifern mit deftigen Serra-Gerichten.

April
Algarve Open: Golf-Highlight.
Rali Automóveis Antigos: Oldtimer-Treffen in Pedras del Rei.

Mai

Internationales Filmfestival in mehreren Orten: *algarvefilmfest @mail.telepac.pt*

Juni

Santos Populares in diversen Orten: den beliebtesten Schutzheiligen gewidmete Umzüge: Santo António, São Pedro und São João.
Feira de Artesanato in Alcoutim: Überall gibt es Kunstgewerbeläden, aber diese spezielle Messe übertrifft alle mit ihren zahlreichen Ständen im Freien.

Juli

Festival da Cerveja: Bierfest in Silves.
🏃 *Motorradtreffen* in Faro: Aus ganz Europa kommen die Fans.
Festival Mare Nostrum: Musikfestival mit klassischer Musik, aber auch Fado in Portimão, Faro und Vila Real de Santo António.

August

Verão em Tavira (Sommer in Tavira): klassische Musik, Fado, Jazz, Rock.
Serenatas de Coimbra: Die berühmtesten Fado-Musiker aus Coimbra treten in diversen Städten auf.
Festival do Marisco: Nach Olhão pilgern Meeresfrüchteliebhaber.
Insider Tipp *Festival da Sardinha* in Portimão und Quarteira: Hier dreht sich alles um den kleinen Fisch.
Festival da Ostra (Austernfest) in Monte Gordo.

September

Insider Tipp *Dias Medievais* (mittelalterliche Tage) in Castro Marim: Turniere, Spiele und Spektakel machen daraus fröhlichen Geschichtsunterricht.
Circuito Hípico Internacional: Reitturniere (Springreiten und andere Disziplinen) in Belmonte, Vilamoura und Portimão.
Fischerfest in Albufeira: gegrillte Fische aller Arten – vor allem natürlich Sardinen – bei einem Straßenfest zu Ehren der Männer auf hoher See.

Oktober

Insider Tipp *Festival da batata doçe e dos perceves* in Aljezur: der Süßkartoffel und den leckeren Krebstieren, die man auch als Entenmuscheln kennt, gewidmet.

Silves: schlemmen beim Burgfest

Eldorado für Sonnenhungrige

Strände, Buchten und bizarre Felsen – hier reihen sie sich aneinander

Von Sagres bis zur Praia da Falésia bei Albufeira reicht die Barlaventoküste, die Felsalgarve. Sie ist fast überall sehr dicht bebaut: Orte, Villen, Hotel- und Golfanlagen bestimmen das Bild. Die Uferzone selbst ist davon jedoch fast unberührt. An den wenigen Mündungen von kleinen Flüssen breiten sich Dünen aus, und diese gehen in steile, kilometerlange Klippenwände über. Wind und Wetter meißelten aus ihnen bizarre Felsgebilde heraus und ließen dazwischen teils ausgedehnte, teils winzige Sandstrände entstehen, idyllische Plätze zum Baden und Sonnen. Mit diesen Naturschönheiten gewann die Algarve ihr Ansehen als schönste Küste Europas.

Typisch für die Felsalgarve: Strände zwischen steilen Klippen

Feriengroßstadt ist Albufeira geworden, eine, die den urlaubshungrigen Touristen so richtig ans Herz gewachsen ist! Im Winter leben hier und in der Umgebung an die 40 000 Menschen, im Sommer kommen rund 300 000 hinzu, die in über 160 Hotels und Ferienanlagen wohnen. Entsprechend turbulent geht es zu. Das schrillste Nachtleben im ganzen Land saust und braust hier. Selbst die In-Crowd aus Lissabon zieht im Sommer die hiesigen Clubs denen zu Hause vor und zeigt sich hochschick am »Strip« in *Montechoro*. Da wird verständlich, warum so manche dieses Albufeira als »St.-Tropez der Algarve« bezeichnen.

Dank des steilen Ufergeländes gleicht der Stadtkern mit seinen weißen Häusern, die übereinander

ALBUFEIRA

 Karte in der hinteren Umschlagklappe

[117 F6] ★ Postkarten mit Strandidyll und buntem Boot im Vordergrund – das weckt falsche Vorstellungen von Albufeira. Ein Fischerort ist das nämlich nicht mehr. Eine

Knallbunte Fischerboote gehören zum Ambiente jedes Küstenorts

Symphonie aus Azur, strahlendem Weiß, sattem Grün: Albufeira von oben

zu stehen scheinen, einem römischen Amphitheater. Durch das Gemenge aus Gebäuden winden sich Gassen, eingeengt von Verkaufsständen für Schnickschnack und Souvenirs. Läden, Cafés, Bars und Restaurants wollen einfach kein Ende nehmen, und Straßenkünstler müssen auch noch ein wenig Platz finden.

Je weiter Sie sich aber vom *Cais Herculano* auf der einen und der Gegend rund um den Platz *Largo Eng. Duarte Pacheco* und die *Rua 5 de Outubro* auf der anderen Seite entfernen, umso mehr kehren Sie dem Hochbetrieb den Rücken, und Albufeira nimmt nun abseits vom Rummel einen ruhigeren Charakter an. Vor allem oben im Altstadtviertel, in der *Cerro da Vila*. Einheimische grillen ihre Sardinen am Straßenrand, Nachbarn halten einen Plausch vor der niedrigen Haustür, und die Zeit verrinnt wieder richtig portugiesisch: wunderbar langsam.

SEHENSWERTES

Treppen führen hinauf zu den Resten einer Festung, die den arabischen Ortsnamen verdeutlicht: »Albuhera«, Burg am Meer. Oben am Klippenrand gelegen, galt sie als uneinnehmbar und schützte einen florierenden Hafen. Dieser Altstadtteil, die *Cerro da Vila,* fiel, wie so viele Gebäude in Südportugal, dem Erdbeben 1755 zum Opfer. Von hier oben *(Rua da Bateria)* überblicken Sie die Stadtstrände und die beeindruckend schöne Felsenküste. Schlendern Sie ein wenig herum, und Sie entdecken in der *Travessa da Igreja Velha* den Rundbogen einer maurischen Moschee.

ESSEN & TRINKEN

A Casa da Carne

Im »Fleischhaus« lockt eine Riesenauswahl, darunter *picanha* (brasilianisches Rindfleisch mit Obst),

T-Bone-Steaks, Cataplanas. *Vale Rabelho, Estrada de Vale de Parra, Tel. 289 59 18 98, €€*

La Cigale
Elegant und gleich am Strand: Fische, Meeresfrüchte aus dem Bassin, Steaks. 4 km östlich in *Olhos de Àgua, Tel. 289 50 16 37, €€€*

Pedras Amarelas
Vom Tisch aus überblicken Sie die westlich von Albufeira gelegene *Praia da Galé.* Für ein romantisches Abendessen ideal. Fischeintopf, Cataplana-Gerichte. *Beim Parkplatz, Tel. 962 59 61 75, €€– €€€*

A Ruina
Ehemalige Zisterne direkt an der *Praia dos Pescadores.* Auf vier Terrassen gibt es Fangfrisches, dazu gute Hausweine, und Sie haben das Riesenspektakel der extrem beliebten Praia vor bzw. unter sich. *Tel. 289 51 20 94, €€*

EINKAUFEN

Die Gassen im Fußgängerbereich bei der *Rua 5 de Outubro* sind ein Kaufhaus unter freiem Dach mit viel Ramsch und Chinaware; aber auch Ethnisches, vor allem afrikanisches Kunsthandwerk, wird feilgeboten, günstig sogar. *Regionalmarkt immer am 1. und 3. Di im Monat*

ÜBERNACHTEN

Boavista
Vom Klippenrand tolle Aussicht auf die Bucht. *85 Zi., Rua Samora Barros 30, Tel. 289 58 91 75, Fax 289 58 91 80, €€ – €€€*

Falésia Hotel
Vier-Sterne-Komplex oberhalb des gleichnamigen Strandes, gekonnt in die Landschaft integriert. *169 Zi. u. Suiten, Pinhal do Concelho, Tel. 289 50 12 37, Fax 289 50 12 70, www.falesia.com, €€€*

MARCO POLO Highlights
»Das Barlavento«

★ **Albufeira**
Ferienrummel und trotzdem gemütlich. Reichhaltiges Nachtleben dazu (Seite 27)

★ **Nossa Senhora da Rocha**
Von Fischern auf einem Felsvorsprung erbaute Kapelle (Seite 32)

★ **Ferragudo**
Pittoreskes Fischerdorf mit der Hafenburg São João an der Mündung des Rio Arade (Seite 43)

★ **Lagos**
Zauberhafte Hafenstadt mit reicher Geschichte und buntem Treiben (Seite 33)

★ **Ponta da Piedade**
Skurrile Gebilde aus ockerfarbenem Fels: Grotten, Dome, Türme (Seite 35)

★ **Sagres**
Der Fischerort mit Festung hat auch bei starkem Wind geschützte Strände parat (Seite 44)

Pension Silva

Wenn einen der Lärm beim Strandtunnel nicht stört – zentraler geht's nicht! Sehr schlicht. *6 Zi., Rua 5 de Outubro, Tel. 289 51 26 69, Fax 289 51 43 18,* €

Sheraton Algarve

Mit eigenem Golfplatz über der *Praia da Falésia,* alles ganz im Zeichen von vollendetem Luxus. *248 Zi. u. Suiten, Tel. 289 50 01 00, Fax 289 50 19 50,* €€€

Villa Recife

Insider Tipp

Zauberhafte, gepflegte Stadtvilla mit Pool und Palmengarten. Zentral gelegen. *92 Zi., Rua Miguel Bombarda 6, Tel. 289 58 37 40, Fax 289 58 71 82,* €€

FREIZEIT & SPORT

Lassen Sie sich eine Fahrt mit einem Fischerboot entlang skurriler Felsgebilde am Ufer (mindestens bis zur *Grotte Xorino,* wo sich einst die Mauren vor den Kreuzrittern versteckt hielten) nicht entgehen. Am *Cais Herculano* können Sie Ausflugsfahrten, Fahrten mit Bananenboot, Glasbodenboot, Tauchfahrten, Wasserski, Paragliding, Angeln, Hochseeangeln u. v. a. buchen.

STRÄNDE

Stadtstrände: Die *Praia dos Pescadores* erreichen Sie vom Cais Herculano aus, die *Praia do Penedo* durch den Strandtunnel, dort tummeln sich die meisten Urlauber. Östlich: *Praia da Oura, Balaia, Maria Luisa* bis *Olhos de Àgua,* alle sehr bekannt, aber Parkschwierigkeiten; hinter dem Sheraton-Hotel erstreckt sich die traumhaft schöne *Praia da Falésia* mit ihren vielen Abschnitten. Zum Westen hin herrliche Praias in felsumrahmten Buchten: *Baleeira, S. Rafael, Vigia, Castelo* bis zur *Praia da Galé.*

Ich sei, gewährt mir die Bitte, in eurem Bunde der in der Mitte

Kadoc

🏃 Mit eigenen Bussen werden die Gäste zur Hightechdiskothek *Kadoc* gebracht, Parkplätze sind rund um den kapitalen Bau an der alten Straße Albufeira–Vilamoura vorhanden. Richtig in Fahrt kommt die Stimmung ab 1 Uhr, ab 2 Uhr kann sie überschäumen. *Eintritt: Sa u. So ca. 10 Euro, sonst frei*

Stadtmitte

🏃 Auch in der Stadtmitte von Albufeira geht es nachts hoch her, vor allem rund um den *Pacheco-Platz,* an der *Rua dos Bares* und der *Rua Cándido dos Reis.* Skandinavische und englische Bars, auch ein paar portugiesische sorgen für regen Betrieb, und in der *Central Station* kann man gleich auf zwei Etagen Eis schlürfend Techno tanzen.

The Strip

Von der *Praia da Oura* im östlich gelegenen Stadtteil Montechoro bis zum Kreisverkehr beim *Montechoro-Hotel* reicht die Vergnügungsmeile. 🏃 In Strandnähe liegen die berühmte Disko *Kiss* und der *Beach Club,* stadteinwärts das populäre *Restaurant Três Palmeiras,* nördlich reihen sich am Strip holländische Restaurants, englische Pubs, Pizzerias, Bars und Cafés (auch das *Internetcafé Bar@Oura,* bis 24 Uhr geöffnet, Musik direkt aus Pariser Cafés) aneinander, in der Gasse dahinter lockt ganztags mit englischem Frühstück das *New Happy Hangover;* Partytime (ab 1 Uhr morgens) herrscht in *Linekers Bar* bei Gary und Wayne, mit Terrasse und Sportübertragungen aus aller Welt; im *Montinho* geht es brasilia-

In den Morgen hineintanzen …

nisch-heiß zu. Ständig öffnen am und hinterm Strip neue kleine In-Bars – schlendern ist also angesagt, entdecken und probieren, bis die Sonne aufgeht.

Posto de Turismo
Rua 5 de Outubro, Tel. 289 58 52 79, www.cm-albufeira.pt

Alcantarilha   [117 D5]
Die Cafés und Geschäfte in diesem schnuckeligen Ort (1700 Ew., 10 km nordwestlich an der N 125) wirken verträumt. Die Wände der Totenkapelle in der Dorfkirche sind mit 1500 menschlichen Schädelknochen geschmückt.

Armação de Pêra   [117 D5–6]
Hotelblöcke und -türme haben den 15 km westlich von Albufeira gelegenen Ort (4500 Ew.) in eine Hochburg für Touristen verwandelt. Mit den Bauten der jüngsten Jahre bemüht man sich aber um mehr Stil und Flair, Maurisches vor allem, was teilweise auch gelingt. Das Ufer besteht aus weiten Stränden,

Nossa Senhora da Rocha – kleine Kapelle in großartiger Lage

für Kinder sind sie sehr gut geeignet. Das gilt auch für die *Praia Grande* östlich des Flussbetts *Ribeira de Alcantarilha* (Zufahrt über Pêra). Von der Hafenburg aus – sie diente der Abwehr von Piraten – können Sie Ort und Umgebung gut überblicken.

Wer ein stimmungsvolles kleines Gästehaus sucht, wird in der gepflegten *Casa Bela Moura (Alporchinhos, 8 Zi., Tel. 282 31 34 22, Fax 282 31 30 25, €€)* fündig. In einer Einbuchtung an der Steilküste breitet sich die große 5-Sterne-Ferienanlage *Vila Vita Parc* aus, ein exklusives, perfekt durchgestaltetes deutsches Feriendorf mit Pools, Palmenhainen und luxuriösen Wohnmöglichkeiten *(194 Zi. u. Apt., Alporchinhos, Tel. 282 31 53 10, Fax 282 32 03 33, www.vilavita parc.com, €€€€).*

Guia [117 E5]

Der Ort liegt an der N 125, 6 km nördlich von Albufeira, und ist vor allem für die Touristenattraktion *Zoomarine* bekannt. Richtige Shows werden mit Delphinen, Papageien und Seehunden veranstaltet. Man braucht fast einen ganzen Tag, um alles zu erleben. Guia verbindet man auch mit *frango piri piri,* den pikant gewürzten Grillhähnchen, die es in mehreren Lokalen, wahren Frango-Tempeln, gibt, z. B. bei *Ramires (Rua 25 de Abril 14, Tel. 289 56 12 32, €€)* oder im *Grade (Rua Gen. Humberto Delgado 6, Tel. 289 56 12 44, €€).*

Nossa Senhora da Rocha [117 D6]

★ 2 km westlich von Armação de Pêra und nun leider umrahmt von unübersehbar großen Ferienanlagen, ragt diese sehr hübsche Pilgerkapelle auf einem Felsenvorsprung auf. Fischer erbauten sie im 16. Jh. Die Säulen aus dem 6.–7. Jh. sind westgotische Zeugnisse des frühen Christentums an der Algarve. Am Klippenfuß locken sehr schöne Strände, die durch einen Tunnel verbunden sind. Hier beginnt ein Küstenteil, der seinesgleichen sucht, mit Grotten, mit Felstürmen, -domen und -portalen. Bis *Carvoeiro* reicht dieser Abschnitt. Längs des Klippenrandes können Sie wunderbar wandern, im Schatten von Feigenbäumen und Schirmpinien auch picknicken.

Praia da Falésia [118 B4]

8 km östlich liegt vor einem wunderbaren Strand die 30 m hohe, mehrere Kilometer lange Steilwand, mit der die Felsalgarve ausläuft und in die flache Sandalgarve übergeht. Die Falésia-Wand besteht indes nicht aus Fels, sondern aus verbackenem rotem Sand, der leicht abbröckelt. Legen Sie sich besser nicht direkt unter die Wand! Ansonsten: Auch für Kinder ist das weite Strandgelände mit seinem feinen Sand ein Spielparadies. Zu den einzelnen Abschnitten gibt es jeweils Zufahrten, in ihrer Nähe wird es fürs Parken wie fürs Baden eng.

Praia Olhos de Água [118 A4]

Quellen unterhalb des Meeresspiegels gaben dem nicht weit östlich gelegenen Ort den Namen: Wasseraugen. Ab und zu kann man diese »Augen« auch sehen, verursacht vom quirlenden Süßwasser. Bei Flut wird der Strand recht schmal.

LAGOS

Karte in der hinteren Umschlagklappe

[115 E5] ★ »Perle der Algarve« wird diese hübsche Stadt genannt. Sie breitet sich im Westteil einer lang gestreckten Bucht (sie reicht von der Felsengruppe Ponta da Piedade bis zum Cabo Carvoeiro) aus. Griechen und Römer nutzten sie bereits als Hafen, und Heinrich der Seefahrer wählte sie als Standort der ersten Karavell-Segelschiffe aus. Von hier aus starteten die großen Entdeckungsfahrten der Portugiesen. An die Anfänge jener »Goldenen Epoche« erinnert viel in dieser Stadt aus dem 18. Jh. Aber auch das

Ende dieser Epoche wurde hier eingeläutet: 1578 hatte der blutjunge König Sebastião die Wahnidee, den Islam in Marokko zu bekriegen. Mit 20 000 Soldaten zog er los. Nur ein paar kehrten zurück, ihr König nicht. Portugal wurde daraufhin sechzig Jahre lang zu einer spanischen Provinz degradiert, und als es seine Selbstständigkeit wieder erlangte, hatten Engländer und Holländer sein Kolonialreich zerpflückt. Diese Geschichte zeigt sich nirgendwo sonst so glanzvoll und gleichzeitig so bitter wie hier – es ist, als gehöre sie zu einem wehmütigen Fado-Lied.

Doch heute strahlt Lagos wieder: 26 000 Einheimische, ausländische Residenten und die vielen Touristen haben neuen Wohlstand gebracht. Endlich besinnt man sich auch der bedrohten Natur und des historischen Erbes. Lagos konnte seinen einzigartigen Charme bewahren, der in der Altstadt so deutlich spürbar ist. Im historischen Zentrum innerhalb der Stadtmauern spannen Gassen mit Cafés, Läden, Bars und Restaurants ein Netz, in dem man leicht hängen bleibt.

Aber nicht nur Romantiker fühlen sich in dieser stimmungsvollen Stadt pudelwohl. ⚡ Das Nachtleben ist hip, die nahen Strände geradezu »göttlich«, wie viele schwören, und die Küste bietet für alle Arten von Wassersport die besten Gelegenheiten. Die *Marina* (Yachthafen) sorgt für zusätzlichen regen Betrieb, denn immer mehr Segler nutzen sie als Zwischenstopp vor dem langen »Kolumbus-Törn« zu den Kanaren oder Kapverden und dann weiter in die Karibik.

Mit Segelschiffen errang Lagos einst eine herausragende Stellung,

Das Mastengewirr kennzeichnet einen Wasserparkplatz: Lagos' Marina

die die Stadt heute durch den Tourismus und durch zahlreiche kulturelle Veranstaltungen wieder zu erlangen sucht.

Gouverneurspalast

Ein Gebäude maurischen Ursprungs: 1189 von König Sancho I. bei der Reconquista erobert, ab dem 14. Jh. Sitz der Algarve-Gouverneure, 1959–60 anlässlich der Feiern zum 500. Geburtstag von Prinz Heinrich dem Seefahrer, der in ihm residierte, verschönert. Es befindet sich an der Stirnseite der *Praça Infante Dom Henrique,* gegenüber vom Sklavenmarkt.

Igreja de Santo António

Nach dem Erdbeben wurde die Kirche 1769 wieder errichtet. Außen ist sie nüchtern, innen ein üppiges Paradestück für Algarve-Barock mit vergoldetem Holzschnitzwerk und Azulejos. An den Seitenwänden gibt es acht phantastische Bilder: Da schweben lächelnde Engel über abscheulichen Ungeheuern und kämpfenden Rittern. Die Kapelle wurde als nationales Baudenkmal eingestuft. Der Eintritt (2 Euro) berechtigt auch zum Besuch des zugehörigen interessanten *Museu Regional (Di–So 9.30–12.30 u. 14–17 Uhr),* eines Heimatmuseums mit archäologischer Abteilung. *Rua Gen. Alberto de Silveira*

Igreja de São Sebastião

Renaissanceportal vom Ende des 15. Jhs., wertvolle Malereien und Skulpturen; auch eine kleine Schädelkapelle *(capela dos ossos)* darf nicht fehlen. *Rua Cons. J. Machado*

Öffentliche Kunst

Man weiß nicht, soll man schmunzeln, staunen oder sich verärgert abwenden: In Lagos hat die öffentliche Kunst provokative Formen angenommen. Das gilt vor allem für die Statue des jugendlichen Königs Dom Sebastião an der zentralen *Praça Gil Eanes* vom derzeit bedeutendsten portugiesischen Bildhauer João Cutileiro. Insgesamt sollen elf moderne Brunnen, Statuen und Skulpturen Aufmerksamkeit erregen. Einen Prospekt dazu erhalten Sie beim Posto de Turismo.

Ponta da Bandeira

1680–90 entstand die Hafenburg zur Abwehr von Piraten. Im zugehörigen *Museum* werden die *descobrimentos* (die portugiesischen Entdeckungen) vorgeführt – hier in Lagos natürlich mit besonderem Stolz. Gegenüber der Burg errichtete man für Prinz Heinrich den Seefahrer ein romantisierendes Standbild vor der Stadtmauer. Hier beginnt auch die Uferpromenade *Avenida dos Descobrimentos,* wo Bootsfahrten zur *Ponta da Piedade,* Angeltouren und Tauchkurse etc. angeboten werden. Mit einer Fähre können Sie von hier aus zum Stadtstrand *Meia Praia* übersetzen.

Ponta da Piedade

★ ◥◣ Bei der beliebten *Praia Dona Ana* hinter der Hafenburg beginnt diese bis 40 m hohe, extrem zerklüftete und verwitterte Felswand mit bizarren Grotten und Höhlen, Domen und Türmen, aber auch mit einigen kleinen, versteckten Stränden. Sie sind über steile Treppen erreichbar. Bis zum Leuchtturm *Ponta da Piedade* zieht sich diese etwa 2 km lange skurrile Skulpturenlandschaft hin. Ganz besonders eindrucksvoll zeigt sie sich bei einer Bootsfahrt von Lagos aus. Auch kann man neben dem Leuchtturm über 200 Stufen zum Wasser

hinabsteigen und sich dann von Fischerbooten nach Lagos schippern lassen.

Sklavenmarkt

Das Gebäude der Zollbehörde *(Delegação da Alfândega)* steht an der *Praça Infante Dom Henrique.* 1444 fand hier der erste offizielle Verkauf von Menschen aus Schwarzafrika statt. Der europäische Sklavenhandel und damit einhergehend die Kolonialzeit brachen an.

Stadtmauer

Nahezu komplett erhalten ist die hohe Mauer, die im 16. Jh. eine maurische ersetzte und den heutigen Verlauf und die Eingangstore erhielt. Sie umringt fast die gesamte alte Hafenstadt.

Von dieser mittelalterlichen *muralha* erhält das *Open-Air-Auditorium* beim *Largo Dr. Vasco Gracias*

Ponta da Piedade: unbedingt von der Wasserseite her erleben!

ein faszinierendes, stark beleuchtetes Bühnenbild, das bei zahlreichen Konzerten und Festivals im Sommer für eine ganz besondere Stimmung sorgt.

Insider Tipp

Armazém

Docapesca heißen die Kühlhallen beim Bahnhof. Für Fischesser, die auf Chic und Stil gern verzichten, eine heiße Adresse: In Halle 9 gibt es fangfrische gegrillte Sardinen, für 8 Euro essen Sie, so viel Sie wollen. In Halle 8 trinken Fischer ihr Bier. In Halle 1 suchen Sie sich Krustentiere aus den Meerwasserbassins aus. €

Insider Tipp

Casa Chico Zé

An der N 125, 2 km östlich von Lagos, wird nach Herzenslust gegrillt und gegessen, Fisch und Fleisch. *Sítio da Torre, nur mittags geöffnet, Tel. 282 79 82 05,* €

Máq J'Eite

Bei der São-Sebastião-Kirche in der *Rua Conselheiro Joaquim Machado 49* finden Sie dieses unprätentiöse, gemütliche Lokal mit guter Küche. *Tel. 282 76 29 36,* € – €€

Restaurierte Fassaden in der Altstadt

Restaurante dos Artistas

Renoviertes Haus aus dem 18. Jh. mitten in Lagos, mit Garten. Mediterrane und deutsche Feinschmeckerküche. *Rua Cándido dos Reis 68, Tel. 282 76 06 59,* €€ – €€€

Casa da Moura

Insider Tipp

Das »Haus der Maurin« ist durch und durch marokkanisch eingerichtet, ruhige Lage an der Stadtmauer, mit Pool und freundlichem Personal. *8 Zi., Tel. 282 76 19 25, Fax 282 76 46 80, casadamoura@hotmail.com,* €€

Casa dos Sonhos

Insider Tipp

Im Naturreservat *Mata Nacional* gelegen, nordwestlich von Lagos in *Barão de São João* **[115 D4]**. Palmengarten, Schwimmteich: traumhaft schön. *5 Wohnungen, Tel. 282 68 80 61, Fax 282 68 82 04, sonhos2002@hotmail.com,* € – €€

Ferienhäuser

Klaus Bögner vermittelt sie zuverlässig im Großraum Lagos, für 2–10 Personen. *Tel. 282 76 10 64, Fax 282 76 37 27, www.combina.de,* € – €€€

Pousada da Juventude

Moderne Jugendherberge im Ortskern. *Rua Lancarote das Freitas 50, Tel. 282 76 19 70, Fax 282 76 96 84, reservas@multijovem.pt,* €

Tivoli Hotel

4-Sterne-Luxushaus mit tollem Pool und eigenem Strandabschnitt an der Meia Praia. *324 Zi., Rua António Crisógono dos Santos, Tel. 282 79 00 00, Fax 282 79 03 45, www.tivolihotels.com,* €€€

Capoeira im Aufwind

Gewalt und Ästhetik gehen bei diesem Kampfsport ineinander über

Nach Brasilien verfrachtete Sklaven aus Afrika blieben ihren Kampftraditionen treu, indem sie zur Musik einer Trommel und des Saiteninstruments *berimbau* aufeinander losgingen. Sie hüpften durch die *roda* (Ring), schlugen Saltos und traten den Gegner – ohne ihn zu berühren, denn Verletzungen hätten zu Problemen mit Aufsehern geführt. Dem Hahnenkampf hatten sie die Bewegungen abgeschaut – daher der Name Capoeira. Brasiliens Nationalsport schwappt jetzt wie eine Modewelle über die ganze Welt, 2002 wurde die erste WM an der Algarve ausgetragen. Kurse gibt *Meister Namorado* in Albufeira, Lagos und anderen großen Orten, *Auskunft Tel. 917 21 13 91.*

FREIZEIT & SPORT

An diversen Ständen an der Uferpromenade in Richtung der *Marina* kann man Bootsfahrten (auch mit Picknick an Bord, z. B.auf dem Kutter »Bom Dia«) zur Ponta da Piedade und anderen Zielen wie Sagres oder Portimão buchen.

Angeln: Merline fangen, Ausrüstung wird gestellt. *7-Std.-Törn 55 Euro inkl. Essen u. Trinken, für Begleiter 35 Euro, Tel. 967 25 85 17*

Insider Tipp Delphine beobachten auf hoher See: *45-Min.-Trip mit dem Schnellboot, 30 Euro, Tel. 282 79 25 86.*

Surfkurse können Sie im *Algarve-Surf-Shop* buchen, *Rua Joaquim Telo 32, Tel. 282 76 78 53.*

STRÄNDE

Östlich von Lagos breitet sich die *Meia Praia* aus, die kilometerlange Düne reicht bis zur Ria de Alvor. Surfer lieben die ausrollenden Wellen. Aber ab Mittag wird es im Hochsommer oft sehr windig.

Gleich neben der Hafenburg beginnen die von Felsen eingerahmten Strände der Ponta da Piedade, von der *Praia Dona Ana* (viel Betrieb) bis zur *Praia do Camillo.* Westlich der Ponta liegt *Porto Mós,* eine kleine, von Klippen umrahmte Bucht vor Luz. In *Luz* sind die Strände weitläufig und sehr populär. Herrlich schöne und nicht sehr frequentierte Strände finden Sie im weiteren Verlauf der Küste in Richtung Sagres ab Burgau.

AM ABEND

Nach 23 Uhr verwandelt sich das Lokal *Mullens (Rua Cándido dos Reis)* in eine Art Disko, ab 2 Uhr heizt sich die Stimmung auf. *Stevie Ray's* in der *Rua Senora da Graça 9* ist für Jazzfreunde in gepflegter Kleidung angesagt, jeden Samstag Livemusik. Junge Leute zieht es eher ins *Fénix,* in die *Old Tavern* oder in die *Lounge,* wie überhaupt die Nachtschwärmer innerhalb der Stadtmauern einen Tummelplatz vorfinden: *Fools & Horses* ist ein englischer Pub, der *Rover Pub* irisch; vergnügen kann man sich in etwa zwanzig weiteren Bars.

Posto de Turismo
Rua Vasco da Gama, Tel. 282 76 30 31, www.cm-lagos.pt
Zusätzlichen Service bietet das *Touristenbüro des Rathauses am Largo Marquês de Pombal,* mit allen Infos zu Übernachtungen und kulturellen Veranstaltungen.

ZIELE IN DER UMGEBUNG

Insider Tipp **Barragem da Bravura**   [115 E3]
Großer Stausee, umringt von bewaldeten Hügeln, 15 km nördlich von Lagos. Zum Baden und Karpfenfischen ideal. Von *Odiáxere* aus auf reizvoller Strecke (ausgeschildert) zur Staumauer fahren oder – noch schöner – 1 km östlich von *Bensafrim* in Richtung *Marmelete* am Stausee vorbeifahren, dann hoch in die Serra de Monchique oder über Aljezur zur Westküste.

Boca do Rio   [114 C5]
Von den Römern erbauter kleiner Hafen an der Mündung eines Flüsschens, 15 km westlich von Lagos. Oberhalb finden Sie die Ruinen einer Burg aus dem 16. Jh. Und vor dem Strand liegt ein Wrack, für Taucher und Schnorchler ideal.

Burgau   [115 D5]
Die Besucher des alten Fischerdörfchens (700 Ew.) 10 km westlich von Lagos schätzen die Strände und Strandkneipen. Am Ortseingang biegt ein schöner Fahrweg nach Boca do Rio und Salema rechts ab.

Mata Nacional   [115 D4]
Bei *Barão de São João,* 10 km nordwestlich gelegen, beginnt dieses Naturreservat. Fast bis zur Westküste zieht sich das hügelige und von Schirmpinien bewachsene Gebiet hin. Es gibt einige markierte Wanderwege (3–10 km Länge), Infos und Karten sind im Kulturzentrum von Barão de São João zu erhalten. Beim Haus des Waldhüters *(casa do guarda)* schöner Imbissplatz inmitten zauberhafter Natur.

Salema   [114 C5]
Das Küstendorf (400 Ew.), 17 km westlich von Lagos, ist gemütlich, hat Strände, Küstenpfade zum Wandern und Übernachtungsmöglichkeiten: *4 Zi., Ald. dos Carriços 5, Tel. 282 69 51 64, www.zimmerbei susanne.de,* €; etwas oberhalb des Strands liegt die *Pension Amaré, 8 Zi. u. 3 Apt., Tel. 282 69 51 65, Fax 282 69 58 46,* €€. Im *Restaurante Atlântico* am Strand essen Sie prima. €– €€

PORTIMÃO

[116 B5] ⚓ Von Meer und Rio Arade bilderbuchreif eingerahmt, breitete sich die 30 000-Ew.-Stadt in den 90er-Jahren ungestüm aus. Trotz der vielen gesichtslosen Neubauten hat sie eine ureigene, etwas herbe Atmosphäre beibehalten. Die entsteht durch die Fischerkutter, die tagein, tagaus auf dem Rio Arade an der Innenstadt vorbei zum Flusshafen tuckern. Den vor Wind und Wellen geschützten Ankerbereich – heute der zweitgrößte Fischerhafen der Algarve – nutzten schon die Karthager und die Römer (diese nannten ihn »portus magnus«, daraus wurde Portimão), später auch die Mauren.

Esplanaden, Palmen, ein Yachthafen, eine Kaimauer für kapitale Kreuzfahrtschiffe und Cafés an der neu gestalteten Rio-Uferpromenade, dem *Cais das Sardinhas* (Sardinenkai), schaffen einen Hauch Exotik. Hier macht das Bummeln Spaß. Auch in den Straßen und Gassen dahinter! Portimão ist das Einkaufszentrum der westlichen Algarve, tut aber auch etwas für die Kultur. Für die Esskultur vor allem: Immer im Mai lockt die »Kulinarische Woche« Schlemmer an, die in guten Restaurants typische Algarve-Gerichte aufgetischt bekommen. Und im August strömen Urlauber aus der ganzen Algarve zum »Sardinenfestival«.

SEHENSWERTES

Fortaleza de Santa Catarina

 Um den Hafen vor Überfällen zu schützen, errichtete man 1640 diese Burg hoch über der Mündung des Rio Arade (erneuert nach dem Erdbeben 1755). Gute Aussicht auf Ferragudo, das Meer, den neuen Yachthafen, den Rio und die weitere Umgebung.

Jesuiten-Kolleg

Ein imposantes Bauwerk, zwischen 1660 und 1707 erbaut in schlichter, klarer Linienführung, mit Kirche, Schlafsälen, Unterrichtsräumen. Wie alle Jesuitenbauten Portugals wurde das Kolleg anno 1834 verstaatlicht.

Marina

Unterhalb der Hafenburg *Santa Catarina* an der Mündung des Rio Arade gelegen. Ein ehrgeiziges Projekt mit 620 Liegeplätzen für Yachten bis 30 m Länge. Beste Aussicht aufs Treiben hat man vom *Restaurante Dockside (€€)* aus.

ESSEN & TRINKEN

Dona Barca

Unter der alten Arade-Brücke geht es grillheiß zu, vor allem in diesem Lokal. Tagesfrische Fische und

In den Restaurants – wie hier im Dona Barca – geht es kinderfreundlich zu

Meeresfrüchte gibt es hier. *Largo da Barca, Tel. 282 48 41 89,* €

O Pescador

Gute regionale Küche erwartet die Gäste, die sich auf leckere Fischgerichte und Meeresfrüchte freuen dürfen. Probieren Sie *açorda de marisco* (ein Brotgericht mit Meeresfrüchten)! *Rua Damião L. Faria e Castro 4, Tel. 282 42 42 99,* €€

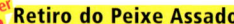

Retiro do Peixe Assado

In einer alten Fischfabrik beim Südende des Sardinenkais die Fische an der Theke aussuchen und zubereiten lassen – in dieser »Fresshalle« ist das ein Genuss! *Zona do Porto, Tel. 282 41 83 35,* € – €€

EINKAUFEN

In der Fußgängerzone *Rua Comercial* und ihren Seitenstraßen finden sich zahllose Geschäfte, darunter viele gute Fachgeschäfte – als ob Sie sich in einem Riesenkaufhaus befinden. Günstige Preise! Achten Sie auch auf die vielen Juweliergeschäfte. *Regionalmarkt immer am 1. Mo im Monat*

ÜBERNACHTEN

In der Stadtmitte gibt es etliche Pensionen; sie sind sauber und recht preiswert, einige auch stimmungsvoll, weil herrlich altmodisch. Eine komplette Liste erhalten Sie beim Posto de Turismo.

Alvor Praia

5-Sterne-Komplex an der schönen *Praia dos Três Irmãos. 198 Zi., Tel. 282 40 09 00, Fax 282 40 09 99, www.pestana.com,* €€€

Casa Três Palmeiras

Am Ende der *Praia de Vau* gelegen, bietet das Haus viel Ruhe in schöns-

---

Salz aus den Salinen

Das Meersalz der Algarve ist besonders jodreich

Ob als Tischsalz oder zum Einpökeln von Fisch und Fleisch – Meersalz ist einfach ideal. An der Algarve sollten Sie die Gelegenheit nutzen, einmal eine Saline zu besichtigen. Rechtwinklige Becken – teils über 100 m lang wie breit – am Rand von flachen Flussmündungen, so genannten Ästuaren, werden geflutet, dann abgeriegelt und der Sonne überlassen. Das Wasser verdunstet binnen weniger Wochen, und zurück bleibt eine leicht rosa gefärbte Kristallschicht aus Meersalz. Das wird abgehackt und zu Salzbergen angehäuft, später gemahlen und weiter verarbeitet. Schon die Römer holten sich Salz aus der Algarve, später war es ein wichtiges Handelsprodukt für die Kolonien des portugiesischen Weltreichs. Nehmen Sie sich einen Klumpen mit – es ist das billigste und gesündeste Souvenir der Algarve! Es gibt an der Sandalgarve viele Salinen z. B bei Castro Marim und an der Ria Formosa, an der Felsalgarve bei Portimão.

ter Umgebung. *5 Zi., Tel. 282 40 12 75, Fax 282 40 10 29,* €€

Quinta Ribeira Brava

Umrahmt von 30 ha Hügelland: eine Oase der Ruhe mit kleinen Seen beim Dorf *Pereira. 5 Apt., Tel./Fax 282 47 15 07,* €

AM ABEND

In den Bars und Diskos des Vororts *Praia da Rocha (Katedral, Babylone, Horagá, On the Rocks, Pé de Vento,* Mi u. Do ab Mitternacht Popkonzerte) geht der Zug ab. Nachts wird die Uferpromenade für Autos gesperrt und verwandelt sich in eine endlose Open-Air-Disko bzw. -Bar. Außerdem gibt es lateinamerikanische Musik im *Capicua* und Livemusik Do u. Sa im *Máscar.*

FREIZEIT & SPORT

Boote fahren längs der Felsenküste bis Armação de Pêra oder Lagos, einige das Arade-Tal hoch bis Silves. Besonders schön ist eine Fahrt auf der nachgebauten Karavelle »Santa Bernarda«, zu buchen an Hotelrezeptionen oder am *Cais de Sardinhas, Stand 6, Tel. 967 02 38 40.*

Das *Centro Nautico* offeriert Bananenboottouren, Tauchen, Strandsegeln, Schnorcheln, Wasserski, Sportfischen. *Cais de Sardinhas, Stand 18, Tel. 963 02 12 39*

Die Firma *Portitours* bietet Trekking, Kanufahrten, Paragliding, Ultralightfliegen, Reitausflüge und Jeeptouren an, *Tel. 282 47 00 63.*

STRÄNDE

Die Praias beiderseits der Mündung des Rio Arade sind wellengeschützt mit feinem Sand. Viel besucht ist die *Praia da Rocha,* die in die jodreiche *Praia de Vau* und die *Praia dos Três Irmãos* übergeht.

Von Ferragudo bis Carvoeiro und dann weiter bis Benagil reiht sich ein schöner Strand an den anderen: *Praia Grande* vor der Mole wird von Wassersportlern geschätzt, *Pintadinho* liegt gleich daneben, *Marinha* hat herrliche Felswände und ist über eine Treppe erreichbar, *Benagil* ist ein sonniger Paradiesflecken – parken nur am Straßenrand möglich –, *Carvalho* ist vom Clube Atlântico aus über Treppe und Tunnel erreichbar, *Centianes* wird schmal bei Flut, *Paraíso* hat nur einen kleinen Parkplatz, aber tolle Felsen.

AUSKUNFT

Posto de Turismo

An den *Cais do Comércio, Tel. 282 41 65 56, www.cmportimao.pt*

ZIELE IN DER UMGEBUNG

Alcalar [116 A4]

Die N 125 in Richtung Westen fahren und beim Penina-Hotel abbiegen (ausgeschildert). Nach 4 km erreichen Sie das *Archäologische Zentrum.* Die Megalithgräber sind eindrucksvolle Monumente für die Häuptlinge der einst hier lebenden Menschen der Steinzeit. Die Gräber überstanden die Witterung und auch Plünderungsversuche. Seit 1910 gilt Alcalar als nationales Denkmal. Die restaurierte Anlage lädt zu einer Wanderung durch 5000 Jahre Geschichte ein *(tgl. 9.30–12.30 und 14.30–17 Uhr).*

Bei den Dolmen liegt das Restaurant *Fonte de Pedra.* Spezialitäten: Schweinsmedaillons mit Feigen, Lamm, Fischsuppe. *Tel. 282 47 10 34, €€*

Alvor [116 A5]

Die *Ria de Alvor* ist eine wunderbar ruhige Lagune. Sie steht unter Naturschutz und ist die Seele der ganzen Umgebung. Zwar hat man auch im ehemaligen Fischerort *Alvor* (4 km westlich von Portimão gelegen) am Ostrand der Ria etliche Hotelblöcke (vor allem im Ortsteil Torralta) hochgezogen, aber eine angenehme Stimmung ist ihm verblieben. Am ehesten spüren Sie das beim Bummeln (Auto unbedingt außerhalb stehen lassen).

Folgender Rundweg bietet sich an: Beginn an der *Igreja Matriz* (der Pfarrkirche), weiter zum *Ethnografischen Museum,* zur *Capela da Misericórdia,* dem *Palácio Abreu* (restaurierter Stadtpalast vom Beginn des 19. Jhs.), dem *Castelo* (aus dem 12. Jh., wenig ist erhalten), dem 🌸 *Miradouro de Alvor* (Aussichtsplatz) und dem *Morabito de São João* (maurischer Kultplatz); schließlich bummeln Sie hinab zum *Alten Fischmarkt* mit der hölzernen Auktionshalle unten an der Ria, die man von hier aus gut überblicken kann. Bei Ebbe verwandelt sie sich in eine Sandfläche, in der Einheimische nach Muscheln buddeln, bei Flut in ein wunderschönes Lagunengewässer. Ein paar Yachten dümpeln im Wasser, dazu bunt angemalte Fischerboote und Kutter. Einige freundliche Lokale locken viel Stammpublikum an.

Schlicht, aber stimmungsvoll ist die *Tasca Morgadinho (€)* an der Ria-Fischhalle, wo zu den pflückfrischen Muscheln gezapftes Bier angesagt ist. Informieren Sie sich über die vielen Unterkünfte in Alvor beim *Posto de Turismo, Rua Dr. Afonso Costa 51, Tel. 282 45 75 40.*

Carvoeiro [116 C5–6]

Noch im späten 20. Jh. gaben Fischer den Ton am »Strand der Köhler« an. An dem gemütlichen Dorfstrand, von Felswänden zu einem Sandstreifen eingeengt, liegen neben den sich sonnenden Badegästen immer noch ein paar bunte Boote auf der Seite, als wollten sich vom harten Fischeralltag ausruhen. Heute trägt der Ort (2700 Ew.) den Nimbus der Exklusivität, und das zu Recht, denn in Richtung Osten, vor allem bis zur *Praia de Benagil,* breiten sich Villen und Luxusferienanlagen aus *(Carvoeiro-Clube koordiniert die Anlagen Algarve Clube Atlântico, Palm Gardens und Pestana Golf & Resort mit 120 Luxusvillen, 2 Hotels und Golfplätzen inkl. der David-Leadbetter-Golfakademie auf 50 ha, Tel. 282 35 08 00, www.carvoeiroclube.com, €€€).*

Der viel besuchte Ort gilt als Fetenmeile der Deutschen. Ein Restaurant reiht sich ans andere, es gibt sogar ein paar gute, vor allem etwas außerhalb (empfehlenswert u. a.: *Casa Algarvia, Estrada do Farol, Tel. 282 35 76 45, €–€€*). Bars locken mit Musik, aufgedreht oder verschwiegen-leise, mit Livemusik, Jazz, Karaoke. 🏃 Das *Jailhouse* bietet in einem umgebauten Weinkeller und mit toller Terrasse neben dem Strand oft live Rock-'n'-Roll-Musik bei freiem Eintritt und günstigen Preisen.

Gönnen Sie sich unbedingt von der Ortsmitte Carvoeiros aus den 1-km-Abstecher – am besten zu Fuß – nach *Algar Seco.* Wetter und

Nicht nur bei Sonnenuntergang ist das Fischerdorf Ferragudo ein Idyll

Wellen haben die Uferfelsen in diesem Abschnitt zu besonders eindrucksvollen, bizarren Formationen abgeschliffen. Passieren Sie den Höhleneingang hinter der kleinen *Boneca Bar (Tel. 282 35 83 91, €–€€),* in der es gute Fischgerichte gibt, gelangen Sie unmittelbar zu einem Torbogen im Fels. **Der Blick hindurch** auf die senkrecht ansteigenden Klippen rundum und die Bucht (Sicht bis zur Ponta da Piedade) fasziniert, ein Schnappschuss ist jetzt unbedingt angesagt!

Ferragudo [116 B5]

★ Blickt man bei der letzten Linkskurve vor dem Ortseingang von Ferragudo (2000 Ew.) auf die am Hang klebenden Häuser und die im Hafenbecken davor liegenden vielen kleinen, bunten Boote, ist man schlicht und einfach angenehm überrascht. Es gibt sie also noch, solche Idylle. Dieses Fischerstädtchen liegt 4 km östlich von Portimão und ist von dort, vor allem von der Hafenburg Santa Catarina aus,

bestens zu sehen. Das i-Tüpfelchen des malerischen Ortes zeigt sich jedoch erst, wenn Sie am Rio Arade entlang zur *Praia Grande* gehen oder fahren: die italienisch anmutende *Hafenburg São João* aus dem 14. Jh., die auf einer kleinen Anhöhe thront und die Mündung des Rio bewacht. Geschickt in die Natur eingebettet ist oberhalb der Rio-Mündung das *Casabela Hotel (Vale da Areia, 63 Zi., Tel. 282 46 15 80, Fax 282 46 15 81, €€€)* mit tollem Blick aufs Meer.

In Ferragudo gibt es viele Bars und Restaurants; ihnen allen ist gemein, dass sie keine Touristenabfertigung vollziehen, sondern dass hier ein freundlicher Ton herrscht, dörflich geradezu. Das *Sueste* *(€€)* am Ende des Uferkais ist ein Mekka nicht nur für Bootsleute, die sonntags hier anlegen, um *feijoada de búzios* zu schlemmen. Auf dem Weg dahin locken einige andere Uferlokale mit guten Fischgerichten, teils wird gleich an der Kaimauer gegrillt. Beliebt sind auch die

43

Strandrestaurants an der *Praia Grande. O Barril* bietet in rustikaler Atmosphäre Hühnchen-Cataplana und gegrillten Fisch, dazu gibt es oft Livemusik *(Trav. de Calderao, Tel. 282 46 12 15, €€)*. *Jo's Bar* ist super-beliebt, sehr relaxt, mit Pool, spezielle Partynächte.

Am Ortseingang finden Sie in der *Rua Infante Henrique 62* das *Azulejo-Atelier Bongard;* der französische Künstler fertigt Wände, Brunnen, Bänke, Tische und Patios.

Lagoa   [116 C5]

Durchfährt man das 11 km östlich von Portimão gelegene Städtchen (9000 Ew.) auf der oft verstopften N 125, erahnt man nicht, wie hübsch es ist. Der historische Kern ist 18. Jh. pur, sein Herz ist die kleine Markthalle. Viele gute Lokale gibt es hier. Im August findet die Messe »Fatacil« statt, dann wird die N 125 bei Lagoa noch mehr zum Nadelöhr, denn Tausende rücken an, um auf der Messe die vielen kulinarischen Spezialitäten der Algarve zu probieren.

Mexilhoeira Grande   [115 F4]

Ort an der N 125, 9 km westlich von Portimão. Hübsch ist die *Igreja Matriz,* die Pfarrkirche. Der Renaissancebau aus dem 16. Jh. hat zwei manuelinische Seitenportale.

In einem rustikalen Dorfhaus finden Sie einen Tempel regionaler Küche, die *Adega Vilalisa:* José Vila und Joaquim Lisa kochen deftig, kräftig, gut. *Rua Francisco Bivar, Tel. 282 96 84 78, €€*

Insider Tipp

Praia da Rocha   [116 B5]

International bekannter als Portimão selbst ist der 2 km südlich gelegene Vorort (3600 Ew.). Hier nahm der Algarve-Tourismus Anfang des 20. Jhs. erste Anläufe mit einigen reichen Strandspaziergängern und deren Jugendstilvillen.

Das *Hotel Bela Vista (16 Zi., Tel. 282 45 04 80, €€ – €€€)* liegt am Klippenrand und hat unter sich den phantastischen und sehr beliebten Strand, der mit seinen Felsen *(rochas)* dem Ort den Namen gab. Es ist eines der wenigen Überbleibsel einer romantischen, längst vergangenen Zeit. Jetzt ist jeder Quadratmeter mit Apartmentanlagen und Hotels bebaut. Ein Spielkasino, Bars und Diskotheken sorgen nachts für regen Betrieb, die es fast mit dem von Albufeira aufnehmen kann. *Posto de Tourismo: Av. Tomás Cabreira, Tel. 282 41 91 32, www.cm-portimao.pt*

SAGRES

[114 A–B6] ★ Das meistgetrunkene Bier des Landes trägt den Namen dieses Städtchens. Aber nicht deshalb ist es berühmt, sondern die Bierbrauer bedienen sich des legendären Ruhms von Sagres, und von ihm zehrt Portugals Selbstbewusstsein immer noch – seit über 500 Jahren. Denn hier wirkte Infante Dom Henrique (Prinz Heinrich der Seefahrer), der Ahnherr der Entdeckungen zur See. Der Prinz hatte die Vision, sein Land, eingezwängt von Spanien und dem Atlantik, zu einer Seefahrernation werden zu lassen – was ihm mit Hilfe der Navigation auch gelang: Binnen zweier Generationen wurde das unbedeutende Portugal zum reichsten Land Europas.

Davon spürt man hier im Ort allerdings nur noch wenig, sieht man von der *Fortaleza* ab. Diese 1 km außerhalb gelegene Festungsanlage aus dem 17. Jh. riegelt die *Ponta de Sagres* ab, ein kahles, vom Wind gebürstetes Felsplateau, das ins wellenbewegte Meer hinausragt. Ringsum stürzen schroffe Klippenwände über 60 m tief senkrecht ab. Die Ponta stellt das Schwesterkap zu *São Vicente* dar sowie den Anfangspunkt der Barlavento-Küste. 🌊 Vom westlichen Klippenrand haben Sie eine unvergessliche Aussicht auf die Bucht von Beliche bis São Vicente, vom östlichen auf die Bucht von Sagres mit den vorgelagerten *Inseln von Martinhal* und den Fischerhafen. Man kann sich durchaus wie auf der Brücke eines Ozeanriesen vorkommen.

Beim Staunen können Sie sich ausmalen, wie hier vor 500 Jahren der Prinz und seine Mannen standen und davon träumten, draußen im Meer auf neue Ufer zu stoßen. War Heinrich im nahen Lagos der kühle »Manager« Epoche machender Expeditionen, so fand hier am Ende der Alten Welt, zwischen den Kaps von Sagres und São Vicente, das »Brainstorming« statt. Für Romantiker ein Ort zum Schwelgen. Für Badelustige aber auch! Egal, welcher Wind bläst – Sagres hat immer einen windgeschützten Strand zu bieten. Täglich wechseln die Strömungen, mal erreicht der Golfstrom die Buchten, mal nicht. Dieser Meeresstrom sorgt auch für etwas wechselhafteres Wetter. Trotzdem: Surfer, Taucher und Angler schätzen Europas südwestlichsten Flecken als bestes Revier des Kontinents.

Ist die Fortaleza eine der bedeutendsten Sehenswürdigkeiten der Algarve und entsprechend besucht, so bekommt der 2000-Ew.-Ort nur wenig vom Touristenstrom ab. Er ist nicht hübsch, hat kein echtes Zentrum, aber trotzdem eine legere, angenehme Atmosphäre.

SEHENSWERTES

Fortaleza
Die mächtige Burgmauer betreten Sie durch einen gewundenen Eingang aus dem 17. Jh. Dahinter breitet sich eine leider furchtbar modern-verunglückte Museumsanlage aus, gewidmet den Entdeckungen portugiesischer Kapitäne im 15. und 16. Jh. *(Mai–Sept. tgl. 10 bis 20.30, Okt.–April 10–18.30 Uhr, Eintritt 8 Euro)*. Neben dem neuen Komplex steht eine zauberhafte Kapelle, deren Miniglockenturm ein Symbol für die schlichte und harmonische Algarve-Architektur sein

Die MARCO POLO Bitte

Marco Polo war der erste Weltreisende. Er reiste in friedlicher Absicht, verband Ost und West. Er wollte die Welt entdecken, fremde Kulturen kennen lernen, nicht zerstören. Könnte er heute für uns Reisende nicht Vorbild sein? Aufgeschlossen und friedlich sollte unsere Haltung auf Reisen sein. Dazu gehören auch Respekt vor Mensch und Tier und die Bewahrung der Umwelt.

WWF

könnte. Sie soll der Rest jener »Akademie für Navigation« sein, die Prinz Heinrich hier betrieb. Auch die davor am Boden ausgebreitete, aus Steinbrocken geformte Windrose soll ein Erbe Heinrichs sein. Sie wurde erst 1928 wiederentdeckt. Die weiter zurückgelegene Stallung wird nun für Vorführungen und Kongresse genutzt.

An einem sehr windigen Tag sollten Sie auf dem Plateau unbedingt in Richtung Südspitze der Ponta zu zwei umzäunten Schächten im Felsgrund gehen: Schon von weitem hören Sie das von den Wellen hereingedrückte Wasser im Erdreich gurgeln und zischen, das dann unter Donnergetöse an die 50 m hoch ins Freie schießt.

ESSEN & TRINKEN

Dromedário

🏃 Bar, Restaurant, Livemusik: Im soeben renovierten Bistro neben dem Turismo-Büro geht es fast rund um die Uhr lustig zu. Gute Gerichte, Salate, Snacks und ein Internetterminal! *Tel. 282 62 42 19, €*

Nortada

Insider Tipp

Nicht nur Windsurfer frequentieren dieses am Strand von Martinhal gelegene In-Lokal. Es gibt stets frischen Fisch – welchen, hängt davon ab, was die Angler bringen. *Tel. 282 62 41 47, € – €€*

A Tasca

🌺 Für Fischfeinschmecker ist dieses Lokal seit Jahren eine der besten Adressen der Algarve. Zugabe: die herrliche Aussicht von der Terrasse auf den Betrieb im direkt unter dem Lokal liegenden Fischerhafen. *Tel. 282 62 44 25, €€*

ÜBERNACHTEN

In Sagres gibt es zahlreiche private Zimmer und Apartments zu mieten. Ein am Fenster befestigtes weißes Blatt Papier gibt den eindeutigen Hinweis, €.

Insider Tipp

Gambozinos

Über dem Strand Martinhal liegt dieses etwas gealterte, aber schöne Gästehaus, ideal auch für Familien. *17 Zi., Nr. 1–5 ohne Blick aufs Meer, Tel. 282 62 01 60, Fax 282 62 01 69, €€*

Pousada do Infante

🌺 Dieses unübersehbare staatliche Hotel thront mit Aussicht auf die Sagres-Bucht am Klippenrand, benannt natürlich nach Prinz Heinrich. *38 Zi., Tel. 282 62 42 22, Fax 282 62 42 25, €€€*

Residencial Sagres

Insider Tipp

Prima Unterkunft in der Ortsmitte, 400 m zum Strand, saubere Zimmer, preiswerter als die anderen. *31 Zi., Baleeira, Tel. 282 62 45 36, Fax 282 62 46 76, € – €€*

FREIZEIT & SPORT

Kajaks und Kanus können Sie an der *Praia da Mareta* im *Beachclub* mieten, dort gibt es auch eine Surfschule mit Tagessafaris an die Westküste *(Tel. 914 48 24 07)*.

Vogelbeobachtung steht rund um Sagres hoch im Kurs; auf halbem Weg zum Cabo São Vicente können Sie im *Restaurant O Vigia (€€)* ein Vogelbuch, das einzige seiner Art in Portugal, konsultieren und die beobachteten Vögel anhand hervorragender Illustrationen und Beschreibungen identifizieren.

Insider Tipp

Grandiose Felsen trotzen dem gewaltigen Atlantik: Cabo São Vicente

STRÄNDE

Die *Praia da Mareta* liegt direkt am Ort, geschützt vor dem Westwind; die *Praia do Tonel* gleich hinter Sagres ist dem Westwind ausgesetzt, es gibt hohe Wellen. Die *Praia de Martinhal* wird von Windsurfern besonders geschätzt; sie liegt hinter dem Fischerhafen und hat eine pittoreske Kulisse aus vorgelagerten Felsinseln (Vogelparadiese!). Die *Praia de Beliche* wartet mit hohen Wellen auf, die toll ausrollen; sie liegt 3 km außerhalb an der Straße zum Cabo São Vicente.

AUSKUNFT

Posto de Turismo
Rua Comandante Matoso, Tel. 282 62 48 73, www.cm-viladobispo.pt

ZIELE IN DER UMGEBUNG

Cabo São Vicente   [114 A6]
Wer Sagres besucht, besucht natürlich auch das 5 km entfernte »Kap des heiligen Vinzenz«, Europas südwestlichsten Punkt; es zählt schon zur Westküste. Ein bulliger Leuchtturm mit einem Signalfeuer, das 90 km weit sichtbar ist, trotzt Wind und Wellen inmitten einer grandiosen Naturkulisse.

**Nossa Senhora
de Guadalupe**   [114 C5]
An der alten Straße nach Lagos, kurz vor Raposeira (15 km von Sagres entfernt) gelegene Einsiedlerkapelle aus dem 14. Jh. Ihre schlichte Schönheit beeindruckt.

**Praia da Ingrina/
Zavial/Figueira**   [114 B–C 5–6]
Diese drei Strände sind mit dem Auto vom Dorf *Raposeira* aus (zwischen Sagres und Vila do Bispo) zu erreichen. Sie liegen etwa 18 km von Sagres entfernt in wunderschönen Felsbuchten. Sie können auch mit dem Rad oder zu Fuß von Sagres/Martinhal aus auf dem einzigartigen Costa-Vicentina-Küstenpfad dorthin gelangen.

Endlos scheinen Sand und Meer

Verwöhnen Sie sich an der sonnig-heißen Küste mit himmlischer Ruhe

Die Sandalgarve beginnt bei Vilamoura mit der *Quinta do Lago/Praia do Ançăo* und reicht bis zur Mündung des *Rio Guadiana*. Einen Großteil davon bestimmt das 60 km lange Naturschutzgebiet *Ria Formosa*. Flach ist der Küstenstrich, sandig-dünig das Festlandufer, oft gesäumt von Pinienwäldern und Orangenbäumen. Hier spüren Sie eine deutlich andere Atmosphäre als an der Felsalgarve: Ruhiger geht es zu, behaglicher.

Ein Vogelparadies: die Ria Formosa

FARO

 Karte in der hinteren Umschlagklappe

[119 E5] Viele nehmen die Hauptstadt der Algarve nur als Algarve-Airport wahr – und verpassen den attraktiven historischen Kern. Denn die Altstadt, die *Cidade Velha*, ist eine wahre Insel mitten in der 33 000-Ew.-Stadt. Schon an den drei Eingängen durch die gut erhaltene römische, teils maurische Stadtmauer entsteht das Gefühl, eine andere Welt zu betreten. Lassen Sie sich Zeit beim Bummeln!

Tavira ist für viele das hübscheste Städtchen der Algarve

711 nahmen Mauren den einst phönizischen, später römischen Hafen ein, »haro« nannten sie ihn. Sie bauten ihn aus und sicherten ihn mit einer Burg ab. Der mächtige Kalif von Sevilla verwandelte die Gegend in ein Fürstentum. 1249 nahmen christliche Kreuzritter die Burg ein – eindrucksvoll ist die Eroberung auf Azulejo-Tafeln am *Stadttor Arco de Repouso* dargestellt. 1755 zerstörte das große Erdbeben die gesamte Stadt. Nur wenige Bauelemente, wie an der *Kathedrale Sé,* sind übrig geblieben. Fast alles, was heute an Gebäuden innerhalb der Stadtmauer steht, stammt aus dem 18. Jh.

Den zentralen und urgemütlichen Platz *Jardim Manuel Bivar* rahmt an der Südseite das Meerufer mit Blick auf die Lagune Ria Formosa ein; Boote dümpeln im Hafenbecken, Störche flattern im Tief-

Preisgekröntes Einkaufszentrum mit Kulturangebot: das Forum Algarve

komplett erhaltenen hohen Stadtmauer umschlossen. Zu dem einzigartigen Ensemble tragen neben den im Folgenden beschriebenen herrlichen Bauwerken auch die Kopfsteinpflastergassen und die lauschigen Ecken bei, die zum Flanieren einladen. Die Altstadt können Sie auch bei einer geführten Besichtigung erleben *(1 Euro, nur f. Gruppen ab 6 Pers., 2 Tage vorher vereinbaren, Tel. 289 89 74 00, wird vom Rathaus organisiert).*

Convento Nossa Senhora da Assunção

Ein wunderschöner Bau aus der Renaissance. Kontakte mit der Außenwelt hatten die früher hier lebenden Nonnen des Klarissenordens nur durch neugierige Blicke aus den Schlitzen im Holzturm in der Mitte des Komplexes. Im Convento befindet sich auch das sehenswerte *Museu Arqueológico.*

Igreja Nossa Senhora do Carmo

In dieser barocken Kirche am Platz *Largo do Carmo* (800 m von der Cidade Velha entfernt) mahnt eine Aufschrift über der Totenkapelle: »Bedenke, dass auch du einmal so enden wirst«. Rundum sind die Wände mit Schädelknochen bestückt, was seltsamerweise gar nicht morbide wirkt.

Igreja de São Francisco

Wertvolle Azulejo-Bilder und vergoldete Holzschnitzereien schmücken den einschiffigen Bau aus dem 16. Jh., nur 200 m vom Stadttor Arco de Repouso entfernt. Im ehemaligen *Klostergarten* hinter der Cidade Velha sehen Sie am sechseckigen Kornspeicher *(celeiro)* flache Reliefs mit mystischen Darstellungen.

flug zu ihren Nestern auf Kirchtürmen und Kaminen. Stolze Gebäude, teils im neo-arabischen Baustil mit Rund- und Doppelbögen, säumen die Nordseite des Platzes. Dahinter breitet sich ein Netz aus Gassen in einer stark frequentierten Innenstadt mit Fußgängerzone aus.

An der Straße zum Flughafen wurde das Shopping- und Kulturzentrum *Forum Algarve* erbaut, das dank seiner ungewöhnlichen Architektur einen Preis als eines der zehn schönsten Europas erhielt.

SEHENSWERTES

Cidade Velha (Altstadt)

★ Sie hat einen Durchmesser von nur etwa 500 m und wird von einer

Kathedrale Sé

◣ Sie ragt im Zentrum der Altstadt auf. Interessant ist ihr Stilmix: Auf den Ruinen einer Moschee entstand der Bau ab 1251. Aus dieser Zeit stammt der gotisch-trutzige Glockenturm. Von oben lässt sich die Umgebung gut überblicken. Im barocken Innenraum können Sie die Azulejos der Rosenkranzkapelle und die barock-verschnörkelte Orgel bewundern. Sie stellt ein Meisterwerk ihrer Zeit dar.

Gegenüber der Sé und die Südseite des großen Platzes *Largo Dom Afonso III.* einnehmend, erstreckt sich der lang gezogene *Paço Episcopal* (Bischofspalast), auch heute noch Sitz des Bischofs.

MUSEEN

Ciência Viva

»Science alive« sagen die jungen Leute lieber. Ihnen ist dieses Technikcenter auch zugedacht. Die Beobachtung des Alls und des Sonnensystems steht im Mittelpunkt der hypermodernen Anlage. *Doca do Faro, Di–Fr 10–17, Sa u. So 15–19 Uhr, www.ualg.pt/ccviva, Eintritt 2 Euro, Mi 1 Euro*

Museu Arqueológico e Lapidar Infante Dom Henrique

Faszinierende Fundstücke aus römischer, westgotischer und maurischer Zeit sowie Schmuck, Gemälde (auch von Dürer, Gauguin und Rembrandt), alte Waffen, Münzen. *Im Convento neben der Sé, Mo–Fr 9.30–12 u. 14–17 Uhr, Eintritt frei*

Museu Marítimo Ramalho Ortigão

Den Schiffen und dem Fischereiwesen der Algarve gewidmet. Modelle der Entdecker-Karavellen! *Capitania do Porto, Di–So 10–12.30 u. 14–17 Uhr, Eintritt 1 Euro*

MARCO POLO Highlights
»Das Sotavento«

★ **Alcoutim**
Verträumtes Burgdorf am Rio Guadiana. Unbedingt frittierten Flussfisch essen! (Seite 64)

★ **Vila Real de Santo António**
Städtchen im Schachbrettmuster mit vielen kleinen Geschäften und Lokalen (Seite 62)

★ **Cidade Velha in Faro**
Wie eine Insel im modernen Leben mutet die historische Altstadt an (Seite 50)

★ **Palácio de Estói**
Rokokoschlösschen im romantischen Park (Seite 53)

★ **Tavira**
Patrizierhäuser und römische Brücke ergeben ein malerisches Bild (Seite 54)

★ **Ria-Insel Armona**
Mit der Fähre von der Wasserwelt zur Sandwelt: Dünen ohne Ende (Seite 52)

★ **São Lourenço dos Matos**
Barockkapelle mit herrlichen Azulejo-Wänden (Seite 60)

ESSEN & TRINKEN

Adega Nova

Exzellentes Beispiel für eine neue Restaurantgeneration in Portugal: scheunenartige Halle, hervorragendes Essen, tolle Stimmung. *Rua Francisco Barreto 24 (beim Bahnhof), Tel. 289 81 34 33, €€*

Clube Naval

Hinter dem Eva-Hotel am *Jardim Manuel Bivar* genießen Sie in angenehmem Ambiente Firstclass-Fischgerichte. *Tel. 289 82 38 69, €€*

Pontinha

Am *Largo da Liberdade/Pé Cruz 5.* Bei Einheimischen beliebt, sehr traditionsreich. *Tel. 289 82 06 49, €–€€*

ÜBERNACHTEN

Hotel Bernardo

Angenehmes, gemütliches Hotel in der *Rua General Teófilo da Trindade 20.* 44 Zi., *Tel. 289 80 68 06, Fax 289 88 98 09, €€*

Hotel Eva

Schön ist der Bau nicht, übersehbar auch nicht, aber der Ausblick von allen Zimmern auf Meer, Ria und Hafen ist unschlagbar. *148 Zi., Av. da República 1, Tel. 289 80 33 54, Fax 289 80 23 04, €€–€€€*

STRAND

Praia de Faro

Faros Hausstrand auf der Ilha de Faro ist 10 km lang! In den 70er-Jahren wurde die Düne wild bebaut, ein Haus reiht sich ans andere. Zahlreiche Restaurants und Bars versorgen die Faroenser, die den ganzen Sommer und jedes Wochenende ihren Lebensmittelpunkt hierher verlegen. Authentische Atmosphäre! Windsurfer schätzen die wellenfreie Lagune hinter der Düne für rasante Sprints. *Zufahrt über die Straße beim Airport oder mit dem Fährboot ab Porta-Nova-Werft in der Altstadt von Faro*

AM ABEND

Bars, Diskos, Kneipen – hinter der Avenida da República geht es nachts munter zu, vor allem in der *Travessa José Coelho* und der *Rua do Prior.*

AUSKUNFT

Posto de Turismo

Im Stadttor Arco da Vila, Tel. 282 80 36 04, und Rua do Município, Tel. 289 87 08 70, www.cm-faro.pt und www.cm-olhao.pt

ZIELE IN DER UMGEBUNG

Armona und Culatra

★ Mit Fähren kann man auf diese Düneninseln hinübergondeln. Der Anlegekai befindet sich gleich östlich von den Markthallen. Schon die 2 bzw. 5 km lange Fahrt lohnt sich, weil sie schöne Blicke auf Küste und Ria Formosa erlaubt. Auf den Inseln herrscht ein Leben (ohne Autos) der ganz eigenen Art, urportugiesisch und sehr nachbarschaftlich geht es hier zu.

Nach Armona **[120 A5–6]** geht im Sommer jede Stunde eine Fähre, sonst dreimal täglich; nach Culatra **[119 F6]** alle zwei Stunden, preiswert. Unterkunft: Einige der 800 Häuschen auf Armona sind zu vermieten, von *Senhora Ilse, Tel. 289 70 65 49, €*. Am Inselzeltplatz können Sie Minibungalows buchen, *Tel. 289 71 41 73, €*.

Estói und Milreu [119 E4]

Der gemütliche Ort Estói (2000 Ew.) liegt 9 km nördlich von Faro. Er birgt einen wunderbaren Bau, eine Schatzkammer, die seit Jahren ungestört vor sich hin altert: den ★ *Rokokopalast* des Visconde de Estói. Aber gerade das Verwahrloste, das Abblätternde gibt ihm eine nostalgische, ganz und gar einzigartige Note. Im Park reihen sich Büsten aneinander, Marmorfiguren räkeln sich in einem Teich, Treppen steigen scheinbar endlos empor, wunderbare Azulejo-Tafeln schmücken die Wände. Unter der Freitreppe können Sie hinter einem Gitter einige römische Mosaiken sehen, die man sich einst aus dem nahen Milreu holte. Schon lange soll die Anlage zu einem Staatshotel *(pousada)* umgebaut werden, aber niemand weiß, wann das geschieht.

Die römischen Funde von *Milreu (Di–So 9–12 und 14–17 Uhr)* liegen ganz in der Nähe, der Weg ist ausgeschildert. Dort kann man die Ruinen einer Villa besichtigen. Gut erhaltene Mosaiken zeigen springende Delphine, ein früherer kleiner Tempel wurde von Westgoten im 6. Jh. zu einem frühchristlichen Tabernakel umgebaut.

Sehr gediegen ist die Unterkunft in der Privatherberge *Monte do Casal:* 4 Suiten mit jeweils eigener Terrasse, blumenumrankter Pool, Restaurant, *Tel. 289 99 15 03, Fax 289 99 13 41, www.montedoca sal.pt, €€– €€€*.

Ilha Deserta/
Cabo de Santa Maria [119 E6]

Portugals südlichster Punkt (von Faro etwa 8 km entfernt) ist unbewohnt, im Sommer aber ein beliebtes Ausflugsziel für Strandgänger, Muschelsucher und Angler, die mit eigenen Booten hierher kommen.

Olhão [119 F5]

Nordafrikanisch wirkt diese 18 000-Ew.-Stadt 8 km östlich von Faro, weil viele Gebäude würfelhafte Formen haben. Auf flachen Dä-

Teil der römischen Ruinen von Milreu: das Nymphäum, eine Tempelanlage

chern flattert bunte Wäsche und trocknen viele Fischernetze, denn im Hafenbecken ankert die größte Sardinenflotte der Algarve. Fischer sind es auch, denen die Stadt ihr uriges, unverwechselbares Flair verdankt. Besucher spüren das umgehend, wenn sie die Kneipen *(tascas)* oder schlichteren Restaurants wie *Casa do Pasto Algarve (Praça Patrão Joaquim Lopes)* oder *Dia-a-Dia (hinter der Igreja dos Pescadores)* aufsuchen und dann zur *Igreja Matriz* schlendern. In ihrer rückwärtigen, außen angebauten *Capela do Senhor dos Aflitos* brennen Kerzen bei Tag und Nacht – Angehörige bitten um die sichere Heimkehr der Fischer. ⚓ Steigen Sie auf den Glockenturm: wunderbarer Ausblick auf die Innenstadt und die Ria. Rund um die zwei benachbarten restaurierten Markthallen – beide sind auch sonntags geöffnet und riesig groß – herrscht buntes Treiben. Hier pocht das Herz von Olhão! Von den Straßencafés aus haben Sie einen faszinierenden Ausblick auf die Ria und die Inseln. Jeden letzten Sonntag im Monat findet neben dem üblichen *Regionalmarkt* auch ein *Trödelmarkt (antiguidades & velharias)* statt, der beste an der Algarve.

São Miguel [119 F4]

410 m hoch ist dieser nur von Macchia bewachsene Berg. Weil er und die *Serra de Figo* aus dem Flachland etwa 12 km nordöstlich von Faro (gleich neben der Autobahn) aufragen, wirken sie viel höher. 5 km weiter östlich verstecken sich die *Grutas de Moncarapacho,* Höhlen, deren Besichtigung allerdings nur erfahrenen Höhlengängern anzuraten ist.

TAVIRA

Karte in der hinteren Umschlagklappe

[120 C4] ★ Der Rio Gilão teilt den ursprünglich phönizischen Hafenort in zwei Hälften, eine römische Brücke verbindet sie auf höchst malerische Weise. Pagodenartig gedeckte Patrizierhäuser säumen die Ufer des Flusses, Zeugnisse eines Wohlstands, den der Handel mit Thunfisch, Wein und Salz einst erbrachte. Im 16. Jh. wurde die Stadt so bedeutend, dass der König sie offiziell zur Metropole des Königreichs Algarve bestimmte. Doch im 19. Jh. zog langsam der Verfall ein. Unhörbar leise rieselte der Putz, und das Abgebröckelte, Abgedankte hüllte die hübsche Stadt immer mehr in ein wehmütiges Kleid, das an längst vergangene Ballnächte erinnert. In jüngsten Jahren aber hat der Tourismus das Hafenstädtchen (12 000 Ew.) aus seinem Dornröschenschlaf erweckt und ihm neuen Glanz verliehen.

Erkunden Sie diesen Ort in aller Ruhe – und zwar zu beiden Seiten des Rio. Dann erst können Sie seinen stillen Charme erleben und beginnen zu verstehen, warum viele Besucher wie auch die einheimischen und ausländischen Bewohner dieses Städtchen als reizvollstes der Algarve bezeichnen. Am schönsten ist wohl die kurze *Travessa de D. Brites*. Sie zweigt bei der hübschen Uferpromenade ab, führt zur *Rua D. Marcelino Franco* und endet vor der Kirche *Nossa Senhora das Ondas* (»Unsere Liebe Frau der Wellen«) aus dem 17. Jh.

Auch Strandgänger kommen hier auf ihre Kosten: Die 10 km lan-

Am Strand der Ilha de Tavira die abendliche Stille genießen

ge Düne *Ilha de Tavira* ist von rarer Schönheit. Ein Teil davon ist für FKK vorgesehen. Eine Bimmelbahn fährt alle 45 Minuten von der *Praça da República* an der römischen Brücke zur Fähre in *Quatro Águas* (verbunden mit einer Fahrt durch die Stadt, diverse Stationen zur kurzen Besichtigung, 2 Euro), von dort setzen Sie dann zur Insel über.

SEHENSWERTES

Castro dos Mouros
⚜ Von der Burganlage und der römisch-maurischen Stadtmauer sind nur Teile erhalten. Neben dem zentralen Platz Praça da República die *Rua Galeria* hochgehen. Vom *Burggarten* aus genießen Sie einen Überblick über Tavira und seine einzigartige Dächerlandschaft.

Igreja da Misericórdia
Beim Haupteingang zur Burg ragt dieses stolze Bauwerk auf. Die ab 1541 errichtete manuelinische Kirche hat einen Architekten, der seine Meisterschaft zuvor beim Bau des weltberühmten Jerónimo-Klosters in Lissabon gezeigt hatte: André Pilarte. Das Renaissanceportal zählen Kenner zu den schönsten im Land, wie auch den Rokokoaltar und die Azulejos im Innenraum.

Igreja Santa Maria do Castelo
Der dreischiffige, wunderbar harmonisch strukturierte Bau ragt innerhalb der Burgmauern auf. Er war Kirche und Fluchtstätte zugleich, wurde über der Ruine einer maurischen Moschee im gotischen Stil (das Portal und zwei Seitenkapellen sind davon erhalten) errichtet, später manuelinisch ergänzt. Der berühmte italienische Architekt Francisco Fabri erhielt den Auftrag zum Wiederaufbau nach dem Erdbeben 1755. 1800 wurde die Kirche neu gesegnet und 1910 als nationales Monument eingestuft.

Ob mit Pinsel oder durchs Objektiv: Taviras Patrizierhäuser motivieren

ESSEN & TRINKEN

Insider Tipp **Pátio**
In der *Rua António Cabreira 30* entdecken Sie in einer alten Stadtvilla diesen Gourmettempel. Tolle Terrasse, immer beste Stimmung. *Tel. 281 32 30 08, €€*

Insider Tipp **Quatro Águas**
Preisgekrönte edle Gerichte, z. B. Doraden, dazu feinste Weine aus der Umgebung, freundliche Bedienung. Unbedingt sollten Sie die Nachspeisen probieren, wie *secreto do figo* (Geheimnis der Feige). *Beim Fährhafen Quatro Águas, Tel. 289 12 34 56, €€ – €€€*

ÜBERNACHTEN

Insider Tipp **Casa da Calma**
Viel Luxus, Garten, Pool, Sauna, familiäre Atmosphäre in einem gepflegten Privathaus unter deutscher Leitung. *Zwischen Moncarapacho und Santa Catarina, 7 Zi., Tel. 289 79 10 98, Fax 289 79 15 99, www. casadacalma.com, €€ – €€€*

Casa Vale del Rei **Insider Tipp**
3,5 km nordwestlich Taviras beim Dorf *Almargem* **[120 C3]** gelegenes Landhaus, stil- und stimmungsvoll. *7 Zi., Tel. 281 32 30 99, € – €€*

Hotel Albacora
Einst die größte Thunfischersiedlung der Algarve, nun u. a. ein Luxushotel mit riesigem Pool und eigenem Busservice zur Innenstadt. *162 Zi., Quatro Águas, Tel. 281 38 08 00, Fax 281 38 08 50, comercial@vilagale.pt, €€€*

Pension Mirante
Jugendstilhaus, extravagant durch eigenen Aussichtsturm, mitten in Tavira. *10 Zi., Rua da Liberdade 83, Tel. 281 32 22 55, €*

AUSFLUG

Insider Tipp

Bootsfahrt durch die Ria Formosa

Bei einer Rundfahrt mit dem *Safari-Boat* können Sie das Naturschutzgebiet von innen her, also vom Wasser der Lagune aus entdecken und dabei Watvögel, Reiher, Störche und Enten beobachten. *3 Std. mit deutscher Führung 20 Euro, ohne Führung 15 Euro, nur für Gruppen ab 4 Pers., Rua da Silva, Tel. 917 28 63 82*

AM ABEND

🏃 Die ehemalige Markthalle am Flussufer mit ihren Cafés, Bars und Restaurants ist tagsüber stark frequentiert; für Spätaufsteher ist sie aber auch nachts ein Tummelplatz. Straßenkünstler sorgen tagsüber wie abends für gute Stimmung.

AUSKUNFT

Posto de Turismo
Rua da Galeria 9, Tel. 281 32 25 11, www.cm-tavira.pt

ZIELE IN DER UMGEBUNG

Cacela Velha **[121 D3]**

Eine kleine Hafenburg aus dem 12. Jh. (von hier aus eroberten Kreuzritter die Algarve), ein Dutzend Häuser, drei davon Kneipen, und das Ganze umrahmt vom Ria-Haff, Weinfeldern und Olivenhainen – ein Idyll! Die vorgelagerten Dünen bilden das östliche Ende der Ria Formosa. Bei Ebbe können Sie zu Fuß hinüber zu schönen Stränden wandern und Muscheln sammeln. 1 km westlich finden Sie direkt am Strand das Ausflugslokal *A Costa (€ – €€)* – folgen Sie dem Schild »Fábrica«.

Ria Formosa

In einem der schönsten Naturschutzgebiete Europas geben Ebbe und Flut den Takt an

Eine 60 km lange Kette aus Dünen trennt die Ria vom Atlantik ab. Die dadurch entstandene riesige Lagune zieht sich längs der Sotavento-Küste von Quinta do Lago im Westen bis zur Praia de Manta Rota im Osten hin. Ständig ändert sich das Landschaftsbild mit den Gezeiten: Aus dem stillen gefluteten Wattenmeer wird allmählich ein verästeltes System von Abertausend Wasserrinnen bei Ebbe. Neben Schwärmen von Zugvögeln auf dem Weg von und nach Afrika kann man auch seltene Spezies in und an diesem Haff beobachten. Auf den Listen der vorkommenden Arten stehen 214 Vögel, 693 Pflanzen, 284 Krustentiere, 79 Fische, 15 Reptilien, 18 Muscheln und Schnecken. Zahlreiche *viveiros* (Zuchtanlagen; übrigens erkennt man sie als solche kaum) bringen jährlich 10 000 t Meeresfrüchte hervor. Führungen durch die Ria (zu Fuß und mit dem Boot) bietet *Animaris, Tel. 289 82 47 39; Info unter www.ilha-deserta.com.*

Moinhos da Rocha [120 B3]

8 km fahren Sie am *Rio Séqua* entlang nach Westen – eine gut ausgeschilderte Strecke in einem fruchtbaren Tal. Sie gelangen zu einem kleinen Wasserfall mit Teich – ideal zum Baden im Süßwasser.

Praia de Cabanas [121 D4]

Ein schmaler Sandstreifen, ca. 5 km östlich von Tavira, trennt das hier auslaufende Haffland der Ria Formosa vom Meer. Auf der einen Seite kann man im lauen Lagunenwasser schwimmen, auf der anderen im kühleren Meerwasser. Für Sammler von Muscheln und Schnecken ein Paradies!

Santa Catarina [120 A3]

13 km nordwestlich von Tavira liegt diese 2000-Seelen-Gemeinde, die in Portugal dank ihrer handgemachten Dach- und Bodenziegel berühmt ist. Immer noch werden sie in altrömischer Manier in diversen *telharias* hergestellt, die man an ihren langen runden Kaminen erkennt. Es gibt noch über zwanzig solcher Betriebe rund um Santa Catarina – nur hier gibt es den richtigen Lehm für diese Produkte. Man kann die Firmen besuchen und zuschauen, in welch mühseliger Arbeit die schönen Ziegel entstehen, die in letzter Zeit wieder in Mode gekommen sind.

Santa Luzia [120 C4]

Unverkennbar ein Fischerdorf (1200 Ew.): Tontöpfe für den Fang von Tintenfischen, Körbe für den von Langusten häufen sich, Netze liegen am Straßenrand, bunte Boote dümpeln im ruhigen Wasser, Fischer sitzen im Schatten von Palmen und reparieren ihre dunkelroten Netze oder sinnieren bei einem Gläschen in der nächsten Bar über dies und das. Santa Luzia liegt nur 3 km westlich von Tavira. Beliebt ist das Lokal *Baixamar:* Frisches aus dem Meer, bestens zubereitet, *Tel. 281 38 11 84*, €– €€.

Stilles Idyll an der Uferpromenade von Santa Luzia

Vom Ortsteil *Pedras del Rei* können Sie mit einem Bimmelbähnchen zum schier endlosen Strand fahren (1 Euro). Die Bahn endet bei einer verlassenen Siedlung, wo einst Thunfischfischer lebten. Im *Feriendorf Pedras del Rei* können Sie Bungalows in einer Olivenplantage mieten *(Tel. 281 38 06 00, Fax 281 38 06 19, €€)*.

VILAMOURA

[118 B4] Vor zwanzig Jahren bestand die Gefahr, durch den Massenandrang englischer Besucher werde die Algarve in Richtung Billigtourismus abgedrängt. Da entschied man sich für »Qualitätstourismus« und ließ Vilamoura (Maurische Stadt) als kapitales Ferienzentrum und brillantes Herzeigeobjekt planen und bauen. Im weiteren Umkreis von 10 km entstanden mit die luxuriösesten Ferien- und Golfanlagen Europas. Der Yachthafen, die *Marina* mit über 1000 Liegeplätzen, wird jedes Jahr von fast 50 000 Yachten aus aller Welt angelaufen. Dutzende Restaurants reihen sich am Ufer aneinander, Bars, Shops und auch ein Spielkasino dürfen nicht fehlen. Erfreulich, dass die Planer der Landschaftsarchitektur so viel Aufmerksamkeit schenkten: Es ist ihnen gelungen, Natur und Architektur zu einer gelungenen Verbindung zu verschmelzen.

SEHENSWERTES

Cerro da Vila
An der Westseite des Yachthafens können Sie eine Ausstellung von Ausgrabungen einer römischen Villa und einer Fischfabrik besichtigen. Schon vor fast 2000 Jahren wurden von hier gepökelte Sardinen nach Rom exportiert!

ESSEN & TRINKEN

In Vilamoura gibt es kaum preiswerte, echt portugiesische Lokale. Dafür locken Pizzerias und etliche Restaurants mit chinesischer, indischer und mediterraner Küche.

Akvavit
Exquisite Fischgerichte, internationale Spezialitäten. *Edif. Vilamarina, Tel. 289 38 07 12, €€– €€€*

Gate Way of India
Gutes indisches Restaurant an der Marina mit großer Terrasse. *Tel. 289 31 28 61, €€ – €€€*

The Old Village
Küche mit internationalem Flair. Tolle Aussicht von der Dachterrasse. *Zwischen dem 4-Seasons- und dem Old-Golf-Course (ausgeschildert), Tel. 289 38 83 58, €€€*

ÜBERNACHTEN

Nirgendwo an der Küste gibt es so viele Luxushotels so geballt wie hier. Selbst anspruchsvollste Gäste kommen auf ihre Kosten.

Hotels Dom Pedro
Golf, Marina und Portobelo
Drei unter gleicher Leitung: insgesamt über 500 Luxuszimmer und -suiten, dazu Wellness total. *Tel. 289 30 07 00, Fax 289 30 07 01, dp.marina@mail.telepac.pt, €€€*

Marinotel
Die 5-Sterne-Riesenanlage thront über dem Yachthafen. Animation,

Restaurants, Tennis, spezielle Golf-
programme. *380 Zi. u. Suiten, Tel.
289 30 33 03, Fax 289 30 33 45,
marinotel@telepac.pt, €€€*

Vila Galé Marina
Mustergültige 4-Sterne-Hotelanlage
an der Marina. *243 Zi., Tel. 289
30 00 00, Fax 289 30 00 50, €€€*

FREIZEIT & SPORT

Heißluftballon
Sie können die Küste zwischen Vilamoura und Albufeira auch aus der
Luft betrachten: mit dem Heißluft-
ballon »Vistamar Flyer«. *15-minüti-
ger Flug 15 Euro pro Person (der
Korb fasst ca. 20 Personen), Tel.
289 31 65 76*

Küstenfahrt mit Klipper
Der Zweimaster »Condor de Vilamoura« ist nicht nur herrlich anzu-
sehen, von Bord aus können Sie
auch die Felsenküste bei einem
Törn bewundern. *An der Marina
buchen oder unter Tel. 289
31 40 70*

Reiten
Zweistündige Ausritte bietet *Quinta
dos Amigos in Escanxinas, Tel. 289
39 33 99, Kosten: 45 Euro.*
   Ein gutes Reitzentrum ist auch
das *Centro Hípico Pinetrees, Estrada do Anção, Tel. 289 39 43 69.*

Wassersport
🏃 Jetski, Wasserski, Speedboat,
Segeln, Paragliding: *Polvo Water-
sports, Marina, Tel. 289 38 81 49.*

Wellness
»Lifestyle-Membership« bei *Bar-
ringtons* in *Vale de Lobo,* offen
auch für Nicht-Hotelgäste. *165 Eu-*

*ro pro Woche, Tel. 289 39 66 22,
www.barringtons-pt.com*

STRÄNDE
Westlich breitet sich die *Praia da
Rocha Baixinha* aus, sie geht in die
Strandkette Praia da Falésia über.
Östlich liegen die *Praias Vale de Lobo, Garrão, do Anção* und *Quinta
do Lago.* Letztere erreichen Sie
über die mit 320 m längste Holzbrücke Europas. Selbst im Hochsommer wird es hier nicht eng. Aber alles ist auch teurer als woanders.

AUSKUNFT
Posto de Informações
*Av. Eng. João Mereles (neben Roma
Golf Park), kein Tel.; www.vilamour
aalgarve.com, www.vilamoura.net*

ZIELE IN DER UMGEBUNG
Almancil   [118–119 C–D4]
Berühmt wurde Almancil (5 km
östlich von Vilamoura) durch die
★ *Capela São Lourenço dos Matos.* Der barocke Bau ragt gleich neben dem »Algarve-Highway« N 125
auf. Im Innenraum ist die Kapelle
komplett mit blau-weißen Azulejo-
Bildern, die die Lebensgeschichte
des Märtyrers Lourenço darstellen,
verkleidet. Oliveira Bernardes, Portugals führender Azulejo-Künstler
des 18. Jhs., zeichnete für diese üppige Dekoration, die in ganz Portugal ihresgleichen sucht, verantwort-
lich. Prachtvoll sind auch die hand-
geschnitzte und vergoldete Empo-
re, der Altar und das Chorgestühl.
   Gleich neben der Kapelle führen
Marie und Volker Huber einen nam-
hafte *Galerie mit Kulturzentrum.* Ab
und zu geben hier bekannte Musi-

Das Innere der Kapelle São Lourenço ist ganz mit Azulejos ausgekleidet

ker Konzerte: Klassik, Jazz, Rock und Fado. *Mo Ruhetag, Tel. 282 39 54 75*

In Almancil eröffnen immer mehr Shops, Cafés und Praxen, denn sie finden hier eine finanzkräftige Kundschaft, liegen doch im nahen Umkreis elegante Golf- und Ferienanlagen. Trotzdem hat das 4000-Ew.-Städtchen seinen ursprünglichen Charakter bewahren können, besitzt einige preiswerte und gute Restaurants (z. B. die *Churrasqueira O Ribeiro, Poço Novo, Tel. 289 39 56 97, €–€€ oder das Chameleon, Rua da República 40, Tel. 289 39 75 99, €–€€)* sowie einige alte Geschäfte. Auch findet immer noch jeden 1. und 4. Sonntag im Monat der *Regionalmarkt* statt.

Dagegen sind einige Restaurants in Richtung *Vale do Lobo* und *Quinta do Lago* wahre Schlemmertempel und entsprechend hochpreisig: Die *Casa Velha* im ältesten Bauern-

hof der Gegend ist eines der exklusivsten Restaurants der Algarve, mit französischer Küche *(nur abends, So Ruhetag, Estrada da Quinta do Lago, Tel. 289 39 49 83, €€€)*. Auch die *Ermitage* ist ein Mekka für Gourmets *(Vale do Lobo, Tel. 289 39 43 29, €€€)*. Im *São Gabriel* herrscht der berühmte Schweizer Koch Werner Wellauer in der Küche dieses Treffpunkts für den Jetset aus Wirtschaft, Sport und Politik *(Estrada da Quinta do Lago, Tel. 289 39 45 21, €€€)*.

Fürstlich ist das Übernachten in der *Luxusferienanlage Quinta do Lago*. In einem Pinienwald, 5 km südöstlich von Almancil gelegen, locken u. a. vier 18-Loch-Golfplätze, mit die schönsten Europas. Pompöse Villen umstehen den *lago*, eine Süßwasserlagune, der Blick vom *Hotel Quinta do Lago (150 Zi. und Suiten, Tel. 289 35 03 50, Fax 289 39 63 93, www.quintadolago.com, €€€)* fällt auf Dünen und Haffland

Spektakulär: Golf in Vale do Lobo

– hier beginnt die weitgehend unangetastete Ria Formosa. *Vale de Lobo* heißt die 3 km westlich gelegene und etwas ältere Luxusanlage. Das vornehme Publikum liebt die stille Eleganz; neuerdings mischen sich auch deutsche Superstars aus Film und Sport darunter, um auf dem tollen *Golfkurs San Lorenzo* ein Birdie zu spielen. *(154 Zi. und Suiten, Tel. 289 35 72 00, Fax 289 35 72 01, www.valedolobo.com, €€€).* Zwischen diesen beiden bekannten Anlagen gibt es auch andere: Sehr schön ist *Ria Park, 800 m von der Praia do Garrão entfernt, 183 Zi. und Suiten, Tel. 289 35 98 00, Fax 289 35 98 88, www.riaparkhotel.pt, €€–€€€.*

Quarteira   [118 B–C4]

Trotz vieler Betonklötze – markante Beweise für eine verfehlte Planung in den 70er-Jahren – erfüllt diese 13 000-Ew.-Stadt vor allem für viele Portugiesen den Traum

von der Algarve. Der westliche Stadtrand geht in Vilamoura über, wo man aus den Fehlern, die der Nachbarort gemacht hatte, lernte. Obwohl die Strände schier endlos sind, werden sie im Hochsommer recht voll.

Rund um den *mercado municipal* reiht sich ein Lokal ans andere, so manches ist in einer Bretterbude untergebracht. Aber überall können Sie gute, preiswerte Fischgerichte schlemmen, wie überhaupt die Liebhaber von Früchten des Meeres in den vielen *marisqueiras* von Quarteira voll und ganz auf ihre Kosten kommen. Jeden Mittwoch findet ein *Regionalmarkt* statt.

VILA REAL DE SANTO ANTÓNIO

[121 F3] ★ Nach dem großen Erdbeben 1755 wollte der König den Warenhandel über den Rio Guadiana und den Fischfang von Monte Gordo unter Aufsicht stellen. Auch wollte er mit dem Bau der »königlichen Stadt« Santo António (bis dahin gab es hier ein Fischerdorf mit diesem Namen) den Spaniern die Stirn bieten und den Lebenswillen seines Volkes demonstrieren. Im März 1774 wurde der Stadtplan festgelegt, im August das Rathaus gebaut, fünf Monate später war die Stadt fertig. Wie beim Wiederaufbau Lissabons verwendete man vorgefertigte Module.

Der Fang von Sardinen und Thunfisch erbrachte bald ansehnlichen Wohlstand. In über 45 Konservenfabriken fanden die Leute reichlich Arbeit. Aber die Fischer aus dem nahen Monte Gordo zogen nie in die für sie vorgesehenen Minihäuser ein, auch mit Polizeigewalt nicht, weil sie nicht unter Aufsicht der Zollbehörden leben und arbeiten wollten. Sie zogen zur Ilha Cristina am spanischen Rio-Ufer.

Im 20. Jh. verarmte die Stadt. Jetzt aber blüht sie kräftig auf – der Tourismus macht's möglich. Über 18 000 Menschen leben heute im Städtchen samt Umkreis. Die gepflasterte *Praça do Marquês Pombal* ist das stolze Zentrum, gleich daneben liegt an der *Rua D. Teofilio Braga* die *Markthalle,* die nun als Kulturzentrum fungiert. Hier erstreckt sich eine Fußgängerzone bis zur Uferpromenade, der *Avenida da República.* Geschäfte locken, viele davon sind wunderbar altmodisch, und alle werden von vielen Spaniern besucht, die immer noch mit der Fähre (verkehrt alle 40 Minuten, 1 Euro) aus der Nachbarstadt Ayamonte kommen oder über die Autobahnbrücke in die königliche Stadt strömen.

ESSEN & TRINKEN

Os Arcos
Fisch- und Fleischgerichte aus einer traditionsreichen Küche bei schönem Blick auf den Rio Guadiana. *Av. da República, Tel. 281 54 37 64,* €–€€

Churrasqueira Arenilha
Stimmungsvoll eingerichtet, guter Service und prima Küche. *Cataplanas* können Sie selbst zusammenstellen. *Hinter dem Kulturzentrum, Tel. 281 54 40 38,* €€

O Pescador
Gleich neben Os Arcos gelegen; Qualität hat hier Tradition, in jedem Detail. *Tel. 281 54 34 73,* €€

Der Tag des Schreckens

1755 zerstörte ein Erdbeben halb Portugal

Das Epizentrum des Bebens lag vor der Algarve. Anschließende Feuer und eine nie für möglich gehaltene Springflut machten das Grauen teuflisch perfekt. Ganz Europa war wie gelähmt vor Entsetzen. Allein in Lissabon waren binnen weniger Stunden über 50 000 Menschen zu Tode gekommen. Das hatte zur Folge, dass sich die Philosophen der Alten Welt darüber stritten, ob Gott ein Guter sein könne, wenn er solches Übel zulasse. Die Portugiesen zeigten indes keine resignierte Haltung, sondern packten zu. Binnen weniger Jahre erstanden ganze Städte wie Phönix aus der Asche. Regie bei diesem Gewaltakt führte der Regierungschef Marquês de Pombal. An der Algarve wurde Vila Real de Santo António zum Aushängeschild des Wiederaufbaus. Aus vorgefertigten Teilen zog man die Häuser hoch, die rund um einen zentralen Platz angeordnet wurden. Auch andere Städte, wie Tavira, Faro oder Lagos, erlebten einen schnellen Neuanfang und mit ihm einhergehend eine spät einsetzende Industrialisierung.

Vila Real de Santo António

ÜBERNACHTEN

Felix

Pension in typischem Vila-Real-Stadthaus. *8 Zi., Rua D. Manuel Arriaga 2, Tel. 281 54 37 91,* €

Hotel Guadiana

Stolz an der Uferpromenade *Av. da República 94* thronend, altmodisch-elegant, hauptsächlich spanische Gäste. *37 Zi., Tel. 281 51 14 82, Fax 281 51 14 78,* €€

AM ABEND

Das Nachtleben findet in *Monte Gordo* statt. Im Spielkasino (mit Roulette und einarmigen Banditen) geht es leger zu. Bars und Diskos sorgen für regen Betrieb bis in die Morgenstunden. An und in der *Bar 42* an der *Marginal da Praia* gibt es genügend Parkmöglichkeiten und Livemusik *(17–4 Uhr; im Winter nur am Wochenende).*

AUSKUNFT

Posto de Turismo

Centro Cultural, Tel. 281 51 00 00, www.cm-vilareal.pt

ZIELE IN DER UMGEBUNG

Alcoutim [123 F2]

★ Sehr reizvoll ist diese Strecke: 12 km hinter Castro Marim nach *Foz de Odeleite* abbiegen und hinunter ins Tal des *Rio Guadiana* rollen. Der in Spanien bei Albacete entspringende Fluss ist 830 km lang, schiffbar aber nur im portugiesischen Teil, und zwar bis zum Staudamm bei Pomarão. Die Uferstrecke bis Alcoutim (36 km nördlich von Vila Real) führt durch einen Landstrich voller Gegensätze: Sattgrün und fruchtbar ist das Tal mit seinen Weingärten, Feigen-, Oliven- und Apfelsinenhainen, dürr und ausgetrocknet das Land direkt dahinter. Auf dem Weg sollten Sie in *Guerreiros* neben dem kleinen Museu do Rio im Terrassenlokal *António dos Guerreiros* frittierten Flussfisch probieren – lecker!

Insider Tipp

Alcoutim (4500 Ew.) war vor wenigen Jahren noch ein vergessenes Nest, jetzt schneidet man sich ein kleines Stück vom Tourismuskuchen ab. Doch das Städtchen hat seinen stillen Charme bewahrt. Schnuckelig wirkt das *castelo* aus dem 14. Jh. *(tgl. 10–13 u. 14–17 Uhr)* im Vergleich zur mächtigen Burganlage, die am anderen Ufer hoch über dem spanischen Sanlúcar auf einem Berg thront. Mit einem Boot können Sie dorthin über den fast 400 m breiten Fluss schaukeln.

Auf einer Terrasse überm Fluss essen Sie im *O Soeiro (*€*)* preiswerte Tagesteller, gut sind auch rund um den Dorfplatz die Lokale *Ti Afonso, O Caçador, Quatro Estradas* und *Rogério (*€*–*€€*).* Zum Übernachten bietet sich die *Estalagem do Guadiana* an, ein Neubau mit Pool am Fluss, *31 Zi., Tel. 281 54 01 20, Fax 281 54 66 47,* €€. Die neue Jugendherberge *Pousada da Juventude* liegt direkt am Fluss, *Tel. 281 54 60 04.* Weitere Infos über den Ort unter *www.cm-alcoutim.pt.*

Castro Marim [121 F2]

〰 Im 14. Jh. war die Festung der Hauptsitz des mächtigen Christusordens, dem Anfang des 15. Jhs. Prinz Heinrich der Seefahrer vorstand. Die gut erhaltenen Ruinen

Im silbrigen Abendlicht scheint der Strand von Manta Rota endlos zu sein

des *castelo* (4 km nördlich von Vila Real de Santo António) erinnern an diese glanzvolle Zeit. Sie dienen als Hintergrund für die *Dias Medievais* (Mittelalterliche Tage), ein tolles historisches Fest, das im September stattfindet. Von den Zinnenmauern aus überblicken Sie das weite Land im Mündungsgebiet des Rio Guadiana und die vielen Salinen, die als *Reserva Natural do Sapal de Castro Marim (Tel. 281 51 06 80, www. cm- castromarim.pt)* geschützt sind.

Cova dos Mouros (Parque Mineiro)   [122 B3]

Über 30 km nordwestlich von Vila Real stoßen Sie zwischen *Martim Longo* und *Vaqueiros* (ausgeschildert) auf eine 1865 wieder entdeckte maurische Kupfermine. Ein Lehrpfad zeigt die uralte Tradition des Erzabbaus durch die Rekonstruktion von Szenen mit lebensgroßen Figuren. Den Lehrpfad kann man auch auf dem Rücken eines Esels bewältigen, denn die einzige Eselzucht der Algarve ist dem Park angeschlossen. <mark>Eselausritte</mark> sind möglich, besser vorher anrufen, da unregelmäßige Öffnungszeiten!

Führung in deutscher Sprache, Tel. 289 99 92 29

Manta Rota/ Monte Gordo   [121 E3]

Die beiden ehemaligen Fischerdörfchen, Monte Gordo ein Vorort von Vila Real, Manta Rota 5 km südwestlich, haben sich in Touristenhochburgen mit zahllosen Hotel- und Wohnungskomplexen verwandelt. Die riesigen Strände, teils von Pinienwäldern gesäumt, sind trotzdem unschlagbar schön. Ein Kasino und der große Campingplatz üben zusätzliche Anziehungskraft aus.

Touren auf dem Rio Guadiana   [121 F1–3, 123 F4–6]

Auf einem Boot erleben Sie die fast mystisch stille Region auf sehr angenehme Weise. Die Firma *Riosul* bietet Flussfahrten an, auch ganztägige Supersafaris: morgens Jeeptour nach Foz de Odeleite, nach dem deftigen Mittagessen zurück nach Vila Real mit dem Schiff: *40 Euro inkl. Essen, Abholservice aus Albufeira, Vilamoura, Almancil und vielen Orten dazwischen, Tel. 281 51 02 00, www.riosul-tours.com*

insider tipp

Einsam, friedlich, seelenruhig

Die freundlichen Einheimischen sind Ihrem bäuerlichen Leben treu geblieben

Die Schnellstraße *Via do Infante de Sagres* ist eine starre Grenze zwischen Küstenstreifen und Hinterland. Biegt man nordwärts ab, lässt man jeden Trubel hinter sich, gerät in eine ganz andere, verträumte Welt hinein. Einsam ist sie, und dort, wo Menschen sich treffen, geht es fast immer vergnügt zu. Überall ist die Landschaft hügelig; Wälder, bebaute oder verwilderte Terrassen, Macchia und Weideflächen wechseln sich ab.

Man sitzt und schaut, was so los ist

LOULÉ

[119 D3] ★ Von ihrer urtypischen Seite zeigt sich diese Stadt (25 000 Ew.) bei der markanten Markthalle mit ihren orientalisch wirkenden, rosafarbenen Zwiebeltürmen und Fenstern. Fast wie ein arabischer Basar wirkt dieser Magnet für Einheimische und Besucher. Jeden Samstag sorgt ein Zigeunermarkt mit seinen vielen Ständen für zusätzlichen Betrieb. Nette Cafés befinden sich an der Markthalle, wo Sie sich für eine Weile niederlassen sollten, um sich in aller Ruhe von

Die Mandelblüte setzt schon im Januar, spätestens im Februar ein

der vergnügten und entspannten Geschäftigkeit der Menschen anregen zu lassen.

Abseits in den vielen Gassen können Sie in aller Ruhe umherschlendern und Loulé von seiner typischen Seite kennen lernen. Über die *Rua da Barbaca* oder die *Rua da Bica Velha* geht es zum *Castelo* und zur *Igreja Matriz*. Unterwegs erleben Sie Loulé akustisch und visuell im perfekten Einklang. Da wird gehämmert und gesägt, gebohrt und gepfiffen, geschraubt und gedreht. Eine Handwerkerstätte reiht sich an die andere. Die Werkstätten sind klein, schummrig, und jede ist auf etwas anderes spezialisiert. Selbstverständlich ist, dass man sich gegenseitig behilflich ist. Fadoge-

Medronho

Der süffige, starke Schnaps aus den Früchten des Erdbeerbaums ist in ganz Portugal begehrt

Der Medronhobaum mutet eher wie ein großer Strauch an und wächst in den höher gelegenen Wäldern der Serras. Seine Früchte sind glutrot-orange – fast wie leuchtende Erdbeeren sehen sie aus –, haben ein etwas mehliges Fleisch und ein lindes, unbestimmbares Aroma. Die Lese findet im November statt. Sie ist recht mühselig, wachsen die Bäume doch in unwegsamem Gelände, und die kleinen Früchte hängen oftmals hoch. Sie werden bis zum Februar in Holzfässern gelagert, dann ist die Fruchtmasse ausgegoren. Der lang ersehnte Moment ist endlich gekommen: Es wird gebrannt. Die Nachbarn tun sich zusammen, es ist wie ein Fest, Tag und Nacht wird gefeuert, Dampf steigt in die frische Vorfrühlingsluft empor, man hört zufriedenes Lachen. Mit einem Stück Serra-Schinken wird sogleich der klare, beim Schütteln am Flaschenrand Perlen bildende Schnaps gekostet. Er zergeht auf der Zunge, wirkt warm und samtig. Im ganzen Land schätzt man den Medronho als Köstlichkeit.

sänge dröhnen aus der Tiefe der Werkstätten, Gepfeife, Geplauder – man bekommt Lust, überall hineinzuspähen. Und niemand hat hier etwas dagegen, keiner lässt sich stören, weder in seiner Arbeit noch in seiner Daseinsfreude.

Nirgendwo an der Algarve ist das Erbe der Mauren so lebendig wie hier, davon zeugen nicht nur die üppig dekorierten Schornsteine der Häuser und die schmiedeeisernen Balkongeländer, sondern auch die fast arabisch anmutenden Gesichtszüge vieler Bewohner der Stadt.

Besonders fröhlich geht es am Karneval zu. Da verschmelzen heidnische und christlich-religiöse Traditionen perfekt, verbunden mit so viel guter Laune, dass Loulé zur Hochburg der Narren aus ganz Portugal wurde.

SEHENSWERTES

Kirchen

Die Wallfahrtskapelle *Nossa Senhora da Conceição* neben der Burg besitzt schöne Azulejos und vergoldetes Schnitzwerk. In der *Igreja Matriz* aus dem 13. Jh. sind besonders eindrucksvoll die mit Azulejos dekorierte Seitenkapelle *Capela das Almas,* die Säulenkapitelle mit ihren floralen Motiven und die schmiedeeiserne Kanzel. Die *Igreja da Misericórdia* an der *Avenida Duarte Pacheco* betreten Sie durch ein reich dekoriertes Portal, ein Paradestück manuelinischer Kunst. Die Wallfahrtskapelle *Senhora da Piedade* liegt auf einem Hügel in Richtung Boliqueime. Hier wird die Schutzheilige Mãe Soberana (Erhabene Mutter) beim größten religiösen Fest der Algarve verehrt.

Stadtmauern und Burg

Malerische Gassen schlängeln sich durch das historische Zentrum zum *castelo,* erbaut von den Mauren im 12. Jh. Viele Teile der Burg und der Stadtmauern sind gut erhalten und zum Teil sogar in neuere Gebäude integriert.

ESSEN & TRINKEN

Insider Tipp

O Monte

Etwa 8 km nördlich, an der Straße Loulé–Salir, liegt dieses Lokal bei *Aldeia da Tor.* Gute Tagesgerichte, Wildgerichte auf Vorbestellung. *Tel. 289 46 25 92,* €€

O Museu de Lagar

Lecker speisen, umringt vom Zubehör einer großen, noch intakten Olivenpresse. *Largo Igreja Matriz, Tel. 289 41 27 08,* €€

Quinta do Olival

Wildhase, Büffel … Die Umgebung des hübschen Dorfes *Querença,* 8 km nördlich von Loulé, fördert den Appetit, und das schöne Ambiente tut seinen Teil dazu. Vorbestellen! *Tel. 289 42 29 69,* €€

EINKAUFEN

Die Handwerkerstadt bietet mehr als jede andere an der Algarve: Messing- und Kupferwaren, Lederschuhe, -gürtel und -taschen, Körbe, Lampen, Messer, Keramik, Teppiche, Decken, Schafswolljacken und -pullis. *Jeden Sa Regionalmarkt*

ÜBERNACHTEN

Loulé Jardim Hotel

Insider Tipp

An einem kleinen Stadtgarten liegt dieses gepflegte, renovierte Hotel mitten in Loulé. *52 Zi., Praça Manuel d'Arriaga, Tel. 289 41 30 94, Fax 289 46 31 77,* €€

A Tia Bia

Mitten im hügeligen Hinterland, 18 km nordöstlich von Loulé, liegt diese Pension, die auch für ihre gute Küche bekannt ist. *Barranco Velho, 9 Zi., Tel./Fax 289 84 64 25,* €

AUSKUNFT

Posto de Turismo
Edifício do Castelo, Tel. 289 46 39 00, www.cm-loulé.pt

MARCO POLO Highlights
»Das Hinterland«

★ **Monchique und die Serra**
Den bergigen »Garten der Algarve« auf den schönsten Wegen erwandern (Seite 71)

★ **Caldas de Monchique**
Stehen gebliebene Zeit: Schon die Römer liebten diesen Kurort (Seite 73)

★ **Silves**
Eine maurische Riesenburg prangt über dem beschaulichen Städtchen (Seite 75)

★ **Loulé**
Handwerk, Markttreiben und sein arabisches Erbe prägen den Ort (Seite 67)

*Blühende Gärten hinter weiß
gekalkten Mauern im Dorf Alte*

ZIELE IN DER UMGEBUNG

Reizende Dörfer finden Sie im weiteren Umkreis. Auf schmalen und wenig befahrenen Nebenstraßen – und mehr noch beim Wandern – erkunden und erleben Sie die herbe, stille und hügelige Landschaft am allerbesten. Es gibt Mandel-, Orangen- und Olivenhaine, auch Johannisbrotbäume und Korkeichen prägen das Bild. Lohnenswerte Ziele sind vor allem *Ameixial, Barranco Velho* [119 E2], *Benafim Grande* [118 B1–2], *Boliqueime, Cumeada, Espragal* und *Querença* [119 D2], wo es vier gute Restaurants gibt.

Alte [118 B1]

Feigen- und Orangenhaine umrahmen den Ort. Lauschige Plätze, ein Bach, Gassen und vor allem viele Blumen in Vasen, Hängetöpfen und an den hübschen Balkongeländern geben Alte (27 km nordwestlich von Loulé) eine typisch »hinterländische« Atmosphäre, auch wenn es zu einem sehr beliebten Ausflugsziel geworden ist. Nebenbei sorgt der Medronho-Schnaps aus Alte für Zulauf. Zwei Quellen sprudeln so kraftvoll, dass man in der *Fonte Grande* im Quellwasser baden und plantschen kann. Es gibt gute Restaurants, Cafébars und eine Menge Souvenirläden.

Assumada da Cruz [119 D3]

3 km hinter Loulé liegt das Dörflein an der Straße nach Salir. In einer langen Linkskurve 400 m hinter dem einzigen Café rechts abbiegen, ausgeschildert ist dann »Os Penedos de Frade«, später dem Schild »Vila Atlantis« folgen. Auf dem Feldweg ins karge Hügelland bis zu einem Parkplatz fahren. Und schon ist man umgeben von skurrilen Felsen, die Monstern und Drachen nicht unähnlich sind. Sie sollen an die 600 Mio. Jahre alt sein, während das Gestein der Algarve üblicherweise nur etwa halb so alt ist. Romantiker erachten die Felsen als die »Ruinen von Atlantis«.

Salir [118 C1]

15 km nördlich von Loulé liegt dieser 800-Seelen-Ort an der N 124. Von einer maurischen Burg auf 257 m Höhe sind nur ein paar Mauerreste übrig geblieben. Von hier führt eine landschaftlich reizvolle Strecke (achten Sie auf Adler, die über den Korkeichen- und Eukalyptuswäldern kreisen) nach *Barranco Velho*, dem Zentrum einer ländlich-bäuerlichen Umgebung.

In Salir können Sie gut essen in der *Mouro Bar,* neben der Ruine des ◖◗ *Castelo Salir* gelegen, schöne Aussicht auf die Serra de Caldeirão, *Tel. 289 48 94 58,* €, und außerdem sehr schön in einem ruhigen, kinderfreundlichen Landhaus in der Nähe unterkommen: <mark>*Casa da Mae,*</mark> *8 Apt., Almeijoafra, Tel./Fax 289 48 91 79, casa.da.mae@clix.pt,* €– €€

MONCHIQUE UND DIE SERRA

[113 D–F 5–6] ★ ◖◗ »Blumenberg« nannten die Römer den zentralen Ort im höchsten Küstengebirge der Algarve. Zu jeder Jahreszeit blühen unzählige Pflanzen im »Garten der Algarve«, darunter auch viele subtropische. Über 1000 Arten kommen vor, denn die Serra ist mit einzigartigen klimatischen Bedingungen gesegnet. Wilde Orchideen, Rhododendren, Pfingstrosen, Mimosen, alles blüht in Massen. Das Farbenmeer ist spektakulär. Ebenso die Aussichten: nicht nur von den beiden höchsten Gipfeln Südportugals, *Fóia (902 m)* und *Picota (773 m),* sondern von zahllosen Stellen beim Erkunden der Serra. Sie werden begeistert sein von dem Küstenpanorama, das sich vor und unter Ihnen ausbreitet.

Besonders schön ist das Hineinfahren in die saftig grüne Bergwelt auf der <mark>neuen Straße entlang der *Ribeira de Odelouca*</mark> hoch nach *Alferce* **[116 C1]** und weiter nach Monchique. Medronho-Bäume, Mimosen, Korkeichen und Kastanien spenden überall in der Serra Schatten, aus zahllosen Quellen und in

Bächen sprudelt Wasser, Singvögel zwitschern, Adler und Bussarde ziehen ihre Kreise. In dieser romantischen, heilen Natur finden Sie ideale Picknickplätze, ob in den Wäldern, in tief eingekerbten Tälern, an Wind- und Wassermühlen oder auch auf den Terrassenfeldern, die viele Hänge mit kurvigen Mustern versehen.

Der am Fuß des Fóia liegende Ort *Monchique* **[116 B2]** erstrahlt seit 2002 in satter Farbenpracht, weil viele Häuser renoviert wurden. Von den 7500 Bewohnern der Serra leben hier 4000. Schuhmacher und Schreiner halten die Türen zu ihren Werkstätten offen. Und an so manchen Ecken verkaufen Bauern frisches Gemüse aus dem Korb. Monchique ist ein Berg- und Landarbeiterstädtchen, das ist zu spüren, wenn man sich die Menschen genauer ansieht. Es sind Menschen, die mit der Erde leben, fast alle besitzen ihr eigenes Land, ernten ihr eigenes Obst und Gemüse. Die Erde hier ist besonders fruchtbar dank des schier unbegreiflichen Wasserreichtums. Und so geht es sehr dörflich in diesem Städtchen zu, auch wenn der Fóia eines der beliebtesten Ausflugsziele für Algarve-Touristen darstellt, die den Berg mit Bussen und Mietwagen aufsuchen.

SEHENSWERTES

Igreja Matriz
Sie ist im ganzen Hinterland berühmt dafür, dass die Monchiqueiros, Frauen vor allem, sie dreimal täglich aufsuchen. Touristen kommen wegen des Portals. Es wird von einem kordelartigen Bogen umgürtet, der in wuchtigen Knoten

ausläuft: typisch manuelinisch. Sehenswert ist auch der geschnitzte Altaraufsatz aus Kastanienholz mit der Heiligenfigur *Nossa Senhora da Conceição*, die dem berühmten Bildhauer Machado de Castro zugeschrieben wird.

Nossa Senhora de Desterro

Ein ungestört vor sich hin verfallender Konvent der Franziskaner hoch über dem Ort; er soll zu einem Staatshotel *(pousada)* umgebaut werden. Meist ist er abgesperrt, dann kann man den riesigen Magnolienbaum – angeblich Europas größten – leider nicht bewundern. Aber toll ist die Aussicht auf Ort und Küste! Über einen steilen Kreuzweg gelangen Sie vom oberen Ortsteil aus dorthin.

ESSEN & TRINKEN

An der Straße zum Gipfel des Fóia reihen sich gute Lokale in einer »Fressmeile« aneinander, alle bieten u. a. *frango piri-piri* an, die gegrillten und pikant gewürzten Hähnchen. Am besten sind *Fernando, Luar, Paraíso da Montanha* und *Rampa*, alle €– €€.

Paraíso da Serra und Oliveira

Insider Tipp

Fast nur Einheimische essen in den beiden rustikalen Lokalen *frango piri-piri*, dazu gibt es Hausgemachtes (Salat, Kartoffeln). *3 km östlich, an der Straße nach Alferce, €*

O Poço da Serra

Hausspezialität: Wildschweingerichte *(javali). 4 km nördlich an der N 266 nach Saboia gelegen, Tel. 282 91 22 01, €– €€*

EINKAUFEN

Der Ort besitzt gute Geschäfte für Keramik, Holz-, Korb- und Lederwaren. Unterhalb der Kirche erleben Sie in der *Casa de Nogueiro,*

Von den Hängen der Serra blickt man bis zum Atlantik

wie Azulejo-Teller handbemalt und gebrannt werden. Dekorative Azulejo-Bilder und Stoffbilder (so genannte Applikationen) gibt es im *Atelier do Canto* am *Largo da Misericórdia*. *Regionalmarkt immer am 2. Fr im Monat*

ÜBERNACHTEN

Casa do Semedeiro
An einem Weg auf den *Picota* liegt dieses restaurierte Bauernhaus mit Pool und Garten. Gut geeignet für Familien und Gruppen. *5 Apt., Tel./Fax 282 91 32 52, http://planetea.clix.pt.semedeiro, €*

Quinta de São Bento
Portugals Königsfamilie urlaubte einst in diesem rustikalen Haus. Die Chefin errang Auszeichnungen mit Wildbretmenüs. *5 Zi., 1 Apt., Estrada da Fóia (letztes Gebäude links), Tel./Fax 282 91 21 43, €€*

FREIZEIT & SPORT

Derzeit (bis 2004) wird ein Netz markierter Wanderwege rund um Monchique angelegt, von dem ein Teil bereits fertig gestellt ist: Sie führen quer durch die Serra, vorbei an alten Wassermühlen und ehemaligen Tavernen, die man nun restauriert, damit Wanderer dort einkehren können.

Geführte Wanderungen
Uwe Schemionek führt durch die Serra, vorwiegend um den Picota. Er bietet auch ganzwöchige Wanderungen an (Unterkunft wird organisiert), *Tel. 966 52 48 22*.
Ähnliches offeriert *Lúcio* von *Alternativtour* für mindestens 2 Personen, *Tel. 965 00 43 37*.

AUSKUNFT

Posto de Turismo
Largo dos Chorões, Tel. 282 91 11 89. Die Wanderkarte »Bio Park« ist in örtlichen Geschäften und Tankstellen erhältlich.

ZIELE IN DER UMGEBUNG

Caldas de Monchique [116 B2]
★ 5 km südlich von Monchique liegt dieser schnuckelig-kleine Badeort. Schon die Römer kurierten hier Krankheiten der Haut und der Atemwege. Jetzt hat man die Handvoll Belle-Époque-Häuser des Ortes restauriert, ohne die romantische Stimmung zu zerstören. Die Quelle schüttet täglich an die 2 Mio. l aus. Im neuen *Badehaus* können Sie sich im 32 Grad warmen Wasser entspannen, außerdem gibt es Sauna, Vichy-Dusche, Wellness und Ästhetikprogramme: *Tageskarte 20 Euro.* Der *Caldas-Park* mit seinen uralten Bäumen lädt zu stundenlangen Spaziergängen und zum Picknick ein.
Sehr angenehm ist das Hotel *Albergaria do Lageado* mit schönem Pool und überzeugender Küche *(20 Zi., Tel. 282 91 26 16, Fax 282 91 13 10, €–€€).* Zur Bäderverwaltung gehören fünf kleine Hotels *(insgesamt 93 Zi., Tel. 282 91 09 10, www.monchiquetermas.com, €€–€€€).*

Fóia [116 A2]
Nach der 8 km langen, faszinierenden Anfahrt ab Monchique stören oben auf dem Gipfelplateau (902 m) die nackten Antennen und Radaranlagen. Aber die Aussicht auf die Küste ist phantastisch! Ziehen Sie sich eine Jacke an – hier

bläst fast immer ein kühler Wind. Doch der Fóia ist keineswegs nur ein Berg mit Aussichtspunkten. Er ist ein gewaltiges Massiv aus granitartigem Gestein, das vor einigen Jahren noch den ausschließlichen Lebensraum für eine Vielzahl von Bauern und Hirten darstellte. Verlassene Höfe und Dörfer mit ihren ehemals mühevoll erbauten Terrassen sind die stillen Zeugen dieser gelebten Leben. Die fruchtbare Erde liegt nun brach, die Natursteinhäuser verfallen, werden aber teilweise noch als Nachtstallungen für Ziegen, Schafe und Rinder genutzt, deren helles Glockengebimmel heute das sonst verstummte Almenland mit einer sonderbaren Weihe überzieht.

Es lohnt sich, bei einem Spaziergang jene besondere Stimmung oberhalb der Baumgrenze aufzunehmen, zum Beispiel wenn Sie 1,5 km vor dem Gipfel an einer langen Rechtskurve hinter dem Aussichtsplatz *Miradouro* links abbiegen, dort parken und die terrassierte Westflanke des Fóia von dort aus zu Fuß erkunden.

Galeria Porca Preta [116 B1]
Insider Tipp

Mit einer Galerie und integrierter Bar hat die Malerin Brigitte Dexheimer ein verlassenes Dörfchen, 3 km östlich von Monchique nahe der Straße nach Alferce, neu belebt. *Mo Ruhetag, Malhada Quente, Tel. 282 91 23 84, €€*

Omega Parque [116 B2]
Insider Tipp

Ausschließlich vom Aussterben bedrohte Tiere aus aller Welt, vor allem aber heimische Spezies, sollen in dieser neuen Zooanlage bei *Caldas de Monchique an der N 266* eine Überlebenschance bekommen.

Tgl. 10–18.30 Uhr, Einlass bis 17 Uhr, Eintritt 10 Euro

Picota [116 B2]

Die Aussicht von diesem Granitgipfel (773 m) ist noch faszinierender als die vom Fóia: Der gesamte Küstenstreifen der Felsalgarve bietet sich dem Betrachter dar. Wie versteinerte Wellen sehen die zahllosen Hügel davor aus. Dreht man der Küste den Rücken zu, kann man den Blick weit über das einsame Land der Nachbarprovinz Alentejo schweifen lassen.

Zufahrt: in Monchique Richtung Alferce fahren, dann gleich wieder bergauf abbiegen, der Weg ist ausgeschildert. Der ruhige Gipfel (keine Kneipe, kein Restaurant) lädt zum beschaulichen Verweilen ein, der Granitfels bietet gute Sitzmöglichkeiten für ein Picknick.

Rundfahrten
Insider Tipp

Wer die Bergwelt besonders intensiv erleben will – hier die wichtigsten Hinweise für eine Autotour:

Fóia (große Rundfahrt, 25 km): von Monchique nach Casais, weiter Richtung Marmelete [112 C6], nach 4 km rechts abbiegen in Richtung »Monchique Norte«, an der Nordflanke des Massivs zurück.

Fóia (kleine Rundfahrt, 15 km): von Monchique hoch zum Gipfel. Am Ende des Gipfelparkplatzes führt eine viel weniger befahrene Straße durch eine sehr schöne Landschaft zurück zum Ort.

Picota: in Caldas de Monchique neben dem Restaurant Rouxinol abbiegen, an der Bergsüdflanke auf einem schmalen und kurvenreichen Sträßchen nach Fornalha, dann an der Bergnordseite über Alferce nach Monchique zurück.

SILVES

[116 C4] ★ Während der Herrschaft der Mauren war *Xelb* – daraus wurde Silves – eine prachtvolle Metropole mit Palästen und Basaren. Mit Granada wurde sie verglichen, wichtiger als Lissabon war sie. Vorstellungen von dieser Blütezeit ruft die mächtige Burganlage wach, die Sie von weitem schon erblicken – glutrot leuchtet im Sonnenlicht der zinnenbewehrte Mauerkranz auf. Maurisches Erbe sind auch die Orangenhaine rund um Silves und die Ruinen alter Schöpfbrunnen *(noras)*. Esel trieben sie für den Reisanbau an. Seinerzeit war der Rio Arade für große Schiffe bis Silves befahrbar. Nun ist er versandet, soll aber freigebaggert werden.

Heute ist Silves ein beschauliches, höchst angenehmes Landstädtchen mit 12 000 Einwohnern und viel Charme. Gegenüber der römischen Brücke, die im Mittelalter erneuert wurde, ist der *mercado municipal* die Schalt- und Waltstelle, davor reihen sich gemütliche Lokale und Bars aneinander, von denen aus man auf den Fluss blicken und Angler betrachten kann, die mit einer geradezu stoischen Ruhe auf der Ufermauer neben der stark befahrenen Straße sitzen, mal ein Schwätzchen halten und sich dann wieder dem Fluss zuwenden.

Auch in der und um die Markthalle geht es sehr friedlich zu. Diese angenehme Stimmung begleitet jeden Besucher, wenn er sich auf den Weg an rührend altmodischen Läden vorbei hinauf zum *castelo*

Dekor der Entdeckerzeit

Überall an der Algarve finden sich schöne Beispiele der Manuelinik

Benannt ist dieser Stil nach König Manuel I. Nach der Entdeckung des Seewegs nach Indien am Ende des 15. Jhs. machte der Gewürzhandel den portugiesischen Staat reich. Manuel I. ließ aus den ungeheuren Einnahmen großartige Bauwerke errichten. In dieser Zeit brachten Seefahrer Mitbringsel aus den Kolonien mit – aus Amerika, Asien, Afrika – und versetzten mit ihnen die Heimat in Erstaunen. Künstler wollten nun den Seefahrern – und Manuel – ihre Reverenz erweisen: Sie brachten die Steinmetzkunst zu einer solchen Meisterschaft, dass so manche Dekors aus behauenem hartem Stein wie mit der Laubsäge ausgesägt wirken. Das Kreuz des Christusritterordens oder das astronomische Gerät der Armillarsphäre treten als Motive immer wieder auf, aber auch Knoten, Anker, Muscheln. Dabei kommt auch die Freude an der Kunst anderer Länder zum Ausdruck, vor allem an der floral-ornamental maurischen. Der bis dahin in Europa vorherrschende Baustil der strengen Gotik erhielt somit eine federleichte Komponente, die die Brücke zur Frührenaissance schlägt.

macht. Die Einheimischen sagen, Silves habe das »heißeste Licht« des Landes. Vielleicht ist es auch das, was einem hier so warm und hell in die Seele dringt.

Castelo

 Kapital, diese Ritterburg: Sieben Mauerzüge, zwölf Wehrtürme und das Bollwerk machten sie schier uneinnehmbar. Die Mauern umringen 12 000 m² Grund! Zisternen wurden freigelegt (die größte, über 60 m tief, ist gegen Eintritt zu besichtigen), auch Gewölbe, die als Fluchtwege dienten. Das *castelo* wurde wahrscheinlich auf dem Grundstock einer römischen oder westgotischen Burg aus dem 4. Jh. errichtet. Maurische Dichter besan-

gen das Bauwerk als »Palast der Balkone«. Früher schlossen sich Stadtmauern an die Burgmauern an, doch diese wurden von den christlichen Eroberern dem Erdboden gleichgemacht. Vom Burgberg genießen Sie eine wunderbare Aussicht auf die weite Umgebung mit ihren zahllosen Hügeln.

Fábrica do Inglês

Einst stanzten in dieser nun stillgelegten Korkfabrik 1300 Arbeiter die Pfropfen aus der Rinde. Im zugehörigen *Korkmuseum (tgl. 9–17 Uhr, Eintritt 3 Euro)* wird anhand alter Maschinen und Fotos sehr anschaulich gezeigt, wie das vonstatten ging. Das Museum erhielt einen internationalen Preis. Auf dem zentralen Platz der Fábrica gibt es oft Kulturveranstaltungen. Auch das beliebte »Festival da Cerveja«, das Bierfest, findet hier jedes Jahr Anfang Juli statt, bekannte Musikgruppen treten dann auf: vor dem Hintergrund des beleuchteten Burgmauerkranzes jedes Mal ein tolles Spektakel. *Infotel. 282 44 04 40*

Sé Velha

 Zwischen Burg und Ort ragt der älteste christliche Kirchenbau der Algarve auf, die *Alte Kathedrale Sé Velha.* Nach der Rückeroberung im Jahr 1242 wurde sie über den Ruinen einer Moschee aus dem lokalen, extrem harten Sandstein erbaut und im barocken Stil renoviert. Die Hauptfassade wird von einem gotischen Portal beherrscht.

Seitenportal und Turm der Sé Velha

A Perreirinha

Nur Mittagsküche gibt es in dieser urigen Handwerkerkneipe, täglich ein Gericht, sehr preiswert. *Direkt an der Brücke Ribeira de Odelouca, an der N 124 nach Portimão,* €

Reino das Pedras
In ländlicher Umgebung (an der N 124, 1,5 km nach der Abzweigung zur Barragem do Arade) gelegen, gepflegtes Ambiente. Auf heißen Steinen Gebratenes. *Sítio da Nora, Tel. 282 33 24 67,* €€

O Rui
Stets gut gelaunt geht es in diesem berühmten Lokal zu. Wird's zu voll, was oft vorkommt, stellt Rui die Tische auf die Straße. Beste Meeresfrüchte! *Rua Comendador Vilarinho, Tel. 282 44 26 82,* €– €€

ÜBERNACHTEN

Casa do Catavento
Abseits von jedem Trubel liegt dieses liebevoll wieder aufgebaute Bauernhaus an der Straße nach Algoz. *6 Zi., Tel. 282 44 90 84, Fax 282 44 96 38, www.casadocatavento.com,* €€

Quinta do Rio
Landhaus im Orangenhain. *6 Zi., Sítio São Estevão, Tel./Fax 282 44 55 28,* €€

O Serrinho
Abseits der N 124 in Richtung Nordwesten finden Sie dieses ruhige Haus; in der Bar oft Livemusik (Jazz, Fado). *4 Apt., Tel./Fax 282 33 97 79, serrinho@clix.pt,* €€

Vila Sodré
Gasthaus mit stattlichem Portweinkeller. *6 Zi., an der N 124 gegenüber der Galp-Tankstelle, Tel./Fax 282 44 34 41,* €€

FREIZEIT & SPORT

Nach Silves können Sie nicht nur mit Bus, Bahn und Auto fahren, sondern auch auf dem *Rio Arade* mit einem Ausflugsboot: *ab Portimão vom Cais das Sardinhas, Dauer ca. 1–2 Std., je nach Tide; 10 Euro*

AUSKUNFT

Posto de Turismo
Rua 25 de Abril, Tel. 282 44 22 55, www.cm-silves.pt

ZIELE DER UMGEBUNG

Barragens do Arade und do Funcho [117 D–E 2–3]
6 km östlich von Silves zur *Barragem do Arade* abbiegen, 3 km weiterfahren und kurz vor der Staumauer links zum nahen *Arade-See*. Dieser Stausee ist längst nicht so schön wie sein großer, aber kaum bekannter Bruder, der eine Staustufe höher liegt. Biegen Sie statt zum Arade-See kurz vor der Staumauer rechts ab (nicht ausgeschildert!), sehen Sie nach 3 km in *Vale Fuzeiros* das Hinweisschild zur *Barragem do Funcho*. Nach weiteren 3 km geraten Sie in diese einsame Welt der Serra und an den *Funcho-See*. Zum Angeln, Baden und Wandern einfach traumhaft. Es gibt kaum Schatten, sodass Sie sich im Hochsommer entsprechend schützen sollten.

Bio-Parque da Serra de Silves [116 C3]
Im Hügelland 8 km nördlich von Silves stoßen Sie auf dieses Wildgehege, u. a. mit Wildschweinen und Straußen. *An der Straße nach São Marcos da Serra, tgl. 9.30–17 Uhr; Eintritt 6 Euro*

Wildromantische Natur

Für Menschen, die unberührte, wilde Landschaft erleben wollen, ist die Westküste wie geschaffen

Auf ihrer gesamten Länge ist die *Costa Vicentina* ein Naturreservat. Einige Täler laufen in Lagunen aus, sind wie Kerben im Hügelland, das vom Atlantischen Ozean zur Serra de Monchique von 0 auf 900 m Höhe ansteigt. Individualisten schwören auf diese Region, obwohl – oder weil – die Infrastruktur des Tourismus bescheiden ist. Buchen Sie daher rechtzeitig! Aber auch bei Tagestouren können Sie das Wildromantische von Europas südwestlichster Kante erspüren.

Bollwerk gegen die Gewalt des Meeres: die Klippen bei Carrapateira

ALJEZUR

[112 B6] Das beschauliche Städtchen ist Einkaufs- und Verwaltungszentrum einer dünn besiedelten Küstenregion; nur 5400 Menschen leben im gesamten Landkreis. Sehr gemütlich geht es zu, wie überall an der Westküste. Hier leben Bauern, Dörfler und Kleinstädter, aber auch etliche Aussteiger aus Mitteleuropa friedlich neben- und miteinander. Aljezur (sprich: alscheßúr) ist ein guter Ausgangspunkt für Entdeckungen an der Westküste.

An der Costa Vicentina locken die Atlantikwellen Surfer aus aller Welt

SEHENSWERTES

Castelo

Die Ruinen einer maurischen Festung sind nicht renoviert, umso verträumter wirken sie. 1249 eroberten Kreuzritter die Burg. Eine gute Aussicht belohnt das nur zehnminütige Hochsteigen.

MUSEUM

Museu Municipal

Archäologische Funde aus der letzten Eiszeit und der Jungsteinzeit (7000–1800 v. Chr.). Im ersten Stock sehen Sie eine typische Algarveküche aus dem 18. Jh. mit allem Drum und Dran. Im hinteren Gebäude ist eine Kunstgalerie. *Mi–Fr 9.30–12.30 u. 14–17.30, Sa/So 10 bis 13 Uhr; an der Str. zum Castelo*

Das Leuchtfeuer am Cabo São Vicente ist das stärkste an der Atlantikküste

ESSEN & TRINKEN

Im neuen Stadtteil *neben der Igreja Nova* machen sich gleich drei nette, direkt nebeneinander gelegene Restaurants Konkurrenz: *Bica, Paparoca, Tasca Matias,* alle €

Paraíso do Mar

An der Traumbucht Praia da Amoreira gegrillte Fische genießen; Tagesteller für Vegetarier. *Mo Ruhetag, Tel. 282 99 10 88,* €€

Ruth

Insider Tipp

Die richtige Adresse für Liebhaber von Meeresfrüchten. Klasse Küche. Vorbestellen! *Rua 25 de Abril 14, Tel. 282 99 85 34,* €€

ÜBERNACHTEN

Quinta do Lago Silencioso

Insider Tipp

Zwischen Aljezur und Arrifana an einem herrlichen Badesee gelegen; Pferde. *3 Ferienhäuser für jew. 2–7 Pers., 3 Zi., Monte da Bagagem, Tel. 965 14 50 07, Fax 282 99 85 08, q.dls@telepac.pt,* €€

AUSKUNFT

Posto de Turismo

Largo do Mercado, Tel. 282 99 82 29, www.cm-aljezur.pt

ZIELE IN DER UMGEBUNG

Arrifana   [112 A6]

★ 1 km südlich von Aljezur zweigt die Straße zum Fischerdorf *Monte Clérigo* mit seinen bunten Holzhäuschen ab. Dort lockt auch ein weitflächiger Strand. Fahren Sie anschließend die Straße an den Dünen hoch nach *Vale da Telha* und gleich weiter nach *Arrifana* (15 km von Aljezur). Über einer halbkreisförmigen Bucht klebt dieser Ort, der sich immer mehr zur Hochburg der Wellensurfer aus ganz Europa mausert. Der Blick auf die Steilküste von der Burgruine auf der Klippe *Ponta da Arrifana* (ausgeschildert: »Castelo«) begeistert.

In etlichen Lokalen kommen Feinschmecker ganz und gar auf ihre Kosten. Im *Por do Sol (auf der Ponta, €€), Sol e Mar (neben der alten Hafenseilbahn, €)* und im *Paraíso do Mar (überm Strand, €)* genießen Sie zudem das tolle Panorama. Es gibt einige Pensionen. Kleine Häuser, teils direkt am Strand, vermietet *Angelina da Silva Mendes, Tel. 282 99 82 54, €.*

Odeceixe [112 B3]

16 km nördlich von Aljezur liegt dieser Ort am Grenzflüsschen Seixe (sprich: seische). Am späten Nachmittag füllen sich die zahlreichen Lokale (man kann gut und preiswert essen), und bald sind die Straßentische besetzt, vor allem jene rund um den Platz *Largo 1 de Maio.* Alles ist schlicht, der Mangel an Chic ist das Erholsame. Die rustikale *Taberna do Gabão (Rua do Gabão 9, €€)* ist bekannt für *feijoada com chocos* (Bohnen mit Tintenfisch). Eine gute Aussicht über Ort und Umgebung haben Sie oben bei der renovierten Windmühle, die zu besichtigen ist. Zimmer, Häuser und Apartments können Sie erstaunlich preiswert mieten (beim

Posto de Turismo erkundigen, Mai–Okt., Largo do Povo, Tel. 282 94 72 55).

2 km westlich vom Hauptort breitet sich die *Praia de Odeceixe* mit ihrer riesigen Sandstrandfläche aus. Nördlich wie südlich flankieren steile Felswände die Mündung des Flüsschens Seixe. Die Klippenküste ist hervorragend für Wanderungen und Bikingtouren geeignet.

CABO SÃO VICENTE

[114 A6] ★ Ab Sagres rollen Sie 5 km lang auf einer Landzunge durch eine vom starken Wind gebürstete Natur zu Europas südwestlichstem Punkt. Alleine dieser Superlativ ist die Anreise wert. Darüber hinaus ist das Kap ein faszinierender Flecken. Hautnah erleben Sie hier die Naturgewalten Wind und Wasser. An manchen Tagen steigt die Gischt der an den Felsen zerschellenden Wellen weit über die bis zu 75 m hohen Klippen hinaus! Es gibt kein Dorf, keine Kneipe, kein Hotel – nur ein 150 Jahre alter, 24 m hoher Leuchtturm mit knallroter Kappe trotzt der öden Einsamkeit. Mit 90 km Sichtweite ist das Leuchtfeuer aus seinen 3000-Watt-Lampen den anderen

---

MARCO POLO Highlights
»Die Westküste«

★ **Cabo São Vicente**
Europas Südwesteck, ein grandioses, vom Wind bestürmtes und von Wellen bedrängtes Kap (Seite 81)

★ **Arrifana**
Tolle Aussicht auf eine halbkreisförmige Bucht und die steile Felsenküste (Seite 80)

am Atlantik weit überlegen. Täglich dient es mehr als 200 vorbeischippernden Öltankern als sichere Orientierung. Sie können den Turm besteigen, feste Öffnungszeiten gibt es aber nicht. Die Anlage klebt am Felsen, unten wütet das Meer. Die Aussicht in Richtung Norden ist überwältigend.

Neben den Parkplätzen werden Pullis, Socken u. a. aus Schafswolle zu günstigen Preisen verkauft. Außerdem gibt es hier die *Letzte Bratwurst vor Amerika:* Am gleichnamigen Imbissstand (nicht immer geöffnet!), dessen Name patentiert ist, verkauft ein deutsches Ehepaar seit 1995 original Nürnberger Rostbratwürstchen, die einmal pro Woche frisch aus Franken eingeflogen werden.

Auf der Fahrt zurück können Sie der Einsiedelei *Beliche* (1 km vom Kap entfernt) einen Besuch abstatten. Dramatisch schön über einer Bucht liegt die kleine burgähnliche Anlage. Einst hatte hier Prinz Heinrich der Seefahrer seinen Wohnsitz, vermuten Historiker, die in der runden *Kapelle Santa Catarina* den letzten Rest der »Prinzenstadt« (Vila do Infante) zu erkennen glauben. Ansonsten aber gibt es keine Spuren der prinzlichen Anwesenheit mehr.

ÜBERNACHTEN

Hotel Beliche
Inside Tipp

Direkt am Klippenrand nächtigen. Nicht nur für Romantiker paradiesisch. *Verwaltet von Pousada do Infante in Sagres, 4 Zi., Tel. 282 62 42 22, Fax 282 62 42 25, guest@pousadas.pt,* €€€

ZIELE IN DER UMGEBUNG

Carrapateira   [114 B3]
Vom Kap bis Odeceixe verläuft der Küstenpfad *Costa Vicentina.* *Inside Tipp* Biker und Wanderer total in den Bann schlagend, ist er dennoch wenig bekannt – und das ist gut so, denn oft begegnet man stundenlang keinem anderen Menschen. Tief unten branden die Wellen an Riffe, blank geschmirgelt vom Wind sind die Klippen. Eine tolle Aussicht jagt die nächste, das macht das Vorankommen am schwersten. In dieser faszinierenden Natur breiten sich einige friedliche Strandbuchten zwischen wuchtigen Felswänden aus Schiefer und ähnlichem Gestein aus. Hier können Sie Versteinerungen von Muscheln und sogar von Baumteilen finden.

Faszinierend ist der gesamte Abschnitt bis *Carrapateira* (28 km nördlich vom Cabo São Vicente).

Vorsicht beim Schwimmen

Strömungen und Wellen sorgen für Gefahren

So grandios die Natur dieser Küste auch ist, so bombastisch die überschäumenden Wellen, so schroff die Kulisse aus Klippen und Dünen – die Unterströmungen an der wilden Westküste sind stark und unberechenbar. Deshalb sollten Sie niemals hinter der Brandungslinie schwimmen.

Die Strände – wie hier die Praia da Bordeira – sind oft menschenleer

Die Strände *Praia da Bordeira* (mit Lagune) und *Praia do Amado* **[114 B3]** sind wohl die schönsten, es mangelt aber an sanitären Einrichtungen. Gut essen können Sie im *Sítio do Rio (Praia da Bordeira, €)*. Probieren Sie die *percebes!* ✹ Herrlich ist die Aussicht von der Terrasse des Lokals *Sítio do Forno (€)* am hier befahrbaren Küstenpfad zwischen den Stränden Bordeira und Amado.

Zur Übernachtung zu empfehlen ist die Landhauspension *Das Dunas (Rua da Padaria, 4 Zi. u. 4 Apt., Tel./Fax 282 97 31 18, € – €€)*. Landein finden geübte Reiter im Gestüt *Herdade Beiçudo (Gästehaus mit Pool, 9 Zi., Tel./Fax 282 97 31 86, casafajara@mail.tele pac.pt, €€)* ein wahres Eldorado vor. In der Nähe bietet das renovierte Landgut *Monte Velho* Unterkunft und Eselausritte an *(9 Suiten, Zufahrt von der Straße N 268, Tel. 966 00 79 50, €€)*.

Torre de Aspa **[114 A5]**

Ein großartiges Erlebnis verspricht diese maximal 40 km lange Tagesrundtour: ==Vom *Cabo São Vicente* auf dem *Costa-Vicentina-Pfad* am Klippenrand zur *Ponta Ruiva*== **[114 A5]** – dieser Abschnitt ist zum Wandern am besten geeignet und auch nur »hin und zurück« lohnenswert –, dann zum höchsten Punkt der Gegend, der *Torre de Aspa* (156 m), weiter zur *Praia do Castelejo, Vila do Bispo, Raposeira, Praia da Ingrina,* über den Küstenpfad nach *Sagres* **[114 B6]** und wieder zurück zum Kap. Im Uferbereich weht oft starker Wind. Der erste Teil der Strecke ist deshalb kein Zuckerschlecken. Sie werden jedoch mit Eindrücken belohnt, die unvergesslich sind. Die Strecke ist nicht speziell beschildert, aber recht gut erkennbar. *Valter und André aus Lagos bieten geführte Touren ab 4 Pers. und vermieten Bikes, Tel. 282 76 17 20*

Insider Tipp

Quer durch die Algarve

Die Touren sind in der Karte auf dem hinteren Umschlag und im Reiseatlas ab Seite 112 grün markiert

1 WILD, DIESER WESTEN

Kostbares steht Ihnen bei dieser etwa 140 km langen Tagestour bevor: herbe, unangetastete Küstennatur. Die Tour beginnt und endet in Lagos. Die Ausblicke auf die von Wind und Wellen geschrubbten Klippen lassen den Atem stocken – und sorgen für beste Urlaubsfotos. Badesachen nicht vergessen, außerdem ist ein Picknick angesagt.

Von Lagos Richtung *Bensafrim* fahren, nach 5 km rechts Richtung *Barragem da Bravura* abbiegen. Nach weiteren 3 km zur Straße *Odiáxere–Barragem* links abbiegen. An der nächsten Kreuzung aber nun nicht rechts zur Staumauer, sondern geradeaus Richtung *Marmelete* fahren. Nach 5 km erreichen Sie die Seitenarme der Barragem *(S. 38)*. Hier ist ein Picknick oder ein Badepäuschen angebracht! Bei *Corsino* weiter Richtung Marmelete. Nach einer Fahrt durch die Hügel der Serra stoßen

Unablässig bestürmt der Atlantik die Klippen der Costa Vicentina

Sie auf die Straße *Aljezur–Monchique,* biegen links ab und rollen bei toller Panoramasicht der *Costa Vicentina* entgegen. Nach 10 km und unmittelbar vor Aljezur am Kreisverkehr nach *Lisboa* abbiegen, nach 800 m links zur beschilderten *Praia da Amoreira.* Einheimische und Besucher schätzen sie als eine der schönsten Badebuchten der Westküste. Im Norden flankiert sie ein schwarzer Felsen, von Naturkräften zu senkrecht ansteigenden Schichten verformt. »Liegender Mann« nennen die Leute das Steingebilde.

Nach diesem Abstecher zurück in *Aljezur (S. 79),* können Sie dort die maurische Burgruine besichtigen. Dann, 20 km weiter auf der N 268, erreichen Sie *Carrapateira (S. 82).* Vor dem Ortseingang zur *Praia da Bordeira (S. 83)* abbiegen. Eine Lagune wird hier durch eine Düne vom Meer abgeschirmt. Durchwaten Sie diese, oder nehmen Sie den Pfad links der Lagune, oder aber Sie parken direkt oberhalb des Strandes. Eine geteerte Straße führt ab hier direkt an den Klippen entlang. Die parkenden Autos gehören Anglern, die vom Fels aus ihr Glück versuchen. Hohe Wellen explodieren, die Gischt zischt höher als die Klippenwände gen Himmel. Jedes Jahr finden einige Angler den Tod, weil sie sich nicht rechtzeitig vor den wüsten Wassermassen in Sicherheit bringen. Bis zur *Praia do Amado* reicht die Straße. Auch diese Badebucht ist wunderschön. Weiter zur N 268. Nach 8 km erreichen Sie *Vila do Bispo*, 11 km weiter Sagres, wo Sie zum *Cabo São Vicente (S. 81)* abbiegen, um an Europas südwestlichstem Punkt zu erleben, wie der Atlantik tosend gegen den Kontinent anrollt. Mit seiner Fortaleza und dem Fischerhafen ist *Sagres (S. 44)* selbst unbedingt einen Besuch wert.

Zum Abschluss der Tour können Sie in *Salema und Burgau (S. 38)*, wo es Restaurants direkt am Strand gibt, den Tag ausklingen lassen. Anschließend ist es nicht weit zurück auf der N 125.

2 VOM SÜSSWASSER ZUM SALZWASSER

Das stille Hinterland und Stauseen stehen bei dieser Tagestour (knapp 100 km von Loulé bis Ferragudo) auf dem Programm. An diesem Tag sind Sie außerdem den Mauren und ihrer Hochkultur auf der Spur. Unterwegs können Sie im Süßwasser wie im Salzwasser schwimmen, also Badesachen mitnehmen – und etwas zum Picknicken!

Aus Loulé auf der N 270 in Richtung *Boliqueime;* hinter Brotual Richtung Alte. In *Benafim Grande* auf die N 124 links ab; nach 6 km erreichen Sie das hübsche Hinterlanddorf *Alte (S. 70)*. Gassen und lauschige Plätze laden zum

Verweilen ein; an der Fonte Grande können Sie im Quellwasser plantschen.

Hinter *São Bartolomeu de Messines* geht es weiter Richtung Silves; nach 2 km aber rechts nach *Amorosa* abbiegen, am Ortsausgang dann dem Hinweis »Vale Fuzeiros« und »Barragem de Funcho« folgen, nach 3 km in *Vale Fuzeiros* zum Stausee rechts abbiegen. 3 km lang windet sich die Straße nun in die recht versteckte Gegend hinauf. Oben gibt es einen Aussichtsplatz. Bitte aussteigen! Unter Ihnen breitet sich der blaue Stausee *Barragem do Funcho (S. 77)* mit seinen fjordähnlichen Buchten und Seitenarmen aus. Im Sommer kann der Wasserspiegel schon mal 20 m niedriger sein als im Frühling. Folgen Sie weiter der geteerten Straße, erreichen Sie nach 3 km eine Kreuzung: Links geht's zum Staudamm, rechts zu einem Picknickplatz mit Bänken. Zurück am Aussichtsplatz oben am Berg, können Sie auf dem hier abbiegenden Schotterweg ein <mark>verlassenes Dorf</mark> am Rand des Sees erreichen. Viele Spuren vom alten Betrieb sind sichtbar und lassen Vorstellungen aufkommen, wie das karge bäuerliche Leben hier noch vor drei Jahrzehnten aussah: Brotbacköfen, Küchen, Stallungen – der richtige Platz für ein romantisches Picknick. Und das laue Seewasser lädt natürlich zum Baden ein.

Fahren Sie anschließend zurück nach Vale Fuzeiros, wo Sie rechts abbiegen und nach 3 km auf den Nachbarstausee *Barragem do Arade (S. 77)* stoßen. Nun fahren Sie durch weite Orangenplantagen, Zeugen maurischer Agrarwirtschaft. Auch sehen Sie jetzt von weitem schon die Zinnenmauern

Insider Tipp

Das behagliche Städtchen Silves, einst eine Metropole der Mauren

der Festung Silves aufragen. *Silves (S. 75)* ist ein ruhiges und charmantes Städtchen. Bummeln Sie durch die Gassen, besuchen Sie die Kathedrale und die Burg.

Wenn Sie verstehen wollen, wie diese ehemalige maurische Metropole, die ja im Hinterland am Rio Arade liegt, über die Ankunft von Freund wie Feind an der 15 km entfernten Flussmündung informiert wurde, lohnt sich ein Abstecher nach Ferragudo. Fahren Sie westlich aus Silves heraus Richtung *Portimão;* am »Algarve-Highway« N 125 in Richtung *Faro.* Nach 1 km befinden Sie sich auf der langen Brücke, die den *Rio Arade* elegant überspannt. Gleich dahinter rechts, nach 3 km am Lidl-Supermarkt links abbiegen zum hübschesten Fischerort der Algarve: *Ferragudo (S. 43)* klebt an einem Uferhügel, der sich bis zur Mündung des Rio Arade hinzieht. Ganz vorn, an der *Ponta do Altar,* befand

sich früher ein maurischer Wachtposten. Traf ein Schiff ein – hoher Besuch, Händler, Piraten, Kreuzfahrer –, gab der Posten entsprechende Rauchzeichen. Oben in der Serra de Monchique schickte man in der speziell dafür erbauten Burg von *Alferce (S. 71)* die gleichen Zeichen gen Himmel und warnte die Menschen in Silves, die zur Serra hochschauten.

3 AUF DER SUCHE NACH SCHÄTZEN

Schon die Phönizier holten sich aus dem Hinterland Zinn und Kupfer, das an Ort und Stelle aus dem erzreichen Stein geschmolzen wurde. Später legten die Mauren regelrechte Minen an. Eine davon werden Sie bei dieser Tagestour (vom Ausgangspunkt Vila Real de Santo António bis Ca-

chopo sind es knapp 100 km) durch den Nordosten der Algarve besuchen. Nehmen Sie Trinkwasser und Verpflegung mit – unterwegs gibt es wenig Gelegenheiten zum Einkaufen.

Von *Vila Real de Santo António (S. 62)* – ein Städtchen, dessen historisches Zentrum unbedingt einen Besuch wert ist – sind es nur 6 km bis *Castro Marim (S. 65)*. Schon von weitem sehen Sie dieses Kastell auf einem Hügel aufragen. Ab 1316 hatte hier der mächtige Christusorden seinen Hauptsitz.  Von gut erhaltenen Ruinen haben Sie einen tollen Rundumblick übers Vogelschutzgebiet *Reserva Natural do Sapal de Castro Marim (tgl. Führungen um 10.15 Uhr, an der Camara, Tel. 914 93 50 65)*. Bei Odeleite biegen Sie rechts nach *Foz de Odeleite* ab und fahren längs des breiten, von Ebbe und Flut bestimmten *Rio Guadiana*. Der Fluss ist 830 km lang, aber nur die letzten 50 km zum Meer sind schiffbar. In und über seinen Seitentälern ist eine Vielfalt auch seltener Vögel heimisch. Die eigenwillig schöne Strecke durch ein fast wüstenhaft trockenes Land mit einem fruchtbaren Tal wird Sie begeistern. Besuchen

Sie nun unbedingt das anmutige Burgstädtchen *Alcoutim (S. 64)*. Mit einem Fischerboot können Sie zur Stippvisite nach Spanien übersetzen und hernach in den Restaurants gleich am Ufer von Alcoutim gut essen. Auf der N 122-1 fahren Sie anschließend westwärts aus dem Ort, überqueren 5 km später die N 122 und fahren auf der N 124 weiter nach Westen. 25 km rollen Sie nun durch ein nahezu unbewohntes Gebiet.

Am Ortseingang von *Martim Longo* biegen Sie nach links ab, um auf die Straße zum *Parque Mineiro Cova dos Mouros (S. 64)* zu gelangen, den Sie nach etwa 5 km erreichen. Ein deutsches Paar hatte hier 1990 ein 250 ha großes Gelände erworben und später erst entdeckt, dass sich darauf die Reste einer Mine befanden. Zusammen mit Archäologen wurde in mühevoller Kleinarbeit herausgefunden, wie der Betrieb hier früher ausgesehen haben muss. Man baute eine Wehrburg neu auf, errichtete Modelle uralter Brennöfen für das Herausschmelzen von Kupfer, Zinn, Gold, Silber und anderen Metallen und stellte Arbeitsszenen mit lebensgroßen Puppen zusammen. Diese sind auf

Rosaflamingos in den Salinen rund um Castro Marim

einem etwa 750 m langen Lehrpfad angeordnet. Unterwegs erhält man mit Audioführungen wertvolle Hintergrundinformationen. Außerdem können Sie Einblicke in mehrere Gruben nehmen. ◀▮▶ Eine ist 100 m tief! Der Abbau begann wohl um 3000 v. Chr. in der Jungsteinzeit. Römer führten Kräne zur Erleichterung der schweren Arbeit ein, trotzdem fristeten Sklaven ein elendes Leben. In Barren oder zu Werkzeugen und Schmuck gegossenes Metall brachte man zu den Handelsschiffen auf dem Rio Guadiana. Später übernahmen Mauren die Mine. Als Kreuzritter die Burg von Alcoutim eroberten, flohen die Nordafrikaner hierher und versteckten ihre Schätze, die man aber nie fand. 1865 erinnerte man sich der Minen und nahm sie erneut in Betrieb, 1930 kam dann das endgültige Aus.

Bei der Mine können Sie in einem schönen Landhaus wohnen *(4 Zi., www.minacovamouros.site pac.pt, €)*; für Vogelbeobachter (in der Nähe gibt es z. B. Schwarzstörche und die sehr seltenen Mönchsgeier), Besucher der hauseigenen Eselzucht und alle, die fernab von jedem Stress urlauben wollen, genau das Richtige.

Nach diesem Minenbesuch biegen Sie – zurück an der Straße – links ab nach *Vaqueiros,* 3 km südlich dann nach *Cachopo.* Ein Hügel reiht sich an den anderen, kurvig ist die Strecke. ◀▮▶ Immer wieder gewinnen Sie großartige Ausblicke auf das unbesiedelte, einer Mondlandschaft ähnelnde Gebiet. 2 km vor Cachopo stoßen Sie auf die N 397, links geht es nach *Tavira (S. 54).* Oder Sie fahren nach Cachopo hinein, dann zum Städtchen *Barranco*

Velho. Von hier gelangen Sie auf landschaftlich reizvollen Straßen nach *São Brás de Alportel, Loulé (S. 67),* Silves *(S. 75).*

4 | WANDERN AUF DEM ROCHA DA PENA

Auf einem Hochplateau liegt dieses einsame Naturschutzgebiet – zum Wandern ein wahres Paradies. Fernglas mitnehmen, falls Sie Vögel beobachten wollen.

Das Naturschutzgebiet liegt in den Gemeinden Salir und Benafim nördlich von Loulé. Zufahrt: 2 km westlich von *Salir (S. 70)* in Richtung *Alcaria* abbiegen, dann gleich wieder links nach *Rocha da Pena* (blaues Hinweisschild): Das 2 km lange Hochplateau aus Kalkstein ist bis zu 479 m hoch, 50 m hohe Felsklippen markieren es. Oben gibt es zwei 2500–3000 Jahre alte Steinwälle. Man vermutet, dass sie einst ein Wehrdorf der Eisenzeit umringten. Später flohen Mauren vor Kreuzrittern hierher, eine Grotte heißt deshalb *Algar dos Mouros.*

Der Rundwanderweg beginnt beim Dörfchen *Penina* neben der *Bar das Grutas.* Hier geben die Eheleute Amarilha und Manuel freundlichen Rat und teilen auch Karten (deutsche Version vorhanden) aus. Rechnen Sie mit 3–4 Std. Wanderung inkl. Anstieg auf das Hochplateau. Oben angekommen, können Sie mit der nötigen Geduld und etwas Glück über 120 Vogelarten beobachten. 390 Pflanzenarten wurden gezählt, darunter Zwergfächerpalmen, die einzigen wild wachsenden Palmen Europas. *Das Rathaus Loulé organisiert geführte Wanderungen, Tel. 289 40 06 00.*

Vom Green aufs Surfbrett

Auch jenseits der weltberühmten Golfplätze bietet die Algarve perfekte Bedingungen für Sportler – vor allem im und am Wasser

Viele phantastische Strände und das saubere Wasser bieten Gelegenheiten für fast alle Arten von Wassersport, und weltberühmt wurde die Algarve vor allem für ihre Golfplätze. Aber da lockt noch viel mehr: Ob reiten, segeln, surfen, biken, angeln, tauchen, schnorcheln, wandern, trekken, paragliden – an der Algarve finden Sie ideale Verhältnisse vor. Nicht alles ist wie beim Golf profihaft durchorganisiert – aber das gibt Ihren Aktivitäten eine abenteuerliche Note, denn meist steht die Begegnung mit der Natur im Vordergrund.

ABENTEUERTOUREN

Immer beliebter werden die »Safarittouren«: rein ins Hinterland im offenen Jeep, mit Besuch von Hirten, Imkern, Korbflechtern und Medronho-Brauern. Einen ganzen Tag lang erleben Sie eine bäuerliche Welt, die Touristen normalerweise vorenthalten bleibt. Abfahrt meist um 9 Uhr, Rückkehr etwa 16 Uhr, Preis: 30–35 Euro, Mittagessen inklusive. Nehmen Sie einen Pulli mit

Die Küste bei Sagres gehört zu den besten Surfrevieren Europas

– in den Serras kann es kühler als an der Küste sein. Solche Touren können Sie an speziellen Ständen in den Stadtzentren und in Reisebüros *(agências de viagem)* buchen oder direkt bei u. a.: *Portitours, Portimão, Tel. 282 47 00 02, www.portimar.pt; Riosul, Monte Gordo, Tel. 281 51 02 00, www.riosultours.com; Zebra Safari, Albufeira, Tel. 289 58 33 00, www.zebrasafari.com*

Zebra Safari ist auch Anlaufstation für einige Extremsportarten sowie für die an der Algarve nicht alltäglichen Kajak- und Kanutouren längs der Felswände, z. B. zwischen Albufeira und Carvoeiro.

ANGELN & HOCHSEEFISCHEN

Am Meer benötigt man keine Lizenz, nur an Stauseen und Flüssen (erhältlich in Angelgeschäften, um 3,50 Euro fürs ganze Jahr). Auf hoher See kommen Haie, Merline und Schwertfische in Rekordgrößen (bis über 200 kg) vor. Die besten Reviere liegen vor *Sagres* und zwischen *Faro* und *Albufeira*. Auf »Big Game Fishing« sind u. a. spezialisiert: *Algarve Seafaris Quarteira, Tel.*

289 30 23 18; Estemar Aljezur, Tel.
282 99 73 00; Surpesca Portimão,
Tel. 966 00 31 47.

ERLEBNISSCHWIMMEN MIT DELPHINEN

Billig ist es nicht, aber ein unvergessliches Erlebnis, wenn man zusammen mit Delphinen im Wasser herumtollt. Ein Team im Park *Zoomarine (in Guia an der N 125)* hat sich darauf spezialisiert. *Anmeldung nötig, Dauer inkl. sorgfältiger Vorbereitung 90 Min., Tel. 289 56 03 00, 125 Euro*

GOLF

Starspieler preisen die Algarve-Courses als »best of the planet«. In der Tat reiht sich eine Superanlage an die andere, sie sind über die gesamte Algarve verteilt. Einige breiten sich an der Küste aus, andere liegen unter Pinien, wieder andere binden die Landschaft im hügeligen Hinterland für schwierige Greens ein. 25 Plätze sind in Betrieb, an einem halben Dutzend wird gebaut, bis 2010 sollen insgesamt 50 die internationale Klientel anlocken. Umweltschützer drängen darauf, dass dann mehr Brauchwasser als bisher für die Bewässerung der Greens verwendet wird.

Derzeit sind *San Lorenzo (Vale do Lobo)* und *Quinta do Lago* die international bekanntesten Plätze. Bringen Sie unbedingt Ihren Handicapnachweis mit! Am besten besorgen Sie sich in Ihrem Hotel eine aktuelle Preisliste, oder Sie informieren sich im Internet unter: *www. golfalgarve.com, www.golfcourse index.com, www.golfholidaysportu gal.com.*

RADFAHREN

An der Küste oder im Hinterland: Überall ist Radeln angesagt. Eine interessante Familientour ist das *Downhill-Biking:* Von Praia da Rocha aus mit dem Jeep auf den 902 m hohen Gipfel des Fóia, dann mit gut gefederten Bikes hinab nach Alvor durchs Hügelland rollen. Toll sind auch die *Vollmondtour* von 19 Uhr bis Mitternacht oder die *Kombitouren:* vormittags Biking vom Fóia zum Rio Arade, nachmittags Kanu auf dem Rio oder dem Bravura-Stausee; oder aber morgens Biking vom Fóia nach Aljezur, nachmittags Surfen an der Westküste. *Outdoor Tours, Tel. 282 44 35 11, www. algarveevents.com/outdoortours, 25–35 Euro inkl. Abholservice*

REITEN

An der Algarve sind Lusitanerpferde zu Hause. Trotz ihres hitzigen Araberbluts haben sie ein leicht kontrollierbares Temperament. Fast jede Reitschule (*centro hípico;* es gibt etwa zwanzig an der Algarve) hat diese Pferde. Eine Seltenheit sind Soraias, eine viel ältere Pferderasse, von der es weltweit nur noch an die 140 Exemplare gibt. *Rolf Schrag* hat in *Barão de São João* bei Lagos zwei Soraias so eingeritten, dass **Inside Tipp** Gäste seiner Farm sie reiten können (nur im Westernstil): *Tel. 282 68 81 64, www.ferien-algarve.ch.*

Ein wunderschönes Reitzentrum hat die *Quinta da Cegónia,* an der alten Straße zwischen Vilamoura und Albufeira, *Tel. 289 32 26 75,* hier sind auch Ausritte im Freien möglich. Strandreiten ist allgemein verboten, nur vom Reitzentrum der *Quinta-do-Lago*-Anlage aus kann

Bei Quinta do Lago ist das Strandreiten erlaubt

282 49 58 28; *Aero Vilamoura, Tel. 289 32 12 13; Air Vip, Alvor, Tel. 282 49 59 26.*

TAUCHEN

Die Artenvielfalt ist enorm – vor allem bei Sagres –, die Sichtverhältnisse sind recht gut. Taucher finden aber auch sonst gute Reviere vor, insbesondere westlich von Lagos.

Tauchgänge u. a. bei und mit: *Blue Ocean Divers, Lagos, Tel. 282 78 23 41, www.blue-ocean-divers.de,* und *Scubado Dive Centre* (deutsche Leitung, hervorragende Ausstattung, freundliches Team, ärztliches Attest und Brevet sind Bedingung), Tauchgänge tgl. 10 u. 15 Uhr in ==Europas bestem Revier,== **Insider Tipp** wie gesagt wird. *Sagres, Tel. 282 62 48 21, www.scubadoalgarve.com*

man durch das Dünengelände und durch Pinienwälder galoppieren, *Tel. 289 39 43 69.* Reiterferien für Fortgeschrittene an der Westküste im Gestüt *Herdade Beiçudo, Carrapateira, Tel. 282 97 31 86.* Ausritte ins Naturreservat Castro Marim: *Centro Hípico Monte S. Francisco, Tel. 281 53 13 85.*

RUNDFLÜGE

Insider Tipp ==Entlang der Felsenküste oder über die Ria Formosa fliegen,== das Hinterland von oben erkunden – bei einem Rundflug ist das möglich. Von Alvor aus kostet ein 15-minütiger Flug für drei Personen 75 Euro, pro Person also 25 Euro; Sie können länger fliegen, natürlich erhöht sich dann der Preis. Die wichtigsten Firmen: *Aero Algarve, Alvor, Tel.*

WIND- & WELLENSURFEN

Je heftiger der Wind, umso größer die Freude der Windsurfer, der geübten zumindest. Und nur die sollten sich auf die wellige Haut des Atlantischen Ozeans trauen! Rund um Sagres soll es, bei fast immer ablandigem Wind, mit die besten Reviere Europas geben, schwören Experten. Einige Surfclubs und -schulen: *Centro de Desportes Aquáticos, Quinta do Lago, Tel. 289 39 49 29; Centro da Praia do Martinhal, Sagres, Tel. 282 62 43 33; The Surf Experience, Lagos, Tel. 282 76 19 43.*

Dieselben Adressen sind auch Anlaufpunkte für Wellensurfer aus ganz Europa, die auf den Wogen der wilden Westküste surfen wollen. *Carrapateira* und *Arrifana* haben die besten Spots, überall Beachbreak.

Vergnügungsparks sind der Hit

**Perfekte Familienstrände sind nicht alles.
Viele Attraktionen versprechen zusätzlich Spaß**

Jeden Gast wird diese Tatsache freuen: Kinderfreundlichkeit ist in Portugal sprichwörtlich. Eltern aus Mitteleuropa werden das spätestens im Restaurant spüren, falls ein Kind weinen sollte. Zu Hause starren andere Gäste missgestimmt hin – wer stört denn da? In einem Lokal an der Algarve ist das ganz bestimmt anders: Da wird sich eher der Gast vom Nebentisch herüberbeugen und versuchen, irgendwie zu helfen und *a menina* (die Kleine) oder *o menino* (den Kleinen) aufzumuntern.

Ein tolles Erlebnis für die Kleinen ist der Besuch eines Zigeunermarkts, weil es da so herrlich bunt zugeht. Und die Marktleute – in der Regel wirklich Zigeuner – sind besonders kinderfreundlich. Sehr populär sind die Märkte in *Loulé* und *Silves.*

Kinderfreundlich, das ist sogar die Natur: Die Strände an der Südküste gehen sanft ins leicht bewegte Wasser über. Überall ist der Sand angenehm und von zahllosen winzigen Bruchstücken von Muschelschalen durchsetzt. Was sich damit

*Das Spaßangebot der Algarve
zaubert ein Lachen auf jedes
Kindergesicht*

alles bauen lässt! Da sind auch die Väter kaum zu bremsen.

Die skurrilen Felsformationen zwischen *Lagos* und *Albufeira* können Sie bei einer Bootsfahrt erkunden – für Kinder kann das zu einem unvergesslichen Urlaubsabenteuer werden. Denn fast immer ist das Meer so ruhig, dass man in die Felsgrotten hineinfahren kann. Dann kann man durch Löcher im Fels in den Himmel blicken oder sich an den Wänden von Felstürmen entlangtasten und in den wackelnden Reflexen wundersame Wesen erkennen. Daneben ist Schnorcheln für Kinder eine tolle Sache, für Jugendliche kann ein Tauchkurs eine neue Welt erschließen.

Unbedingt sollten Sie sich und Ihren Kindern eine Tour mit dem Jeep ins Hinterland gönnen (s. »Sport & Aktivitäten«). Dabei erhalten Sie seltene, spannende Einblicke ins Leben auf dem Land.

DAS BARLAVENTO

Glasbodenboote

Sie können von *Portimão (Cais das Sardinhas)* **[116 B5]** und *Albufeira (Cais Herculano)* **[117 F6]** aus starten. Kartenverkaufsstände gibt es auch in den Häfen von *Lagos* und

Vilamoura. Die Unterwasserwelt mit ihren Felsen, Fischen, Muscheln und Pflanzen werden Sie fast wie beim Tauchen erleben. *Fahrtdauer 90 Min., um 15 Euro*

Parques Aquáticos

Wasservergnügungsparks mit langen Rutschen mit Tunnels, Schlingen und Schleifen. Nur drei Anlagen sind an der Algarve zugelassen, davon zwei im Barlavento; sie unterliegen strengen Sicherheitskontrollen, sind extrem beliebt, aber recht teuer: The Big One hat die höchste Riesenrutschbahn und liegt *an der N 125 bei Alcantarilha* **[117 D5]**. *Slide & Splash* mit der Superanlage »Black Hole« liegt ebenfalls *an der N 125,* ganz in der Nähe **[116 C5]**. *Beide tgl. 10–17 Uhr, Eintritt 13 Euro, Kinder bis 10 Jahre 10 Euro;* Tickets sind in allen Orten an speziellen Ständen erhältlich und dort manchmal 10 Prozent billiger als vor Ort.

Parque Zoológico de Lagos
[115 D4]
Exotische Tiere, Vögel vor allem, aber auch heimische Tiere leben in diesem nach pädagogischen Gesichtspunkten konzipierten Zoo. *Sítio do Medronhal Barão de São João (8 km nordwestl. von Lagos), tgl. 10–17 Uhr, Eintritt 8 Euro, Kinder bis 12 Jahre 5 Euro*

Zoomarine
[117 E5]
Am besten gehen Sie möglichst früh hin, damit Sie und Ihr(e) Kind(er) auch alle Shows erleben, die auf dem Programm stehen. Lustig, teils sogar spannend sind sie alle, ob die der schlauen Papageien, der unglaublich geschickten Delphine oder der bankräubernden Seelöwen. In großen Aquarien tummeln sich Krokodile, Haie und Meeresschildkröten. In der 12 ha großen Anlage sorgen auch ein Riesenrad, Pools und Hüpfburgen für Spaß. *Eigener Zubringerdienst von allen Orten entlang der gesamten Küste; Guia (an der N 125), www.zoomarine.com, tgl. 10–18 Uhr, Eintritt 17 Euro, Kinder bis 10 Jahre 10 Euro*

DAS SOTAVENTO

Karting Almancil
[118 C4]
Von Schumi und der Formel 1 inspiriert, können auch Kinder und Jugendliche auf einer tollen Strecke ihr Fahrgeschick unter Beweis stellen – gute Fahrzeuge, sichere Struktur. *Neben der N 125 in Almancil, Tel. 289 39 98 99, www.mundokarting.pt, Erw.-Karte 10 Min. 13 Euro, Junior-Karte 5 Euro*

Parque Aquático
[118 C4]
Ein gut ausgestatteter Wasservergnügungspark liegt nordwestlich von Quarteira: *Parque Atlantico, Quatro Estradas (N 125), tgl. 10 bis 18 Uhr, Eintritt 12 Euro, Kinder bis 10 Jahre 10 Euro*

Quinta-Alegre-Abenteuerpark
[120 C4]
Familienspaß auf einer Vogel-Strauß-Farm mit dem 18-Loch-Golfplatz »Flintstones-Crazy-Golf«. *Cabanas de Tavira, Mo–Fr 10.30 bis ca. 18.30 Uhr, So ab 12.30 Uhr, Eintritt 8 Euro, Kinder 4 Euro*

Ria Formosa (Lehrpfade)
Wunderschön sind zwei Pfade, die an der Holzbrücke beim Hotelkomplex von *Quinta do Lago* **[119 D5]** beginnen, einer zur Süßwasserlagune, der andere durch Marschland

und Pinienwald, beide sind kostenlos zu begehen.

Quinta de Marim **[120 A5]**, das Informationszentrum des Naturreservats Ria Formosa, bietet kostenlos einen Lehrpfad an, samt Gezeitenmühle, römischen Salinen und Ruinen und der einzigen Zucht für den *cão de água,* eine nur an der Algarve heimische Rasse von Hunden, die früher den Fischern beim Thunfischfang halfen; sie haben flossenartige Haut zwischen den Zehen. *Tel. 289 70 41 34, tgl. 9–12.30 und 14.30–17 Uhr, Eintritt 1,50 Euro, Jugendliche bis 18 Jahre 75 Cent, Kinder bis 12 Jahre frei*

Roma Golf Park **[118 B4]**
Mit dem antiken Rom als Hintergrund lockt neben den römischen Ausgrabungen in *Vilamoura* diese 18-Loch-Super-Minigolfanlage, Via Appia und Via Lusitania sind wie ein Disneypark hergerichtet. *Tgl. 9–24 Uhr, 1 Runde 9 Euro, 2 Runden 12 Euro, Kinder bis 12 Jahre 5 bzw. 8 Euro*

DAS HINTERLAND

Krazy World **[117 E4]**
Liveshows mit Reptilien und exotischen Tieren, Ponyreiten, Pools, ein Rummelplatz, Bars, Restaurants. Im Mittelpunkt stehen aber zwei verrückte Minigolfplätze: *Krazy Golf* und *Jungle Golf. Nördlich von Algoz, www.krazyworld.com, tgl. 10–19.30 Uhr (Juli/Aug.), sonst 10–17.30 Uhr, Eintritt 14 Euro, Kinder bis 12 Jahre 8 Euro*

Mondscheinwandern **[113 E6]**
Für Kinder und Jugendliche bestens geeignet ist das Wandern um und auf dem herrlichen *Picota-Berg* in der Serra de Monchique, und zwar besonders von 19 bis 24 Uhr. *Uwe Schemionek, Tel. 966 52 48 22, Kosten: 25 Euro, Kinder bis 12 Jahre 20 Euro*

Die mit dem Seelöwen tanzen – im Zoomarine in Guia

Angesagt!

Was Sie wissen sollten über Trends, die Szene und Kuriositäten an der Algarve

Frauenfußball

Wenn junge Männer im Stadion oder vor dem Fernseher dem Flug des Balles zugucken, treten immer mehr Mädchen lieber selbst gegen die Lederkugel. In Faro gibt es gleich drei erfolgreiche Teams.

Fernöstliches

Ob Entspannungstechniken aus China oder asiatisch inspirierte (vegetarische) Küche: Vor allem die Jugend der Oberschicht entdeckt einen neuen Trend für sich.

Let's surf!

In jedem größeren Ort schießen sie wie Pilze aus dem Boden: Cybernet, Virtual Cafés, Webcafés. In Aljezur wird ein solches sogar vom Rathaus finanziert.

Helm hoch!

Oft sieht man ihnen mit gemischten Gefühlen entgegen, wenn sie in Horden auf ihren dicken Maschinen dahergerast kommen, aber in Faro heißt man sie herzlich willkommen, die Motorradfreaks. Da wird nicht gerast, da wird gemütlich getuckert und gecruist und das leichte Leben der Algarve genossen. Aus ganz Europa strömen jeden August Tausende herbei, um der gemeinsamen Leidenschaft zu frönen. Ein Fest ohnegleichen! Sogar die Polizei ist begeistert von den bulligen Bikes und den netten Fahrern/-innen.

Aktiv

Geist und Körper fit halten, das ist auch an der Algarve angesagt. Immer mehr Mountainbiker und Wanderer erobern die Serra do Caldeirão und die Serra de Monchique. Das Aufsuchen von kleinsten Stränden an der Felsenküste zwischen Albufeira und Lagos mit dem Kanu gilt als letzter Schrei unter radikalen Romantikern.

Rave

Dahinter zu kommen, wo der nächste Rave stattfindet, ist nicht einfach – ob in der Palmengärtnerei oder irgendwo am Strand – auch, welche Musik – House oder Trance – gespielt wird, aber in den Bars von Lagos, Praia da Rocha, Carvoeiro oder Albufeira spricht es sich rasch herum. Dann wird getanzt, bis die Sonne aufsteigt. Ein beliebter »Austragungsort« ist *Horta 2* an der N 125 zwischen Portimão und Lagos.

Von Anreise bis Zoll

Hier finden Sie kurz gefasst die wichtigsten Adressen und Informationen für Ihre Algarvereise

ANREISE

Auto

Etwas mühselig, weil gar so lang: z. B. Köln–Faro 2500 km. Aber Sie durchqueren halb Europa, und das ist natürlich faszinierend! In Frankreich sind die Fernstraßen ausgezeichnet, die teuren Autobahnen können Sie getrost meiden. Zwei Strecken durch Spanien sind prima: via Barcelona, Madrid, Badajoz sowie über San Sebastián, Salamanca.

Bahn

Ab Köln fährt man bis Lissabon etwa 36 Std., bis Faro noch einmal fast 5 Std. mit Umsteigen. Die Fahrt ist mit ca. 400 Euro (hin u. zurück) recht teuer, für junge Leute mit Railcard aber sehr günstig – und entsprechend beliebt.

Bus

Ganz schön anstrengend sind die knapp 40 Std. Fahrt z. B. von Stuttgart bis Faro. Und mit etwa 200 Euro (hin u. zurück) kaum preiswerter als ein Flug. Aber: Wie mit dem Auto ist die Fahrt ein Erlebnis.

Flugzeug

Bequemer und schneller geht es nicht: Der Flug München–Faro z. B. dauert 2,5 Std. Je nach Saison schwanken die Flugpreise, kosten mit Charter 150–350 Euro, im Li-nienflug mit Lufthansa, Air Portugal, Austria Air 180–450 Euro. Last-Minute-Flüge sind oft günstig.

Ankunft: Mietwagen werden am Flughafen bereitgestellt. Nach *Faro* fährt alle 15 Min. der *aerobus* (gegen Vorzeigen des Tickets kostenlos) bis zur Stadtmitte, *Av. da República*. Ein Taxi dorthin kostet 10 Euro.

Rückflug: Telefonisch erkundigen, ob der Flug pünktlich ist, das erspart unnötige Erschwernisse, *Airport-Info: Tel. 289 80 08 00*

AUSKUNFT

Portugiesisches Touristikamt

– Zentrale: Schäfergasse 17, 60313 Frankfurt/M., Tel. 0190/85 99 86, Fax 85 99 87, dir@icepfra.de
– Kurfürstendamm 203, 10719 Berlin, Tel. 030/254 10 60, Fax 25 41 06 99
– Opernring 1, 1010 Wien, Tel. 01/585 44 50, Fax 585 44 45
– Badenerstr. 15, 8004 Zürich, Tel. 01/241 00 01, Fax 241 00 12

Alle größeren Orte an der Algarve haben ein Informationsbüro für Touristen, es liegt stets zentral und heißt *Posto de Turismo*.

AUTO

Immer dabeihaben: Führerschein, Fahrzeugschein, grüne Versicherungskarte. Anschnallpflicht, auch hinten, Kleinkinder benötigen Sicherheitssitze. Promillegrenze 0,5. Höchstgeschwindigkeit: innerorts 50, Landstraße 90, Autobahn 120 km/h. *Pannenhilfe: ACP (Partner des ADAC): Tel. 213 18 01 00*

Fast überall gibt es Geldautomaten, wo Sie mit Ihrer Geheimzahl Euros ziehen können. Mietwagen, Hotel, oft auch das Restaurant oder Souvenirs – fast alles lässt sich mit Kreditkarten wie Visa, AE und anderen bezahlen.

BADEN

Die Flaggen an den Stränden der Algarve haben folgende Bedeutungen: grüne Flagge – gute Badebedingungen; rote Flagge – Schwimmen verboten; karierte Flagge – Rettungsschwimmer zurzeit nicht auf seinem Posten.

Übrigens wurden 2002 fast alle Strände der Algarve mit der Blauen Flagge ausgezeichnet, dem europaweiten Gütesiegel für ausgezeichnete Wasserqualität und sauberen Strand.

BUSSE

Zwischen den Küstenorten verkehren preiswert Busse, z. B. von Lagos nach Sagres, von Portimão nach Monchique, von Faro nach Vila Real oder Loulé.

Auch zwischen der Algarve und Lissabon pendeln viele Busse – private Linien *(expressos)* und die staatliche *RN*. Fahrtdauer ab Faro 3,5 Std., Kosten ca. 30 Euro. *Haltestelle in Faro: hinter dem Hotel Eva, Av. da República; in Lagos: Rossio São João; in Portimão: Largo Dique*

BAHN

Man kann die Algaveküste fast auf der ganzen Länge mit der Bahn erkunden. Einige Orte – nicht alle – haben den Bahnhof im Zentrum, z. B. Faro, Tavira, Portimão, Lagos. Die Fahrt Vila Real–Faro dauert ca. 1 Std. und kostet 2,80 Euro, Lagos–Faro dauert ca. 90 Min. und kostet 4 Euro. Von dort geht es preiswert weiter nach Lissabon. Mit der *Cartão Jovem* (s. »Preise«) gibt es 30 Prozent Nachlass bei Fahrten über 100 km Länge. Personen ab 65 Jahren fahren stets zum halben Preis.

CAMPING

Wildes Campen ist verboten. Es gibt sehr schöne Plätze, fast alle sind ganzjährig geöffnet und gut ausgestattet. Lassen Sie sich von den Touristikämtern in Ihrem Land Informationsmaterial zuschicken oder den Campingführer *(guia campista)*.

DIPLOMATISCHE VERTRETUNGEN

Honorarkonsulat der Bundesrepublik Deutschland
Avenida da República 166, 4. Stock, Faro, Tel. 289 80 31 48

Österreichisches Konsulat
Edifício Clube Borda d'Água, Praia da Oura, Albufeira, Tel. 289 51 09 00

BANKEN & KREDITKARTEN

Banken sind Mo–Fr von 8.30 bis 15 Uhr geöffnet, einige auch samstags.

Schweizer Botschaft

Travessa do Jardim 17, Lissabon, Tel. 213 94 40 90

FKK

Nacktbaden ist offiziell verboten. An einigen Stränden bei *Albufeira (Praia da Galé)* und auf der *Ilha de Tavira* wird es offiziell geduldet. Oben ohne ist überall gängig. An einem Familienstrand sollten Sie darauf verzichten.

GESUNDHEIT

In dringenden Fällen sollten Sie im nächsten Hospital die Notfallstation *urgência* aufsuchen. Am besten ausgestattet sind die internationalen Krankenhäuser *Santa Maria in Faro, Tel. 289 80 21 06,* und *Hospital Particular do Algarve bei Portimão, Tel. 282 42 04 00.* Dort müssen Sie die Behandlung selbst bezahlen, die Kosten erhalten Sie von Ihrer Kasse daheim ersetzt, dafür benötigen Sie einen Auslandskrankenschein. Eine Reisekrankenversicherung ist zusätzlich empfehlenswert. Es gibt eine Reihe deutschsprachiger Ärzte, aktuelle Listen drucken die deutsch- und mehrsprachigen Publikationen der Algarve ab.

Die Behandlung in den Krankenhäusern ist besser als ihr Ruf, Ausländer werden aufmerksamer behandelt als Einheimische! Die größten sind in *Faro, Tel. 289 89 11 00; Lagos, Tel. 282 76 30 34,* und *Portimão, Tel. 282 45 03 00.*

Apotheken heißen *farmácias,* geöffnet Mo–Fr 9–13 u. 14.30 bis 19 Uhr, Sa 9–13 Uhr. Tipp: Nehmen Sie Packungen der Medikamente mit, die Sie ev. benötigen.

Was kostet wie viel?

Kaffee	**0,45–1 Euro** für eine Tasse Espresso
Imbiss	**1,50 Euro** für eine *bifana*
Wein	**0,35–1 Euro** für ein Glas Wein rot/grün/weiß
Bier	**0,60–1 Euro** für 0,2 l vom Fass
Benzin	**95 Cent** für einen Liter Super
Kuchen	**50–70 Cent** für ein Stück *pastel da nata*

INTERNET

Folgende Sites sind gut für generelle Informationen (auch in Englisch und Deutsch): *www.algarvenights. com, www.maisturismo.pt, www. portugalvirtual.pt, www.portugal insite.pt, www.algarve.com, www. thealgarve.net, www.virtualgarve. com.* Die einzelnen Gemeinden informieren über sich nach folgendem Muster: *www.cm-[Ortsname].pt,* also z. B. *www.cm-albufeira.pt*

INTERNETCAFÉS

Es gibt in allen größeren Orten Internetcafés. Pro halbe Std. müssen Sie mit 0,75–2 Euro rechnen. Hier eine Auswahl der besten: *Windcafe.com, Estrada Girassol, Praia da Rocha / Portimão, tgl. 8–24 Uhr, Tel. 282 41 72 90. Clube 39, Rua D. José António dos Santos, Ar-*

macão de Pera, Tel. 282 31 32 35. Mail Boxes Etc, Praça da República 12, Portimão, Mo–Fr 9.30–19 Uhr; Tel. 282 41 81 09. Império do Mar, Rua Candido dos Reis neben dem Kino, Lagos, tgl. 10–16 Uhr; Tel. 282 76 16 36

JUGENDHERBERGEN

Die *pousadas da juventude* sind durchweg zweckmäßig eingerichtet und sauber, haben viel internationales junges Publikum. Auskunft erteilt die Dachorganisation *Multijovem, Lissabon, Tel. 213 59 60 00, movijovem@mail.telepac.pt*

MÄRKTE

In den meisten größeren Orten finden ein- bis mehrmals im Monat die sehr beliebten *Regionalmärkte* statt. Die meisten Stände werden von Zigeunern betrieben, die dem Ganzen mit ihren Eselskarren und ihrer Kinderfreundlichkeit einen folkloristischen Anstrich geben. Hier können Sie so manches Schnäppchen machen!

MIETWAGEN

Das Mindestalter beträgt 21 Jahre, man muss den Führerschein zwei Jahre haben. In der Regel wird mit Kreditkarte bezahlt; eine Kaution muss hinterlegt werden. Billiger ist das Buchen von Deutschland aus, in Kombination mit einem Flug. Pro Woche müssen Sie mit mindestens 130 Euro rechnen. Die Leihfirmen haben Büros und Parkplätze am Flughafen Faro, prima organisiert.

Buchung über das Internet: *www.autorent.pt, www.autopru dente.pt, www.europcar.pt, www. amoita.com, www.autocerro.pt.*

Weitere Angebote für Autovermietungen finden Sie unter *www.marcopolo.de.*

NOTRUF

Polizei, Feuerwehr, Ambulanz: *112*

ÖFFNUNGSZEITEN

Viele Restaurants haben einen Ruhetag nur in den Wintermonaten, fast immer sind es der Sonntag oder der Montag. Im Sommer haben die meisten Restaurants durchgehend geöffnet; eine Tischreservierung ist oft ratsam.

Läden sind in der Regel Mo–Fr 10–13 und 15–19 Uhr sowie am Samstagvormittag geöffnet. Große Supermärkte haben sieben Tage die Woche geöffnet, meist 9–22 Uhr. Märkte *(mercado municipal)* gibt es in jedem größeren Ort, offen meist Di–Sa 8–13 Uhr.

POST

Postämter heißen *CTT* oder *correios,* sind Mo–Fr 8.30–12.30 und 14.30–18 Uhr geöffnet, Hauptpostämter auch am Samstagvormittag. Normalbrief und Postkarte innerhalb der EU kosten 54 Cent. Alle Postämter bieten einen, allerdings teuren, Faxservice an.

PREISE

Produkte im Supermarkt kosten in etwa so viel wie in Deutschland. Der Eintritt in Museen liegt zwischen 1 und 3 Euro. Im Hinterland erhalten Sie ein Menü inkl. Bier oder Wein ab 7 Euro, an der Küste ab 10 Euro. Tischwein pro Flasche ab 4 Euro.

Eine feine Sache hat die BNU (Banco Nacional Ultramarino) ins Leben gerufen: Mit der Jugendkarte *Cartão Jovem* erhält jede(r) bis zum Alter von 26 Jahren erhebliche Nachlässe bei Bahn und Bus, Museumseintritt und kulturellen Veranstaltungen. Mit Ausweis, Foto und 5,50 Euro ist man dabei.

TAXI

Das Taxameter zeigt den exakten Fahrpreis an. Einige Fahrten haben jedoch Festpreise, wie z. B. die von Faro-City zum Airport für 10 Euro. Bei mehr als 3 Gepäckstücken im Kofferraum: 1,50 Euro Aufpreis.

TELEFON & HANDY

Landesweit gelten 9-stellige Nummern (auch fürs Handy), die ehemaligen Vorwahlen sind in die Nummer integriert. Überall finden Sie Kartentelefone, Karten für 7,50 u. 15 Euro in Kiosken. *Vorwahl Deutschland 0049, Österreich 0043, Schweiz 0041, Portugal 00351.* Spartarif 18–9 Uhr.

Ihr Handy funktioniert gut, wenn Ihr Roamingpartner mit einer der drei portugiesischen Firmen kooperiert: Vodafone, TMN und Optimus. Bei Gesprächen innerhalb Portugals müssen Sie die Vorwahl 00351 mitwählen. Kosten um 0,30–1 Euro pro Minute, nachts und am Wochenende billiger.

TRINKGELD

Mit Trinkgeld um sich zu werfen, ist fast beleidigend. 5–10 Prozent sind in Restaurants angebracht, in Bars und Cafés sind Trinkgelder nicht üblich.

TRINKWASSER

In manchen Orten schmeckt es nicht gut, besser ist Quellwasser in 1,5- und 5-l-Flaschen, die es in allen Läden gibt.

WETTER & KLEIDUNG

Europas Südwestkante liegt am Atlantik, hat aber mediterranes Klima mit milden Wintern (es schneit nie) und heißen Sommern von Mai bis Oktober.

Im Sommer kann es sehr heiß werden, trotzdem sollten Sie für kühle Brisen am Abend unbedingt einen warmen Pullover mitnehmen. Regen gibt es im Sommer so gut wie nie, in Übergangszeiten kann es aber zu Schauern kommen, und ein Regencape passt immer ins Gepäck.

ZEIT

Das ganze Jahr über gilt: 1 Std. umstellen. 12 Uhr in Deutschland heißt 11 Uhr in Portugal.

ZEITUNGEN

Internationale Zeitungen und Zeitschriften erhalten Sie in allen größeren Orten. An der Algarve erscheinen diverse deutsch- bzw. mehrsprachige Publikationen mit ausführlichem Kulturprogramm.

ZOLL

Innerhalb der EU dürfen Waren zum persönlichen Gebrauch frei ein- und ausgeführt werden. Für Schweizer gelten geringere Freimengen: z. B. max. 2 l Wein, 1 l Spirituosen, 200 Zigaretten.

Wetter in Faro

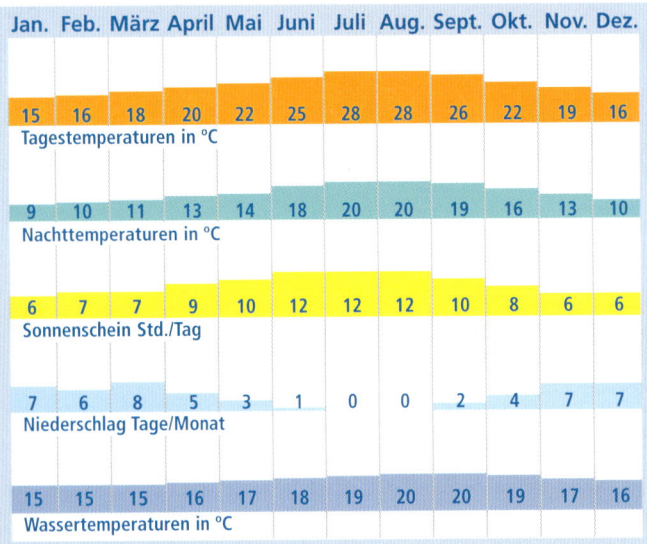

	Jan.	Feb.	März	April	Mai	Juni	Juli	Aug.	Sept.	Okt.	Nov.	Dez.
Tagestemperaturen in °C	15	16	18	20	22	25	28	28	26	22	19	16
Nachttemperaturen in °C	9	10	11	13	14	18	20	20	19	16	13	10
Sonnenschein Std./Tag	6	7	7	9	10	12	12	12	10	8	6	6
Niederschlag Tage/Monat	7	6	8	5	3	1	0	0	2	4	7	7
Wassertemperaturen in °C	15	15	15	16	17	18	19	20	20	19	17	16

Falas português?

»Sprichst du Portugiesisch?«
Dieser Sprachführer hilft Ihnen, die wichtigsten
Wörter und Sätze auf Portugiesisch zu sagen

> Zur Erleichterung der Aussprache sind alle portugiesischen Wörter mit einer einfachen Aussprache (in eckigen Klammern) versehen. ' vor einer Silbe bedeutet, dass die nachfolgende Silbe betont wird. Das L wird »dunkel« wie im Englischen ausgesprochen.

AUF EINEN BLICK

Ja./Nein.	Sim. [sing] / Não. [nau]
Vielleicht.	Talvez. [tal'wesch]
Bitte.	Se faz favor. [s fasch fa'wor]
Danke.	Obrigado./Obrigada. [ubri'gadu/ubri'gada]
Bitte sehr./Gern geschehen.	De nada./Não tem de quê. [d 'nada/nau täi dö ke]
Entschuldigen Sie!/ Entschuldige!	Desculpe!/Desculpa! [dösch'kulp/dösch'kulpa]
In Ordnung!/Einverstanden!	Está bem/De acordo! [schta 'bäi/da'kordu]
Wie bitte?	Como? ['komu]
Ich verstehe Sie nicht.	Não compreendo. [nau kom'prjendu]
Sprechen Sie Deutsch?	Fala alemão? ['fala alö'mau]
Können Sie mir bitte helfen?	Pode ajudar-me, se faz favor? ['poddaschu'darm s fasch fa'wor]
Ich möchte …	Queria … [kö'ria]
Das gefällt mir (nicht).	(Não) Gosto disto. [('nau) 'goschtu 'dischtu]
Haben Sie …?	Tem …? [täi]
Wie viel kostet es?	Quanto custa? ['kuantu 'kuschta]

KENNENLERNEN

Guten Morgen!/Tag!	Bom dia!/Boa tarde! [bong 'dia/'boa 'tard]
Guten Abend!	Boa tarde!/Boa noite! ['boa 'tard/'boa 'noit]
Hallo!/Grüß dich!	Olá! [ol'la]
Wie geht es Ihnen?	Como está? ['komu schta]

Wie geht's?	Como vai? ['komu wai]
Danke. Und Ihnen/dir?	Bem, obrigado/obrigada. E o senhor/
	a senhora/você/tu? [bäi ubri'gadu/
	ubri'gada. i u sö'njor/a sö'njora/wos'se/tu]
Auf Wiedersehen!/Tschüss!/	Adeus!/Até logo!/Até à próxima!
Bis später!/Bis zum	[a'de-usch/a'tä 'logu/a'tä a 'prossima]
nächsten Mal!	

UNTERWEGS

Auskunft

links	à esquerda [a 'schkerda]
rechts	à direita [a di'räita]
geradeaus	em frente [äi 'frent]
nah/weit	perto ['pärtu]/longe ['longsch]
Bitte, wo ist …?	Se faz favor, onde está …?
	[s fasch fa'wor 'ondäschta]
Wie weit ist das?	Quantos quilómetros são?
	['kuantusch ki'lomötrusch sau]

Panne

Ich habe eine Panne.	Tenho uma avaria. ['tenjumawa'ria]
Würden Sie mich bis zur	Pode rebocar-me até à oficina mais
nächsten Werkstatt ab-	próxima? ['podd röbu'karma'tä a
schleppen?	ofi'sina maisch 'prossima]
Gibt es hier in der Nähe	Há alguma oficina aqui perto?
eine Werkstatt?	[a al'gumofi'sina'ki 'pärtu]

Tankstelle

Wo ist bitte die nächste	Se faz favor, onde ésta a bomba
Tankstelle?	de gasolina mais próxima?
	[s fasch fa'wor 'ondäschta a 'bomba
	de gasu'lina maisch 'prossima]
Ich möchte … Liter …	Se faz favor, … litros de …
	[s fasch fa'wor, … 'litrusch dö …]
… Super.	… súper. ['supär]
… Diesel.	… gasóleo. [ga'sollju]
… Bleifrei/Verbleit.	… sem chumbo/com chumbo.
	[säi 'schumbu/kong 'schumbu]
Voll tanken, bitte.	Cheio, se faz favor. ['scheju s fasch fa'wor]

Unfall

Hilfe!	Socorro! [su'koru]
Achtung!/Vorsicht!	Atenção [ateng'sau]
Rufen Sie schnell …	Chame depressa … ['scham dö'prässa]
… einen Krankenwagen.	… uma ambulância. [umambu'langsja]
… die Polizei.	… a polícia. [a pu'lisja]

Es war meine/Ihre Schuld.
A culpa foi minha/sua.
[a 'kulpa foi 'minja/'sua]

Geben Sie mir bitte Ihren Namen und Ihre Anschrift.
Pode dizer-me o seu nome e o seu endereço, se faz favor?
[podd di'sermu se-u 'nomi u se-u endö'resu s fasch fa'wor]

ESSEN/UNTERHALTUNG

Wo gibt es hier bitte ...
Pode dizer-me, se faz favor, onde há aqui ... ['podd di'sermö s fasch fa'wor onda a'ki ...]

... ein gutes Restaurant?
... um bom restaurante?
[ung bong röschtau'rant]

... ein nicht zu teures Restaurant?
... um restaurante não muito caro?
[ung röschtau'rant nau 'muitu 'karu]

Gibt es hier eine Bar/ein Café?
Há aqui um bar/um café?
[a a'ki ung 'bar/ung ka'fä]

Reservieren Sie uns bitte für heute Abend einen Tisch für vier Personen.
Pode reservar-nos para hoje à noite uma mesa para quatro pessoas, se faz favor? ['podd rösör'warnusch 'para 'oscha 'noit uma 'mesa para 'kuatru pö'soasch s fasch fa'wor]

Können Sie mir bitte ... reichen?
Pode-me dar ..., se faz favor? ['poddmö dar ..., s fasch fa'wor]

Messer
faca ['faka]

Gabel
garfo ['garfu]

Löffel
colher [ku'ljer]

Auf Ihr Wohl!
À sua saúde! [a 'sua sa'ud]

Das habe ich nicht bestellt.
Não foi isto que eu pedi. ['nau foi 'ischtu ki-eu pö'di]

Bezahlen, bitte.
A conta, se faz favor. [a 'konta s fasch fa'wor]

Hat es geschmeckt?
Estava bom? ['schtawa bong]

Das Essen war ausgezeichnet.
A comida estava excelente. [a ku'mida 'schtawa schsö'lent]

ÜBERNACHTEN

Können Sie mir bitte ... empfehlen?
Se faz favor, pode recomendar-me ... [s fasch fa'wor 'podd rökumen'darmö]

... ein gutes Hotel ...
... um bom hotel? [ung bong ot'täl]

... eine Pension ...
... uma pensão? ['uma pen'sau]

Haben Sie noch Zimmer frei?
Ainda tem quartos livres? [a'inda täi 'kuartusch 'liwrösch]

ein Einzelzimmer
um quarto individual [ung 'kuartu indiwi'dual]

ein Zweibettzimmer	um quarto de casal [ung 'kuartu dö ka'sal]
mit Bad	com casa de banho [kong 'kasa dö 'banju]
für eine Nacht	para uma noite ['para 'uma 'noit]
für eine Woche	para uma semana ['para uma sö'mana]

Arzt

Können Sie mir einen guten Arzt empfehlen?	Pode indicar-me um bom médico? ['poddindi'karmung bong 'mädiku]
Ich habe hier Schmerzen.	Dói-me aqui. ['doima'ki]
Ich habe Fieber.	Tenho febre. ['tenju 'fäbr]

Post

Briefmarke	selo ['selu]
Was kostet …	Quanto custa … ['kuantu 'kuschta]
… ein Brief …	… uma carta … ['uma 'karta]
… eine Postkarte …	… um postal … [ung pusch'tal]
… nach Deutschland?	… para a Alemanha? ['paraalö'manja]
Kann ich bei Ihnen ein Telefax nach … schicken?	Posso mandar aqui um telefax para …? ['posu man'dara'ki ung tele'faks 'para]

0	zero ['säru]	20	vinte ['wingt]
1	um, uma ['ung, 'uma]	21	vinte e um ['wingti 'ung]
2	dois, duas ['doisch, 'duasch]	22	vinte e dois ['wingti 'doisch]
3	três [tresch]	30	trinta ['tringta]
4	quatro ['kuatru]	40	quarenta [kua'renta]
5	cinco ['sinku]	50	cinquenta [sin'kuenta]
6	seis ['säisch]	60	sessenta [sö'senta]
7	sete ['sät]	70	setenta [sö'tenta]
8	oito ['oitu]	80	oitenta [oi'tenta]
9	nove ['noww]	90	noventa [nu'wenta]
10	dez ['däsch]	100	cem ['säi]
11	onze ['ons]	101	cento e um ['sentui 'ung]
12	doze ['dos]	200	duzentos [du'sentusch]
13	treze ['tres]	1000	mil [mil]
14	catorze [ka'tors]	2000	dois mil [doisch mil]
15	quinze ['kings]	10 000	dez mil [däsch mil]
16	dezasseis [dösa'säisch]		
17	dezassete [dösa'sät]	1/2	um meio [ung 'meju]
18	dezoito [dö'soitu]	1/3	um terço [ung 'tersu]
19	dezanove [dösa'noww]	1/4	um quarto [ung 'kuartu]

Reiseatlas Algarve

Die Seiteneinteilung für den Reiseatlas finden Sie auf dem hinteren Umschlag dieses Reiseführers

Mit freundlicher Unterstützung von

kein urlaub ohne

holiday autos

www.holidayautos.com

total relaxed in den urlaub: einsteiger-übung

1. lehnen sie sich entspannt zurück und gleiten sie in gedanken zu den cleveren angeboten von holiday autos. stellen sie sich vor, als weltgrösster vermittler von ferienmietwagen bietet ihnen holiday autos

   - mietwagen in über 80 urlaubsländern
   - zu äusserst attraktiven preisen

2. vergessen sie jetzt die üblichen zuschläge und überraschungen. dank

   - alles inklusive tarife
   - wegfall der selbstbeteiligung
   - und min. 1,5 mio € haftpflichtdeckungssumme (usa: 1,1 mio €)

   steht ihr endpreis bei holiday autos von anfang an fest.

3. nehmen sie ganz ruhig den hörer, wählen sie die telefonnummer **0180 5 17 91 91 (12cent/min)**, surfen sie zu **www.holidayautos.com** oder fragen sie in ihrem reisebüro nach den topangeboten von holiday autos!

kein urlaub ohne

holiday autos

KARTENLEGENDE REISEATLAS

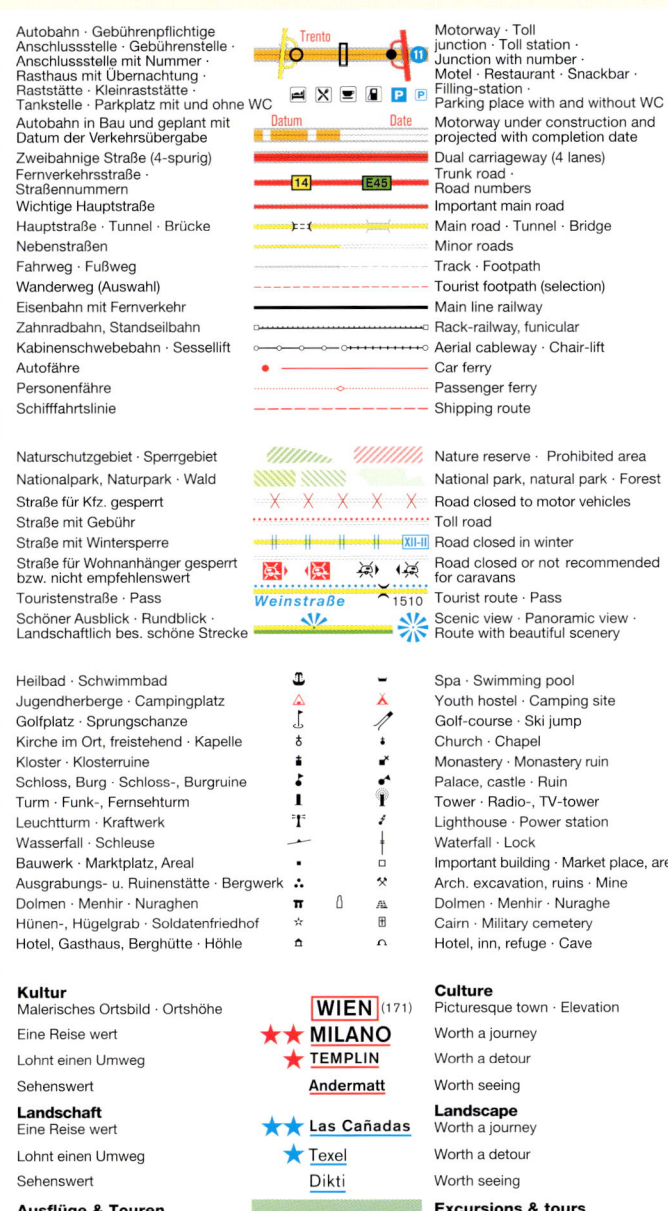

Autobahn · Gebührenpflichtige Anschlussstelle · Gebührenstelle · Anschlussstelle mit Nummer · Rasthaus mit Übernachtung · Raststätte · Kleinraststätte · Tankstelle · Parkplatz mit und ohne WC	Motorway · Toll junction · Toll station · Junction with number · Motel · Restaurant · Snackbar · Filling-station · Parking place with and without WC
Autobahn in Bau und geplant mit Datum der Verkehrsübergabe	Motorway under construction and projected with completion date
Zweibahnige Straße (4-spurig)	Dual carriageway (4 lanes)
Fernverkehrsstraße · Straßennummern	Trunk road · Road numbers
Wichtige Hauptstraße	Important main road
Hauptstraße · Tunnel · Brücke	Main road · Tunnel · Bridge
Nebenstraßen	Minor roads
Fahrweg · Fußweg	Track · Footpath
Wanderweg (Auswahl)	Tourist footpath (selection)
Eisenbahn mit Fernverkehr	Main line railway
Zahnradbahn, Standseilbahn	Rack-railway, funicular
Kabinenschwebebahn · Sessellift	Aerial cableway · Chair-lift
Autofähre	Car ferry
Personenfähre	Passenger ferry
Schifffahrtslinie	Shipping route
Naturschutzgebiet · Sperrgebiet	Nature reserve · Prohibited area
Nationalpark, Naturpark · Wald	National park, natural park · Forest
Straße für Kfz. gesperrt	Road closed to motor vehicles
Straße mit Gebühr	Toll road
Straße mit Wintersperre	Road closed in winter
Straße für Wohnanhänger gesperrt bzw. nicht empfehlenswert	Road closed or not recommended for caravans
Touristenstraße · Pass	Tourist route · Pass
Schöner Ausblick · Rundblick · Landschaftlich bes. schöne Strecke	Scenic view · Panoramic view · Route with beautiful scenery
Heilbad · Schwimmbad	Spa · Swimming pool
Jugendherberge · Campingplatz	Youth hostel · Camping site
Golfplatz · Sprungschanze	Golf-course · Ski jump
Kirche im Ort, freistehend · Kapelle	Church · Chapel
Kloster · Klosterruine	Monastery · Monastery ruin
Schloss, Burg · Schloss-, Burgruine	Palace, castle · Ruin
Turm · Funk-, Fernsehturm	Tower · Radio-, TV-tower
Leuchtturm · Kraftwerk	Lighthouse · Power station
Wasserfall · Schleuse	Waterfall · Lock
Bauwerk · Marktplatz, Areal	Important building · Market place, area
Ausgrabungs- u. Ruinenstätte · Bergwerk	Arch. excavation, ruins · Mine
Dolmen · Menhir · Nuraghen	Dolmen · Menhir · Nuraghe
Hünen-, Hügelgrab · Soldatenfriedhof	Cairn · Military cemetery
Hotel, Gasthaus, Berghütte · Höhle	Hotel, inn, refuge · Cave

Kultur — **Culture**

Malerisches Ortsbild · Ortshöhe	**WIEN** (171)	Picturesque town · Elevation
Eine Reise wert	★★ **MILANO**	Worth a journey
Lohnt einen Umweg	★ **TEMPLIN**	Worth a detour
Sehenswert	**Andermatt**	Worth seeing

Landschaft — **Landscape**

Eine Reise wert	★★ **Las Cañadas**	Worth a journey
Lohnt einen Umweg	★ **Texel**	Worth a detour
Sehenswert	**Dikti**	Worth seeing

Ausflüge & Touren		**Excursions & tours**

A
4km

B
C

1

Ponta da Atalaia

Monte Clérigo
Vale de D. Sancho
Clérigo
Vale da Telha
101 7
Galego
Parque
Natural

Ponta da Arrifana
Praia da Arrifana
Palmeirinha
2
Vales
Arrifana
Vale dos Marmel
114
Vale das Patas

Ponta Maria Joanes

Praia do Canal
Canal
Barranco da
Cadaveiro

OCÉANO

Praia de Vale de Figueira
Valinhos
Fontainhas
Monte Novo
do Sudoes

2

ATLÂNTICO

Mesquita
1
Chabouco
Cairos
Alentejano
N 268
Vale d
116
Cabeços da Bordeira
Tacua

Praia da Bordeira
Bordeira
Samouqueira

Pontal
27
Endiabradas
Carrapateira
Lagoa Sobre
Milharada
165

3

Praia do Amado
5
Vilarinha
Paraíso
Junqueira
Murração
N 268
Lagoacho

Praia da Murração
e Costa
Monteiros
138
Pedralva
Vale Marreiros
144

Praia do Mirouço
Lagoa
do Jardim
Pardieiro

Praia do Mouranitos
Praia da Barriga
Lagoa Funda
Pena Furada
Pêro Queimado
Sesmarias

4

142
9
Pardieiros
101

Praia da Cordama
123
Parque
eólico
Mosqueiro
143

Praia do Casteleja
Torre de Aspa
Lagoa do Galego
Raposeira
Bordoal
Nossa Senhora
de Guadalupe
Vale

Praia da Ponta Ruiva
Vila do Bispo
N 125
Budens
Cimo do Moinho
2.5

Ponta Ruiva
Monte Gordo
N 268
Posto Agrário
Figueira
Safema

5

Monte dos
Remédios
113
Barradinha
93
Boca
do Rio

Praia do Telheiro
Tàboleiro
Vale Santo
Hortas
do Tabual
Vale da Torre
de Cima
Zavial

Ponte
dos Arquizes
11
Praia da Figueira

Capo
de
São Vicente
75 1.5
1
Beliche
N 268
61
Vicentina
Grutas do
Monte Frances
55
Praia da Ingrina
Ponta da Torre

6

Botelha
Martinhal
Praia do Martinhal
Praia da Zavial

Pousada
do Infante
Mareta Seca

Praia do Beliche
Praia do Tonel
Praia da Mareta
Sagres
(35)
Ponta da Baleeira

Fortaleza de Sagres
Pont
aia

Ponta de Sagres

Costa Vicentina

114

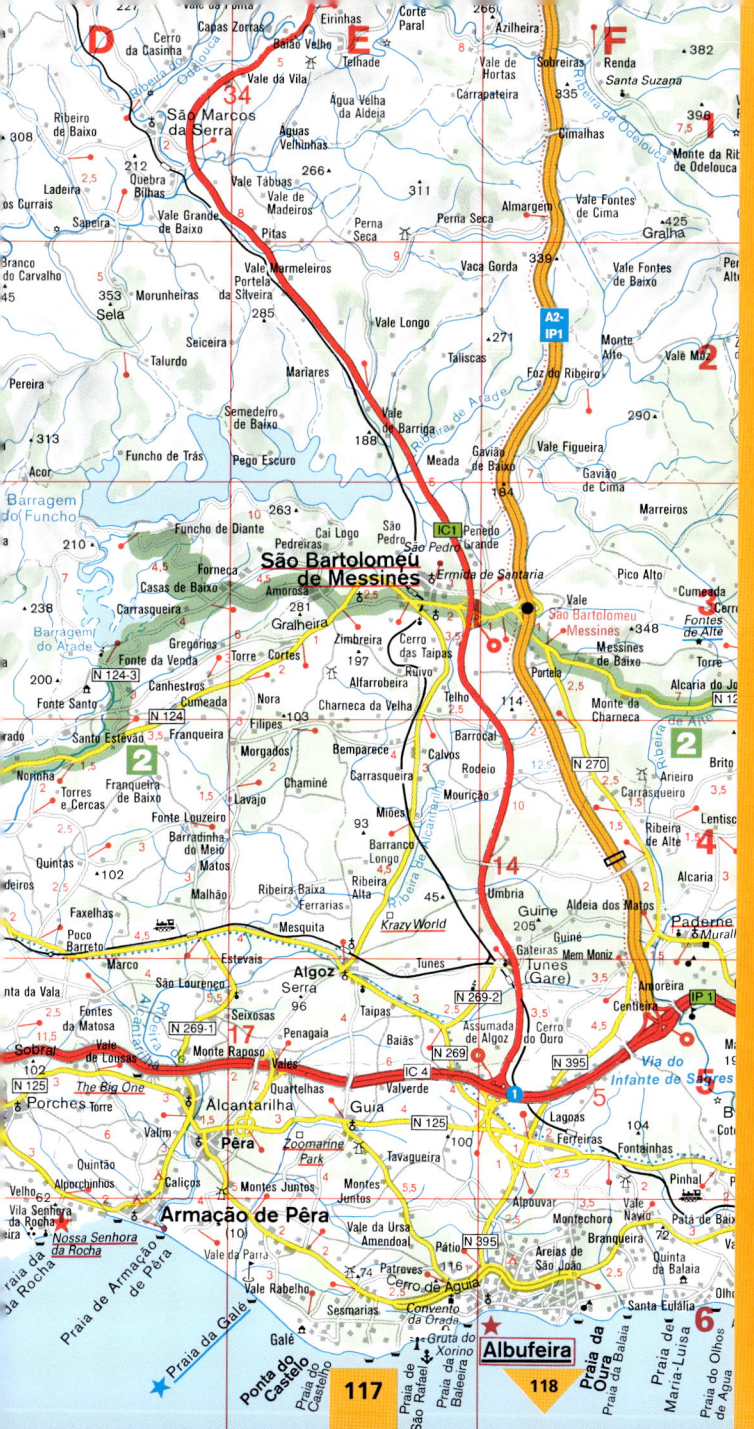

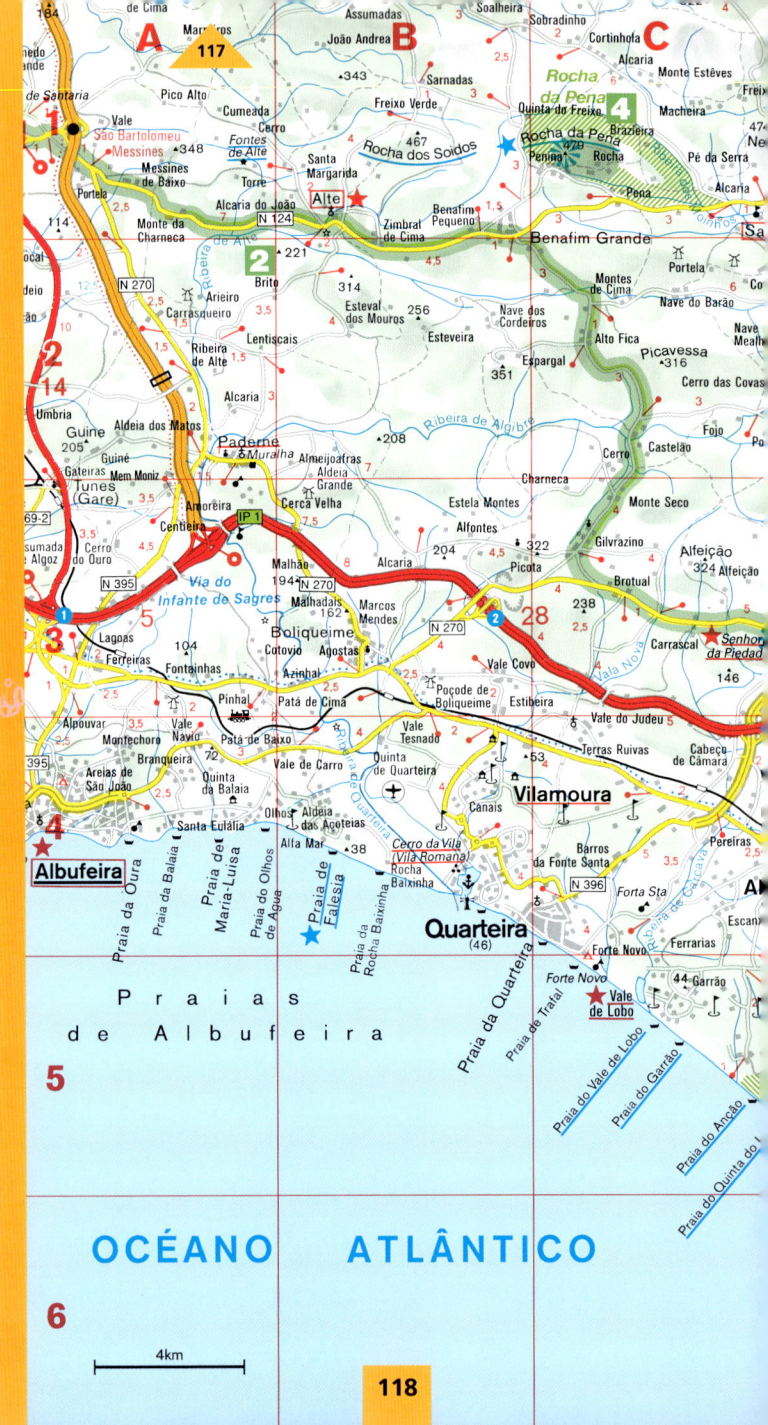

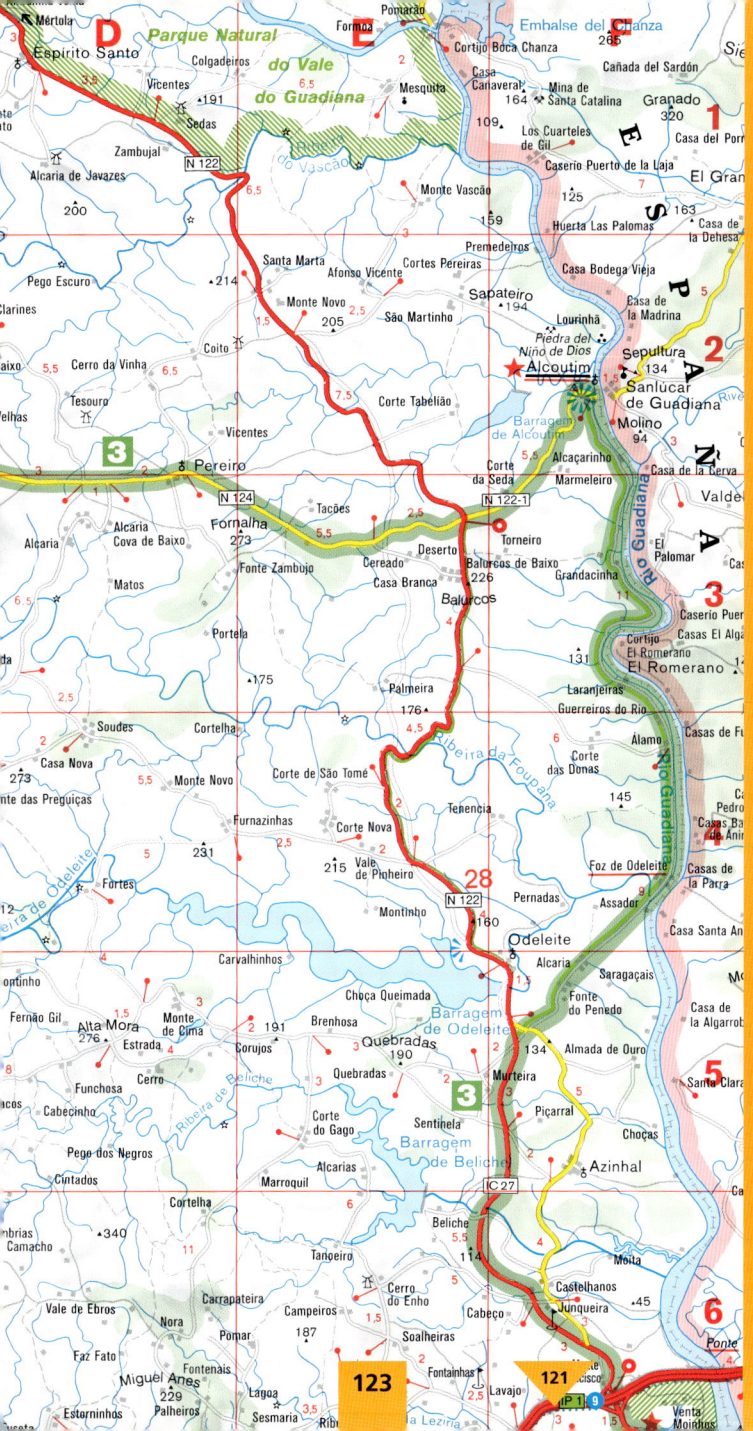

total relaxed in den urlaub: übung für fortgeschrittene

1. schliessen sie die augen und denken sie intensiv an das wunderbare wort „ferienmietwagen zum alles inklusive preise". stellen sie sich viele extras vor, die bei holiday autos alle im preis inbegriffen sind:

- unbegrenzte kilometer
- haftpflichtversicherung mit min. 1,5 mio €uro deckungssumme (usa: 1,1 mio €uro)
- vollkaskoversicherung ohne selbstbeteiligung
- kfz-diebstahlversicherung ohne selbstbeteiligung
- alle lokalen steuern
- flughafenbereitstellung
- flughafengebühren

2. atmen sie tief ein und lassen sie vor ihrem inneren auge die zahlreichen auszeichnungen vorbeiziehen, die holiday autos in den letzten jahren erhalten hat.

sie buchen ja nicht irgendwo.

3. nehmen sie ganz ruhig den hörer, wählen sie die telefonnummer **0180 5 17 91 91** (12cent/min), surfen sie zu **www.holidayautos.com** oder fragen sie in ihrem reisebüro nach den topangeboten von holiday autos!

kein urlaub ohne

holiday autos

MARCO ⊕ POLO

Für Ihre nächste Reise gibt es folgende Titel:

In diesem Register sind alle in diesem Führer erwähnten Orte, Ausflugsziele, Strände (Praias) und einige zusätzliche Stichworte verzeichnet. Halbfette Seitenzahlen verweisen auf den Haupteintrag, kursive auf ein Foto.

Schreiben Sie uns!

Liebe Leserin, lieber Leser,

wir setzen alles daran, Ihnen möglichst aktuelle Informationen mit auf die Reise zu geben. Dennoch schleichen sich manchmal Fehler ein – trotz gründlicher Recherche unserer Autoren/innen. Sie haben sicherlich Verständnis, dass der Verlag dafür keine Haftung übernehmen kann. Wir freuen uns aber, wenn Sie uns schreiben.

Senden Sie Ihre Post an die MARCO POLO Redaktion, Mairs Geographischer Verlag, Postfach 31 51, 73751 Ostfildern, marcopolo@mairs.de

Impressum

Titelbild: Albufeira, Strand (Huber: Giovanni)
Fotos: Autor (20, 49, 56, 66, 72, 90, 93, 97, 98); R. Freyer (U. l., 1, 48); HB Verlag: Widmann (6, 27, 31, 50, 61, 62, 87, 88); S. Hetet (2 u., 7, 32); J. Holz (26, 43); Huber: Giovanni (109); T. Stankiewicz (94); M. Thomas (U. r., 22, 24, 25); White Star: Gumm (18, 28, 34, 39, 47); T. P. Widmann (5 l., 5 r., 9, 12, 30, 53, 55, 65, 76, 78, 79, 80, 83); E. Wrba (U. M., 2 o., 4, 11, 14, 17, 35, 36, 58, 67, 70, 84)

1. (11.), komplett neu erstellte Auflage 2003 © Mairs Geographischer Verlag, Ostfildern
Herausgeber: Ferdinand Ranft, Chefredakteurin: Marion Zorn
Redaktion: Arnd M. Schuppius, Bildredaktion: Gabriele Forst
Kartografie Reiseatlas: © Mairs Geographischer Verlag/Falk Verlag, Ostfildern
Gestaltung: red.sign, Stuttgart
Sprachführer: in Zusammenarbeit mit dem Ernst Klett Verlag GmbH, Stuttgart, PONS Wörterbücher
Printed in Germany. Gedruckt auf 100% chlorfrei gebleichtem Papier

Bloß nicht!

Mit diesen Tipps können Sie Ärger und Stress bei Ihrem Urlaub an der Algarve vermeiden

»Wild« grillen

An vielen Stellen findet man Grillplätze, die im Sommer auch reichlich benutzt werden. Manchmal ist sogar das Brennholz bereitgestellt! Bitte nur dort grillen und keinesfalls im Freien, weil plötzliche Windstöße das nette Feuerchen in einen fürchterlichen Waldbrand verwandeln können. Für wildes Grillen im Freien werden sehr hohe Geldstrafen verhängt. Das gilt auch, wenn man Kippen aus dem Auto wirft. Immer wieder sorgen brennende Zigarettenstummel für teils verheerende Waldbrände.

Wertgegenstände im Auto lassen

Fast könnte man sagen: Selber schuld, wenn das Auto aufgebrochen wird, weil eine Kamera, Handtasche oder andere wertvolle Gegenstände gut sichtbar darin liegen. Vor allem an den Parkplätzen einsamer Strände, aber auch ganz generell sollten Sie das bleiben lassen und dazu beitragen, dass die Kriminalität an der Algarve so niedrig bleibt wie jetzt.

»'ne Runde Bier!« bestellen

Peinlich ist es, wenn Ausländer eine Kneipe betreten und lautstark in Englisch oder gar in ihrer Landessprache Getränke bestellen und nicht einmal versuchen, ein paar Brocken Portugiesisch zu bewältigen. Es macht ja sogar Spaß und sorgt auch bei den hilfreichen Einheimischen für eine freundliche Atmosphäre! Das Minimum an Höflichkeit verlangt, dass man beim Betreten eines Restaurants oder Geschäftes grüßt: *Bom dia* (bis 12 Uhr) und *Boa tarde* (nach 12 Uhr) – gar nicht so schwierig.

Alle Vorspeisen essen

Es sieht wie eine Aufmerksamkeit des Hauses aus, was da in den Restaurants vorneweg auf den Tisch kommt: Sardinenpaste, Oliven, Brot, aufgeschnittener Ziegenkäse etc. Umsonst ist das aber nicht, sondern wird immer berechnet.

Den Daumen benutzen

Unter Portugiesen wird beim Zählen mit den Fingern der Daumen nicht eingesetzt. Aber wenn man mit einer kleinen sympathischen Geste ausdrücken will, dass das Essen so richtig gut war, zupft man sich mit Daumen und Zeigefinger am Ohrläppchen.

Das Gewicht von Fischen übersehen

Wenn für Meeresfrüchte und Fische Kilopreise auf der Karte angegeben sind, sollten Sie das Bestellte vor dem Zubereiten auf jeden Fall wiegen lassen, damit es keine bösen Überraschungen gibt.